吴钩说宋

知宋
KNOWING SONG
A History for My Daughter

写给女儿的大宋历史

吴钩 著

广西师范大学出版社
·桂林·

知宋：写给女儿的大宋历史
ZHI SONG: XIEGEI NÜER DE DASONG LISHI

图书在版编目（CIP）数据

知宋：写给女儿的大宋历史 / 吴钩著. --桂林：广西师范大学出版社，2019.3（2024.11 重印）

（吴钩说宋）

ISBN 978-7-5598-1413-5

Ⅰ. ①知… Ⅱ. ①吴… Ⅲ. ①中国历史－宋代－通俗读物 Ⅳ. ①K244.09

中国版本图书馆 CIP 数据核字（2018）第 271479 号

广西师范大学出版社出版发行

（广西桂林市五里店路 9 号　邮政编码：541004）

网址：http://www.bbtpress.com

出版人：黄轩庄

全国新华书店经销

广西广大印务有限责任公司印刷

（桂林市临桂区秧塘工业园西城大道北侧广西师范大学出版社集团有限公司创意产业园内　邮政编码：541199）

开本：880mm×1 240 mm　1/32

印张：17.5　　　字数：408 千字

2019 年 3 月第 1 版　2024 年 11 月第 14 次印刷

定价：108.00 元

如发现印装质量问题，影响阅读，请与出版社发行部门联系调换。

目 录

i | 父亲序：故事里的宋朝制度
ix | 女儿序：从宋朝故事中感受一朝盛衰

001 | 一位开国之君的角色意识
019 | 一枚"吃瓜群众"的发迹变泰
043 | 一场缔结百年和平的谈判
061 | 一个受到褒奖的"贰臣"
077 | 一位"百事不会，却会做官家"的君主
099 | 一位贵族的梦想
117 | 两处名胜背后的腐败故事
137 | 一名仕途受拦截的皇亲国戚
159 | 一代名臣留下的千年传奇
185 | 一场今人难以理解的议谥之争
203 | 一名婢女之死
223 | 一起由买房子引发的政坛震荡

239 | 一名"愤青"对皇帝的抨击

259 | 一场关于皇帝应怎么称呼生父的争论

279 | 一次司法大辩论

301 | 一场针对小人李定的阻击战

321 | 一起劫杀案的余波

339 | 一桩弑母案激起的权争

357 | 一宗著名"文字狱"的另一面

377 | 一次通奸行为的罪与罚

397 | 一位经筵官的"顶层设计"

419 | 一场为了捍卫封驳权的抗议

437 | 一个"坑爹"的衙内

455 | 一块党人碑后的朋党政治

479 | 一个王朝的最后挣扎

附录一
499 | 笔记中的宋仁宗形象

附录二
511 | 人物索引

附录三
527 | 主要参考文献

父亲序

故事里的宋朝制度

吴 钧

一

大约十八年前,我还是一名初出茅庐的小伙子,对各类知识都充满饥渴。我居住的小城并无图书馆,也没有多少书店,书店里摆放的也多半是中小学教辅书籍,那时候互联网也未如今天这般普及,想获得知识远不如现在便利。因此,我每次到省城广州办事,都要顺便到购书中心一趟,带几本书回去。

记得是在 2000 年左右,我带回的是旅美作家林达夫妇的三本"近距离看美国":《历史深处的忧虑》(1997 年三联书店初版)、《总统是靠不住的》(1998 年三联书店初版)、《我也有一个梦想》(1999 年三联书店初版)。对于一名对美国制度其实并无多少了解的小伙子来说,这三本书带给我的阅读体验是难忘的。林达夫妇用非常平实的笔触,在致国内友人的通信中,讲述了一个又一个具有制度史意义的美国故事,通过娓娓道来的故事,我第一次真切地看到美国制度的种种精妙,比阅读枯燥的论著论文体会得更深切、更真实。

转眼十几年过去。如今资讯之发达已远非昔日可比，对许多中国人来说，大洋彼岸的制度已不复陌生，我们已经可以自己写文章，洋洋洒洒阐述美国人的立国精神与制度构建，追溯美国制度背后的普通法传统与基督教信仰渊源。事实上，我的许多朋友，都已具有了对西方制度演进"说三道四"的知识储备，回头再看林达夫妇的"近距离看美国"，未免又觉得有些"浅显"了。

而我自己，也搬入省城，立志于探索中国传统制度的演变，或者更准确地说，我对宋朝制度更有研究的兴趣。而在探究宋朝制度的过程中，我越发强烈地希望，能够将中国优秀的传统与文明推广给众多读者。

许多人言必称"两希文化"，却对中国的"孔孟"有一种本能的排异反应。传统文化于他们而言有如陌生的"他者"，而遥远的西方文明则成了他们熟悉而亲切的"知音"。我们有部分政治、法学、制度等方面的历史叙述以对待"他者"的笔调来讲述本国传统，这构成了一百年来中国比较奇特的一道文化景观。

排异，是出于"他者"的心态。而"他者"的心态，或许来自"陌生化"，对本土传统的"陌生化"。譬如说宋朝文明，尽管学界对于宋代的政治制度、军事制度、经济制度、司法制度等，都有比较突出的成果，但学界的研究成果于大众而言，其实是陌生的学术知识。而很多通俗历史写作者对宋朝的讲述，则基本上还是深陷于"皇权专制"、"积贫积弱"的成见，或者只猎奇地关注"宫闱"与"官场"。

那个时候，我生出了一个心愿：能不能借鉴十八年前林达夫妇的写作经验，也来讲述一组具有制度史意义的宋朝故事？

二

之所以选择以讲故事的方式来呈现宋朝制度文明，主要是出于两方面的考虑：

首先，我相信对大众来说，阅读一个情节曲折的故事，会比阅读干巴巴的论文更有兴趣与热情。再说，历史（history）本来就是由故事（story）构成，有故事的历史叙述才是生动的，没有故事的历史叙述，倘若只剩下一堆生硬的数据、概念、术语，那只会拒人于千里之外。我希望本书能够通过生动形象的故事，将华夏历史上的宋朝文明成就展现给大家，让越来越多的人能够了解和理解本国的传统。

其次，从制度史研究的角度来说，故事里出现的制度，都是彼时执行的制度。我讲宋朝故事，当然并不是仅仅想讲几个有趣的故事（情节），而是尝试通过故事来讲述宋朝制度被执行的过程。

宋史研究大家邓小南教授曾经倡导"'活'的制度史"研究："官僚政治制度不是静止的政府型态与组织法，制度的形成及运行本身是一动态的历史过程，有'运作'、有'过程'才有'制度'，不处于运作过程之中也就无所谓'制度'。"我觉得，故事就是呈现制度的形成及运行这一动态过程的最好载体，从故事的发生、参与人物、演绎过程、结局，我们往往可以发现一系列制度如何被激活，如何相互发生关系，又如何发挥效用。

也因此，对于选择哪些宋朝故事来讲述，我设了两条标准：其一，故事本身要好看，具有一定的情节性，最好有点"一波三折"的感觉，能够引人入胜（但这一点似乎可遇不可求）；其二，故事的演绎能够体现宋朝制度被执行的动态过程。

这些年，我写过不少介绍宋代政治、司法、社会救济诸方面之成就的文章，有些观点的确得到了认可，也引来了一些反驳，其中的一个反驳理由是：纸面上的规定都是很动听的，执行起来呢？那么，现在我讲述发生在故事里（而不是写在纸面上）的制度及其运作过程，是不是更有说服力一些呢？

这里我还要顺便申明，本书中所有的故事，均出自史料记载，基本上都可以在《续资治通鉴长编》《宋史》"列传"中找到，我只是用自己的方式将它们转述出来，并略加阐发，阐发的无非是故事蕴含的制度意义。

宋朝人理解的"故事"，通常指"过去存在之事例"，含有"先例""故典""习惯法"之义，与英伦的普通法精神颇有相通之处。我这里愿意使用的"故事"定义，实际上更接近宋人的理解。在我的期待中，宋朝"故事"并不是"他者"的传说，而是内在于传统的历史经验。

三

讲故事的时候，我对故事的时代背景并未刻意进行筛选，只要是发生在宋朝，并且符合我前面提到的两条标准就行。等到一组故事讲完，才发现我讲述的故事，正好始于宋太祖开国，终于靖康年北宋灭亡，庶几可以呈现北宋的兴亡盛衰。

更有意思的是，我讲的大部分故事都发生在宋仁宗朝与宋神宗朝。这样的背景分布，也跟宋代制度演进的轨迹恰好契合。

自宋太祖、宋太宗开国创制，宋真宗守成、巩固之后，宋仁宗时代可谓是宋朝制度最为完备和稳定的时期。从发生在仁宗朝的故事中，我们更多地看到了君主与宰相、政府与台谏的相互制衡；看到了礼官的据"礼"力争、台谏官的据理力争；看到了仁宗皇帝宽松的君主风格；也看到了他偶尔凌驾于制度之上，最终被制度逼回到按规办事的正常轨道上的生动过程。

而宋神宗时代则是宋朝祖制面临变革的重要时期，原来比较稳定的分权制衡制度开始有些动摇了，以礼相待的政治温情也逐渐让位于"法庭上见"的法治理性。因而，我们从发生在神宗朝的故事中，更多地看到了君臣之间、政府与台谏之间的紧张关系；看到了政治制衡方面的因素正在弱化，法治方面的因素正在强化，于是我们讲述的神宗朝的几个故事都跟司法、诏狱有关。反观仁宗朝四十余年，诏狱比较少见。

宋朝的制度由宋太祖奠定，由于我们并没有用太大篇幅讲述太祖时代的故事，因此我要借着写这篇小序的机会，补充一点我对太祖皇帝创制的理解。

宋太祖开国，从制度构建的角度来看，似乎有两种选择：一是完全推倒残唐－五代乱糟糟的政制，另起炉灶，设计出一套全新的制度。但即便人有天纵之圣明，也是理性有限，如何可能设计出完美制度？二是因循承袭既有制度，萧规曹随。但残唐－五代的政制杂乱无章，为乱世产物，又如何能够维持长治久安？

赵匡胤选择了第三条道路：承认既成事实，沿用唐－五代形成的制度框架，并在内部做渐进之改良，其中他对诸州"马步院"的改造，堪称中国司法制度史上的"神来之笔"。

按唐制，各州郡设有州院，置司法参军，掌一州司法。但唐季以降，藩镇专权，私设马步院，架空州院，滥用酷刑，恣意杀人。马步院之设，可谓是五代最黑暗的几项制度之一。但宋太祖立国后，并没有一举废除诸州已普遍设立的马步院，而是保留下来，并加以改造：将马步院更名为司寇院（后又改称司理院）；选派及第进士取代武人出任司理参军；重新划定司理参军的权限，让其负责审清刑事被告人的犯罪事实。

原来的司法参军也保留下来，但将其职权调整为"议法断刑"。这便形成了中国历史上独一无二的"鞫谳分司"制度，有点像英美普通法体制下，陪审团负责确认犯罪是否属实，法官负责法律的适用，"事实审"与"法律审"相分离。

设立"鞫谳分司"的司法制度，并不单纯是为了迁就马步院的历史遗留，更是出于"事为之防，曲为之制"的分权制衡之考虑，用宋人的话来说，"狱司推鞫，法司检断，各有司存，所以防奸也"。这一分权制衡的制度构建原则，其实贯穿于宋朝的一整套政治与司法制度安排之中。

所以，如果让我总结宋太祖的立法创制智慧，我会用这么一段话来概括：以"渐进的改良"为建立制度之路径，以"分权与制衡"为建立制度之宗旨，"自成一王之法"。

从太祖立国到宋哲宗朝，宋朝的制度尽管在具体层面累有修补、修订，但"分权制衡"的大框架与基本精神一直未有变化。到宋徽宗朝，"分权制衡"之制才被昏君权臣大面积破坏，而此时，离北宋亡国也为时不远了。

宋室南迁，历史进入南宋时期。不过南北宋之分，只是后人看历史的习惯，历史上的两宋其实是一个整体，皇室血统是一脉相承的，国祚是连接的，宋太祖确立的治理体系与基本制度、北宋时期取得的文明成就，也延续至南宋时期。我们讲的故事，虽然主要发生在北宋，但故事背后的制度文明，包括不诛大臣与言官的祖宗家法、相权与台谏相制相维的权力制衡结构、中书舍人与给事中的封驳机制、鞫谳分司与翻异别勘的司法程序、慎刑恤狱的司法理念，等等，都由南宋朝廷继承、发展。因此，我要特别说明，本书所呈现的大宋制度文明，是贯穿整个两宋时期的，并非北宋独有。

四

　　我讲述的宋朝故事，形式上都是写给我的大女儿看的。

　　我大女儿吴桐今年读高中。她一直接受的都是国际教育，对英文的熟悉程度远胜于对中国历史的了解。不过，不知是不是受了家庭氛围潜移默化的影响，她对历史也表现出兴趣。

　　我记得她读初中时，有一次上语文课，语文老师在介绍宋词时，顺便批判了李后主，说李后主沉溺于享受，导致亡国云云。我女儿很不服气，站起来说老师误解了李煜。老师说你还是小朋友，还应该好好学习。我女儿看过几本李煜的传记，对李煜的词很喜欢，她又上网搜集了很多南唐史料，写了一篇跟她老师辩论、也是为李煜辩护的作文，交给老师。

　　我女儿的具体观点其实并不重要。我比较赞赏的是她独立思考、搜集史料挑战老师成见的学习态度。也许对于历史与传统，对于宋朝故事与制度的理解，我们都应该告别人云亦云的习惯，重新体认属于我们自己的文明渊源。

　　以我大女儿现在的年龄，读得懂这些宋朝故事了。她也是本书的第二个读者，我要求她读完打印稿，既可以帮我校对错漏之处，同时也可以让她稍深入一点去了解宋朝历史，进而能够理解以宋制为代表的传统的中国制度文明。对了，本书的"宋朝诏敕流程示意图"也是她绘制的。

　　本书其实也是写给我女儿的同龄人，以及所有对宋朝历史感兴趣的朋友的。我真诚希望，我讲述的这些宋朝故事有助于一些朋友纠正过去对华夏历史与传统的偏见、成见。

本书的第一个读者是我的太太杨娜。我将每一篇故事写出来之后，都请她读一遍，帮我校对文字上的错漏、失误。本书也献给她。

在我敲打键盘的日子里，我的小女儿吴歌正在成长中，我当然希望她长大以后也能够喜欢爸爸讲述的历史故事。不过，等到十几年之后，也许人们对于宋朝历史与华夏传统已经有了更新的认识与感情，那么这本小书也应该失去它的价值了。

我期待传统历久弥新，而我的小书不妨速朽。

是为序。

女儿序

从宋朝故事中感受一朝盛衰

吴 桐

每年寒暑假之前,我都不得不在双亲的"威逼利诱"下制定假期计划。上学期末,我便"被迫"订了一个寒假里必须完成的"小目标",比方说,校对完我爸的一本新书稿。

我爸是一名勤勤恳恳研究宋史多年的"老司机",我非常担心他会洋洋洒洒写下几十篇冗长的文章,大谈宋代制度、宋朝文化的优越性,给我的校对工作增加无比的负担(他的《宋:现代的拂晓时辰》和《风雅宋:看得见的大宋文明》都不薄),还好,这次他并没有写枯燥的长篇大论,而是讲了一个又一个有趣的宋朝故事。

尽管我爸一直埋头苦干钻研宋朝,但我对宋朝的观感一直被教科书塑造着:"弱宋""积贫积弱""窝囊"……这就是宋朝历史留给我的第一印象。现在我爸的这本书稿,刷新了我对宋朝的看法。我就读的学校曾有一段时间围绕着"stereotype"(刻板印象)和

"prejudice"（成见／偏见）为学习主题，看完我爸的书稿后，我突然觉得，自己确实陷入了无知而导致的 stereotype／prejudice 当中。

现在，在我的眼里，赵匡胤从狡诈专权的武夫变成一个尊重礼制的一国之君；澶渊之盟从屈辱的条约变成堪称一绝的和平协议；皇亲国戚从横行霸道变为被完善的条贯"禁锢"；小苏从苏轼身旁的绿叶变成敢于直言极谏的红花；"骂皇帝"从必死无疑变成"不加罪于言事者"；圣旨从全凭皇帝一人主张到可以被封还词头……事实上，我所看到的宋朝文明只是冰山一角，甚至可以说是只简单地流于表面。

宋代的政治文明与风气让我总是在阅读中惊叹，并总是抑制不住地想将它们与现代制度进行联系与比较。我常想，宋人一直提倡的"虚君实相"理想状态，与英国的君主立宪制是不是有几分相似；有时我也好奇为什么其中一些优秀的制度无法在近现代继续施行。这些想法，我从前是没有过的，或许是以前对华夏文明并无多少了解与理解的缘故。

我就读的学校，推行的是双语教学，西方文化也受到高度推崇，但我爸好像颇为不满，他倒不是排斥西方文明，而是觉得，我们少年人在学习西方文明的同时，也应该深入了解自己的文明传统。我曾经与他争辩过，但最后总是因为我对中西方两边的理解都比较肤浅而愤愤不平地输了。

因此，我常花大量时间跟我爸聊天，讨论中西文化，也确实被科普了不少知识，比如"推鞫""录问""翻异别勘""断由""封案"这些流行于宋代的词，都是我以前未曾听说过的。这些词都与法律有关，从中能大致感受到宋代刑法发展之先进。

想起小时候，常和我爸一起看电视连续剧《大宋提刑官》，剧中宋慈发现了很多冤假错案,并一一为其翻案。那时候我只觉得宋慈这个人很了不起,就像大名鼎鼎的"包青天"。看了我爸书稿中的《一起劫杀案的余波》《一次司法大辩论》,才知道不仅宋慈本人了不起,宋代的司法制度与司法文化也很了不起,比如"翻异别勘"制度的设置,比如法官对法律适用疑问的锱铢必较。

读我爸这本书稿,我个人最感兴趣的东西,还是党争这方面的内容,也许是因为以前读明史时反复看到如东林党、阉党、浙党的故事,总是因为情节的跌宕起伏而紧张得无法释怀,以至于看到宋朝党争的故事时,我的心情与其说是紧张,不如说是扼腕。不管是对新党与旧党反反复复的弹劾,还是对新党胜利后的"余震"(例如"乌台诗案"),我总是有一种为宋王朝的政治文明感到担心和惋惜的感受。

当我看到宋朝大臣就算在廷上辩论激烈仿佛不共戴天但却丝毫不损私人关系时,则总是有一种莫名的欣慰之情。但是,相较之下,新旧党争却仿佛一场不是你死就是我死的战斗,尤其是看"元祐党人碑"时,整个人无比愤慨,对章惇、蔡京等人特别气愤,只想给他们送上一个糟糕的"私谥"。

不过,也是在这时,我才开始醒悟,原来做皇帝真是难!虽说宋朝士大夫总努力往"虚君实相"的理想状态靠近,但宋朝恶化的朋党政争,也有他们的一份"贡献"。旁观者清,当局者迷,作为一名读者,看着党争发生时,确实想要去指手画脚一番。然而,倘若我是宋朝的皇帝,在当时的条件下,光是该拜谁为相我都无从下手,更别说怎么处理政务了。

校对书稿的时候,我便经常因为这类联想而"走了神",紧接着一整天都陷入对王安石为扶李定上马而不择手段的愤怒、对"司马牛"固执地全盘废除新法的无奈、到底该如何做皇帝的苦恼之中，十分影响校对的效率。

其实我爸这本书稿选择的历史典故，我觉得还是挺符合我这个高中生的阅读口味的，比如说，书稿中谈宋英宗该如何称呼他的生父，作为一个"标题党"，我的"八卦"之魂顿时熊熊燃烧起来。虽说我无比支持"皇伯"这个称呼，但出于人之常情，在角色代入成宋英宗时，又难免会感到点委屈，心想还是叫"亲"这个模糊的说法为好。尽管故事的结局确实如此，但我既为"皇伯派"的"滑铁卢"而可惜，又为他们死揪着不放而担心他们会伤害一个皇帝的情感。

确实得承认，我的许多看法都带着一点这个年纪特有的幼稚，但在阅读时，我依旧全身心将感情投入到那些宋朝历史当中，我想这应该是书稿十分有吸引力和能够唤起同理心（empathy）的体现吧。

最后让我感慨颇深的，还是我与我爸的书一起成长的过程。他十年前写《隐权力》时，我还是一个读童话书的小学生，随着时间的沉淀，我爸的书也越写越厚，而我，也慢慢从看简单的连环画到阅读完《上下五千年》，并且在我爸的鼓励下看了一部分《剑桥中国史》；从囫囵吞枣到开始有自己的小见解；从兴趣宽泛的随便翻翻到仔细了解某一方面的史料……

2015年，读完我爸《宋：现代的拂晓时辰》，我曾想过，以后读大学时就选择翻译系，这样可以将我爸出的几本书翻译成外文，开拓一下外国市场，也可以让那些沐浴在西方文化光辉下的人感受一下宋代中国文化的魅力。

最后，我想我应当感谢我爸，能够给我这样一个有意思的阅读经历。虽说这次帮他校对文字特别烦琐，我也因为自己知识储备的不充足，将书稿中几处原本正确的地方改错了，被我爸"笑话",让我有点难为情,但我也确实发现了不少书稿中写错了的字词,让我爸刮目相看。

总而言之,帮我爸校对书稿这个小目标,I made it。

一位开国之君的角色意识

亲爱的女儿，我们讲宋朝故事，当然应该从开国君主宋太祖赵匡胤说起。

今人讲述宋太祖的事迹，几乎必讲他的"陈桥兵变""黄袍加身"，以显示其政治野心与手腕；也必讲他平定西川、荆湖、江南、岭南，消灭军阀割据之举，以展示其雄才大略；更是必讲他"杯酒释兵权"的传闻轶事，以说明宋王朝强化中央集权与皇权专制的趋势。

不过，我们不打算讲这些众所周知的故事，只来说说太祖得国之初的三件容易被忽略的小事，从中，我们可以看到赵匡胤从一名军阀到一国之君的角色意识转换，也可以看到宋初制度构建过程的一些投影。

第一个故事：拜相

我们要讲的第一个故事，跟宋朝的基本政治制度有关。

赵宋立国，制度构架仍沿袭唐旧，执政团队也沿用后周旧人。后周显德七年，大宋建隆元年（960）正月，边关报告契丹入侵，周帝命殿前都点检赵匡胤"领宿卫诸将御之"，不想赵匡胤行军至陈桥驿，却被众将拥立为帝，黄袍加身。消息传入汴京，宰相范质"下殿执王溥手曰：'仓卒遣将，吾辈之罪也。'爪入溥手，几出血。溥噤不能对"[1]。

很快赵匡胤率兵回京，王溥"降阶先拜"，范质"不得已从之，遂称万岁"。一次惊心动魄的改朝换代，遂以兵不血刃的方式完成。

---

1 《续资治通鉴长编》卷一。

一位开国之君的角色意识

故宫南薰殿旧藏宋太祖点检像

宋太祖受禅之后，仍拜范质、王溥、魏仁浦为相，礼待有加。留用后周旧臣执政，有利于将政变产生的政治动荡降到最低限度："太祖既受位，使告诸道，东诸侯坐使者而问：'故宰相其谁乎？

枢密使副其谁乎？军职其谁乎？从官其谁乎？'皆不改旧，乃下拜。"[1]诸藩镇得悉一切沿用旧人，才接受宋太祖受禅的事实。

但对于范质等人来说，作为后周旧臣，继续当大宋的宰相，于心不安，所以一再上表请辞。话说乾德二年（964），范质、王溥、魏仁浦等"再表求退"，太祖批准了辞呈。此后数日，大宋的行政中枢出现形式上的"权力真空"，"内殿起居无宰相"。三日之后，宋太祖才拜赵普为相。

这时候，赵匡胤才发现，他对宰相赵普的任命，面临一个程序上的大问题。原来，按照从唐代传下来的惯例，皇帝发布的正式诏令，包括任命宰相的制书，都需要宰相副署，方得生效。

对于宰相副署制度的理解，我们不妨来温习一遍钱穆先生的解释："凡属皇帝命令，在敕字之下，须加盖'中书门下之印'，即须政事堂会议正式通过，然后再送尚书省执行。若未加盖'中书门下之印'，而由皇帝直接发出的命令，在当时是认为违法的，不能为下面各级机关所承认。故说'不经凤阁鸾台，何得为敕'（中书省武则天改称凤阁，门下省武则天改称鸾台），这仍是说一切皇帝诏命，必经中书门下两省。"

唐中宗时，发生过"不经两省而径自封拜官职"的事情，"但中宗究竟心怯，自己觉得难为情，故他装置诏敕的封袋，不敢照常式封发，而改用斜封。所书'敕'字，也不敢用朱笔，而改用墨笔。当时称为'斜封墨敕'。此即表示此项命令未经中书门下两省，而要请下行机关马虎承认之意。在当时便认为这是一件值得大书特书之事，因此在历史上传下。当时唐中宗私下所封之官，

1　陈师道：《后山谈丛》卷四。

故宫南薰殿旧藏宋太祖立像

时人称为'斜封官',因其未经正式敕封手续而为一般人所看不起。举此一例,便知中国传统政治,本不全由皇帝专制,也不能说中国人绝无法制观念"。[1]

宋太祖先批准了范质等三位宰相辞职,三日后才拜赵普为相,那么谁来副署赵普的拜相制书呢?找不到人了。没有宰相副署,制书便无法生效。怎么办?

宋太祖军旅出身,绝不是拘泥于礼法之人,他对赵普说:"朕为卿署之,可乎?"不就是署名吗?朕是皇帝,宰相是朕所任命,朕来署名,还不行吗?

根据制度与惯例,这还真不行。假如宋太祖不经宰相副署而径自署名任命赵普为相,往重里说,无异是对制度的破坏;往轻里说,则是对赵普的不尊重,堂堂宰相,难道也要成为受人鄙视的"斜封官"?

所以赵普拒绝了皇帝署名:"此有司职尔,非帝王事也。"申明副署乃是宰相之权,非帝王可以越俎代庖。

宋太祖只好"使问翰林学士讲求故实",让翰林学士检索典故、先例,看看能不能从先例中找到变通的办法。

翰林学士承旨、礼部尚书陶谷通过检索史书,提出一个建议:"自古辅相未尝虚位,惟唐太和中,甘露事后数日无宰相,时左仆射令狐楚等奉行制书。今尚书亦南省长官,可以署敕。"

陶谷说的是唐朝太和九年(835)的旧例。当时宰相李训谋划诛杀掌权的宦官,不料事情败露,反被宦官所杀,史称"甘露之变"。事变之后唐朝数日无宰相,唐文宗以尚书左仆射令狐楚

---

[1] 钱穆:《中国历代政治得失》,生活・读书・新知三联书店,2001。

代行相权，副署制书。其实，说起来，尚书仆射在唐初也是宰相，与中书令、侍中同掌相权，但李治即位后确立了一个惯例：尚书仆射须兼领"同中书门下平章事"之衔，方得为宰相。唐玄宗以后，尚书仆射不再加领"同平章事"，自此被排除在宰相行列之外。现在陶谷提议，遵照唐朝太和年间旧例，由南省长官——尚书仆射来副署赵普的拜相制书。

但是，另一位翰林学士窦仪反对陶谷的意见："（陶）谷所陈非承平令典，不足援据。"唐朝"甘露之变"是衰世征兆，尚书仆射"奉行制书"只是乱时变通权宜之法，引此为据确实令人不舒服。但不让尚书仆射副署制书，又该由谁署敕呢？

窦仪提了另一个建议："今皇弟开封尹、同平章事，即宰相之任也"。按唐朝制度，同平章事就是宰相，不过自晚唐至宋初，不少亲王、枢密使、留守、节度使也兼领同平章事之衔，称为"使相"，是名义上的宰相，并不行使相权。但不管怎么说，同平章事在名义上确实是宰相，亲王、开封府尹赵匡义既然领有同平章事衔，就是名义上的宰相，由他来副署赵普的拜相制书，倒也符合名分。

宋太祖说："仪言是也。"即命赵匡义以同平章事的名义副署制书，总算合乎程序地完成了对宰相赵普的任命。[1]

宋太祖在任命赵普为相事情上颇费周折，显示了赵匡胤初任皇帝的经验不足，因为经验足够的君主不大可能先批准全部宰相的辞呈，然后再任命新宰相；但换一个角度来看，这件事也说明赵匡胤还是尊重宰相署敕的惯例与制度，寻求通过先例解决拜相

---

[1] 《续资治通鉴长编》卷五；《宋史·赵普传》；《宋史·窦仪传》。

赵匡胤与其弟赵匡义、大臣赵普等人蹴球为乐。元代钱选临苏汉臣《宋太祖蹴鞠图》,上海博物馆藏

的程序问题,而不是运用开国皇帝的权威挑战惯例、破坏制度。

太祖之后,宋朝历任君臣都曾多次申明宰相副署之权,如仁宗朝谢绛说:"凡诏令皆由中书、枢密院,然后施行。"神宗朝蔡承禧说:"非经二府者,不得施行。"南宋高宗说:"凡批降御笔处分,虽出朕意,必经由三省、密院。"高宗朝朱胜非说:"不由凤阁、鸾台,盖不谓之诏令。"度宗朝刘黻说:"命令,帝王之枢机,必经中书参试,门下封驳,然后付尚书省施行,凡不由三省施行者,名曰'斜封墨敕',不足效也。……政事由中书则治,不由中书则乱,天下事当与天下共之，非人主所可得私也。"[1]

为什么要强调宰相的副署之权？从政治哲学的角度来说，宋朝士大夫认为，天下为公，君主虽为国家的主权代表，但天下却非一家私有，"天下者，中国之天下，祖宗之天下，群臣、万姓、三军之天下，非陛下之天下"[2]，因此，"天下事当与天下共之，非人主所可得私也"。

从政治学的角度来说，宋人认为，君主绕过宰相径下手诏，是乾纲独断的表现，而君主即便天纵英明，也难保不会出差错，一旦出错，却无法承担政治责任，因而，不如由宰相副署诏敕，以明确责任，万一施政有误，"知其谬之出于某人，而人主不至独任其责"[3]。

有宋一代，君主绕过宰相，私自下发手诏、内降、御笔的情况，当然也时有发生，但在制度运转正常的时期，比如说宋仁宗朝，这类"斜封墨敕"通常会被宰相驳回，如高若讷任枢密使时，"凡内降恩，若讷多覆奏不行"；杜衍为宰相时，"每内降恩，率寝格不行，积诏旨至十数，辄纳帝前"[4]。

宋神宗时，出现君主揽权独裁的苗头，内降也开始呈现泛滥之势："神宗作兴，凡事多出圣裁，虽边徼细故，亦烦亲洒"[5]。但神宗皇帝亲裁细故的行为，却受到老臣富弼的抗议："内外事多

---

1 《续资治通鉴长编》卷一一四；《国朝诸臣奏议》卷四七，蔡承禧：《上神宗论除授不经二府》；《宋会要辑稿·职官》；《宋史·刘敞传》。
2 《宋史纪事本末》卷七二。
3 《晦庵先生朱文公文集》卷六。
4 《宋史·高若讷传》；《宋史·杜衍传》。
5 楼钥：《攻愧集》卷二二。

陛下亲批，虽事事皆是，亦非为君之道。况事有不中，咎将谁执？"[1]

至宋徽宗朝，御笔指挥最为盛行。"崇宁四年，中书奉行御笔。时蔡京欲行其私意，恐三省、台谏多有驳难，故请直以御笔付有司"；自此，"凡有中旨，皆降御笔施行，期限严促，稍有稽违，置以不恭之罪。三省有司奉行不暇，虽有违戾法宪、前后重复者，不敢执奏"。宋太祖确立的分权制衡之制遂受到严重破坏，宋人对此有深切反省："于是，违纪纲为无罪，违御笔为有刑，台谏不得言，给舍不得缴，监司不得问，而纪纲坏矣。"[2]

热衷于御笔指挥、事事逞强的宋徽宗，最终招致亡国之祸，自己也被俘虏到金国。元人修《宋史》，评宋徽宗"诸事皆能，独不能为君耳"，真是不刊之论。

第二个故事：熏笼

我们要说的第二个故事，跟宋朝的宫廷制度有关。故事发生在赵普任相之后，但具体时间未详。

话说内廷需要一批熏笼（熏笼者，指放在炭盆之上的竹罩笼，可用于取暖或烘烤，亦可用来熏香、熏衣），宋太祖便吩咐后苑赶快去采购几个。过了几天，熏笼还未送来，太祖有些生气，便将办事之人叫来责问。

采办熏笼的人回话：按照条贯，内廷采办日用等物，需要先

---

1 晁公遡：《嵩山集》卷一七《韩文忠公富公奏议集序》。
2 曾敏行：《独醒杂志》卷八；《历代名臣奏议》卷二一三；吕中：《宋大事记讲义》卷二二。

给尚书省打报告，尚书省将报告下发本部，本部下发本曹，本曹下放本局，本曹做好预算，再覆奏，层层审批，最后经宰相批准，才可以拨款采购、进呈大内使用。因为报告要"经历诸处，行遣至速须数日"，最快也得好几天。

宋太祖一听，大怒："谁做这般条贯来约束我？"

左右说："可问宰相。"宋太祖当即交待左右："呼赵学究来。"赵学究即赵普。其实赵普可不是学究，并无什么高深的学问，他"少习吏事，寡学术，及为相，太祖常劝以读书。晚年手不释卷，每归私第，阖户启箧取书，读之竟日"[1]。赵匡胤故意称他为"赵学究"，是不满他设计了那一套复杂得令人生厌的条贯来约束内廷用度，因而语带讥讽。

赵普赶来见太祖。宋太祖质问他："我在民间时，用数十钱可买一熏笼；今为天子，乃数日不得。何也？"赵皇帝有些想不通啊，为什么他在民间时，用几十文钱便可以马上买到一个熏笼，当了皇帝后，采办几个熏笼却要这么麻烦。

赵普说："没办法，条贯是这么规定的。"

宋太祖说："这是什么狗屁条贯？"

赵普不紧不慢地说："此条贯，盖不为陛下设，乃为陛下子孙设，使后代子孙若非理制造奢侈之物、破坏钱物，以经诸处行遣，须有台谏理会。此条贯深意也。"

我们看赵普设计的皇室采办熏笼程序："事下尚书省，尚书省下本部，本部下本曹，本曹下本局，覆奏，又得旨，复依方下制造（或采购）"，说好听点，是手续繁琐；说不好听点，就是典

---

[1] 《宋史·赵普传》。

型的官僚作风嘛。所以也难怪赵匡胤受不了。

然而，经由赵普一解释，我们马上便发现，如此繁琐的程序是非常必要的。毕竟，皇室不同于民间，皇帝更不是一般老百姓。平民百姓需要多少个熏笼，马上就可掏钱买下来，想买多少就买多少，只要他有钱，就完全不存在问题。但皇帝不可以这么做。因为人主无私财，皇帝的财产实际上都取自民间脂膏；同时人主又掌握着俗世间至高无上的权力，如果没有一套繁复的程序与制度来约束其预算与花销，又如何防止今后有败家皇室子孙"非理制造奢侈之物、破坏钱物"？

赵匡胤显然被赵普说服了，大喜说："此条贯极妙！若无熏笼是甚小事也。"[1]

在这里，太祖与宰相共同确立了一项宫廷制度：内廷添置日用杂物、增加生活预算，须经外朝的政府与台谏审核、批准。这是对古时"惟王不会"传统的修正。

"惟王不会"是《周礼·膳夫》记录的一项宫廷财政制度，意思是说，天子的用度不必会计、审计。这也是古代成立天子私库的法理基础，即天子私库有多少财富，都归天子挥霍，花完拉倒。但宋人对"惟王不会"的古老原则提出了质疑，南宋士大夫韩元吉申明："惟王后之服、王之裘、王后之酒、王后及世子之膳，则不会，其余则太宰未尝不受其会，而有均式。"另一位南宋士大夫汪应辰也称："王之用度，虽曰不会，要不出乎式也。"[2] 式，即制度。天子的用度，必须接受制度的约束。

1　马永卿：《元城语录解》。
2　韩元吉：《南涧甲乙稿》卷十一《议节财赋十事》；汪应辰：《文定集》卷二。

从实践方面看，宋朝内廷的用度确实是受到宰相与台谏节制的。我们来看三个小故事：宋仁宗时，有嫔妃"请降御笔进官者（类似于评职称，进一级可增加月钱），上取彩笺书'某宫某氏特转某官'，众喜谢而退。至给俸日，各出御笔乞增禄，有司不敢遵用，悉退回。诸嫔群诉，且对上毁所得御笔，曰：'原来使不得！'上但笑而遣之"[1]。可见内廷嫔妃要"加薪"，例由政府审批，不是皇帝一人可定。

还是仁宗朝，有一次宋仁宗用内廷物品赏赐做法事的僧人："众僧各赐紫罗一匹。"却因为担心被台谏抓住不放，只好交待获赏的僧人，将紫罗藏在怀里，悄悄地出去，不要被人撞见："来日出东华门，以罗置怀内，勿令人见，恐台谏有文字论列。"[2] 弄得像做贼似的。可见皇帝用内廷物品赏赐他人，台谏也有权干预。

南宋初，宋徽宗死于金国，高宗在为父皇服丧期间，将御椅换成了尚未上漆的白木椅。有一回，钱塘钱氏公主入觐，见到这张龙椅，好奇问道："此檀香倚子耶？"一名姓张的妃子掩口笑道："禁中用胭脂、皂荚多，相公已有语，更敢用檀香作倚子耶？"[3] 相公指当时的宰相赵鼎、张浚。内廷的胭脂、皂荚用得多了，宰相都会过问。

宰相过问内廷日用，只是宋代宫廷制度的一部分。宋朝整个宫廷制度的特点，如果用宋人的话来说，就是"以外统内""以内属外"，内廷受外朝制约。宰相既是外朝领袖，也是内廷主管，

---

[1] 周辉：《清波别志》。
[2] 邵伯温：《邵氏闻见录》。
[3] 陆游：《老学庵笔记》。

"事无内外，无不当预"[1]。

这样一套"以外统内"的宫廷制度，其法理基础乃是"天子无私事"的理念。宋朝士大夫反对"此陛下家事，非外人所预"之类的说辞，认为"自古误人主者，多由此言"，因为，"天子以四海为家，中外之事，孰非陛下家事？无不可预之事，亦无不可预之人"[2]。既然贵为天子，化家为国，那就应该放弃他的私人权利，家里（内廷）的一切事务，都应该由政府统辖，"凡饮食、酒浆、衣服、次舍、器用、财贿，与夫宦官、宫妾之政，无一不领于冢宰。使其左右前后，一动一静，无不制以有司之法，而无纤芥之隙、瞬息之顷，得以隐其毫发之私"[3]。

但宋徽宗朝时，祖制败坏，"蔡京当国，专以'丰亨豫大'之说，蛊惑上心；动引周官'惟王不会'为词，遂至取民无艺"[4]。宋太祖与赵普担心的败家子孙"非理制造奢侈之物、破坏钱物"的情况出现了。有一个细节可以显示宋徽宗私生活之奢靡无度："宣（和）、政（和）盛时，宫中以河阳花蜡烛无香为恨，遂用龙涎、沉脑屑灌蜡烛，列两行，数百枝，焰明而香郁，钧天之所无也"。南渡之后，再无此盛况。

绍兴年间，被掳的韦太后回到南宋杭州，宋高宗事母极孝，在韦太后寿辰之日，"用宣政故事，然仅列十数炬"。但韦太后视若无睹，高宗问母亲："烛颇惬圣意否？"韦太后说："你爹爹每夜常设数百枝，诸人阁分亦然。"意思是，就这几支蜡烛，比你

---

1 《宋史·后妃传》。
2 《续资治通鉴长编》卷四五一。
3 《宋史·朱熹传》。
4 赵翼：《廿二史札记》卷二五。

爹爹那时差远了。宋高宗悄悄跟皇后说:"如何比得爹爹富贵?"[1]

第三个故事:祭礼

我们要讲的第三个故事,跟宋朝的祭祀礼制有关。古人相信,"国之大事,在祀与戎",祭祀不但是祈求国家获得天地、祖先庇佑的形式,更是关乎政治合法性的礼制安排。因此,历代形成了一整套庄严而周密的宗庙祭祀、南郊祭天之礼,马虎不得。

宋太祖受禅得位之后,"杯酒释兵权",又先后发兵平定后蜀南唐诸国,这是"戎"方面的构建。与此同时,又"令礼官检详《开宝礼》《郊祀录》及诸礼例",修订祠祭祝文,先后议定太庙祭祀、郊祀之礼,这是"祀"方面的构建。

话说赵匡胤初入太庙祭祖之时,见到太庙内所陈列的"笾豆簠簋",都是一些自己从未见过的家伙,便问左右:"此何等物也?"左右回答说,这些都是古时传下来的用于祭祀的礼器。

赵匡胤说:"吾祖宗宁识此?"命人将这些"笾豆簠簋"撤走,"进常膳如平生",用寻常食物作祭品。宋太祖出身草莽,对于传统礼制那一套繁文缛节,打心底是不以为然的。

但很快赵匡胤又觉得自己的做法不妥,说道:"古礼亦不可废也。"又命人复设"笾豆簠簋",遵照古礼完成了宗庙之祭。祭毕交待左右:"却设向来礼器,俾儒士行礼。"

此时,太常寺的礼官说:"案唐天宝中享太庙,礼料外,每

---

[1] 叶绍翁:《四朝闻见录》。

室加常食一牙盘。五代以来，遂废其礼。今请如唐故事。"[1] 宋太祖也同意了。

其实，以"笾豆簠簋"作为太庙祭祀的礼器，或者在祭案上加设一个"牙盘"，究竟有着什么深刻的意义，赵匡胤自然不会晓得，但既然前代已经使用了这样的礼器，世代相沿；而礼官又提议复设"牙盘"，那就遵循先例吧。这并非刻意泥古，而是虚己从俗。

宋太祖这种对于礼制虽然不求甚解却选择遵从先例的态度，得到北宋著名理学家邵康节的高度评价："太祖皇帝其于礼也，可谓达古今之宜矣。"[2] 邵康节是在拍赵家皇帝的马屁吗？不是。赵匡胤对待祭礼的心智确实体现了一种可贵的帝王品质：屈己从众，舍己从俗。

不妨再来跟宋徽宗的表现做个比较。北宋立国一百多年之后，礼制已非常完备，远非开国之初可比。但徽宗不满意，认为"自秦汉以来，礼坏不制，……时君世主，亦莫能兴"，以致"今荐天地、飨宗庙之器"与三代礼器"无一有合，去古既远，礼失其传矣"。因此，徽宗诏令将"鼎彝、簠簋、盘匜、爵豆"等三代礼器"具画来上，朕将亲览，参酌其宜，以革千古之陋，成一代之典，庶几先王垂法后世"[3]。又斥巨资、役万夫建造传说中的礼制建筑——明堂；并且突破了宋仁宗朝已经形成的三年一亲郊的祭天惯例，改为一年一亲郊，劳众而伤财。

---

1 《续资治通鉴长编》卷九。
2 邵伯温：《邵氏闻见录》。
3 《皇宋通鉴长编纪事本末》卷一三四。

从表面看，宋徽宗对于礼制显然更为重视，对于祭祀更为虔诚，但实际上，这是权力者的狂妄、"理性自负"的膨胀，以为自己就是"议礼""考文"的哲人王，可以一举而革千年礼制之陋。为此，不惜推翻成例，不恤人言，屈众从己，任性而为，刻意泥古。

可以说，政治家最不应该有的品格，宋徽宗全都具有了。所以宋人对宋徽宗的复古制礼之举评价极低："人非复古之人，治非复古之治，徒以窃虚名、饰美观耳。"[1]

宋徽宗为人君的心智，跟宋太祖相比，可谓是一个在地下，一个在天上。太祖出身行伍，本是乱世英雄，性情豪爽，即便阴差阳错当上了皇帝，仍然是不拘小节，曾于大雨中与臣僚饮酒；曾于雪夜拜访赵普，以"嫂子"称呼赵普夫人；又曾衣冠不整接见翰林学士窦仪，窦仪委婉地批评他："陛下创业垂统，宜以礼示天下。"他才"敛容谢之，自是对近臣未尝不冠带"[2]。

我相信，对于赵匡胤来说，不管是礼法上的繁文缛节，还是制度上的繁琐程序，都是他前半生非常陌生的事物。但是，既然当上了开国之君，就必须完成角色意识的转换，不可再像早年在民间时那般率性，而应当习惯于接受繁文缛节、繁琐制度的束缚。

赵匡胤称帝最初几年，一直处于角色意识转换的过程中。当他任命赵普为宰相，遇到副署程序的麻烦时，直想"朕为卿署之"；当他发现宫廷采购几个熏笼，居然需要层层审批时，怒骂"谁做这般条贯来约束我"；他入太庙祭祀，看到"笾豆簠簋"等礼器，笑称"吾祖宗宁识此"，可以说都是豪杰性情的自然流露。但最后，

---

1 吕中：《宋大事记讲义》卷二二。
2 《续资治通鉴长编》卷七。

他都意识到自己的身份是一国之君，自觉收敛了不拘小节的性情，转而接受制度、先例、礼法的安排。

当年，赵匡胤在陈桥"黄袍加身"，从周恭帝手里接过政权之时，也许谁也想不到他建立的赵宋王朝能够享国三百余年，是汉朝之后国运最长的一个朝代。因为在陈桥兵变之前，已经有五个短命王朝（后梁、后唐、后晋、后汉、后周）以兵变登场，又被兵变推翻（严格来说，后晋为辽所灭），安知赵宋不会重蹈覆辙，成为五代之后的第六代？

但我们从前面讲述的三件小事，不难看出，赵匡胤这个人，还真的跟五代的其他军阀不一样。他能开创一个享国三百余年的王朝，岂是偶然！

一枚『吃瓜群众』的发迹变泰

亲爱的女儿，我想跟你谈谈"阶层固化"的话题。所谓"阶层固化"，是指一个社会的上升通道关闭，阶层流动停滞，处于社会上层的精英，其后裔可以凭借先天的优势永远占据社会上层，而处于社会下层的草根及其后代，却无法通过后天的努力上升到社会上层。

　　研究者一般用"代际收入弹性"来评估一个社会的阶层固化程度，"代际收入弹性"最高为1，指子代的经济地位完全取决于父代；"代际收入弹性"最低为0，指子代与父代的经济地位完全不相关。"代际收入弹性"为0，必定是急剧变动的乱世；"代际收入弹性"为1，则必是死寂、凝固的社会，两者皆不可欲。正常社会的"代际收入弹性"一般都处于0与1之间，数值越小，说明社会流动性越高；反之，则说明阶层固化程度越高。

　　如果用"代际收入弹性"衡量宋朝社会，我们会得出一个怎样的印象呢？宋人自己说："贫富无定势"，"富贵盛衰，更迭不常"，"贫者富而贵者贱，皆交相为盛衰矣"[1]。可见宋代的"代际收入弹性"应该不会很高。不过，宋代社会也存在着很多才俊辈出、薪火相承的百年望族，"代际收入弹性"不会很低。今天我想跟你说的便是其中一个百年望族——河南吕氏。

"寒窑"少年

　　这个家族在北宋时期诞生了四位宰相：吕蒙正为太宗朝与真宗朝的宰相，吕夷简（吕蒙正之侄）是仁宗朝的宰相，吕公弼（吕

---

[1] 袁采：《世范》；袁毂：《多福院记》。

故宫南薰殿旧藏宋太宗立像

清代《古圣贤像传略》收录的吕蒙正画像

夷简之子）是英宗朝的枢密副使、神宗朝的枢密使（相当于副宰相），吕公著（吕公弼之弟）也是神宗朝的枢密使，还是哲宗朝的宰相（以后我们还会讲到吕公著的故事）。此外，吕好问（吕公著之孙）是高宗朝的尚书右丞，也属于执政官。所以南宋人王明清在《挥麈录》中大发感慨：本朝吕氏一家"相继执七朝政，真盛事也"。元人修《宋史·吕夷简传》，也说："吕氏更执国政，三世四人，世家之盛，则未之有也。"

不过南宋时，吕氏家族在政治上的地位已不复显赫，但吕家又在文学与学术上延续了家族的荣耀，如吕好问之子吕本中是南宋前期的著名诗人；吕本中的侄孙吕祖谦是南宋中期的著名学者。从吕蒙正拜相至吕祖谦逝世，大约是两百年的时间，也就是说，河南吕氏家族在政治或文化领域至少引领了两百年风骚。非常不简单。

有意思的是，吕氏家族荣耀的开创者——吕蒙正未达之时，却是一名寄人篱下的穷孩子，他能凭着后天的努力登上相位，改变自己以及家族的命运，本身便反映了宋代社会的阶层流动性。

如果你对传统戏曲略有了解，应该听说过一个很有名的剧目"寒窑记"。相传南宋时南戏便有《寒窑记》，元代的王实甫将其改编成杂剧《吕蒙正风雪破窑记》，明代文人王錂又改编成传奇《彩楼记》，现在的川剧、京剧、秦腔均保留有"寒窑记"剧目。

"寒窑记"的主角正是吕蒙正，说的是吕蒙正年轻时，因为一贫如洗，与好友寇准同在"洛阳城外破瓦窑中居止"。一日，二人听说洛阳城的刘员外家"结起彩楼，要招女婿"，便结伴前去看热闹，心想"等他家招了良婿之时，咱二人写一篇庆贺新婿的诗章，他家必不虚负了咱，但得些小钱钞，就是咱一二日的盘缠"。谁知刘员外的女儿刘月娥对吕蒙正一见倾心，将绣球抛入吕蒙正的怀里。刘员外见吕蒙正是个居住在破窑里的穷书生,坚决不同意这门亲事,打算"与他些钱钞,打发回去罢"。但刘月娥心有所属,说:"父亲,您孩儿情愿跟将他去。"刘员外苦口相劝,女儿却心意已决,最后刘员外一怒之下,将女儿赶至吕蒙正的破瓦窑。[1]

当然,戏曲故事不可当真,"寒窑记"其实是民间文人编造出来的,历史上的吕蒙正并未娶过刘姓女子,据富弼《吕文穆公蒙正神道碑》,吕蒙正"初娶宋氏,封广平县君。再娶薛氏,封谯国夫人。皆殁于公之先"。他的结发妻子姓宋,继室姓薛。

但"寒窑记"的故事也有所本。吕蒙正居住的地方,的确跟寒窑没什么区别:按南宋叶梦得《避暑录话》的记载,少年吕蒙正"羁旅于外,衣食殆不给,龙门山利涉院僧识其为贵人,延致寺中,为凿山岩为龛居之"。按邵伯温《邵氏闻见录》的说法,"吕文穆公讳蒙正,微时于洛阳之龙门利涉院土室中,与温仲舒读书。其室中今有画像"。总而言之,少年吕蒙正无家可归,居住的地方是洛阳龙门山利涉院的一处窑洞或山洞。与他一起在窑洞里读书的,是一个叫作温仲舒的朋友,而不是戏曲所说的寇准。

吕蒙正原本可以不用住窑洞,因为他的父亲吕龟图并不是穷苦平民,而是宋朝的起居郎,一个下层文官。只是这吕龟图官儿虽小,官僚的臭毛病却不小,"多内宠",讨了几房小妾,对正室刘氏(即吕蒙正之母)极看不顺眼,之后更是以"不睦"为由,将刘氏连同吕蒙正一并赶出家门。少年吕蒙正与母亲无处投靠,

---

[1] 王实甫:《吕蒙正风雪破窑记》。

"颇沦踬窘乏"[1],不得不寄宿于利涉院山寺的窑洞。

吕蒙正母亲姓刘,被夫家逐出门,住在窑洞,这经历与戏曲"寒窑记"中的刘月娥有几分相似,所以有人认为刘月娥的原型正是吕蒙正的母亲刘氏。

现在网上有一个很火的流行词,叫作"吃瓜群众",用来指称看热闹的草根。被父亲遗弃的吕蒙正却连"吃瓜群众"都不如。话说有一日,他在伊水岸边赶路,正唇焦舌干呢,"见卖瓜者,意欲得之,无钱可买。其人偶遗一枚于地,公怅然取食之"。穷得连一片甜瓜(也可能是西瓜)都买不起,只好捡起别人丢弃在地的一片烂瓜皮解解渴。后来吕蒙正当了宰相,"买园洛城东南,下临伊水,起亭以'饐瓜'名焉,不忘贫贱也"。[2]"饐瓜"就是烂瓜片的意思。吕蒙正盖这个亭子告诫自己与家人:富贵不忘贫贱。

少年贫贱的吕蒙正后来之所以能够进入政府,并且成为政府首脑——宰相,从个人的角度来说,当然是得益于他寒窗苦读的努力;从制度的角度而言,则应归功于当时社会存在着一个制度化的上升通道。这个制度化的社会上升通道,便是科举制。

科举时代来临

在科举制度出现之前,中国汉代主要以察举制选拔社会精英进入政府,所谓察举,是说地方长官负责在辖区内发现人才并举荐给国家。但到东汉末年时,由于请托盛行,察举制已丧失了选

---

1 《宋史·吕蒙正传》。
2 邵伯温:《邵氏闻见录》。

拔人才的功能："举秀才，不知书；举孝廉，父别居。寒素清白浊如泥，高第良将怯如鸡。"[1]

魏晋开始改察举制为九品中正制，在州郡设中正官，按家世门第、道德才能品评地方士人，供朝廷授官。但很快中正官便被世族门阀把持，"高门华阀有世及之荣；庶姓寒人无寸进之路。选举之弊，至此而极"[2]，出现了"上品无寒门，下品无世族"的严重阶层固化。

这一等级森严的阶层固化是被科举制冲破的。科举始创于隋代，是一种跟察举不一样的公务员选拔制度。从字面的含义看，"科举"是"分科举人"的意思，不过察举制也"分科举人"。汉代察举设有"孝廉""秀才""孝弟力田""贤良方正"诸科；而且察举制也有考试的程序，东汉时改革察举制，要求"儒者试经学，文吏试章奏"[3]。其实，科举制有别于察举制的关键点，并不在"分科举人"与考试，而是其开放性：察举制的选举权集中于地方长官手里，科举制则允许士子怀牒自荐、自由报考，然后以考试成绩任去留。

史有明载的第一次科举考试，是在隋炀帝时代："近炀帝始置进士之科，当时犹试策而已。"[4] 当时的进士科考试要试"对策"，至于是否可以自由报考，则不得而知。唐承隋制，继续推行科举制，并确立了科举考试的基本制度：考试一般分为"解试"与"省试"两级，解试由州郡政府主持，当地士子自由报考，考试获通

---

1 惠栋：《九曜斋笔记》。
2 赵翼：《廿二史札记》。
3 《后汉书·胡广列传》。
4 《旧唐书·杨绾传》。

描绘科举放榜情景的明代仇英《观榜图》(局部)。台北故宫博物院藏

过的士子取得一个"解额",可参加中央政府举行的省试,省试及第,再经吏部复试,即具备了授官的资质。宋承唐制,但增加了殿试,仁宗朝之后,殿试一般不黜落,只排定名次。

隋唐科举录取的人数极为有限,"秀异之贡,不过十数"[1]。宋初取士也是每榜不过十数,宋太祖时代共开科15榜,共取进士181人、诸科168人,平均每榜取士不足24人。到了宋太宗时代,科举录取的人数扩大了10倍以上。太宗皇帝开疆拓土的能力与功绩不及乃兄宋太祖,不过他带领宋王朝完成了从"武功开国"到"文治天下"的转型。他继位次年,即太平兴国二年(977)举行的科举考试,录取进士109人、诸科207人,另有191人考试未及格但"赐及第",共取士507人,是史无前例的一次科考"扩招"。

太平兴国二年的科考,宣告一个全面通过科举取士的时代自此来临。

宋朝是历史上第一个全面以科举取士的时代,据研究者统计,两宋三百余年,总共通过科举考试录取进士及诸科登科人数超过10万名,是唐-五代登科总人数的近10倍、元代的近100倍、明代的近4倍、清代的3.8倍。

也是在太平兴国二年的科举考试中,三十四岁的吕蒙正崭露头角,夺得了殿试状元(他的叔叔吕龟祥同年进士科及第,但吕龟祥成就不大,只当过知州)。仅仅过了六年,吕蒙正便被任命为参知政事,当时他才四十岁。有人对这位年轻的"副国级"很不服气,一日吕蒙正"入朝堂,有朝士于帘内指之曰:'是小

---

[1] 《隋书·文学列传》。

子亦参政邪？'蒙正佯为不闻而过之。其同列怒之，令诘其官位姓名，蒙正遽止之"。罢朝后，同僚还在替吕参政抱不平，说，今天就应该查查是谁说怪话。吕蒙正说："若一知其姓名，则终身不能复忘，固不如毋知也。且不问之，何损？"大家听了，都很佩服吕参政的气量，"皆服其量"。[1]

又过了几年，端拱元年（988），宰相李昉罢相，吕蒙正"拜中书侍郎兼户部尚书、平章事，监修国史"，成为政府首脑——宰相。按宋朝惯例，宰相之子可以荫补为正五品的员外郎，吕蒙正拜相时不到五十岁，儿子才几岁，坚决请辞恩荫儿子五品官秩："臣忝甲科及第，释褐止授九品京官。况天下才能，老于岩穴，不沾寸禄者多矣。今臣男始离襁褓，膺此宠命，恐罹阴谴，乞以臣释褐时官补之。"[2]——我当年高中状元，第一次授官是九品，况且天下才俊老于民间、未获朝廷赏识者不在少数，现在如果让一个刚离襁褓的小子沾宰相老子的光得到五品官秩，恐怕他无福消受，反损了他的福德。请荫补他一个九品官秩就可。其后，宰相之子仅恩荫九品"遂为定制"。

大中祥符元年（1008），吕蒙正已经致仕，闲居于洛阳。宋真宗西祀后土，途经洛阳，专程拜访了吕家，"锡赉有加"，还问吕老先生："卿诸子孰可用？"皇帝的言下之意，当然是表示他将会重用吕爱卿的子孙。吕蒙正却说："诸子皆不足用。有侄夷简，任颍州推官，宰相才也。"[3]宋真宗记住了"吕夷简"这个名字。

---

1 司马光：《涑水记闻》卷二。
2 《宋史·吕蒙正传》。
3 《宋史·吕蒙正传》。

后来吕夷简果然于宋仁宗朝拜相。不过吕夷简也是科举出身,并非荫补得官。

我们不妨仿照"代际收入弹性"一词,造出一个"代际权力弹性"的概念,用来评估恩荫制与科举制。毫无疑问,恩荫制体现了一种非常高的"代际权力弹性":一名乳臭未干的官宦子弟,可以凭着父荫获得五品官秩,十年寒窗苦读的贫家子弟听了,岂不是要哭晕在厕所?不过,吕蒙正的谦抑,毕竟降低了"代际权力弹性"。

而且,宋代的荫补官在任职、升迁诸方面都受到限制,包括不得任台谏官、两制官、史官与经筵官,有机会擢升至高层的荫补官很少见。这也是对"代际权力弹性"的控制。宋朝一些有才气、有骨气的官宦子弟,自己其实并不愿意沾老子的光,主动放弃了荫补,选择走科举考试之路,如宰相李昉之子李宗谔,"七岁能属文,耻以父得官,独由乡举,第进士,授校书郎。明年,献文自荐,迁秘书郎、集贤校理、同修起居注"[1]。

科举则是一种"代际权力弹性"非常低的制度,很大程度上抵消了恩荫制带来的"代际权力弹性",防止社会阶层固化。在宋代,科举取士始终是主流,荫补只是一种补充性的安排。

正是有了科举制度,没有父荫可以沾光,也没有贵戚可以举荐的吕蒙正才可以通过正常的制度通道,被选拔进政府,乃至晋升为政府领袖。吕蒙正并不是特例,我们再来看看宋仁宗朝主持"庆历新政"的三位重要推手:宰相杜衍、参知政事范仲淹、谏官欧阳修。杜衍自幼失怙,母亲改嫁钱氏,少年时投奔母亲,却

---

[1] 《宋史·李宗谔传》。

不容于继父，生活非常落魄，以帮人抄书为生；范仲淹两岁丧父，之后随母亲改嫁朱氏，读书时以稀粥为食，"人不能堪，仲淹不苦也"[1]；欧阳修也是四岁时失去父亲，"家贫，至以荻画地学书"[2]，家里穷得买不起纸笔，只好用荻草在地上练习写字。

科举的制度创新

如果吕蒙正、杜衍、范仲淹、欧阳修等寒门子弟生活在隋朝或唐朝，想要通过科举考试进入政府高层，恐怕机会就微乎其微了，近乎是"癞蛤蟆想吃天鹅肉"。

同样是科举制，宋朝与隋唐又有制度细节上的诸多差异，准确地说，宋政府在唐朝科举的制度构架上进行了很多降低"代际权力弹性"的制度创新。

隋朝为科举草创之时，考试制度尚很简陋；唐代科举在制度设计方面还是不甚用心，虽然以考试取士，同时又允许"公荐"，权贵公卿可以向主考官——知贡举推荐录取的人选，于是每到开科之年，朝中权贵便纷纷向知贡举请托，往往尚未开考，而录取的名单及名次已经预定下来，考试只是走走过场而已。

唐文宗大和二年（828），礼部侍郎崔郾被任命为知贡举，前往东都洛阳主持进士科考试，长安的公卿都来给崔郾饯行，拜托崔郾留意他们的门生子弟。其中有一个叫作吴武陵的太学博士，带了一篇《阿房宫赋》，向崔郾推荐杜牧：侍郎请看这《阿房宫赋》，

---

[1] 《宋史·范仲淹传》。
[2] 《宋史·欧阳修传》。

作者的才华好得不得了。崔郾读了《阿房宫赋》，承认杜牧的文章的确写得好。吴武陵趁机说：请将杜牧录为状元。崔郾说：这事不好办，不瞒你说，状元已经许给其他人了，这样吧，我将第五名安排给杜牧吧。当时有人反对将杜牧列为第五名，称杜牧这个人品行有问题。崔郾说："已许吴君矣。牧虽屠沽，不能易也。"[1]既然答应了吴君，便不可食言，不管杜牧是杀猪的，还是卖酒的，都给他第五名。

这种名为公荐、实为请托的做法，到了宋代就不被允许了。建隆四年（963）正月二十七日，宋太祖下诏："礼部贡举人，今后朝臣不得更发公荐，违者重置其罪。"[2]为杜绝朝臣请托，宋政府在科举考试中全面推行"锁院制"，即主持考试的知贡举、权同知贡举、参详官、点校试卷官、监试御史等考官确定下来后（宋代科举置考官多名，有相互监察之责），马上进入贡院，不得出外，不得与外人交通，食宿都得在贡院之内。（美国的陪审团遴选出来后，也要求与外界隔离，以免受干扰。）唐时科考偶有锁院，但非常制，锁院制度确立下来，始于宋太宗。淳化三年（992），太宗"命翰林学士承旨苏易简等同知贡举，既受诏，径赴贡院以避请求。后遂为常制"[3]。

宋太宗时代还创设了"封弥制"，即将考生答卷卷首的考生姓名、年甲、乡贯等个人信息密封，代之以字号，又叫"糊名考校"。这样，考官在评卷的时候，由于不知道某卷的考生是何人，就算

---

1 《唐摭言校注》卷六。
2 《续资治通鉴长编》卷四。
3 《续资治通鉴长编》卷三三。

想给熟人卖一个人情，也无从下手。（今日的高考评卷还沿用宋人发明的封弥制。）

不过，"糊名考校"并不能完全杜绝考官徇私，因为考官还可以通过辨认笔迹或暗记，认出答卷是不是出自熟悉的考生之手。到宋真宗时，朝廷又设立"誊录制"，堵住了"封弥制"的制度漏洞。所谓"誊录制"，是说每一份考生交上来的试卷，都要经专门的书吏用红笔抄录成副本，然后将副本送考官进行评卷。

宋代的科举评卷机制也比较严密，从宋真宗大中祥符四年（1011）起，宋朝确立了将进士科殿试答卷分为五等的评等制度："考第之制凡五等：学识优长、词理精绝为第一；才思该通、文理周率为第二；文理俱通为第三；文理中平为第四；文理疏浅为第五。然后临轩唱第，上二等曰及第，三等曰出身，四等、五等曰同出身。"[1]

答卷等次的评定采用"三级考校制"："举人纳试卷，内臣收之，先付编排官去其卷首乡贯状，以字号第之，付弥封官誊写、校勘，用御书院印，始付考官，定等讫，复弥封送覆考官，再定等。编排官阅其同异，未同者再考之，如复不同，即以相附近者为定。始取乡贯状字号合之，乃第其姓名、差次并试卷以闻，遂临轩唱第。"[2]

照此考校定等的程序，评卷的第一步是初评，将考生答卷封弥、誊录后，送初考官评定等次。第二步是复评，将考卷的初评意见封弥，送覆考官再定等次。第三步，由编排官审查初考、覆

---

[1] 《宋史·选举志》。
[2] 《续资治通鉴长编》卷七六。

考意见的异同，如果意见一样，即按此定等；如果意见各异，则将考卷封弥后再送另一位考官评卷，采用意见重合的等次；假如三次评出来的等次各异，则采用最接近三评的那一个等次。

宋朝科举考试还有"别头试"的制度，即有亲戚为考官或本州官员的考生，必须另设考场、另派考官。这一制度也是始见于太宗朝，雍熙二年（985）二月的省试，由于"贾黄中等同知贡举各以子弟甥侄籍名求别试"，宋太宗要求将所有跟考官沾亲带故的考生安排在另外的考场，由三位没有亲嫌关系的别试官主持考试。[1]

"锁院制""封弥制""誊录制""三级考校制"与"别头试"的推行，将人情的影响减少至最低程度，使得宋代科举的考试程序更为公平，用欧阳修的话来说："窃以国家取士之制，比于前世，最号至公。……各糊名、誊录而考之，使主司莫知为何方之人，谁氏之子，不得有所憎爱薄厚于其间。故议者谓国家科场之制，虽未复古法，而便于今世，其无情如造化，至公如权衡，祖宗以来不可易之制也。"[2]

从这一制度受益的，当然是那些朝中无贵人、胸中有才学的寒门读书人。所以宋代进士多出身寒微，从南宋宝祐四年（1256）的《登科录》来看：当年录取了 601 名进士，其中平民出身的有 417 名，官宦子弟只有 184 名，寒门进士占了绝大多数。

---

1 《宋会要辑稿·选举》。
2 《欧阳文忠公全集·奏议集》卷一七《论逐路取人札子》。

政策向寒门倾斜

宋朝科举不独"取士不问家世"[1]，甚至有意抑制世家，照顾寒门利益。开宝元年（968）三月开科，翰林学士陶谷之子陶邴名列第六，但宋太祖说："闻陶谷不能训子，陶邴安得登第？"命宰相加以复试，陶邴在复试时成绩及格，才被录取。之后宋朝立下了一条原则："食禄之家，有登第者，礼部具姓名以闻，令复试之。"[2]

出身寒微的吕蒙正可谓得益于这种"取士不问家世"的科举制度，有意思的是，宋朝对食禄之家的抑制，也波及吕蒙正家族。雍熙二年（985），吕蒙正还是参知政事，他的堂弟吕蒙亨（吕龟祥之子）与宰相李昉的儿子李宗谔参加了这一年的科考，均名入上等。但在殿试时，宋太宗说："此并势家，与孤寒竞进，纵以艺升，人亦谓朕为有私也。"遂以"势家不宜与孤寒竞进"为由，罢了吕蒙亨与李宗谔的名次，将机会让给寒门子弟。[3] 此举看似对"势家"不公，但官宦之家具有得天独厚的教育资源，又有荫补的特权，在科举考试中对他们提出更严格的要求，倒也体现了一种"矫正的平等"。（类似道理，可参考美国黑人的平权运动。）

吕蒙亨其实也不必感到委屈，因为后来将吕氏家族荣耀发扬光大的仁宗朝宰相吕夷简，正是他的儿子。

宋代科举有意向寒门倾斜的政策，还包括政府为寒门子弟参

---

1 郑樵：《通志·氏族略序》。
2 《续资治通鉴长编》卷九；《宋史·选举志》。
3 《续资治通鉴长编》卷二六。

加科举考试提供经济资助。士子赴考需要不菲的开支，包括从家乡到京城的路费、食宿费，偏远地方的贫家子弟往往因为掏不出盘缠而不得不放弃了考试。针对这一情况，开宝二年（969）十月，宋太祖下诏："国家岁开贡部，敷求俊乂，四方之士，无远弗届，而经途遐阻，资用或阙，朕甚愍焉。自今西川、山南、荆湖等道举人，往来给券。"[1] 西川、山南、荆湖的读书人进京考试，可以凭"公券"免费使用官驿的交通工具，并在官驿借宿，"自初起程，以至还乡费，皆给于公家"[2]。

宋朝的地方政府也相继设立"贡士庄"与"贡士库"，资助参加科考的当地士子。贡士庄是指地方政府成立一个机构，管理若干供租佃的公田、供租赁的公屋，租金收入用于援助当地进京赴考的读书人。贡士库则是地方政府拨出若干公款，成立一笔基金，基金的本金通常用于投资解库（相当于钱庄），收取的利息则用来赞助应考的当地士子。由于省试每三年开考一次，因此贡士庄与贡士库的资助金通常也是每三年发放一次。

南宋末的寿昌军（今湖北鄂州）同时设有贡士庄与贡士库，其中贡士库有本钱二万五千贯（为十七界会子），每年可收息钱六千贯，"三年所收共一万八千贯"；贡士庄名下有田产（未知亩数），三年可收田租三百六十六石九斗谷米，另有"房屋园地"出租，三年可收租金一百四十贯足。寿昌郡政府每三年将贡士庄与贡士库的收入归总，30%用于资助解试合格、准备赴京参加省试的举子；30%用于资助赴太学补试的学生；10%资助"别头试"的士子；

---

1 《续资治通鉴长编》卷一〇。
2 王栐：《燕翼诒谋录》卷一。

10% 资助那些获得免解试待遇、可直接参加省试的士子。[1] 景定年间，建康府（今江苏南京）的贡士庄对士子的资助标准则是：每名得解举子"五十千"，即 50 贯钱；免解的士子每人"二十千"，即 20 贯钱。[2]

贫家子弟参加科考的经费有了着落，"朝为田舍郎，暮登天子堂"的童话才有变现的可能性。

现在，我们可以得出一个结论：同样是推行科举取士，但宋朝的寒门子弟要比唐朝的"吃瓜群众"更容易通过科举考试改变命运，从社会底层升入社会上层。

统计数据可以佐证这一点——研究者发现，"《旧唐书》所载从唐肃宗到唐代末年之间的人物，大约有将近十分之七出自名族和公卿子弟，出身于寒素者不及七分之一，如果以宰辅的家世作比较，两者的比例更加悬殊（80%∶7%）"。这一情况到了宋代就扭转过来了，"《宋史》列传中的北宋人物，出身于高官家庭的不过四分之一左右，而出身布衣的则超过二分之一，而且随着时间的演进，时代愈晚，布衣出身的比例也愈高；以宰辅的出身来作统计，情况也大体相似"。[3]

显然，隋唐时期的"代际权力弹性"要低于"上品无寒门，下品无世族"的魏晋时期；宋朝的"代际权力弹性"又远低于"取士问家世"的隋唐时期。尽管宋代不乏像河南吕氏那样的世家大族，能够保持二百年的家族荣耀，但其政治地位的维持，也并不

---

1 《寿昌乘·贡士规约记》。
2 《景定建康志·府学赆送规约》。
3 参见梁庚尧《宋代科举社会》第九讲"社会流动及其局限"，东方出版中心，2017。

是依靠权力的世袭,荫补的因素亦微不足道(吕夷简之子吕公弼、吕公著均曾恩荫得官,但兄弟俩后又参加科考,取得了进士出身),归根结底还是需要一代一代的家族子弟参与科举竞争,只有在竞争中脱颖而出,方得以延续家族荣光。也就是说,科举时代的世家门第,"代际权力弹性"的问题也不是非常严重。

科举制度在宋代迎来充满生气与活力的鼎盛期之后,在元代进入停滞期,不过到了明清两朝,科举制度又得复兴(只是已经不若宋代科举之富有生气),继续为无数寒门子弟提供了进入社会上层的制度性通道。旅美华裔历史学家何炳棣先生的研究发现,从明代至清代,虽然平民向上流动的机会出现渐减的趋势,但就整个明清时期来说,社会仍然具有相当程度的流动性。[1]

一直以来,我们都习惯于从负面想象科举制度,认为科举制是维护"封建专制"、禁锢读书人思想的工具,也是近代中国落后于西方列强的文化因素。但如果我们持正公允,便会发现,科举制度其实为传统中国创造了一个开放性的士人政府,一个流动性的平民社会。功莫大焉。

余话:宋朝科举考什么?

亲爱的女儿,说到这里,我还要回答你的一个疑问:科举考试究竟考些什么题目?

尽管自隋唐直至明清,历代都推行科举制,但科考的题目却不尽相同。而且,科举又分为进士科以及九经、五经、开元礼、

---

[1] 参见梁庚尧《宋代科举社会》第九讲"社会流动及其局限",东方出版中心,2017。

三史、三礼、三传、学究、明法、明经诸科，各科的考试内容也不完全一样，比如明法科的考试，主要是测试考生掌握的法律知识与司法技艺。

我们主要说说进士科省试的试题。宋代省试的科目虽然屡经变革，但有四个科目是必考的：诗赋、经义、论、策。宋人曾从龙说："国家以科目网罗天下之英隽，义以观其通经，赋以观其博古，论以观其识，策以观其才。"[1] 科举制度的设计目的，是识别、发现优秀的治国人才，因此需要以试诗赋考查应试者的文学才情与审美能力，以试经义考查他们对经典义理的理解与阐释，以试论考查他们的学识与见解，以试策考查解决时务问题的见识与才干。

唐人考试重诗赋，"铨擢之次，每以诗赋为先"[2]。以至有宋朝人认为，唐朝人写诗之所以那么厉害，就是科举考试训练出来的："或问：唐诗何以胜我朝？唐以诗取士，故多专门之学，我朝之所以不及也。"[3]

宋人考试更重经义与策论，如王安石与司马光政治立场迥异，但在"科举应当考什么"的问题上，却所见略同，都反对以诗赋取士。王安石曾跟宋神宗说："今以少壮时正当讲求天下正理，乃闭门学作诗赋，及其入官，世事皆所不习，此乃科法败坏人才，致不如古。"[4] 建议罢诗赋、考经义。司马光也说："国家设官分职，以待贤能，大者道德器识以弼谐教化，其次明察惠和以拊循州县，

---

1 《宋史·曾从龙传》。
2 王勃：《上吏部裴侍郎启》。
3 严羽：《沧浪诗话·诗评》。
4 马端临：《文献通考·选举考》。

其次方略勇果以捍御外侮，小者刑狱钱谷以供给役使，岂可专取文艺之人，欲以备百官、济万事邪？"[1] 诗赋题目在宋代科举考试中的地位逐渐下降，经义与策论的重要性则得到加强。

具体来说，试经义是出题者从儒家经书中截取一句话，请考生阐述其蕴含的义理。明清时试经义演变成考"八股文"，从外在的文体形式到内在的思想都严重僵化，但在宋代，人们崇尚"独立之精神，自由之思想"，考生可以自由解经、传注、质疑古说、阐发新见，甚至"全不顾经文，务自立说，心粗胆大，敢为新奇诡异之论"[2]。

试论，则类似于命题作文，通常是要求考生评论经史记载的某个典故或某一位历史人物。如北宋嘉祐二年（1057）进士科省试的论题是"刑赏忠厚之至论"，典出《尚书》孔安国注文："刑疑付轻，赏疑从众，忠厚之至。"换成现在的说法，这题目就是"论疑罪从轻"。

试策跟今天公务员考试中的"申论"差不多，一般都是主考官就时务提出具体问题，让考生发表见解，所以又称"策问"，考生的回答则称"对策"。对策通常是千字文，但也有洋洋洒洒写了上万言的对策。熙宁四年（1071），苏轼担任开封府试官，出的策问题目是："晋武平吴以独断而克，苻坚伐晋以独断而亡；齐桓专任管仲而霸，燕哙专任子之而败，事同而功异，何也？"[3] 翻译成大白话，就是"试比较专制的优劣"。当时王安石与宋神

---

1 《司马温公文集》卷五。
2 《朱子语类》卷一〇九。
3 《宋史·苏轼传》。

宗正推行新法，王氏"既得政，每赞上以独断，上专信任之"，出现专制的苗头。苏轼拟此题目，自然是想引导考生对君相"独断"时局的注意与思考。

我们看宋代科举考试的题目，相信是完全可以遴选出合格之国家治理人才的。

遗憾的是，由于从朱元璋时代开始，朝廷偏好以僵化的"八股文"取士，策论、诗赋虽然也是考试科目，但不受重视，如同走过场，"士子所诵习，主司所鉴别，不过《四书》文而已"[1]。以致选拔出来的官员，对"兵刑、财赋、河渠、边塞之利病"漠不关心；及至获授官职、治理一方之政时，却"懵然于中而无以应"[2]。到了晚清之时，局势大变，这种庸碌的官员更是难以适应近代化的挑战，导致科举制度无辜受累，遂于 1905 年被清政府宣布废止。

---

1 顾炎武撰、黄汝成释《日知录集释》卷一六。
2 盛康：《皇朝经世文续编》卷六六；孙鼎臣：《论治二》。

一场缔结百年和平的谈判

亲爱的女儿，网上有一句流传颇广的"名言"："领土争端没有谈判，只有战争。"据说还是俄罗斯总统普京说的。你问我普京到底有没有说过这话？我不知道。网络上的言论纷繁芜杂，真伪莫辨。

不过我们可以分析这句话有没有道理。领土争端伴随了人类历史几千年，由此产生的战火，造成无数生灵涂炭。当政治家发现通过谈判而不必通过战争也可以解决领土争端时，那是人类社会文明发展的体现。

今天我们就来讲一个关于领土争端谈判的故事。没错，这个故事就是宋朝与辽朝的"澶渊议和"。

宋辽的领土争端

宋朝与辽朝之间存在着领土纠纷，这领土纠纷属于"历史遗留问题"。原来，五代后唐清泰三年（936），军阀石敬瑭叛变，并向契丹国借兵，消灭了后唐，建立后晋政权，作为回报，石敬瑭割让燕云十六州给予契丹。到后周时，周世宗柴荣率兵收复了燕云十六州的瀛州、莫州、宁州三州和瓦桥关、益津关、淤口关三关，即所谓的"关南之地"，这一领土遗产为赵宋所继承。

对新生的宋王朝来说，收复后晋时被割让出去的燕云故土，是太祖、太宗的夙愿。宋太祖尝设封桩库，储备战略物资，密谓近臣："石晋苟利于己，割幽蓟以赂契丹，使一方之人独限外境，朕甚悯之。欲俟斯库所蓄满三五十万，即遣使与契丹约，苟能归我土地民庶，则当尽此金帛充其赎直。如曰不可，朕将散滞财，募勇士，俾图攻取耳。"宋太宗也计划"异时收复燕蓟，当于古北口以来据其要害，不过三五处，屯兵设堡寨，自绝南牧矣"。[1]太宗还两度亲率大军北伐，攻取幽蓟之地，却大败而回。

那边厢，辽国也一直以取回关南之地为理由，频频发兵南侵，比如"宋太平兴国五年（980），冬十一月，帝（辽景宗）发兵万余众进攻关南，宋河阳节度使崔彦进将兵御之，辽师失利"[2]。

就这样，宋朝要北伐，辽国要南征，双方一直互有征战。大体来说，宋朝的北伐固然都无功而返，辽国的南侵也基本上都遭受挫折。从战场的胜负来看，宋王朝与辽帝国的军事实力可以说是旗鼓相当的，谁都有机会小胜对方，但谁也无法一举吞掉对手。宋方想收复燕云故土，基本无望；辽方要夺回关南之地，也近乎不切实际。

宋真宗景德元年（1004）闰九月初八，辽国又一次大举南下，来势特别凶猛。辽主萧太后与辽圣宗御驾亲征，率兵号称二十万之众，以辽国大将萧挞览为先锋，连破宋境数城，扑向瀛州（今河北河间）、祁州（今河北保定），并欲乘虚直下贝州（今河北邢台）、冀州（今河北衡水）、天雄军（今河北邯郸）。[3]

军情自边关急递至京师汴梁，宋王朝"中外震骇"。其时宋真宗赵恒继承大统不过几年，作为一名从未像他的伯父（太祖）、父亲（太宗）那样在沙场厮杀过的文弱君主，面对来势汹汹的契丹军团，真宗该如何对付这一场迫在眉睫的危机？——这不但是国家的危机，也是真宗个人的荣誉危机。在宰相寇准的鼓动下，

---

1 《续资治通鉴长编》卷一九、卷二四。
2 叶隆礼：《契丹国志》卷六。
3 台湾三军大学编著《中国历代战争史》第11册，中信出版社，2013。

故宫南薰殿旧藏宋真宗坐像

真宗决定御驾亲征。

这个时候,前线辽军咄咄逼人的攻势也受到遏止。九月下旬,辽人以数万骑进攻山西草城川,宋军将领高继勋率兵来援,登高望草城川,说:"敌众而阵不整,将不才也。我兵虽少,可以奇取胜。先设伏山下,战合,必南去,尔起乘之,当大溃。"遂与辽兵激战于寒光岭,"敌兵果败,自相蹂躏者万余人,获马牛橐驼甚众"。十月份,边关保州、莫州、威虏军、北平寨均汇报"击败契丹,群臣称贺"。[1]

萧太后其实也想过单凭武力未必能够拿下关南失地,因此在举兵南下的同时,又通过私人渠道给宋方传递信息,要求进行领土谈判。看得出来,萧太后的如意算盘是:以举国之力南下,如果能一举夺回关南之地,固然是最好不过;即便一时无法得逞,也可以凭恃战场上的威力,胁逼宋朝坐下来谈判,交还关南故地。

于是,宋辽双方一面在战场上调兵遣将,进行你死我活的厮杀,一面也通过私人渠道,进行彬彬有礼的沟通。以前我们看到的历史叙述,往往只关注战场上的刀光剑影,没怎么留意到私下沟通的风云暗动。

沟通的私人渠道

维系宋辽双方秘密沟通的渠道,是归顺辽国的宋朝降将王继忠。

---

[1] 《皇宋通鉴长编纪事本末》卷一五。

宋佚名《景德四图》之《契丹使朝聘图》。台北故宫博物院藏

  一年前，即咸平六年（1003），王继忠在抗辽前线"战败，为敌所获，敌即授以官，稍亲信之"。王继忠乘机进言："窃观契丹与南朝为仇敌，每岁赋车籍马，国内骚然，未见其利。孰若驰一介，寻旧盟，结好息民，休兵解甲？为彼此之计，无出此者。"[1]萧太后与辽圣宗觉得此言有理，因此，此番大举南征之时，授意王继忠给宋真宗写了一封密信，"遣小校李兴等四人持信箭"，出

---

1 王曾：《王文正公笔录》。

使莫州，将王继忠密信交给莫州将领石普，称有"密奏一封，愿速达阙下。辞甚恳激"[1]。王继忠为什么要选择石普来传递信息呢？原来，王石二人是旧相识、老朋友，"普方守莫州，素与继忠同在东宫"[2]。

石普得信，赶紧派人将密信快马加鞭送至京师。宋真宗拆开密信，见王继忠在信上解释了他去年战败被俘虏的经过，然后又说："北朝以臣早事宫庭，尝荷边寄，被以殊宠，列于诸臣。尝念昔岁面辞，亲奉德音，惟以息民止戈为事。况北朝钦闻圣德，愿修旧好，必冀睿慈，俯从愚瞽。"[3] 意思是说，辽国虽然举兵而来，却有和谈之意。

宋真宗对王继忠密信的真实性将信将疑，跟大臣说："此奏虽至，恐未可信也。"宰相毕士安说："（辽人）今既兵锋屡挫，又耻于自退，故因继忠以请，谅其非妄。"

真宗说："卿等所言，但知其一，未知其二。彼以无成请盟，固其宜也。然得请之后，必有邀求。若屈己安民，特遣使命，遗之财货，斯可也。所虑者关南之地曾属彼方，以是为辞，则必须绝议。朕当治兵整众，躬行讨击耳。"宋真宗还是比较清醒，知道这个时候跟辽人谈判，辽人必有讨回领土之要求，而且不会善罢甘休。因此，真宗拒绝了王继忠提出的宋朝先遣使议和的要求，只给他回信："诏到日，卿可密达兹意，共议事宜。果有审实之状，即附边臣闻奏。"

1　《皇宋通鉴长编纪事本末》卷一五。
2　王曾：《王文正公笔录》。
3　《皇宋通鉴长编纪事本末》卷一五。下同。

十月上旬，辽师围困河北瀛州城。王继忠又送来密信，说"关南乃其（指辽国）旧疆，恐难固守，乞早遣使议和好"。又提出议和的请求。辽军对拿下瀛州确实是志在必得的，"昼夜攻城击鼓，伐木之声，闻于四面。大设攻具，驱奚人负板秉烛，乘堙而上"。

但宋军也早有防备，"发垒石巨木击之，皆累累而坠；逾十数日，多所杀伤"。辽人强攻不下，萧太后亲自上阵督战："契丹主及萧太后又亲鼓众急击，矢集城上如猬"，却被守城的宋军以礌石、巨木、弩箭击毙"三万人"，"伤者倍之"。辽军"弗能克，乃遁去"。

瀛州保卫战的大捷，极大挫伤了辽军企图一鼓作气拿下关南之地的信心，也坚定了宋真宗御驾亲征的决心。在御驾出发之前，真宗决定按王继忠所请，派遣使者至辽营探探口风。

于是命枢密院挑选合适的使者，枢密使王继英推荐了一位名叫曹利用的下层军官："曹利用自陈，傥得奉君命，死无所避。"宋真宗遂任命曹利用为"阁门祗候，假崇仪副使"，前往辽营谈判。御驾随后开赴前线亲征。

但曹利用第一次出使，并未能顺利进入辽营，因为他到达前线天雄军时，判天雄军王钦若将他扣留了下来，不让出城。王钦若的理由是，辽国没有和谈的诚意，现在还不是谈判的时候。

由于瀛州一役失败，萧太后求和之心已有些迫切，"复令王继忠具奏求和好"，且言："北朝顿兵，不敢动掠，以待王人。"真宗正在亲征途中，给王继忠复信说：已经派遣曹利用前往议和，可"遣人自抵天雄迎援之"。但王继忠一直等不到曹利用，后来才听说曹利用被王钦若扣留在天雄军，他只好又给真宗致信："乞自澶州别遣使者至北朝，免致缓误。"

当时，辽国的大军正兵临澶州城下，随时都可以发起攻城之战。辽军统军萧挞览自恃其勇，一日出营督战，澶州城"威虎军头张瑰守床子弩潜发，挞览中额陨，其徒数十百辈竞前，舆曳至寨。是夜挞览死，敌大挫衄，退却不敢动"。萧太后闻知萧挞览死讯，大哭，并辍朝五日。

几天后，宋真宗御驾亲征大军抵达澶州。宋时澶州被黄河分隔为南城与北城，北城正是战争前线。真宗原本打算驻扎在南城，不过黄河。这样安全一些。但寇准坚请渡河："陛下不过河则人心危惧，敌气未慑，非所以取威决胜也。四方征镇赴援者日至，又何疑而不往？"真宗这才过河，"登北城门楼，张黄龙旗，诸军皆呼万岁，声闻数十里，气势百倍。敌相视益怖骇"。

这时候萧太后已清楚地知道，在战场上跟宋军耗下去，已经讨不到好处了，求和之心更切。《辽史》这么总结："（辽军）将与宋战，挞览中弩，我兵失倚，和议始定。或者天厌其乱，使南北之民休息者耶？"

终于坐下来谈判

在王继忠的斡旋下，宋辽和谈终于正式启动了。

景德元年、契丹统和二十二年十一月底，大宋谈判代表曹利用从天雄军出发，前往辽营议和。时萧挞览刚被宋军射杀未久，辽营还沉浸在悲痛中。辽圣宗耶律隆绪强作欢颜接待了曹利用，让他"与其宰相韩德让同处一车"，又"坐利用车下馈之食，共议和好事"。

但这次谈判未能达成共识，"议未决"。考其原因，应该是辽方在谈判时提出要宋方交还关南之地的要求，而对这个要求当如何答复，曹利用当时尚未获得授权。因此，耶律隆绪决定派遣左飞龙使韩杞为大辽使者，持国主信函，随曹利用到澶州行宫拜会宋真宗。

真宗安排澶州知州何承矩设宴招待韩杞，又任命翰林学士赵安仁为接待大使。十二月初一，真宗在澶州行宫接见了韩杞，韩杞跪奏："国母（萧太后）令臣上问皇帝起居。"并呈上辽主耶律隆绪致大宋皇帝的信函。

真宗见辽主信函果然提出割归关南之地的要求，便跟宰辅商量："吾固料敌如此,今果然。唯将奈何？"辅臣建议真宗这么答书："关南久属朝廷，不可拟议。或岁给金帛，助其军费，以固欢盟。惟陛下裁定。"真宗说："念河北居人重有劳扰，傥岁以金帛济其不足，朝廷之体固亦无伤。答其书不必具言，但令曹利用与韩杞口述兹事可也。"遂委任曹利用为全权谈判代表，随韩杞至辽营进行第二轮谈判。

曹利用出发之前，宋真宗交待他："辽人如要求割地，切不可答应。若邀求货财,则宜许之。"曹利用说："臣曾派人密伺韩杞，闻其乘间谓左右曰：'尔见澶州北寨兵否？劲卒利器，与前闻不同。吁，可畏也。'臣此得熟察之。妄有邀求，必请会师平荡。"

曹利用又"面请岁赂金帛之数"，请皇帝给他交个底，可以答应给辽国多少钱。真宗说："必不得已，虽百万（两）亦可。"但曹利用辞别皇帝后，又被宰相寇准"召至幄次"，寇准警告他："虽有敕旨，汝往，所许不得过三十万。过三十万，勿来见准，准将斩汝！"

从这里也可以看出，寇准的态度比宋真宗要强硬得多。寇准原来还打算趁机对辽国提出苛刻的讲和条件，"邀使称臣，且献幽州地"。但显而易见，这样的停火条件是辽国不可能接受的。

如此一来，谈判必破裂。宋真宗不同意这么做，寇准"不得已，许之"[1]。

曹利用与韩杞至辽寨，辽方"复以关南故地为言"，曹利用说道："北朝既兴师寻盟，若岁希南朝金帛之资以助军旅，则犹可议也。"辽国谈判代表、政事舍人高正始语气激烈地说："今兹引众而来，本谋关南之地。若不遂事所图，则本国之人，负愧多矣。"曹利用答道："禀命专对，有死而已。若北朝不恤后悔，恣其邀求，地固不可得，兵亦未易息也。"[2] 态度非常坚决。

高正始将曹利用的意见汇报给萧太后与耶律隆绪，"国主及母闻之，意稍息，欲岁取金帛"，不再坚持索回关南之地，退而求其次，希望拿到更多的岁币。接下来的谈判主题，便集中在岁币数额之多少上。最后，曹利用答应每年给予"绢二十万匹、银一十万两"，"议始定"，双方达成了初步共识。

辽主又安排王继忠来见曹利用，让王继忠转达辽方的一个意见："南北通和，实为美事。国主年少，愿兄事南朝"，"请立誓，并乞遣上使臣持誓书至彼"。提出宋辽两国正式盟誓，交换国书，签署和平协议。

曹利用带着王继忠的密信回到澶州。辽方还派了右监门卫大将军姚东之护送曹利用回营。宋真宗还是命赵安仁为接待大使，按之前接待韩杞的规格接待了姚东之。

宴会上，姚东之"谈次颇矜兵强战胜"，赵安仁不动声色地说："闻君多识前言，老氏云：兵者不祥之器，圣人不得已而用

---

1 《宋史·寇准传》。
2 《皇宋通鉴长编纪事本末》卷一五。下同。

之。胜而不美,而美之者,是乐杀人。乐杀人者,不得志于天下。"姚东之"自是不敢复谈"。

曹利用则入行宫拜见宋真宗。当时真宗正在进膳,所以让曹利用在帐外稍候。但真宗又急于想知道谈判的结果,便叫内侍问曹利用,答应了给契丹多少钱。曹利用说:"此几事,当面奏。"真宗又遣内侍复问:"姑言其略。"曹利用始终不肯明言,"而以三指加颊"。

内侍入内报告真宗:"三指加颊,岂非三百万乎?"真宗失声叫起来:"太多!"既而又说:"姑了事,亦可耳。"由于"宫帷浅迫",曹利用在外面听得一清二楚,"具闻其语"。

真宗匆匆吃完饭,将曹利用叫进去问话。曹利用耍了心眼,再三称罪说:"臣许之银绢过多。"急得真宗追问:"几何?"曹利用说:"三十万。"真宗皇帝"不觉喜甚",给了曹利用特别丰厚的赏赐。

立誓结盟

接下来的谈判,无非是一些扫尾、善后的细节问题,进展非常顺利。如辽方代表姚东之提出,辽主"收众北归,恐为缘边邀击",真宗答应诏"诸路部署及诸州军勿辄出兵马袭契丹归师";王继忠用密信转达的"交换国书"之请,真宗也答应下来。又赐王继忠手诏,请他转达辽主,"悉放所掠老幼"。

景德元年十二月初七,宋真宗委派左卫大将军李继昌为国使,持誓书与姚东之往辽营报聘。援助辽国的岁币之数,亦如曹利用所许诺。随后辽国也遣使送来答大宋皇帝的誓书。这两份誓书,是确立宋辽关系的重要法律文件,也是我们研究宋辽关系的重要文献。有必要将两份誓书全书抄录出来。

大宋誓书：

维景德元年，岁次甲辰，十二月庚辰朔、七日丙戌，大宋皇帝谨致誓书于大契丹皇帝阙下：共遵诚信，虔守欢盟。以风土之宜，助军旅之费，每岁以绢二十万匹、银一十万两，更不差使臣专往北朝，只令三司差人搬送至雄州交割。沿边州军，各守疆界，两地人户，不得交侵。或有盗贼逋逃，彼此无令停匿。至于陇亩稼穑，南北勿纵惊骚。所有两朝城池，并可依旧存守，淘壕完葺，一切如常，即不得创筑城隍，开拔河道。誓书之外，各无所求。必务协同，庶存悠久。自此保安黎庶，慎守封陲，质于天地神祇，告于宗庙社稷，子孙共守，传之无穷，有渝此盟，不克享国。昭昭天监，当共殛之。远具披陈，专俟报复。不宣，谨白。

大辽誓书：

维统和二十二年，岁次甲辰，十二月庚辰朔、十二日辛卯，大契丹皇帝谨致誓书于大宋皇帝阙下：共议戢兵，复论通好，兼承惠顾，特示誓书，云"以风土之宜，助军旅之费，每岁以绢二十万匹、银一十万两，更不差使臣专往北朝，只令三司差人般送至雄州交割。沿边州军，各守疆界，两地人户，不得交侵。或有盗贼逋逃，彼此无令停匿。至于陇亩稼穑，南北勿纵惊骚。所有两朝城池，并可依旧存守，淘壕完茸，一切如常，即不得创筑城隍，开拔河道。誓书之外，各无所求，必务协同，庶存悠久。自此保安黎献，慎守封陲，质于天地神祇，告于宗庙社稷，子孙共守，传之无穷，有渝此盟，不克享国。昭昭天监，当共殛之。"孤虽不才，敢遵此约，谨当告于天地，誓之子孙，苟渝此盟，神明是殛。专具谘述，不宣，谨白。[1]

这便是大宋与大辽于公元1004年签订的"澶渊之盟"，一份终结了二十五年征战（从979年宋太宗第一次北伐到1004年"澶渊之盟"签订）、缔结了一百余年和平的协约。

如何评价"澶渊之盟"

亲爱的女儿，故事讲完了，但我们还要思考一个问题：应当如何评价"澶渊之盟"呢？

许多人可能会习惯性地认为，"澶渊之盟"是城下之盟，是一份丧权辱国、割地赔款的条约。然而，从前面我们的讲述便可以知道，"澶渊之盟"其实是在宋朝打了胜仗的情况下，愿意停兵与辽朝谈判，并做了让步而达成的和议，跟城下之盟的性质并不一样。"城下之盟"语出《左传·桓公十二年》："大败之，为城下之盟而还。"是指兵败后迫于无奈而签订的屈辱性条约。而宋朝跟辽朝立盟，并非因为战败后，迫于敌人兵锋而忍辱求和，而是不欲两国长年征战，希望达成长远和平。

---

[1] 徐梦莘：《三朝北盟会编》卷六。

宋朝也没有对辽国割地。今人之所以认定澶渊之盟"丧权辱国",想来应该是因为盟书约定了宋政府每年要给予辽朝岁币。这里我们有必要来探析一下"岁币"的性质。不管从宋辽谈判过程中的说法,还是从两国誓书的用词来看,岁币既不是战败国的战争赔款(19世纪鸦片战争以降,清政府对西方列强支付的银子,才是屈辱的战争赔款),也不是藩属国的纳贡,宋政府对岁币的交割形式,也尽力避免给人纳贡的印象:"更不差使专往北朝,只令三司差人搬送至雄州交割。"毋宁说,岁币实际上就是发达国家对经济落后国家的资助:"以风土之宜,助军旅之费";"念河北居人重有劳扰,傥岁以金帛济其不足",类似于今天国与国之间的经济援助。

　　而从成本－收益的功利角度来看,每年十万两银、二十万匹绢的岁币支出,也是收益远大于成本的划算买卖。以宋朝庞大的财税收入,区区二三十万两银的开销并不构成什么负担;而且,由于宋朝对辽朝的贸易长期处于"出超"地位,每年的岁币基本上又流回宋人手里,据日本汉学家斯波义信的估算,"平均来看,宋通过对辽贸易每年可获得八十万贯顺差。这其中,政府的官方贸易往来占到了四十万到五十万贯。此顺差使宋朝实际上重新赚回了对辽国的岁贡"[1]。

　　宋朝人自己也曾做过一番成本－收益计算,结论是"虽每岁赠遗,较于用兵之费不及百分之一";"岁遗差优,然不足以当用

---

[1] 斯波义信,*Sung Foreign Trade : Its Scope and Organization*。转引自贾志扬《宋代与东亚的多国体系及贸易世界》,《北京大学学报》2009年第2期。

兵之费百一二焉。则知澶渊之盟未为失策"[1]。岁币支出只相当于战争损耗的百分之一。财物的损耗还是小事，更为重要的是，如果宋辽征战，势必有无数的军人与平民要死于战火；而澶渊之盟订立之后，至宋朝与女真秘密订立海上之盟之前，两国实现了一百余年的和平，其间尽管有纠纷、有局部冲突、有勾心斗角，但基本上都是通过谈判解决问题，并没有引发战争。单说这一点，就非常了不起。

宋代之前的汉朝、唐朝，为缔约和平，一般采用"和亲"的方式（据学者的研究，西汉至少有16起和亲，隋唐有45起和亲，宋代以后的和亲共计有37起）。宋朝则从无"和亲"之举，辽朝与西夏都曾经向宋朝提出"和亲"的要求，但宋政府都婉转拒绝了，宁愿每年多支付点岁币。今天许多人都能够接受汉唐的"和亲"政策——王昭君与文成公主的故事一直受到歌颂，却无法接受宋代的岁币。我感到有点难以理解，因为如果以现代文明价值观视之，"和亲"过程中，至少有一名女性被当成政治牺牲品，显然更不应该为现代人所接受。

如果说，汉唐的"和亲"是中世纪式的和平机制，那么宋辽开创的"和约"，则可以说是近代化的和平机制。根据"澶渊之盟"的盟书以及后续的系列约定，宋辽两国达成的重要协议包括：

　　1. 宋辽双方约为"兄弟之国"，地位平等；
　　2. 宋朝每年给予辽朝岁币十万两银、二十万匹绢，"以风土之宜，助军旅之费"；

---

[1] 《续资治通鉴长编》卷七〇。

3. 双方大致按占领现状划清领土边界，在国境线立下"石峰"（相当于今天的界碑），"沿边州军，各守疆界，两地人户，不得交侵"；

4. 约定两国互不单方面增加边防武装，"所有两朝城池，并可依旧存守，淘濠完葺，一切如常，即不得创筑城隍，开拔河道"；

5. 约定双边司法上的合作，"或有盗贼逋逃，彼此无令停匿"，类似于罪犯引渡协定；

6. 两国在边境开设榷场，开展双边贸易。

宋朝与辽朝"建交"之后，在长达一百余年的来往中，还形成了一套制度化的"外交"机制，包括：

1. 设立"国信所"，有点像现代国家的外交部，负责选派外交使团、接待外国使节、保管外交文书与礼物；

2. 每逢重大节日，譬如元旦，两国会互派使臣前往庆贺，一国皇帝、太后寿辰，另一国也会遣使祝贺。一国若遇上国丧，另一国也要派人吊慰；

3. 一国新君即位，也会派遣使臣通报对方，对方则致函相贺；

4. 凡遣使访问，对方都会给予礼遇，双方通常也会互赠礼物；

5. 一方若要征讨第三国，也需要遣使照会对方，以期达成"谅解备忘录"；

6. 两国若发生利益纠纷与局部冲突，都通过派遣代表谈判解决，不致诱发战争。

近代民族国家谋求建立的国际条约关系，不就是如此么？

"澶渊之盟"告诉我们：军事实力固然是谈判席上最有力的筹码（这一点必须承认），但和平谈判却能够创造出战争无法完成的历久弥新的文明价值。

一个受到褒奖的『贰臣』

降辽

亲爱的女儿，你应该听说过北宋"杨家将"的故事，这"杨家将"故事里，有一位杨四郎，是杨令公第四子。在宋辽"金沙滩之战"中，因奸臣潘仁美不加救援，杨门八子战死的战死，失踪的失踪，只有杨六郎一人全身而归，杨四郎则被辽人俘获，萧太后见他长得一表人才，又有一身好武艺，爱才心切，便将琼娥公主（又有铁镜公主、桃花公主、明姬公主等说法）许配给他，招为驸马。十五年后，杨四郎过关探母，助宋破辽，与家团圆。这个故事，被京剧及众多地方戏编为《四郎探母》。

"杨家将"传奇其实是后世底层文人虚构出来的故事，始见元代杂剧与明代评书小说。传为南宋人徐大焯所著的《烬余录》也收录有"杨家将"的传说，但现在基本上可以确认《烬余录》是清朝人托名的伪书，不足为信。按《宋史》的记载，杨业的七个儿子杨延朗、杨延浦、杨延训、杨延环、杨延贵、杨延彬、杨延玉，除了小儿子杨延玉随父战死沙场之外，其余六子皆得善终，既未战死，亦未被俘。

不过，杨四郎有历史原型，这个历史原型便是景德元年为促成宋辽"澶渊之盟"做出很大贡献的王继忠。

王继忠为宋真宗藩邸旧人，自幼与赵恒相识，"事真宗储邸历年最久，群萃中为之冠首，众皆惮其严整。宫中事，有所未便，常尽规谏，上每为之敛容听纳，特加礼遇"[1]。相传宋真宗为开封府尹时，曾经"呼通衢中铁盘市卜一瞽者"，给他的几名亲信摸

---

[1] 王曾：《王文正公笔录》。

骨算命，当算到王继忠的命理时，"瞽者骇之曰：'此人可讶。半生食官禄，半生食胡禄。'真宗笑而遣去"[1]。对算命先生的话，真宗一笑置之，并不相信。

谁知算命先生一言成谶。真宗即位后，王继忠迅速得到升迁，"累迁至殿前都虞候，领云州观察使，出为深州副都部署；改镇、定、高阳关三路钤辖，兼河北都转运使；迁高阳关副都部署，俄徙定州"[2]。咸平六年（1003）四月，辽军进犯宋境，围攻王继忠驻防的定州（今河北定州），定州路驻泊兵马行营都部署王超命王继忠率一千五百名步兵侦察敌情，结果被辽军发觉，围困在定州望都（今河北保定），而王超却拒绝支援，致使王继忠部全军覆灭，王继忠本人被俘。

随后，王超向朝廷报告了军情："契丹南寇，发步兵千五百赴定州望都县南，遇贼逆战，杀戮其众。贼并攻南偏，出阵后，焚绝粮道。人马渴乏，将士被重创，贼围不解，众寡非敌。二十诘旦，副总管王继忠陷没，臣等即引兵还州。"[3]

当时宋真宗与朝中大臣，都以为王继忠已经阵亡。真宗非常伤心，下诏追封王继忠为大同军节度使，给王家送了非常优厚的抚恤金，又恩荫王继忠的四个儿子王怀节、王怀敏、王怀德、王怀正为官。

次年，景德元年（1004）闰九月，辽国萧太后大举兴兵南侵，宋真宗决定御驾北上亲征。正当这个时候，真宗收到一封从辽营

---

1 文莹：《玉壶清话》卷四。
2 《宋史·王继忠传》。
3 《宋会要辑稿·蕃夷》。

宋佚名《景德四图》之《北寨宴射图》。台北故宫博物院藏

中辗转送来的密信，写信人正是王继忠。王继忠在信上说："臣先奉诏充定州路副都部署，望都之战，自辰达酉，营帐未备，资粮未至，军不解甲、马不刍秣二日矣。加以士卒乏饮，冒刃争汲，翌日，臣整众而前，邀其偏将，虽胜负且半，而策援不至，为北朝所擒。非唯王超等轻敌寡谋，亦臣之罪也。北朝以臣早事宫庭，尝荷边寄，被以殊宠，列于诸臣。"[1] 简略说明了一年前他战败被俘的经过。

---

1 《皇宋通鉴长编纪事本末》卷一五。

宋真宗这才知道原来王继忠并未战死,而是被辽人所俘虏。

王继忠被俘后,萧太后得知他是宋真宗藩邸旧人,没有杀他,而是招为己用,授予户部使的官职,又"以康默记族女女之",将一名契丹贵族女子许配给他为妻;"继忠亦自激昂,事必尽力"[1],表示将尽心效忠辽国。

王继忠这个经历,跟杂剧、小说中的杨四郎非常相似。想来杨四郎的故事便是根据王继忠降辽的史实演绎出来的。

通信

这次王继忠给宋真宗写信,是为了说服真宗跟辽国和谈。原来,王继忠降辽后,颇受信任,"继忠乘间言和好之利,时敌人颇有厌兵意,虽大举深入,然亦纳继忠说,于是遣小校李兴等四人持信箭,以继忠书诣莫州部署石普,且致密奏一封,愿速达阙下"[2]。宋将石普与王继忠为旧交,都是真宗藩邸旧人。接到继忠密信,石普立即急递京师。

宋辽两国由于存在历史宿怨与领土纷争,一直互有征战,但在战争中谁都讨不到好处,反而需要为此承受沉重的成本,包括巨额财政的投入、战士的牺牲、边境人民的流离失所。到了宋真宗、辽圣宗那一代,应该说,双方都有了厌战之心,都希望与对方订立永久的和平。因此,尽管辽圣宗此番大举兴兵南下,但同时又接受了王继忠的提议,通过私人渠道向宋朝表达了和谈之意。

---

1 《辽史·王继忠传》。
2 《皇宋通鉴长编纪事本末》卷一五。

契丹画师笔下的契丹武士。李赞华《骑射图》，台北故宫博物院藏

宋朝这边，真宗皇帝尽管在宰相寇准的坚持下，决定御驾亲征，但他内心深处，其实更加渴望和平。真宗毕竟不比身经百战的太祖、太宗，战争对于他来说，既是陌生的，也是可怕的。只不过，双方虽有求和之心，却由于两国既未建立正式的沟通机制，也缺乏基本的政治互信，和平谈判便无从开始。这个时候，归顺辽国的真宗藩邸旧人王继忠，由于其身份的特别，既是宋真宗的亲信，又得到辽主的信任，便成了最合适的连接宋辽高层通信的中介。

在接到王继忠的密信之后，宋真宗虽然没有如王继忠所请，马上派遣使者赴辽营议和，但还是很快复信，交待王继忠：可向辽主转达宋朝亦有"偃革"之意，欢迎共议和谈之事宜，若辽方"果有审实之言，即附边臣闻奏"[1]。这里的"边臣"，指与王继忠私交不错的莫州将领石普。

于是，在景德元年宋辽大战的过程中，两国一边在前线厮杀，一边又通过王继忠—石普这一私人渠道，保持着最高层的间接通信。通信是秘密进行的，知情的人，除了辽圣宗、萧太后、宋真宗及其执政团队、王继忠、石普之外，恐怕许多前线将领都不知道宋辽高层建造了一条秘密通信的渠道。

王继忠身在辽营，但给予宋真宗的密信都使用"密奏"的格式，在文字形式上一直以"真宗臣下"的身份说话。今天有些论者据此认为，王继忠很可能就是宋朝留在辽国的间谍。这个说法是没有根据的。事实上，王继忠给宋真宗写信，是出于辽主的授意，没有辽主首肯，王继忠不可能在战场上私通"敌国"；他的每一封密信，也应该经辽主过目，由其批准之后才送给了石普、转达给宋真宗。

在宋朝正式遣使抵达辽营谈判之前，宋辽双方停战议和的愿望，以及怎么和谈的细节，都是靠王继忠－石普这个私人渠道来沟通。可以说，如果没有王继忠从中牵针引线，未必就有后来的"澶渊之盟"；即使"澶渊之盟"最后可能会签订，但进展肯定也不会那么顺利。因此，史书评价说，"契丹请和，……朝廷从之，自是南北戢兵，继忠有力焉"[2]。

---

1 《续资治通鉴长编》卷五七。
2 《宋史·王继忠传》。

宋代无款《中兴瑞应图》（局部）上的宋朝兵营。天津博物馆藏

褒奖

　　王继忠也因为促成"澶渊之盟"有功，受到宋辽双方的一致褒奖。辽国方面，辽主"以继忠家无奴隶，赐宫户三十"，辽人所说的"宫户"，指划入宫籍的奴婢贱口，辽国君主常常将宫户赏赐给臣下，作为他们的奴隶。赏赐之外，辽主又给王继忠封官晋爵，先后封其为左武卫上将军、琅邪郡王、楚王，官拜南院枢密使。又"赐国姓"，因此王继忠又叫"耶律宗信"。王继忠在辽

国所生的儿子王怀玉，也官至防御使。[1]早年算命先生说王继忠"半生食官禄，半生食胡禄"，真是神奇的预言。

宋朝方面，宋真宗"岁遣使至契丹，必以袭衣、金带、器币、茶药赐之"，每次遣使出使辽国，都不忘记带一份厚礼送给王继忠。继忠每接到真宗礼物，"对使者亦必泣下"，也会托使者给宋真宗带回他回赠的礼物，如大中祥符二年（1009）二月，入契丹使回朝，带回王继忠所献礼物，包括"名马、法锦、银鼠貂鼠被褥"等。[2]

后来宋真宗驾崩，仁宗继位，新皇帝在遣使通告辽国时，还是没有忘记给远在异国的王继忠致以问候，送以礼物："诏枢密院每岁送契丹礼物，耶律宗信亦以袭衣、金带赐之。宗信即王继忠也，契丹封楚王，改今姓名"。耶律宗信亦送了仁宗皇帝名马，"来贺登极"[3]。

按宋朝方面的史料记述，王继忠实际上是"身在曹营心在汉"，曾经委托宋朝使臣"恳请（宋真宗）致书国主，召己归"，但真宗犹豫再三，还是没有答应他，因为宋辽"盟誓之约，各无所求"，按"澶渊之盟"的约定，宋朝不能要求辽国遣还降将。宋真宗只能告诉王继忠，"国主若自许卿归，则当重币为谢"。让王继忠向辽主提出归国的请求，如果辽主允许，宋朝将以重金酬谢。但辽主并没有批准王继忠之请，"契丹主遇继忠厚，亦弗许也"[4]。

对王继忠留在宋朝的家人，宋政府也给予厚恤。按宋人笔记，"景德入寇，继忠从行，乃使通奏，先导欲和之意，朝廷始知其不死，

---

1 《辽史·王继忠传》。
2 《宋史·王继忠传》；《宋会要辑稿·蕃夷》。
3 《续资治通鉴长编》卷九九。
4 《续资治通鉴长编》卷六二。

卒因其说以成澶渊之盟。继忠是时于两间用力甚多，故契丹不疑，真宗亦录其妻子，岁时待之甚厚。……子孙在中朝官者，亦甚众，至今京师号'陷蕃王太尉家'"[1]。

笔记所言应该是可信的，因为正史也记载，大中祥符六年（1013），王继忠陷蕃十年后，宋真宗还给王继忠的儿子赏赐官宅，"赐王继忠诸子天波门外官第一区"[2]。这东京天波门外第一区的王氏官宅，想来便是宋人笔记说的"陷蕃王太尉家"。有意思的是，小说"杨家将"故事中，杨家的府邸就叫作"天波府"。不知是不是从王继忠后代官宅位于天波门外演义而来。

我们想一想，辽国国主给王继忠"授以官爵，为其婚娶，大加委用"[3]，还可以理解，毕竟王继忠已归顺大辽，且表示效忠北朝，"事必尽力"云云。辽国对王继忠的任用，毫无政治伦理上的障碍。"杨家将"故事中的杨令公杨业，原也是北汉的节度使，后才归降赵宋，不也受到宋朝的重用，成就千秋忠名？

但宋朝对王继忠加以褒奖，又优恤其子孙，则多少是对正统的"尽忠"观念的挑战。因为王继忠作为宋朝将领，未能战死于沙场，却投降了辽国，显然是投敌变节，按正统的观念，无疑属于"贰臣"之列。对于贰臣的亲属，不杀已是天子隆恩，怎么可以给予优恤？

我们都听说过汉朝李陵的故事吧。李陵的经历与王继忠相似，命运却大不一样。天汉二年（公元前99年），李陵奉汉武帝之命

---

1 叶梦得：《石林燕语》卷一〇。
2 《宋会要辑稿·方域》。
3 王曾：《王文正公笔录》。

出征匈奴，因寡不敌众，兵败投降。汉武帝开始也以为李陵战死，"招陵母及妇，使相者视之，无死丧色"，看相的人说李陵家人面无死丧之色。后闻知李陵投降，汉武帝"怒甚"，"群臣皆罪陵"，只有司马迁为李陵说了几句公道话，却因此激怒汉武帝，被处宫刑。

一年后，武帝派遣公孙敖"深入匈奴"，准备救回李陵，谁知公孙敖却带回一个消息："李陵教单于为兵，以备汉军"。实际上这是谣传，但武帝震怒，不问青红皂白，"族陵家，母、弟、妻、子皆伏诛"。李陵在匈奴听到族诛的噩耗，从此对汉朝死了心。倒是匈奴的单于很同情李陵遭遇，"以女妻之"，又封其为"右校王"。后来武帝驾崩，继位的汉昭帝派使者前往匈奴，招李陵回来，但李陵拒绝了："丈夫不能再辱。"[1]

王继忠不可能不知道汉朝李陵的故事，他真应该庆幸自己不是生活在汉武帝时代。

评价

今天，以现代人的价值观审视历史，我们当然可以从民众福祉出发，高度评价王继忠为宋辽的百年和平做出了不可磨灭的贡献。但这样的评价放在数百年前，则可能是一种伦理上的冒险。一位研究中国"尽忠"观念的英国汉学家说，"王继忠未能以死殉国一事给后来的评论者造成了巨大的困扰"[2]。

---

1 《汉书·李陵传》。
2 〔英〕史怀梅：《忠贞不贰？——辽代的越境之举》，曹流译，江苏人民出版社，2015。

对于传统的史家来说，王继忠的变节是不可原谅的。元人修《辽史·王继忠传》，于传末附上评论："继忠既不能死国，虽通南北之和，有知人之鉴，奚足尚哉！"修《宋史·王继忠传》，传末也附评论："继忠临阵赴敌，以死自效，其生也亦幸而免，然在朔庭贵宠用事，议者方之李陵，而大节固已亏矣。"都认为王继忠应当以死报国。不死，即使促成了宋辽和议，也是大节有亏，不足为尚。

　　元明清三朝文人编造"杨家将"故事，大概也觉得杨四郎的降辽之举，实在对不起杨门忠名，所以又给补上了"过关探母，助宋破辽"的情节，以成全杨家将"忠孝双全"之名。

　　清代有些写地方戏的小文人，甚至认为，杨四郎不死不足以保全杨家一门忠烈的声名，山西上党梆子连台本戏《忠节义》便给杨四郎编排了一个很惨烈的结局：宋辽议和之后，杨母佘太君将杨四郎带回南朝，四郎之妻、辽国桃花公主要求随行，但辽主不放行，桃花公主一怒之下，摔死周岁小儿，自己也当庭碰死于金阶。杨四郎随母归国后，佘太君竭力逼他自尽："四郎，非是为娘苦苦逼你性命，不记你父亲、兄弟俱以为国身亡，儿比漏网之鱼，玷辱我杨门忠义。儿乃堂堂男子，还不如辽邦那一女子，娘若留儿在世，那辽后岂不耻笑为娘，你快与为娘死、死、死！"最后杨四郎只能选择自杀，"遵母命把忠尽"[1]。

　　然而，这只是后世文人的看法，宋人未必也是这么想。宋时，人们对于王继忠的评价，可以参见王曾《王文正公笔录》记述的

---

[1] 参见上党梆子戏传统剧目《忠节义》，20世纪50年代曾由作家赵树理主持改编成新编梆子戏《三关排宴》。

一段话："继忠为人有诚信，北境甚重之，后封河间王。彼土人士或称之曰：'古人尽忠，止能忠于一主，今河间王南北欢好，若此，可谓尽忠于两主。'然则继忠身陷异国，不能即死，与夫无益而苟活者异矣。"

这段话体现了当时人对王继忠的两个评价，一是王曾所代表的宋朝士人，他们认为王继忠"为人有诚信"，"身陷异国，不能即死，与夫无益而苟活者异矣"，尽管没有战死沙场，但为宋辽和平做出了贡献，不同于苟活者。也就是说，在宋朝士大夫的观念中，以死报国当然是一种崇高的价值，但"死"本身并不具有绝对的价值，如果能为庶民带来福利，投降也是可以谅解的。

另一种评价来自"彼土人士"（辽人）。在辽国人看来，王继忠先效忠于大宋、后效忠于大辽，促成"南北欢好"，"可谓尽忠于两主"。对于"尽忠于两主"之说，王曾应该是没有异议的，否则他不会在评价王继忠事迹时特别收录了这一句话。宋人后来几次提及王继忠事，也都是将其当成正面的例子拿出来宣讲的。换言之，在宋人观念中，王继忠协助宋辽两国实现百年和平，这也是"忠"的表现。

将宋人对王继忠的评价跟明清文人对"杨家将"故事的改编略加比较，我们会发现，宋人的观念无疑更为开明一些。即便对于王继忠的改换胡姓，宋人也能给予尊重，在遣使致送王继忠礼物时，称他为耶律宗信。

效应

王继忠的故事发生在宋真宗朝，但他留下的影响与效应，却延续至后真宗时代，因为真宗皇帝对王继忠的褒奖以及士大夫的正面评价，构成了宋朝政府比较宽容对待投降行为的一个先例。这是王继忠本人也意想不到的事情。

大约在宋辽结盟的三十五年后，即宋仁宗康定元年（1040），宣布独立的西夏对宋境发起进攻,兵临延州（今陕西延安）城下。当时鄜延、环庆路同安抚使刘平屯兵庆州（今甘肃庆阳），延州知州范雍紧急向刘平求援，刘平遂率兵与鄜延路副都部署石元孙汇合，扎营于延州三川口西十里。但很快遭到西夏兵偷袭，并被重兵包围。驻扎于附近的监军宦官黄德和见机不妙，居然溜之大吉，"率麾下走保西南山，众从之，皆溃"。刘平派他人驰追黄德和，"执辔语曰：'当勒兵还，并力抗敌，奈何先奔？'"但黄德和并不听从，溜走了。

结果，刘平部被敌人重重困住，"转斗三日"，第四天"夜四鼓，敌环营呼曰：'如许残兵，不降何待！'平旦，敌酋举鞭麾骑，自山四出合击"，刘平部遂全军覆灭[1]。咸平六年王继忠的悲剧重演了一遍，只不过敌人从辽兵换成了西夏兵。

再说黄德和脱困后，为转嫁自己临阵逃脱的罪责，给朝廷写了一份报告，称刘平投降了敌人；又重金收买了刘平的家奴，"使附己说以证"，将宋廷上下的怒火引向"死无对证"的刘平。

正在为三川口大败一事恼火的宋仁宗，看了黄德和的报告，果然怒不可遏，意欲派禁军包围刘平家。此时，一位叫作贾昌朝的御史站出来反对宋仁宗这么做，贾昌朝援引了王继忠的先例来劝阻仁宗皇帝："汉族杀李陵，陵不得归，而汉悔之。先帝厚抚王继忠家，终得继忠用。平事未可知，使收其族，虽平在，亦不

---

[1]《宋史·刘平传》。

得还矣。"[1]

仁宗采纳贾昌朝之言，没有捉拿刘平的家人，而委派殿中侍御史文彦博与陕西都转运使庞籍共同调查黄德和检控刘平投敌一事。经过一番查证，文彦博、庞籍掌握了黄德和身为监军却临阵逃跑、见死不救又收买家奴构陷刘平的事实。时黄德和朝中势力颇盛，其同党"谋翻其狱，至遣他御史来"。文彦博强硬地拒绝了移交案子，对新来的御史说："朝廷虑狱不就，故遣君。今案具矣，宜亟还。事或弗成，彦博执其咎。"庞籍也奏报朝廷："德和退怯当诛。刘平力战而没，宜加恤其子孙。"于是黄德和与受贿的刘平家奴"就诛"[2]。

这时候，延州也有一些吏民诣阙投状，证实刘平与石元孙当时都战死了。宋仁宗遂追封刘平为朔方军节度使兼侍中，赐谥"壮武"（一说谥"壮愍"）；又给刘平家人赐府第，封其妻赵氏为南阳郡太夫人，"子孙及诸弟皆优迁，未官者录之"。追封石元孙为忠正军节度使兼太傅，"录其子孙七人"为官。

但过了一段时间，归顺宋朝的羌人说，刘平其实并未战死，而是被西夏人俘虏了，且在西夏成了家，"生子于贼中"[3]。但朝廷与刘家都不敢相信。

庆历四年（1044），西夏屈服称臣，与宋朝言和，释放了宝元三年俘获的宋朝将领石元孙。石元孙意外归来，宋朝君臣这才知道他当年并没有战死。而且，从他口中又得知，刘平其实也没

---

1 《宋史·文彦博传》;《宋史·贾昌朝传》。
2 《宋史·文彦博传》;《宋史·庞籍传》。
3 《宋史·刘平传》;《宋史·石元孙传》。

有死，而是同时被执，后死于兴州（今陕西略阳）。

当时有些官员感觉受到了愚弄，有几个谏官、御史上奏说："元孙军败不死，辱国，请斩塞下。"此时贾昌朝已拜同中书门下平章事、兼枢密使，即宰相，他极力反对台谏官之言，跟宋仁宗说，"自古将帅被执，归者多不死。"仁宗召他入对，贾昌朝从袖中抽出史书，翻出历代前例，告诉皇帝："前代将臣败覆而还，多不加罪。"仁宗遂没有重罪石元孙，只将他安置于全州（今广西全州）[1]。

至于刘平，由于已经亡故于他乡，人们都心照不宣地不再旧事重提，都假装相信他未曾投降，而是以身殉国了，朝廷追赠给他的官爵与谥号，并没有夺回；给予其子孙的优恤，也没有收回。

尽管人们已经知道刘平当年未曾战死沙场，但后来王安石给贾昌朝撰写神道碑时，还是将他替刘平求情一事当成正面事迹大书一笔："其（贾昌朝）在御史，刘平为赵元昊所得，边吏以降敌告，议收其族。公言：'汉杀李陵母妻子，陵不归而汉悔；真宗抚王继忠家，后赖其力。且平事固未可知。'乃不果收。"[2]

不知不觉间，王继忠事件已经重塑了贾昌朝、王安石等宋朝士大夫的观念，使得他们能够以更为人性化、更具同情心的眼光去看待战士被俘的遭遇。对战士来说，不战而降当然是一种耻辱，但若尽力而战，力屈被擒，则应给予同情与理解。

（王瑞来先生的《超越：一个"贰臣"的贡献》一文，对本文的写作有很大启发，谨致谢意。）

---

1 《宋史·石元孙传》；《宋史·贾昌朝传》。
2 王安石：《赠司空兼侍中文元贾魏公神道碑》。

一位『百事不会,却会做官家』的君主

亲爱的女儿，你小时候看过"狸猫换太子"的故事，这故事里的"太子"，是宋真宗之子赵祯，即后来的宋仁宗。在宋朝诸帝中，我觉得最值得介绍的君主，除了太祖赵匡胤，便是这位仁宗皇帝了。

但在我们过去的印象中，宋仁宗似乎是一个平庸的皇帝，既无天纵之英明，也未见有什么了不起的功业，甚至连个供坊间文人传诵的传奇故事也没有，宋太祖好歹有"千里送京娘"的英雄救美故事，明朝正德皇帝也有"游龙戏凤"的风流韵事，宋仁宗呢，大概只出现在"狸猫换太子"的戏文中，但历史上其实并无"狸猫换太子"之事，戏文成就的也只是"包青天"的美名。其在位四十余年，也未能开创出今日主流历史学界津津乐道的那类"盛世"。

因此，如果让今天的人评选历史上的明君贤主，唐太宗李世民估计会名列榜首，太宗皇帝雄才大略，励精图治，又能从谏如流，简直就是古代君主的典范。名单再列下去，上榜的皇帝相信还会有汉武帝刘彻，光武帝刘秀，女皇帝武则天，唐明皇李隆基，明太祖朱元璋，明成祖朱棣，清代的康熙、雍正、乾隆祖孙。而宋仁宗赵祯，恐怕会被多数人忽略掉。

不过，如果让传统士大夫来评选，结果可能不一样。晚明大学者朱国祯纵论千古帝王，说，"三代以下，称贤主者，汉文帝、宋仁宗与我明之孝宗皇帝"[1]。在朱国祯看来，历代帝王，只有汉文帝、宋仁宗与明孝宗堪称"贤主"，至于秦皇汉武、唐宗宋祖、一代天骄成吉思汗，均不足道矣。

---

1 谈迁:《国榷》卷四五。

故宫南薰殿旧藏宋仁宗坐像

宋仁宗虽为平庸之君，但整个仁宗朝，却是"钜公辈出，尤千载一时也"[1]。明人评选"唐宋八大家"，其中六位就出现在宋仁宗朝：欧阳修、苏洵、苏轼、苏辙、王安石、曾巩。仁宗朝的牛人名单，我们还可以拉得很长：范仲淹、吕夷简、杜衍、庞籍、包拯、韩琦、富弼、文彦博、狄青、张方平、赵抃、范镇、司马光、吕公著、吕公弼、吕大防、吕惠卿、曾布、章惇、范纯仁、柳永、晏殊、宋庠、宋祁、梅尧臣、苏舜钦、蔡襄、张载、邵雍、周敦颐、程颢、程颐、沈括、苏颂……这些名动一时的政治家、文学家、哲学家、科学家，全都是在仁宗朝登上历史舞台的。

仁宗朝人才之盛，历史上几乎没有一个时代可以比肩，清末民初或庶几近之。难怪苏轼说："仁宗皇帝在位四十二年，搜揽天下豪杰，不可胜数。既自以为股肱心膂，敬用其言，以致太平，而其任重道远者，又留以为三世子孙百年之用，至于今赖之。"[2]

宋仁宗虽未开创显赫强盛的"盛世"，但其御宇四十余年，政治清明，社会安定，商业繁荣，百姓富足，文化昌盛，足号"盛治"。来看历代士大夫对宋仁宗朝的评价。宋人苏轼说："宋兴七十余年，民不知兵，富而教之，至天圣、景祐极矣。"邵伯温说："（仁宗之治）视周之成康，汉之文景，无所不及，有过之者，此所以为有宋之盛欤！"陈师锡说："庆历、嘉祐之治，为本朝甚盛之时，远过汉唐，几有三代之风。"明人邹智说："庆历、嘉祐之治，号为太平。"明末王夫之对天水一朝评价不高，却也不得不承认："仁宗

---

1 参见虞云国《细说宋朝》，上海人民出版社，2002，第三十一章。
2 苏轼：《张文定公墓志铭》，《苏轼集》卷八八。

之称盛治,至于今而闻者羡之。……宜其治之盛也。"[1] 天圣、景祐、庆历、嘉祐均为宋仁宗朝年号。

亲爱的女儿,让我们思考一个问题:宋仁宗时代为什么会让几百年后的士大夫都念念不忘?这自然不会是无缘无故的。这背后隐藏着宋仁宗作为一名君主的政治智慧。

克制是君主最大的美德(一)

赵祯逝世,庙号仁宗。元人修《宋史》,给宋仁宗盖棺定论:"《传》曰:为人君,止于仁。帝诚无愧焉。"一个"仁"字,便是历史给予君主的最高评价。仁,一言概括了宋仁宗仁厚、善良的秉性,《宋史》赞曰:"仁宗恭俭仁恕,出于天性"。[2] 不过,对于政治家来说,仁更是指向克制、节制、谦抑的为政之道。自我克制就是一位君主的最大的美德。儒家相信,"克己复礼为仁。一日克己复礼,天下归仁焉"[3]。宋仁宗庙号之"仁"字,当然包含有"克己复礼"之义。仁宗正是一位能够自觉地克制自己的欲望、激情、执见的君主,诸多宋笔记都记载了仁宗皇帝这方面的美德。

先来看北宋魏泰《东轩笔录》收录的两则轶事。其一,仁宗"春日步苑内,屡回顾,皆莫测圣意。及还宫,顾嫔御曰:'渴甚,

---

[1] 苏轼:《六一居士集叙》,《苏轼集》卷三四;邵伯温:《邵氏闻见录》;陈师锡:《上徽宗论任贤去邪在于果断》,赵汝愚:《宋朝诸臣奏议》卷一七;邹智:《立斋遗文》卷一《弘治庚申拾遗》;王夫之:《宋论》卷四。
[2] 《宋史·仁宗本纪》。
[3] 《论语·颜渊》。

可速进热水。'嫔御曰：'官家何不外面取水，而致久渴耶？'仁宗曰：'吾屡顾，不见镣子（掌管茶水的宫人），苟问之，即有抵罪者，故忍渴而归。'"其二，"仁宗一日晨兴，语近臣曰：'昨夜因不寐而甚饥，思食烧羊。'近臣曰：'何不降旨取索？'仁宗曰：'比闻禁内每有取索，外间遂以为制，诚恐自此逐夜宰杀，则害物多矣。'"为免旁人受累和开了恶例，仁宗皇帝宁可忍受饥渴。确实难得。

南宋施德操《北窗炙輠录》记有一则类似的故事，不过情节更富戏剧性。"仁宗一日视朝，色不豫，大臣进曰：'今日天颜若有不豫然，何也？'上曰：'偶不快。'大臣疑之。乃进言宫掖事，以为陛下当保养圣躬。"大臣以为皇帝贪图美色、房事过度，才导致身体不舒服，所以委婉劝皇上节欲。"上笑曰：'宁有此？夜来偶失饥耳。'大臣皆惊曰：'何谓也？'上曰：'夜来微馁，偶思食烧羊，既无之，乃不复食，由此失饥。'大臣曰：'何不令供之？'上曰：'朕思之，于祖宗法中无夜供烧羊例，朕一起其端，后世子孙或踵之为故事，不知夜当杀几羊矣！故不欲也。'"文末施德操感叹说："呜呼，仁矣哉！思一烧羊，上念祖宗之法度，下虑子孙之多杀，故宁废食。"

不过，据王巩《闻见近录》，仁宗皇帝可能是有些贪图美色，大约庆历年间，便发生了大臣王德用进献几名美女入宫的故事。但这事情让谏官王素听说了，王素立即查问皇上是否真有其事，如属实，请皇上遣放她们回家。仁宗笑曰："德用所进女口，实有之，在朕左右，亦甚亲近，且留之如何？"王素说："臣之所论，正恐亲近。"仁宗色动，呼近珰曰："王德用所进女口，各支钱三百贯，即令出内东门。"说完涕下。王素说："陛下既以臣奏为然，亦不须如此之遽，且入禁内，徐遣之。"仁宗曰："朕虽为帝王，然人

一位"百事不会，却会做官家"的君主

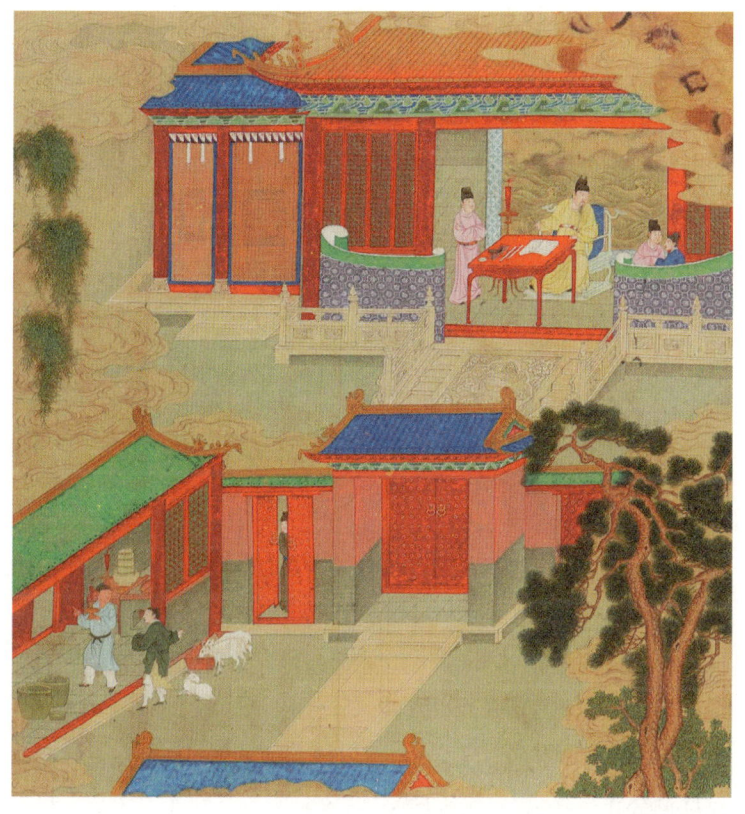

清初彩绘版《帝鉴图说》中的《夜止烧羊图》，讲述宋仁宗忍饥不食烧羊的故事。法国国家图书馆藏

情同耳。苟见其涕泣不忍出，则恐朕亦不能出之。卿且留此以待报。"久之，内侍奏："宫女已出门矣。"仁宗"复动容而起"。一副很舍不得但终究还是克制住的神色跃然纸上。

朱弁《曲洧旧闻》记录的一则轶事更有意思：仁宗朝时，有富民到开封府告状，称他家"为子娶妇已三日矣，禁中有指挥令入，见今半月无消息"。这位富民说得比较委婉，但意思很明显，就是控告皇室强抢民女。当时的开封知府叫作范讽，他说："汝不妄乎？如实有兹事，可只在此等候也。"马上入宫面圣，向宋仁宗要人："陛下不迩声色，中外共知，岂宜有此？况民妇既成礼而强取之，何以示天下？"仁宗说："皇后曾言，近有进一女，姿色颇得，朕犹未见也。"范讽说："果如此，愿即付臣，无为近习所欺而怨谤归陛下也。臣乞于榻前交割此女。归府面授诉者。不然，陛下之谤，难户晓也。且臣适已许之矣。"最后仁宗屈从，"乃降旨，取其女与讽。讽遂下殿"。

范讽在当时并不是一位以耿直闻名的人，何以也敢当面向皇上要人？《曲洧旧闻》的作者解释说："盖遇好时节，人人争做好事，不以为难也。"这个"好时节"，当指遇上了宋仁宗这么一位懂得克制的君主。

更为难得的是，宋仁宗深知，作为一国之君，如果不加节制地放纵自己的激情与欲望，便意味着朝廷的权力将得到扩张；而权力的每一步扩张，则意味着民间社会的权利与活力将一步一步退缩、失守。《北窗炙輠录》载有一事，可为佐证：一日深夜，仁宗"在宫中闻丝竹歌笑之声，问曰：'此何处作乐？'宫人曰：'此民间酒楼作乐处。'宫人因曰：'官家且听，外间如此快活，都不似我宫中如此冷冷落落也。'仁宗曰：'汝知否？因我如此冷落，故得渠如此快活。我若为渠，渠便冷落矣。'"

克制是君主最大的美德（二）

在宋仁宗身上，最为可贵的美德，其实不是表现为对食色享乐的节制，而是对君主权力的自我克制。"人主居崇高之位，持

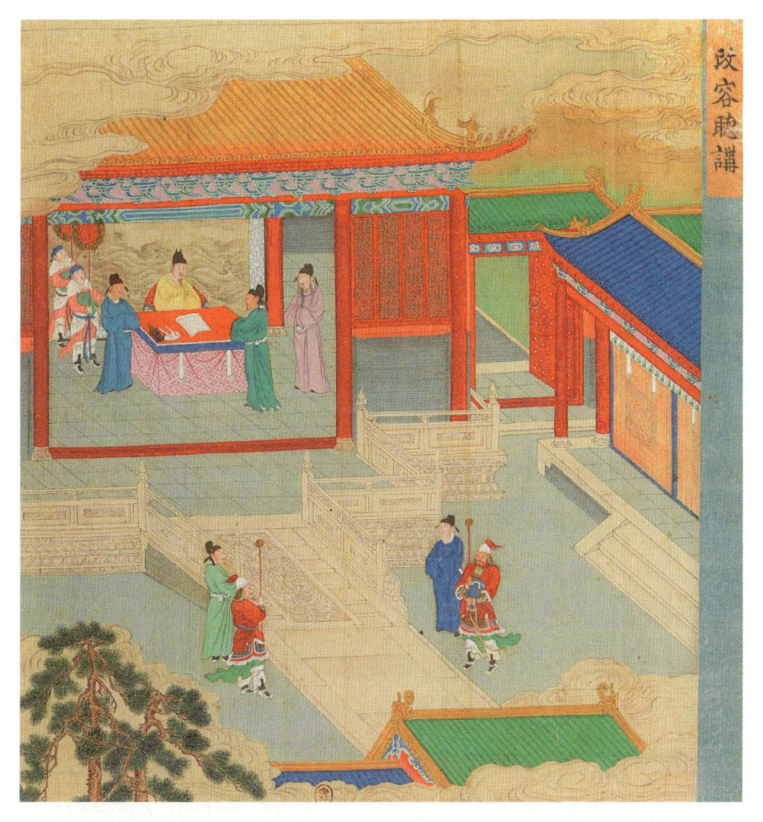

清初彩绘版《帝鉴图说》中的《改容听讲图》,讲述宋仁宗在经筵时,左顾右盼,讲官拱立不讲,仁宗立即竦然改听。法国国家图书馆藏

威福之柄"[1],如果不知节制自己的权力,绝非国家与万民之福。历代不乏并不追求物质享受但却极度贪权的帝王,如明朝崇祯皇帝,清代雍正皇帝,他们对国家的治理均以严酷、专制、不近人情著称。而宋仁宗在位虽久达四十余年,却从无揽权自专的表现。

1　程颐:《论经筵第三札子》。

历代帝王揽权，常用的方法便是绕过宰相领导的政府（明清两朝更是不置宰相，皇帝自任政府首脑），直接下发"手诏"、"内降"指挥政事。仁宗皇帝并非没有下过手诏，但都不是出于揽权之意，原来"帝性宽仁，宗戚近幸有求内降者，或不能违故也"，有些近臣向皇帝跑官要官，仁宗性子软，不好意思严词拒绝，只好下一道手诏，请宰相给予破格提拔任用。[1]

　　但仁宗也知道这是破坏法制的事情，又事先给宰相打好了招呼：凡是我下发的手诏，你们不必遵行，退回来就行了。如康定元年（1040）十月，仁宗诏："自今内降指挥与臣僚迁官及差遣者，并令中书、枢密院具条执奏以闻。"皇祐二年（1050）九月，又诏："内降指挥，百司执奏，毋辄行。敢因缘干请者，谏官、御史察举之。"[2] 宋仁宗做不到绝不私发手诏，却明言他的手诏"毋辄行"，这便是君权的自我克制。

　　曾经发生过一件很有趣的事情，可以说明宋仁宗的御笔手诏并不怎么管用。"至和、嘉祐间，嫔御久不迁，屡有干请，上答以无典故，朝廷不肯行。或奏曰：'圣人出口为敕，批出谁敢违？'上笑曰：'汝不信，试降敕。'政府果奏无法，命遂寝"[3]。今天许多人似乎还像那个嫔妃一样以为"圣人出口为敕"，金口玉言，一句顶一万句，其实没那么回事。宋代皇帝本人的意见被政府系统反驳回去的例子俯拾皆是。如嘉祐元年（1056），由于开六塔河失败，淹死数千人，朝廷派遣御史吴中复"往澶州鞫其

1　《续资治通鉴长编》卷一二九。
2　《续资治通鉴长编》卷一二九、一六九。
3　周辉：《清波别志》。

事",仁宗既怒且急,一再给吴中复发手诏,批示查案意见,"一日内降至七封"。吴中复带着七封手诏去见仁宗,将手诏还给皇帝,说:"恐狱起奸臣,非盛世所宜有。臣不敢奉诏,乞付中书行出。"意思是说,皇上你有什么意见,请走法定程序,私自下发的手诏,恕不奉行。宋仁宗呢,只能表示同意,"上从之"。[1]

宋仁宗还曾经想过一把大法官的瘾,"时近臣有罪,多不下吏劾实,不付有司议法",仁宗自己当法官,直接给这些近臣判罪。这里的"近臣",当为皇帝身边的内侍、私臣,属于皇室家奴,仁宗以家法私自处置他们,理论上也无大不妥。但谏官王赘还是站出来抗议:"情有轻重,理分故失,而一切出于圣断,前后差异,有伤政体,刑法之官安所用哉?"王赘显然认为,司法是一门专业的技艺,"情有轻重,理分故失",这里面的细微处,君主未必通晓,假如"一切出于圣断",便难免会因为不专业而出现"前后差异"的裁决,闹出"有伤政体"的笑话。况且,君主当了法官,又叫专业的司法官往哪里摆?因此,王赘提出,"请自今悉付有司正以法"。宋仁宗不敢逞强,"诏可"。[2]

这段历史记载,让我忍不住联想到17世纪初英国大法官柯克与国王詹姆斯一世的故事。话说有一回,詹姆斯一世闲得无聊,便想到皇家法院亲审几个案子,不曾想被首席大法官柯克爵士拒绝了。国王质问:"为什么我不能审理案件?"柯克回答:"不错,上帝的确赋予陛下极其丰富的知识和无与伦比的天赋;但是,陛下对于英格兰王国的法律并不精通。法官要处理的案件动辄涉及

---

[1] 《续资治通鉴长编》卷一八四。
[2] 《宋史·刑法志》。

臣民的生命、继承、动产或不动产，只有自然理性是不可能处理好的，更需要人工理性。法律是一门艺术，在一个人能够获得对它的认识之前，需要长期的学习和实践。"

这两个故事有些相似，不过结局却大不一样。在柯克的故事中，"詹姆斯一世勃然大怒，柯克爵士感觉到落在他头上的全部力量，忙不迭地祈求陛下怜悯他、宽恕他"，随后柯克被免职。[1] 而另一个故事中的宋仁宗，却不得不采纳了谏官王贽的意见。可以说，宋仁宗比詹姆斯一世更会克制自己的权力欲，也更尊重司法的独立性。可惜今天许多引述柯克故事的中国法学者，往往只会告诉你故事的上半场，而不交待下半场，更不会告诉你宋仁宗与王贽的故事。

良制养成美德，美德守护良制

亲爱的女儿，如果我再三引证宋仁宗的自我克制的美德，按今日流行的思维习惯，难免会被讥为是"人治思想""明君情结"的流露。我甚至可以猜到会有朋友要发出告诫："君主的美德是靠不住的，制度才靠得住。"

其实呢，当我们说到仁宗皇帝的美德时，说的恰恰就是宋代的制度与政体。经太祖、太宗两代的创制及真宗朝的确认，至仁宗朝，宋代的政制已臻完善。每一项重大政令的出台，必须经过外廷讨论，形成共识，然后由知制诰（或中书舍人）草拟，经

---

[1] 于明:《法律传统、国家形态与法理学谱系——重读柯克法官与詹姆斯国王的故事》,《法制与社会发展》2007 年第 2 期。

给事中审核通过，再以君主的名义下诏，由宰相副署、发布，方能正式生效。御史认为诏令不当，还有权驳正。在这个过程中，君主虽然名义上掌握着最高裁决权，但君主理当无己见，服从公议，尊重宰相的执政权、台谏的监察权。这便是宋代的法度与惯例。宋仁宗的克制，无非是守住人君的本分，尊重既定的制度，此即"克己复礼为仁"之意旨。"克己"加"复礼"，共同成全了宋仁宗的"仁"。

很多时候，宋仁宗对制度的尊重与遵守是自觉的。正史说他"守法度，事无大小，悉付外廷议"[1]；宋人评他"知为治之要：任宰辅，用台谏，畏天爱民，守祖宗法度"[2]，说的正是这种自觉性。甚至，由于仁宗过于克制，几乎全无成见，有些大臣还看不惯，提醒他揽权，如嘉祐年间，谏官王陶质问仁宗："今政事无大小，皆决于中书、枢密，陛下一无可否，岂为人主之道哉？"另一位谏官韩绛也对宋仁宗说："天子之柄，不可下移，事当间出睿断。"还有一些近臣贵戚也发牢骚："万事只由中书，官家岂得自由行一事？"[3]

那么仁宗是如何回答的？据杨时《龟山集》："仁宗时，或劝云：'陛下当收揽权柄，勿令人臣弄威福。'仁宗曰：'如何收揽权柄？'或曰：'凡事须当自中出，则福威归陛下矣。'仁宗曰：'此固是，然措置天下事，正不欲自朕出。若自朕出，皆是则可，如有不是，难于更改，不如付之公议，令宰相行之。行之而天下以

---

1 《续资治通鉴长编》卷一七六。
2 邵伯温：《邵氏闻见录》。
3 《续资治通鉴长编》卷一九一；邵博：《邵氏闻见后录》；欧阳修：《文忠集》卷一一九《奏事录》。

为不便,则台谏得言其失,于是改之为易矣。'"

陈亮《中兴论》也提及:"臣闻之故老言,仁宗朝,有劝仁宗以收揽权柄,凡事皆从中出,勿令人臣弄威福。仁宗曰:'卿言固善,然措置天下事,正不欲专从朕出。若自朕出,皆是则可,有一不然,难以遽改。不若付之公议,令宰相行之。行之而天下不以为便,则台谏公言其失,改之为易。'"

两则记载的意思都差不多,宋仁宗不欲"收揽权柄",乃是出于君主权衡利弊之后的理性自觉。

从《曲洧旧闻》记录的一则故事,也可看出仁宗皇帝的理性自觉。有台谏上章疏说,内廷"嫔御太多,宜少裁减"。一名为仁宗梳头的宫女自恃受皇上宠爱,发牢骚说:"两府两制,家内各有歌舞,官职稍如意,往往增置不已。官家根底剩有一二人,则言阴盛须减去,只教渠辈取快活。"仁宗听后,沉默不语。梳头宫女又说:"台谏所言必行乎?"仁宗说:"台谏之言,岂敢不行。"未久,仁宗果然遣散宫女三十人,第一个被遣出宫的便是那名梳头宫女。慈圣皇后问他:"掌梳头者,是官家所爱,奈何作第一名遣之?"仁宗说:"此人劝我拒谏,岂宜置左右。"

宋仁宗承认"台谏之言,岂敢不行",与其说这是因为他生性懦弱,倒不如说在宋仁宗的时代,制度与政体已经对皇权构成了硬性的约束,皇权既不是至高无上(宋人认为,天底下,唯道理最大),也有其边界,君臣"各有职业,不可相侵"[1]。

来看朱熹辑《三朝名臣言行录》收录的一段仁宗自白:"屡有人言朕少断。非不欲处分,盖缘国家动有祖宗故事,苟或出令,

---

[1] 朱熹:《朱文公文集》卷一四。

未合宪度，便成过失。以此须经大臣论议而行。台谏官见有未便，但言来，不惮追改也。""祖宗故事"即既定之制度，制度摆在那里，皇帝不能不遵，若不遵成法，便是过失，而且执政大臣与台谏官也会迫着君权在合乎法度与惯例的轨道上运作，不可越雷池一步。由此看来，仁宗即使有专断之心，恐怕也不能如愿。

宋仁宗宠爱张贵妃（去世后追封为温成皇后），想任命张贵妃的伯父张尧佐为宣徽使（一个尊贵而没有多少权力的官职），却遭台谏官极力反对，特别是时任谏官的包拯，"大陈其不可，反复数百言，音吐愤激，唾溅帝面"。这则记录在《曲洧旧闻》的故事，正好可以作为"台谏官见有未便，但言来，不惮追改也"的生动注脚（包拯等台谏官反对张尧佐除宣徽使的故事，详见本书《一名仕途受拦截的皇亲国戚》一文）。

争执起来敢将唾沫喷到君主脸上的台谏官，并非只有包拯一人。庆历年间，开封开宝寺灵宝塔发生火灾，仁宗欲重修灵宝塔。"谏官余靖言：'塔为天火所烧，五行之占，本是灾变，乞更不营造。'时盛暑，面奏，靖素不修饰，帝入内云：'被一汗臭汉熏杀，喷唾在吾面上。'"[1] 仁宗一朝，台谏权力极重，对君权与相权均构成强劲的制约：台谏"言及乘舆，则天子改容；事关廊庙，则宰相待罪"[2]。君主如何能够一意孤行？

除了台谏制度，宋仁宗朝还出现"封还词头"的惯例，这也是对皇权的一道有力制衡。庆历元年（1041），宋仁宗欲封刘太后侄媳王氏为遂国夫人，命知制诰富弼起草制书。但富弼封还词

---

[1] 孔平仲：《孔氏谈苑》。
[2] 《苏轼集》卷五一《上皇帝书》。

头,拒不草诏。封命遂寝。[1] 富弼此举,开创了一项很了不起的制度:知制诰(或中书舍人)封还词头之制。皇帝的诏敕,例由知制诰(或中书舍人)起草,如果他们认为诏敕不合理,有权封还,不予草诏。

皇祐初年（1049）,有个叫作杨怀敏的宦官因犯下过失,被罢免了"内侍副都知"之职务,但仁宗大概比较宠信他吧,又欲下旨让杨怀敏官复原职,但是皇帝的词头被知制诰胡宿封还。翌日,仁宗问宰相:"知制诰封还词头,前代有此故事否？"文彦博回答说:"近年富弼亦曾封还词头。"仁宗这才释然,但又不死心,"改命舍人草制"。此时台谏也站出来反对杨怀敏复职。皇帝只好让步,"其命遂寝"。封还词头自此成为一个惯例、制度保留下来:"舍人封还词头者自尔相继,盖起于富成于胡也"。[2]

当然,皇帝也可以绕开知制诰,直接下发御笔手诏,但前面我们已经说过,对于手诏,政府可以不奉行,缴还皇帝。

总而言之,宋代形成的政制是一套不支持君主揽权专制的制度,宋仁宗谦抑的美德,与这套制度是相辅相成的。良制养成了美德,美德也守护了良制。宋人称"仁宗皇帝百事不会,却会做官家"[3],说的其实便是君主自我克制的美德,而"百事不会"的君主能够达成盛治,则有赖于整套制度的良性运行。在"与士大夫共治天下"的宋朝体制下,君主不需要太能干,只要守住君主的本分,谦抑,克制,选贤与能,垂拱而治。

相反,如果君主太爱逞强,往往只会破坏制度的良性运行。

---

1 苏辙:《龙川别志》。
2 徐度:《却扫编》。
3 施德操:《北窗炙輠录》。

亡国之君宋徽宗被修史者评为"诸事皆能，独不能为君耳"[1]，正好跟仁宗的为政之道形成强烈对比。一个"百事不会"的君主，比一个"诸事皆能"的君主更值得赞赏。

在宋朝士大夫的观念中，他们也确实认为，君主是不需要太圣明的。宋孝宗算是南宋的圣明之君，但他逞能专断的做法却受到理学家徐谊的抨击："若是则人主日圣，人臣日愚，陛下谁与共功名乎？"[2]

宋仁宗的政治遗产

宋仁宗是守祖宗法度的典范。当他去世之后，仁宗朝的一部分惯例，也被后世的士大夫整理成最值得遵守的祖宗法度。用南宋吕中《宋大事记讲义》中的话来说："仁宗在位最久，德泽最深，宜专法仁宗。盖汉唐而下，言家法者，莫如我朝；我朝家法之粹者，莫如仁宗。"法仁祖之法、复嘉祐之治，成了熙宁变法受挫之后士大夫最心仪的"中兴路线图"。

北宋元祐七年（1092），翰林侍读学士范祖禹编录《仁皇圣典》进献哲宗皇帝，并上书说："陛下诚能上顺天意，下顺民心，专法仁宗，则垂拱无为，海内晏安，成康之隆，不难致也。"[3]南宋淳祐四年（1244），杜范拜相，即向理宗上奏札说："今陛下新揽权纲，惟恪循仁祖家法，凡废置予夺，一切与宰相熟议其可否，

---

1 《元史续编》卷一三。
2 《宋史·徐谊传》。
3 《国朝诸臣奏议》卷一二《上哲宗乞专法仁宗》。

而后见之施行。如有未当，给舍得以缴驳，台谏得以论奏。是以天下为天下，不以一己为天下，虽万世不易可也。"[1]这里元祐、淳祐的年号，也含有向仁宗朝"嘉祐之治"致敬的意思。

上书的士大夫都是在提请在位的君主"专法仁宗""惟恪循仁祖家法"。那么这个"仁祖家法"到底是指什么呢？我想特别指出来，经由宋朝士大夫的演绎与归纳，"仁祖家法"已经被解释成"虚君共治""分权制衡"的治道与政体：君主端拱在上，统而不治；执政权归宰相领导的政府；监督政府的权力归独立的台谏系统。

这当然不是我的穿凿附会，而是宋人自己的"创造性解释"。元祐元年（1086），右司谏苏辙向哲宗皇帝进言："臣窃见仁宗皇帝在位四十余年，海内乂安，近世少比。当时所用宰相二三十人，其所进退，皆取天下公议，未尝辄出私意。公议所发，常自台谏，凡台谏所言，即时行下。其言是，则黜宰相，其言妄，则黜台谏。忘己而用人，故赏罚之行，如春生秋杀，人不以为怨。终仁宗之世，台谏不敢矫诬，而宰相不敢恣横，由此术也。"[2]

同一年，同知枢密院范纯仁也告诉宋哲宗："臣昔见仁宗皇帝推委执政，一无所疑，凡所差除，多便从允；而使台谏察其不当，随事论奏，小则放行改正，大则罢免随之。使君臣之恩意常存，朝廷之纪纲自正，是以四十余年，不劳而治。"[3]

这么阐释"仁祖之法"的元祐士大夫还有秦观："臣闻仁祖时，

1　杜范：《清献集》卷一三《相位五事奏》。
2　苏辙：《栾城集》卷三七。
3　《续资治通鉴长编》卷四三七。

天下之事，一切委之执政，群臣无所预者。除授或不当，虽贵戚近属，辄为固执不行。一旦谏官列其罪，御史数其失，虽元老名儒、上所眷礼者，亦称病而赐罢。政事之臣得以举其职，议论之臣得以行其言，两者之势适平。是以治功之隆，过越汉唐，与成康相先后，盖由此也。……愿（陛下）鉴汉唐之弊，专取法于仁祖，常使两者（政府与台谏）之势适平，足以相制，而不足以相胜。则陛下可以弁冕端委而无事矣。"[1]

甚至，仁宗晚年，由于患病，临朝时无法多说话，这一表现也被后世士大夫塑造成为垂拱而治的典范："帝自此御朝，即拱默不言。大臣奏事，可即肯首，不即摇首，而时和岁丰，百姓安乐，四夷宾服，天下无事。盖帝知为治之要：任宰辅，用台谏，畏天爱民，守祖宗法度。"[2] 我们将这段话的潜台词挑明吧：君主只要放手让宰相执政，以独立的台谏监察政府，按照制度治理国家，那么君主本人即便是一尊木偶，也无伤大局。

总而言之，宋朝士大夫对仁宗之后的君主一遍又一遍申明一项宪制原则：陛下，请按"仁祖之法"约束您的权力，"不自用其圣，不自矜其能"[3]，总之不可揽权；您必须将执政的权力委托给宰相，将监督执政者的权力委托给台谏，"使两者之势适平，足以相制"。这样，陛下您便可以"不劳而治"，"弁冕端委而无事"，换成今日网络上的说法，就是可以"洗洗睡了"。

两宋三百余年，除了开国的太祖、太宗不论，从未出过一个

1　秦观：《淮海集》卷一二。
2　邵伯温：《邵氏闻见录》。
3　杨万里：《初读三朝宝训》，《诚斋集》卷一一三。

强势、独断的君主，恐怕跟这一宪制原则被一遍遍申明、强调不无关系。另一方面，宋代权相迭出，从王安石、蔡京到秦桧、史弥远、韩侂胄、贾似道。这似乎又说明宋朝政制虽然有效解决了皇权专制的问题，却不能很好地解决宰相专权的问题。

宋朝士大夫念兹在兹的"仁祖之法"，并非由宋仁宗一手制定，也没有明晰的成文条款，它跟英国的非成文宪法一样，散见于仁宗朝的故事、惯例、诏书中，并由后世的士大夫慢慢筛选、整理出来，加以阐释。换言之，"仁祖之法"乃是宋朝士大夫集体塑造出来、经过漫长时间形成的非成文宪度，形成机制与英国习惯法有异曲同工之处。

被宋朝士大夫视为君主典范的宋仁宗赵祯本人，实事求是地说，确实是一位庸常之人，身上有着这样那样的缺点，在位之时，也没少受到臣僚批评。然而，在仁宗去世之后，经由士大夫的塑造，仁宗逐渐成了仁圣之君，这是宋朝士大夫为了拍皇帝马屁吗？不是。是为了给活着、在位的皇帝确立一个为人君者的楷模、一副限定皇权的坐标。也因此，"仁祖之法"被阐释成一项非常接近于"虚君立宪"的宪制。

亲爱的女儿，宋人塑造"仁祖之法"的心智，总让我想到英国的"辉格史观"。

你应该知道，西方史学中有一个概念，historiography（历史编纂），十分注重对历史的理解与编订，强调在历史阐述中注入人们追求的价值观。以实证主义或者考据学的目光来看，这样的史学观无疑是不够严谨的，但从"历史学"对于"历史"的塑造的角度来看，那种机械的考据与实证才是毫无意义的。显然，《旧约》与《新约》是经不起严格的历史考据的，但谁也无法忽视基督教精神对于西方历史演进的巨大塑造作用。

西方史学最成功的 historiography，可能要算英国的"辉格史观"。17 世纪出现的辉格党提倡君主立宪，他们从自由宪政的立场出发，致力于将英国的历史描述成朝着君主立宪目标演进的进步史，自由与宪政就在英国的传统中。这同样是经不起严格的考据的，"翻阅英国的历史，似乎并不总是阳光灿烂的日子，直到 19 世纪，还有无数进步的思想家在攻击英国的普通法制度"[1]。英国历史上王权专断的事儿少不到哪里去。然而，正是辉格党人讲述的英国历史，构建了英格兰古典自由主义对于宪政与传统的"重叠认同"，为盎格鲁－撒克逊民族整理、积累了非常丰富的宪政传统资源，推动着英国的历史往宪政的方向演进。

宋人之用心，也在于此。南宋章如愚说："修撰史之目不一，而其凡有二：曰纪载之史；曰纂修之史。时政有记，起居有注，其纪载之史乎！纂修之史，名目滋多：实录云者，左氏体也；正史云者，司马体也；纪其大事，则有玉牒；书其盛美，则有圣政；总其枢辖，则有会要。其曰日历，合纪注而编次之也；其曰宝训，于实录、正史之外而撰定之也。"[2] 这"纂修之史"，就相当于西方的 historiography，里面贯穿着宋朝士大夫式的"辉格史观"。

宋代之后，这样一种宋式"辉格史观"便中断了。晚清的立宪派士绅一直想说服清廷实行"虚君立宪"，但终究失败。我有时候忍不住想象，如果将清朝转换成两宋，"虚君立宪"的转型当如水到渠成。

---

[1] 转引自姚中秋的文章《传统、自由与启蒙的陷阱》。
[2] 章如愚：《山堂先生群书考索》续集卷一六。

一位贵族的梦想

亲爱的女儿,今天我们来讲一个关于"梦想"的故事。很多人都有自己的梦想。还记得吗,你小时候的梦想是当画家。北宋范仲淹年轻时的梦想是当一名宰相。据宋人笔记《能改斋漫录》的记录:"范文正公微时,尝诣灵祠,求祷曰:他日得相位乎?不许。复祷曰:不然愿为良医。亦不许。既而叹曰:夫不能利泽生民,非大丈夫平昔之志也。"[1]

范仲淹出身寒微,两岁时父亲去世,母亲改嫁淄州长山县(今山东淄博)朱家,范仲淹也随母亲从苏州吴县迁至长山,从朱姓,名说。朱说便是范仲淹的曾用名。所在现在有两个地方都宣称是"范仲淹故里",一是江南的苏州,一是山东的淄州。

长山朱家算是殷实之家,但少年范仲淹过的却是清苦日子,他在山寺读书,每日饮食都是咸菜就粥:"惟煮粟米二升,作粥一器,经宿遂凝,以刀画为四块,早晚取二块,断齑数十茎,酢汁半盂,入少盐,暖而啖之。"[2] 之后往应天府(今河南商丘)求学,也是"昼夜不息,冬月惫甚,以水沃面;食不给,至以糜粥继之,人不能堪,仲淹不苦也"[3]。

这么一位出身平民之家的读书人,能够凭着自己的努力,改变命运,实现当宰相的梦想吗?这里我们且按下不表。

无独有偶,与范仲淹差不多生活在同一时代的钱惟演,也梦想成为一名宰相。宋人笔记《东轩笔录》说,钱惟演"居常叹曰:使我得于黄纸尽处押一个字,足矣"[4]。

---

1 吴曾:《能改斋漫录》卷一三。
2 魏泰:《东轩笔录》。
3 《宋史·范仲淹传》。
4 魏泰:《东轩笔录》卷二。

清代《古圣贤像传略》收录的钱惟演画像

这段话有必要解释一下：黄纸，指书写皇帝诏书的黄麻纸。按宋制，凡诏书需宰相副署方得生效。宰相副署，一般用押字。所谓"押字"，又称花押，乃是"书名之草者，施于文记间，以自别识耳"[1]，类似于今天的花式签名。宋代流行花押，宰相签署诏敕、官员签发文件、平民签订契约，都习惯用押字，相传王安石的花押像一个"歹"字，而受到同僚取笑："王荆公押石字，

1　洪迈：《容斋随笔》卷一○。

初横一画，左引脚，中为一圈。公性急，作圈多不圆，往往窝區，而收横画又多带过。常有密议公押'歹'字者,公知之,加意作圈。"[1] 如今，日本的首相与内阁大臣还保留着花押签名的传统。钱惟演梦想在黄麻纸上押字，实际上就是想当宰相的意思。

当然，尽管钱惟演与范仲淹都想当宰相，但动机又有不同。范仲淹是为践行"士当以天下为己任"的儒家抱负："夫不能利泽生民，非大丈夫平昔之志也。"钱惟演则是纯粹想过一把政府首长签字的瘾："使我得于黄纸尽处押一个字，足矣。"其境界高下立判。

钱惟演与范仲淹都属牛，年龄相差十二岁，范仲淹出生于端拱二年（989），钱惟演出生于太平兴国二年（977）。他们生活的时代是大致重叠的，之间也有交游。钱惟演极力提携的青年才俊欧阳修，后来成了范仲淹的铁粉。但钱范二人的身世完全不同，人生起跑线的落差极大，钱惟演出身世家，是吴越王钱俶之子，随父归顺宋朝。当范仲淹还在山寺喝粥苦读时，钱惟演已经被宋真宗授为知制诰了。

钱惟演跟赵宋皇室的关系也非同一般，他的妹妹嫁入宋真宗皇后刘娥的娘家，为国舅刘美的继室；他的长子钱暧娶了宋仁宗皇后郭氏的妹妹为妻，次子钱晦娶驸马李遵勖（太宗的女婿）的女儿为妻，他的女儿则嫁给了真宗朝权臣丁谓之子。

那么，作为一名家世显赫的贵族子弟，钱惟演能不能如愿当上宰相呢？

---

[1] 叶梦得：《石林燕语》卷四。

第一次问鼎相位受挫

其实，钱惟演离宰相职位的距离很近很近。他曾官拜枢密副使、枢密使、使相。宋朝的枢密使、副使相当于主管军政的副宰相、国务委员，距相位只有一步之遥；使相更是地位与宰相等齐，宋制，"亲王、枢密使、留守、节度使兼侍中、中书令、同平章事者，皆谓之使相"，但使相只是荣职，并无实权，"不预政事，不书敕"[1]，也就是不参预朝政和签署命令。而钱惟演想要的是"真宰相"。所以使相的荣职并不能满足他的胃口。

钱惟演拜枢密副使是在宋真宗天禧四年（1020），仁宗即位后，即乾兴元年（1022）七月，升为枢密使。这次扶正钱惟演，有照顾的性质，因为此时参知政事王曾拜相，之前王曾的排名在钱惟演的后面，"曾既入相，亦正惟演使名"。但钱惟演在枢密使的位子只坐了四个月，屁股还未坐热，便于十一月被免职，改为保大节度使，知河阳（今河南孟州）。

原来，钱惟演以前依附宰相丁谓，"见丁谓权盛，附离之，与为婚姻"，丁谓驱逐政敌寇准，"惟演与有力焉"，也因此被丁谓提携为枢密副使。后来丁谓失势，钱惟演担心自己被他拖累，便一面跟丁谓说，您别担心，"无大忧也"，一面跑到刘太后跟前，大说丁谓的坏话，甚至构陷他有谋反之心。钱惟演这么做，自然是要与丁谓切割，"挤谓以自解"[2]。

接替丁谓当首相的是冯拯。说起来，冯拯跟寇准有宿怨，

---

1 《宋史·职官志》。
2 《续资治通鉴长编》卷九九；《宋史·冯拯传》。

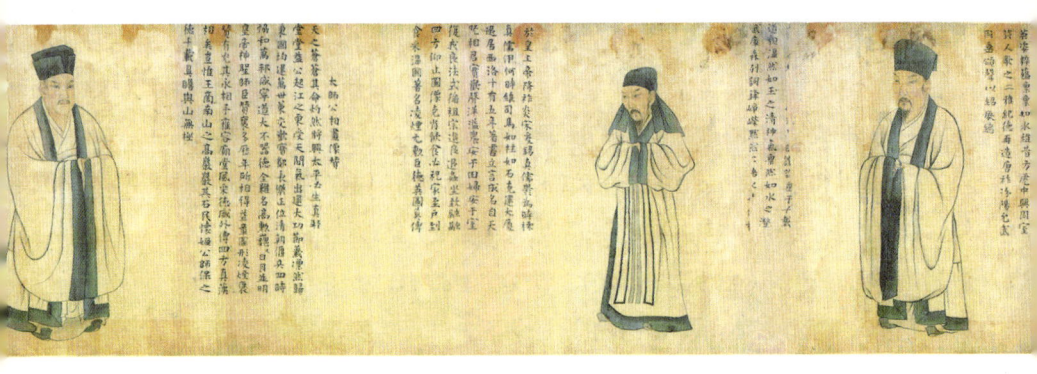

南宋佚名《八相图卷》。图卷绘有周公姬旦、张良、魏征、狄仁杰、郭子仪、韩琦、司马光、周必大（一说秦桧）八名宰相。北京故宫博物院藏

早年曾弹劾寇准，致使寇准丢了参知政事之职。冯拯跟丁谓也不相得，但他不落井下石，刘太后欲诛丁谓，冯拯却为其求情："（丁）谓固有罪，然帝（指仁宗）新即位，亟诛大臣，骇天下耳目。（丁）谓岂有逆谋哉？"而钱惟演跟冯拯的关系倒是不错，惟演以前曾在真宗面前为冯拯美言："冯拯故参知政事，今拜枢密使，当矣。"[1]

但是，钱惟演那种趋炎附势、见风使舵的两面派做法，冯拯是很看不惯的，"恶其为人"。因此他当上首相之后，便上奏刚刚登基的宋仁宗："惟演以妹妻刘美，实太后姻家，不可预政，请出之。"[2] 冯拯这么说，应该不是基于私人感情，而是出自公心。

宋朝立国，鉴于汉唐时外戚掌权乱政之患，先后多次申明外戚不可担任执政之职，如宋仁宗曾诏"后妃之家，毋行除二府职

---

1 《续资治通鉴长编》卷九六。
2 《续资治通鉴长编》卷九九。

任";宋徽宗诏"自今戚里、宗属勿复为执政官,著为令";宋高宗说,"朕深不欲以国戚任军旅及朝廷之事。万有一过,朕罪之则伤恩,释之则废法。如太后、皇后之家子弟,未尝任之以事,但加以爵禄、奉祠安闲而已"[1]。因此,从北宋至南宋前期,宋王朝大体上未有外戚柄政揽权之事。

南宋后期,政制败坏,便出了两名成为大权相的外戚:韩侂胄与贾似道。韩侂胄的母亲是宋高宗皇后吴氏之妹,贾似道的姊姊则为宋理宗贵妃;韩侂胄独揽朝政十二年,贾似道独揽朝政十五年。南宋亡国之患,便是在这两大权相独裁之时埋伏下来的。可见让外戚掌权,确非社稷之福。因为外戚与内廷关系密切,容易滥用其私人关系增殖其权力,当其权力越来越大,最终便会变得不受制约。

冯拯是较早提出外戚"不可预政"的宋朝士大夫。当时仁宗年幼,刘太后垂帘听政,钱惟演可是刘家的姻亲。冯拯的奏请,

---

[1] 《续资治通鉴长编》卷一六九;《续资治通鉴》卷八八;《宋会要辑稿·职官》。

故宫南薰殿旧藏宋真宗皇后刘氏画像

多少有些不给太后面子。但冯拯提出的理由，刘太后也不好反对，因此只好免去了钱惟演的枢密使职务，外放河阳任知州，领节度使待遇。宋朝的节度使跟唐朝的完全不一样，唐节度使是掌控一地军政、民政、财政的藩镇，宋节度使则只是一个虚职、荣衔，毫无实权。

也就是说，钱惟演在距拜相只有一步之遥的地方，被宰相冯拯堵了回去。这是钱惟演第一次问鼎相位受挫。

第二次问鼎相位受挫

次年，天圣元年（1023），刘太后将保大节度使钱惟演从河阳调到亳州（今安徽亳州），还是任知州。钱惟演借从河阳赴亳州之机，入京逗留了一段时间。

钱惟演在京逗留，目的当然是试图游说垂帘听政的刘太后，让他当宰相，"图入相"[1]。前面我们介绍过，钱惟演与刘太后娘家是姻亲，他妹妹嫁给了刘后之兄刘美。准确地说，刘美其实并不是刘太后刘娥的兄长，而是前夫，本叫作龚美。"刘氏始嫁蜀人龚美，美携以入京，既而家贫，欲更嫁之"，经人牵线，刘娥改嫁襄王赵元侃。赵元侃是谁？就是后来的宋真宗。真宗即位后，先后封刘娥为美人、修仪、德妃，最后立为皇后。龚美呢，被认作刘后之兄，改姓刘。[2]

说到这里，我们再补充一条花边。钱惟演妹妹嫁给刘美之后，

---

1 《续资治通鉴长编》卷一〇〇。
2 《续资治通鉴长编》卷五六。

生子刘从德、刘从广,刘从德后来娶商贩王蒙正之女为妻。按野史笔记的记载,这王氏女"姿色冠世,入京备选",原本是仁宗皇帝的妃子候选人,仁宗对她也是一见钟情,欲选为妃子,但刘太后认为她"妖艳太甚,恐不利于少主,乃以嫁其侄从德"。仁宗对王氏女始终未能忘情,"未几,从德卒,至是内批王氏封遂国夫人,许入禁内"[1]。"许入禁内"的意思,意味着有机会与皇帝约会。所以坊间也传言,刘从德的儿子刘永年很可能就是宋仁宗的私生子。

总而言之,钱惟演一家跟赵宋皇室、后家的关系是非常密切的,他当然有直通道将自己"图入相"的愿望传给刘太后。

刘太后也愿意帮助她的亲戚钱惟演实现拜相的人生夙愿。刘娥虽贵为帝后,但出身寒门,一直想找个刘姓世家攀为亲戚。她先是看中知开封府刘综,一日刘综"奏事毕,真庙(真宗)从容曰:'卿与后宫(刘后)近属,已拟卿差遣,当知否?'综变色作秦音曰:'臣本是河中府人,出于孤寒,不曾有亲戚在宫内。'"被刘综拒绝后,刘娥又看上另一任开封府尹刘烨,一日召对独留刘烨。"后曰:'知卿名族十数世,欲一见卿家谱,恐与吾同宗也。'烨曰:'不敢。'"后来刘后又几次提出要看刘烨家谱,但刘烨就是托故不交出来,又托病"乞出知河南府",远远避开刘后。[2]而钱惟演乃钱塘王室之后,世家子弟,却主动找刘后娘家结亲。刘娥对他自然要投桃报李。

然而,拜相这么重大的事情,并不是刘太后说了就算的。虽

---

1 王明清:《挥麈后录》卷三。
2 张舜民:《画墁录》;邵伯温:《邵氏闻见录》。

然宰相的除拜大权名义上归于君主，但若除拜非人，必引发廷臣强烈抗议。而且，从制度的角度来说，宋朝宰相的任免，需要走复杂的程序，首先由翰林学士草制，然后交给事中审核，法理上，翰林学士具有"事有失当及除授非其人，则论奏封还词头"的权力，给事中具有"若政令有失当、除授非其人，则论奏而驳正之"的权力。[1] 虽然宋代封驳宰相任免的情况极其少见，但也不是没有过，如宋哲宗元祐六年（1091），刘挚罢相，罢相麻制就被给事中朱光庭封还。朱光庭说："（刘）挚忠义自奋，力辨邪正，有功朝廷，擢之大位，一旦以疑而罢，天下不见其过，言者若指臣为朋党，愿被斥逐不辞。"[2]

最后，拜相的制书，还需宰相副署，方得生效。之前我们讲过赵普拜相的故事，由于范质等三位宰相已经辞职，宋太祖在颁发拜相制书时便碰到程序上的大麻烦：找不到宰相副署制书。最后还是翰林学士窦仪想到办法："今皇弟开封尹、同平章事，即宰相之任也，可书敕。"开封府尹赵匡义领有同平章事之衔，为使相，是名义上的宰相，由他副署，总算合乎程序地签发了制书。[3] 这也是两宋唯一一个由使相署敕生效的特例。

因此，就算刘太后有心要将钱惟演扶上相位，也绝不是她（以仁宗的名义）下一道手诏就可以做到的。就算对钱惟演的任命顺利走完翰林草制、给事中通过、宰相副署的全部程序，还有台谏官那一关要过呢。

---

1 《宋史·职官志》。
2 《续资治通鉴长编》卷四六八。
3 《宋史·赵普传》；《宋史·职官志》。

正当刘太后犹豫未决之时，钱惟演赖在京师不赴亳州之任、图谋拜相的消息也传了出来。监察御史鞠咏闻知，立即上书："惟演憸险，尝与丁谓为婚姻，缘此大用。后揣知（丁）谓奸状已萌，惧牵连得祸，因出力攻（丁）谓。今若遂以为相，必大失天下望。"坚决反对拜钱惟演为相。

刘太后派内侍将鞠咏的奏疏拿给钱惟演看，意思是说，老钱啊，拜相这事儿不好办啊，你看，御史强烈反对，要不，这事儿缓一缓，以后再说。但钱惟演还不死心，"犹顾望不行"。

此时，鞠咏在朝堂上对谏官刘随说："若相惟演，当取白麻廷毁之。"[1] 白麻是书写大拜除制书的白麻纸，借来指代拜相的制书。鞠咏的意思很明显，钱惟演要是真的拜相，那我们就将他的拜相制书当堂给撕了。鞠咏这么一扬言，钱惟演闻讯，"乃亟去"，这才灰溜溜往亳州赴任。

由于御史的阻挠，钱惟演第二次问鼎相位受挫。

第三次问鼎相位受挫

又过了几年，大约天圣九年（1031），钱惟演改判陈州（今河南淮阳），但他"托疾久留京师，既除陈州，迁延不赴，且图相位"。这是钱惟演第三次逗留在京师游说拜相。

此时，鞠咏刚刚去世，钱惟演大概以为这一回应该没有人来反对他了吧。然而，他第三次问鼎相位的努力还是遇到了强有力的阻挠。阻力还是来自御史台。

---

[1]《续资治通鉴长编》卷一〇〇。

天章阁待制兼侍御史知杂事范讽看出钱氏的意图，上奏仁宗及刘太后："惟演尝为枢密使，以皇太后姻属罢之，示天下以不私，今固不可复用。"[1] 殿中侍御史郭劝也上书说，"钱惟演迁延不赴陈州，觊望相位"，"请促惟演上道"[2]。

钱惟演见拜相无望，只好改变了主意，"自言先垅在洛阳，愿司宫钥"，说他的祖坟在西京洛阳，愿为洛阳留守。刘太后答应了他的请求，改任他判河南府兼西京留守，领节度使、同平章事衔。

几天后，范讽入对，刘太后告诉他："惟演去矣。"范讽语带嘲讽说："惟演奴仆皆得官，不去尚奚以为？"钱惟演连他家的奴仆都得到了美官，他不去赴任还想怎样？[3]

钱惟演这回外放洛阳，人生也即将走到尽头。

明道二年（1033）三月，刘太后病逝。钱惟演从洛阳赶回京师参加葬礼，五月，他呈了一份建议书给宋仁宗："母以子贵，庙以亲升，盖古今之通义也。庄懿皇太后辅佐先帝，诞育圣躬，德冠掖庭，功流宗社。陛下感深罔极，追荐尊名。既复寝园，将崇庙室"，请在太庙"以庄献、庄懿皇太后并祔真宗之室"[4]。这里的"庄献"即刘太后，"庄懿"则是宋仁宗的生母李宸妃。

钱惟演的建议，被后人认为是对礼制的破坏，因为按礼制，"宗庙只是一君一嫡后，自钱惟演佞仁祖，遂以一嫡同再立后，更以

---

1 《续资治通鉴长编》卷一一〇。
2 《宋史·郭劝传》。
3 《续资治通鉴长编》卷一一〇。
4 《续资治通鉴长编》卷一一二。

仁主所生后配，后遂以为例而礼乱矣"[1]。钱惟演是聪明人，又是饱学之士，岂不知礼法？他之所以这么提议，自然是为了讨好宋仁宗，"以希帝意"；惟演还想使出联姻的大招，"又欲与庄懿太后族为婚"，希望继续以政治婚姻巩固钱家的权力地位。

然而，这一次，他的马屁拍到了马蹄上。虽然宋仁宗对钱惟演的建议很是受用，"诏太常礼院详定以闻"，但此时已晋升为权御史中丞的范讽，对钱惟演发起弹劾："惟演不当擅议宗庙"，而且，"惟演在庄献时，权宠太盛，与后家连姻，请行降黜"。

仁宗跟宰辅们说："先后未葬，朕不忍遽责惟演。"但范讽也留有一手，立刻从袖中抽出他的御史中丞"告身"（人事任命状），交还皇帝，说道："陛下不听臣言，愿纳此，不敢复为御史中丞矣。"皇上既然不采纳我的意见，这御史中丞之职我不敢再做下去了。仁宗不得已，只好答应降黜钱惟演。范讽这才告退。

明道二年八月，仁宗下诏：同平章事、判河南府钱惟演落同平章事之衔，迁崇信节度使，速赴随州（今湖北随州）上任；钱惟演之子钱暧夺一官，"听随惟演行"[2]。

第二年，即景祐元年（1034）秋七月，钱惟演在随州去世，他想当"真宰相"的人生梦想，以后再没有机会去实现了。曾经有几次，这一梦想看起来似乎是唾手可得，但最后还是无功而返。当不了宰相也成为钱惟演一生最大的遗憾，他晚年常感叹："平生不足者，不得于黄纸书名。每以为恨也。"[3]

1　《朱子语类》卷九〇。
2　《续资治通鉴长编》卷一一三。
3　欧阳修：《归田录》卷二。

余话

钱惟演去世后,朝廷在给他议拟谥号时,礼官认为他生前"贪慕权要",按《谥法》,"贪而败官曰墨",可谥"文墨"。"贪慕权要"四字确实是对钱惟演的准确形容,钱惟演无疑属于趋炎附势之人,这一点从他拼命跟皇室、外戚、相臣联姻就可以看出。这样的人,当然不是宰相的好人选,即便他并非外戚,也不应该让他当宰相。

那么,以钱惟演的家世、地位、关系网络,何以最终无法如愿以偿当上宰相?我们一般都是从宋室对外戚揽权的警惕与防范的角度来解释。这么解释当然也没有什么不妥,但我总觉得漏掉了什么。直至看到宋人吕中的《宋大事记讲义》,恍然发现宋人自己的解释更具启发性。

吕中说:"太祖太宗之纪纲,总于人主之威权,故太祖太宗之世,无干谒之门,无幸求之路。"太祖与太宗以皇帝的威权杜绝外戚的干请。而到了仁宗朝,"仁宗不自揽权,不尚威令,以仁厚容养臣下,是以宫闱之请求,燕闲之私昵,皆其所不免者",但是,"国势莫宽于仁宗之时,而纪纲亦莫振于仁宗之时",国家纲纪并未因仁宗的宽仁而松懈、败坏,这又是为什么?

吕中认为,是因为仁宗尊重公议、制度。公议者,台谏之所系也;制度者,职官可封还皇帝私恩之手诏也。"故惟演为枢密使,宰相冯拯以为不可,欲图相位,御史鞠咏以为不可";"杜衍为相,务裁侥幸,每内降恩,率寝格不行,积诏至十数,辄纳上前"[1]。由于朝廷重视公议、制度,钱惟演才无法通过走后门获得相位、

---

[1] 吕中:《宋大事记讲义》卷八。

窃取公器。

我们习惯于从"皇帝揽权"VS"外戚篡权"的权力斗争角度去理解钱惟演图相受挫一事。宋人吕中却提供了另外一个观察角度：从"君主私恩"VS"朝廷公议"的制度建构视角观察宋朝的外戚干请活动。

不能不承认，吕中的视角更准确。因为宋朝情势已大大不同于汉唐，汉唐式的外戚擅权危机已不大可能重现，即便是南宋权相韩侂胄与贾似道，虽有外戚之身份，却无外戚之意识，诸葛忆兵先生的《宋代宰辅制度研究》对此有阐述："前代外戚擅权，肯定要形成王氏集团、武氏集团等外戚同姓集团，以血缘关系构成政治权力网。这种同姓权力网一经形成，就会对异姓皇室构成极大的威胁，前进一步就是改朝换代，如汉末王莽所为。韩贾二人所为却不是如此"，"他们不会依恃外戚身份，努力膨胀家族势力，以达到擅权或篡权的目的"，"与其说他们是外戚擅权，不如说他们是权相专柄"[1]。

至于钱惟演，尽管贪慕权要，但我们又很难说他是野心家，他的"恨不得为真宰相"，其实也就想"过把瘾就死"而已，未必就有把持朝政的野心。因此，钱惟演的"图入相"，与其说是对皇权的威胁，不如说是对制度的破坏。

最后，我们还需要将范仲淹的梦想实现情况交待清楚。范仲淹于宋真宗大中祥符八年（1015）中进士，宋仁宗庆历三年（1043）拜参知政事，开始领导"庆历新政"。参知政事相当于副宰相，还不是正宰相，从这个角度来说，范仲淹并未完全实现拜相的夙

---

[1] 诸葛忆兵：《宋代宰辅制度研究》，中国社会科学出版社，2000，第二章。

愿；但从"利泽生民"的角度来说，范仲淹于泰州治堰、应天兴学、平定边塞、主持新政，晚年又建范氏义庄，惠养族人近千年，造福于当世，垂名于青史，可以说庶几实现了人生抱负。

一名寒门子弟，完全凭着自己的努力，成为政府之执政、士大夫之领袖，这放在门阀制度森严的魏晋时期，是不可想象的；在世族制度犹存的隋唐，也不大容易；但在"取士不问家世"的宋代，平民布衣通过科举考试进入政府高层，不再是非分之想，而是触手可及的"大宋梦"。

同一个时代，同一个梦想。世家子弟钱惟演至死都未能实现他的"真宰相"之梦，寒门之子范仲淹则庶几完成了他的人生抱负。这正是那个时代值得喝彩之处。

两处名胜背后的腐败故事

亲爱的女儿，如果你以后要出游，我建议你不妨去参观两处著名的历史遗迹。

一处是位于洞庭湖畔的岳阳楼，与武汉黄鹤楼、南昌滕王阁并称为"江南三大名楼"。据说岳阳楼始建于魏晋时期，不过今天岳阳楼的盛名如雷贯耳，则源于北宋时滕宗谅贬谪岳州，重修了岳阳楼，楼成，请范仲淹写了一篇《岳阳楼记》。你念中小学时应该背诵过这一名篇，记得里面的一句千古名言："先天下之忧而忧，后天下之乐而乐。"

另一处历史遗迹是苏州的沧浪亭，与狮子林、拙政园、留园同列为苏州宋、元、明、清四大园林。沧浪亭是北宋苏舜钦罢官后流寓吴中之时，以四万钱买入废园，傍水构亭而成。园名"沧浪亭"得自《楚辞》："沧浪之水清兮，可以濯吾缨；沧浪之水浊兮，可以濯吾足。"苏氏撰有《沧浪亭记》，也是一篇文采飞扬的佳构。

不过，今天我们要说的，并不是岳阳楼与沧浪亭的风光，也不是《岳阳楼记》与《沧浪亭记》的文采，而是岳阳楼与沧浪亭背后的两段公案。如果不是发生了这两宗公案，也许就不会有岳阳楼的重修与沧浪亭的造园。

这两段公案发生的时间十分接近，都是在宋仁宗庆历年间；性质也差不多，都关涉士大夫滥用公款而受御史弹劾，进而被严厉处分，从中我们可以一窥北宋仁宗朝富有竞争性的政治秩序与张扬的台谏风气。

滕宗谅与公用钱案

重修岳阳楼的滕宗谅，与范仲淹为同年进士，是一位有着豪侠气概的士大夫，能领兵杀敌，喜结交朋友，行事豪迈，出手慷慨，

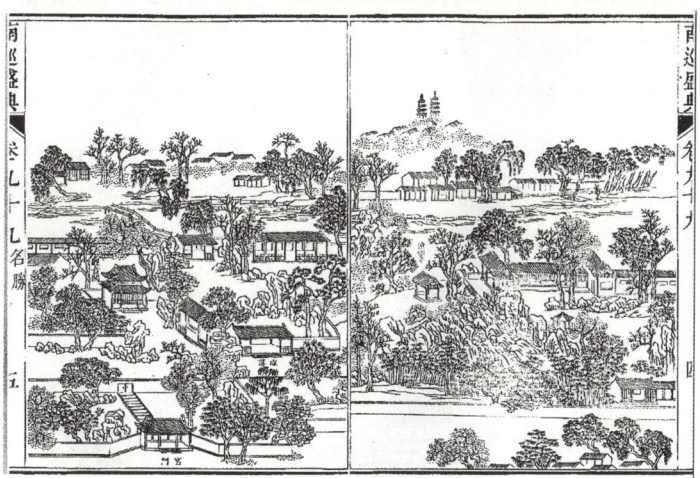

上：元代夏永《岳阳楼图》。美国弗利尔美术馆藏
下：清乾隆年间刻本《南巡盛典》中的苏州沧浪亭

常一掷千金,《宋史·滕宗谅传》称他"尚气,倜傥自任,好施与"。

庆历三年(1043)九月,滕宗谅在庆州(今甘肃庆阳)知州任上,陕西四路都总管兼经略、安抚、招讨使郑戬向朝廷检举:滕宗谅之前担任泾州(今甘肃泾川)知州时,"枉费公用钱十六万缗"[1]。同时,监察御史梁坚也对滕宗谅发起严厉的弹劾:滕宗谅"用过官钱十六万贯,有数万贯不明,必是侵欺入己"[2]。

这里我们需要先弄明白一个概念:什么是"公用钱"。范仲淹解释过公用钱的性质:"国家逐处置公使钱者,盖为士大夫出入及使命往还,有行役之劳,故令郡国馈以酒食,或加宴劳,盖养贤之礼,不可废也。"[3]换成现在的说法,公用钱就相当于我国台湾地区实行的"特别费",主要用于出于公务需要的宴请、招待、馈赠、捐赠、补助。公用钱的数额,"随州郡大小立等,岁自二百贯至五千贯止",如宋真宗年间,朝廷拨给广州的公用钱为"五十万"钱(500贯)。公用钱必须由知州与通判联署签字才可以领用,"皆长吏与通判署籍连署以给用"[4],每一笔支出都要在账籍上登记清楚,接受审计。

公用钱有时也被写成"公使钱"。但是,在宋代,"公用钱"与"公使钱"实际上是两回事,只不过常常被人混淆了。公使钱是朝廷拨给领有节度使兼使相、节度使、节度观察留后、观察使、防御使、团练使、刺史等荣衔的长官的个人津贴,"皆随月给受,如禄奉焉"。公使钱的数额,依长官的官阶分为若干等,从五百贯至二万贯不

---

1 《续资治通鉴长编》卷一四三。
2 《续资治通鉴长编》卷一四六。
3 《续资治通鉴长编》卷一四一。
4 《宋史·职官志》。

等。长官可以自由支配属于他的公使钱:"旧制,刺史以上所赐公使钱得私予";"方镇别赐公使钱,例私以自奉,去则尽入其余";"(公使钱)不隶州府,(长官)自以亲吏领之,岁杪上计则入其余"[1]。

今日台湾地区的"特别费",其实也是分为两块:其中二分之一需要用票据报销,并接受审查,类似于宋代的公用钱;另外二分之一则由行政长官按月签字领取,自由支配,无须记账、结算,类似于宋代的公使钱。你应该记得,2007 年,马英九曾被检察官控以在担任台北市长期间涉嫌贪污"特别费"。但法官最后裁定,行政长官签字领取的那一半"特别费",为"法定薪资外之实质补贴",马英九不存在贪污"特别费"的行为。

时光倒流回到一千年前,滕宗谅面临的指控,跟马英九差不多。不过,有一点我们应该先说明:滕宗谅涉嫌滥用的,是属于地方政府公务经费性质的公用钱,而不是属于长官个人津贴性质的公使钱。这是跟马英九的情况又不一样的地方。

既然有御史弹劾滕宗谅滥用公用钱,仁宗皇帝便委派太常博士燕度前往"鞫其事",将滕宗谅从庆州带到邠州(今陕西彬县)接受调查。滕宗谅闻讯,"恐连逮者众,因焚其籍以灭姓名"[2],将登记公用钱使用情况的账簿焚烧掉。

但燕度也是一个狠角,你滕宗谅不是烧掉了物证么?那好,那就从人证入手——将所有稍受牵连的人全都抓起来,"枝蔓勾追,直使尽邠州诸县枷杻","囚系满狱"[3]。不审出滕宗谅的罪证

---

1 《宋史·李用和传》;《宋史·向经传》;《定国军节度观察留后光禄大夫河间郡开国侯向公墓志铭》。
2 《宋史·滕宗谅传》。
3 《续资治通鉴长编》卷一四四。

决不罢休。

滕宗谅坚决不承认自己挪用了16万贯公用钱，只称在泾州任上时，因为招待"诸部属羌之长千余人"，才动用了3000贯公用钱。[1]以滕宗谅花钱豪迈的性情，交游又广，"间以馈遗游士故人"[2]，经手花出去的公用钱，肯定不止3000贯。但是到底花了多少钱，是怎么花的，又是哪些人接受了馈赠，却是一笔糊涂账，因为账本都被滕宗谅烧掉了。

但若说滕宗谅挪用了16万贯公用钱，那显然也是不实之词，因为朝廷拨给泾州的公用钱数目都不可能有16万贯之多。按范仲淹的说法，那16万贯钱其实包含了泾州诸军请用的经费，"已有十五万贯是加诬，钱数物料是诸军请受，在十六万贯之内，岂可诸军请受亦作宗谅使过"[3]。如此说来，滕宗谅经手使用的公用钱，应该是1万贯左右。

我也不相信滕宗谅是一名贪官，私吞了公用钱。滕宗谅并不贪财，只是花费公款一直大手大脚，之前他知湖州，"大兴学校，费钱数十万"，通判、僚吏都认为滕宗谅从中捞足了油水，因此滕宗谅离任审计时，不肯给他签字，还是大学者、新任知州胡宿出来为滕宗谅证明清白。滕宗谅去世时，身无长物，"及卒，无余财"[4]，生前他经手的公用钱，应该都用于公务接待与馈赠游士故人了，而非入了他私囊。但说他"枉费公用钱"，却是确凿无疑的。

1　范仲淹：《天章阁待制滕君墓志铭》。
2　《宋史·滕宗谅传》。
3　《续资治通鉴长编》卷一四三。
4　《宋史·胡宿传》；《宋史·滕宗谅传》。

那么应该如何处分滕宗谅呢？朝廷出现了两种对立的意见。时任枢密使的杜衍力主从严处罚，"欲深罪滕宗谅"。杜衍的意见并非没有道理，因为滕宗谅烧掉账本的行为，显然是对国法的挑战。参知政事范仲淹与谏官欧阳修"则力争而宽之"[1]，毕竟滕宗谅并无贪赃入己的行为，以公用钱"馈遗游士故人"也是本朝惯例。

范仲淹还告诉仁宗皇帝：他和韩琦以前在泾州时，也是这么使用公用钱的，"曾为庆州签判、秘书丞马倩身亡，本人家贫亲老，与钱一百贯文；又泾州保定知县、大理寺丞刘袭礼丁父忧，家贫起发不得，与钱一百贯文；又虢州推官、监环州入中陈叔度丁父忧，家贫无依，与钱五十贯文；又进士黄通来泾州相看，与钱五十贯文"。如果这么做有罪，那么请皇上"将臣与韩琦用钱事状，一处定断，以正典刑"[2]。

宋仁宗权衡再三，听从范仲淹之言，对滕宗谅从轻发落，夺一官（降一级官阶），徙知虢州（今河南灵宝）。时为庆历四年（1044）正月。

但是，仁宗的这个处分决定，立即受到御史中丞王拱辰的强烈反对。王拱辰上书说："赏罚者，朝廷之所以令天下也。此柄一失，则善恶不足以惩劝。今滕宗谅在边，盗用公使钱，不俟具狱，止削一官，皆以谓所坐太轻，未合至公。"又说，如果不对滕宗谅严肃处理，他就辞职不干了，"臣所以不避而固争者，诚恐来者相效，而陛下之法遂废矣。臣明日更不敢入朝，乞赐责降一小郡，

1　欧阳修：《论杜衍范仲淹等罢政事状》。
2　《续资治通鉴长编》卷一四六。

以戒妄言"[1]。

王拱辰可是一个招惹不得的人物,以前他向宋仁宗提意见,仁宗未答应,他情急之下便扯住皇帝的衣裾不放,"极论之,帝未省,遽起,拱辰前引裾,乃纳其说"。现在他要求朝廷对滕宗谅施以重责,而仁宗未听,王拱辰真的就辞职不干了,"即家居,求自贬"[2]。

其他御史也"执坚奏劾宗谅不已"。最后,宋仁宗不得不"用御史中丞王拱辰之言",在二月份重新下诏,"徙知虢州滕宗谅知岳州"。

北宋时,岳州(今湖南岳阳)差不多就是一个蛮荒之地。不过,滕宗谅到底是豪爽之人,不会太计较穷山恶水。他上任不久,便决定重新修葺岳州的岳阳楼。

这一次,滕宗谅不敢动用公款,而是采用了类似"众筹"的办法——岳州有不少"老赖",欠债不还。滕宗谅便发布一个通告:"民间有宿债不肯偿者,献以助官,官为督之",意思是说,凡是讨不回债款的债主,如果愿意将他们的一部分债权捐献给政府修建岳阳楼,政府将协助他们追债。于是"民负债者争献之,所得近万缗"。

滕宗谅自己掌管这笔巨款,"自掌之,不设主典案籍。楼成,极雄丽,所费甚广"。按王拱辰的说法,滕宗谅从中捞到了不少油水,"自入者亦不鲜焉",可是"州人不以为非,皆称其能"[3]。

---

1 《续资治通鉴长编》卷一四六。
2 《宋史·王拱辰传》。
3 司马光:《涑水记闻》。

滕宗谅显然是一个具有人格魅力的人，其操守也不必怀疑，但我们不能不指出，他也是一个藐视制度的人。一些人很欣赏他，如范仲淹、欧阳修；另一些人则很看不惯他，如杜衍、王拱辰。

岳阳楼建成，滕宗谅请老朋友范仲淹写了那篇千古传诵的《岳阳楼记》；又请大书法家苏舜钦手书《岳阳楼记》，刻于石碑；再请著名篆书家邵餗为《岳阳楼记》石碑"篆额"，时人将滕楼、范记、苏书、邵篆合称为"天下四绝"。

苏舜钦与进奏院案

苏舜钦手书《岳阳楼记》时，正值他因"进奏院案"被朝廷罢官未久。

苏舜钦也是范仲淹赏识的一名才俊，自小就"慷慨有大志"，后经范仲淹推荐，在庆历初年（1041）参加制科考试，"为集贤校理，监进奏院"。他的岳丈，则是与范仲淹私交很好的杜衍。[1]

庆历四年（1044），枢密使杜衍拜相，时范仲淹为参知政事，富弼、韩琦为枢密副使，他们领导的"庆历新政"正在展开。支持新政的苏舜钦此时也意气风发。

这一年九月，京师官民又迎来一个狂欢节——秋季赛神会。按宋人惯例，这一天，京师各机关单位都会准备酒馔，"吏史列坐，合乐终日"[2]。苏舜钦也将进奏院的旧报纸卖了，换了几贯钱，邀请进奏院的同僚以及几位有交情的文友，到酒楼喝酒联欢，还

---

1 《宋史·苏舜钦传》。
2 魏泰：《东轩笔录》。

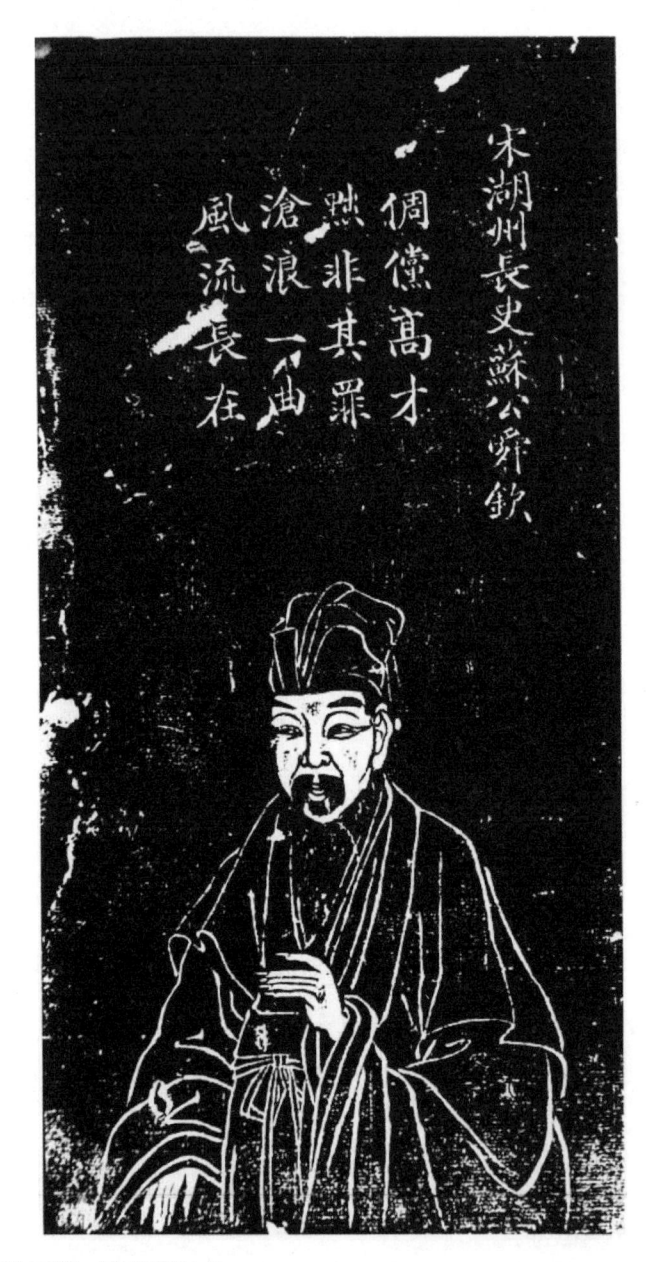

苏舜钦石刻像，刻于清道光七年

叫了几名官妓歌舞弹奏，陪饮助兴。

宋代的进奏院，负责刊印中央政府的朝报，然后分发给各地方政府，因而一年积下来，废报纸很多。不过，旧报纸也值不了几个钱，鬻卖所得的公款不足消费，大家又凑份子补足，苏舜钦自己掏了十贯钱助席，其他"预会之客，亦醵金有差"[1]，换成现在的话，就是"众筹"一场酒席。

当时恰好有一个叫作李定的官员（与王安石弟子、熙宁变法小将李定并非同一人），得知进奏院要"众筹"宴席，便兴致勃勃地跑过来说，他也想参加联欢会。但苏舜钦大概觉得李定这个人很俗气，一直瞧他不上，便拒绝掉了。内心受伤的李定怀恨在心，托人探听苏舜钦聚饮的详情，再添油加醋描述出来，到处散布，说苏舜钦等人大搞公款吃喝，还召妓作陪，席间丑态百出，造成了极坏的影响，"遂腾谤于都下"[2]。

流言很快就传到御史中丞王拱辰（又是他）、监察御史刘元瑜的耳朵里，以王拱辰的性格，岂肯轻易放过，立即就上书弹劾苏舜钦"鬻故纸公钱召妓女，开席会宾客"。仁宗便委派开封府调查此事，"事下开封府治"[3]，是为"进奏院案"。

由于案情比较简单，开封府很快就推鞫清楚：御史所弹奏确有其事。监进奏院的苏舜钦与刘巽，身为进奏院的长官，却盗用进奏院的旧纸卖钱喝花酒，属于"监主自盗"；直龙图阁兼天章阁侍讲、史馆检讨王洙等人席间"与妓女杂坐"；集贤校理江休复、

---

1 魏泰：《东轩笔录》。
2 魏泰：《东轩笔录》。
3 《续资治通鉴长编》卷一五三。

集贤校理刁约、太常博士周延隽、殿中丞周延让等人"又服丧未除"即参与妓乐；集贤校理王益柔还乘醉作《傲歌》："醉卧北极遭帝扶，周公孔子驱为奴"云云，谤讪周孔……

按宋朝律法，"监主自盗"为重罪，比一般盗窃行为罪加二等："诸监临主守自盗，及盗所监临财物者，……加凡盗二等，三十匹绞"[1]。监守自盗三十匹绢即可判死刑。苏舜钦被控"监主自盗"，宰相杜衍虽为舜钦岳父，范仲淹虽是舜钦恩主，却不敢明保，"恐栗畏缩，自保其位，心知非是，不肯开言"[2]。

召妓饮酒也为法律所禁止，尽管宋代保留着官妓之制，但例只可在公宴上"以官妓歌舞佐酒，然不得私侍枕席"[3]；官员私召官妓则构成犯罪，宋代不少官员就因为与官妓游宴、杂坐而被贬黜。所以有宋人感慨说："（唐朝）白乐天（白居易）为郡时，尝携容、满、蝉、态等十妓，夜游西武丘寺，尝赋纪游诗……可见当时郡政多暇，而吏议甚宽，使在今日（宋朝），必以罪去矣！"[4]

士大夫服丧期间赴妓乐宴会，更是违背了礼法，比如庆历年间，"安静节度使允迪居父丧，命妓女日为优戏宫中"，被妻子告发。仁宗马上派人调查。赵允迪是宋太宗的孙子，仁宗皇帝的兄弟，虽贵为天潢贵胄，但最后也不得不接受处分，被降为"右监门卫大将军，绝朝谒"[5]。

至于作诗"醉卧北极遭帝扶，周公孔子驱为奴"，以那时候

---

1 《宋刑统·贼盗律》。
2 费衮《梁溪漫志》收录之苏舜钦致欧阳修书信。
3 田汝成：《西湖游览志余》卷二一。
4 龚明之：《中吴纪闻》。
5 《续资治通鉴长编》卷一五四。

的眼光来看，自然也是轻侮圣贤的"大逆不道"之论。因此，台谏官王拱辰、刘元瑜、张方平等人都要求重责王益柔、苏舜钦之罪。

只有枢密副使韩琦一人上书为苏舜钦、王益柔求情："昨闻宦者操文符捕馆职甚急，众听纷骇。舜钦等一醉饱之过，止可付有司治之，何至是？陛下圣德素仁厚，独自为是何也？"又说，"益柔少年狂语，何足深治！天下大事固不少，近臣同国休戚，置此不言，而攻一王益柔，此其意有所在，不特为傲歌可见也"。[1]

庆历四年十一月，宋仁宗下诏，对进奏院案涉案官员做出处分：刘巽、苏舜钦坐"监主自盗"罪，"并除名勒停"，即开除公职；王洙落侍讲、检讨二职，徙知濠州（今安徽凤阳）；刁约调离现职，通判海州（今江苏连云港）；江休复外调，监蔡州（今河南汝阳）税；周延让监宿州（今安徽宿州）税；周延隽降为秘书丞；王益柔夺去集贤校理之职，监复州（今湖北天门）税。参加宴席的集贤校理章岷、同修起居注吕溱、馆阁校勘宋敏求、将作监丞徐绶，也都受到斥逐。[2]

这一批同时被斥逐的人，大多领有馆阁之职，都是当时的年轻才俊、饱学之士。王拱辰的弹劾，致使"馆阁之士罢逐一空"，所以王氏颇为自得，沾沾自喜地说道："吾一举网尽矣。"[3] 被逐众人当中，又以苏舜钦与刘巽受到的处罚最为严重，削职为民。连作《傲歌》轻慢周公孔子的王益柔都未曾除名。

苏舜钦自己难免愤愤不平，他在致友人欧阳修的一封书信上

---

[1]《续资治通鉴长编》卷一五三。
[2]《续资治通鉴长编》卷一五三。
[3]《续资治通鉴长编》卷一五三。

说,"卖故纸钱,旧已奏闻,本院自来支使,判署文记,前后文记甚明;况都下他局亦然,不系诸处帐管",进奏院卖旧报纸换钱聚饮,历年都这么做,况且这也是京城各机关单位的惯例,何以只拿进奏院开刀?就算以"私贷官物"论罪,依律也是"杖九十,其法甚轻","不至除名"。现在以重罪削了我官籍,"舜钦虽不足惜,为国计者岂不惜法乎"?

信中,苏舜钦也提到了庆历三年九月的滕宗谅公用钱案(恰好早于进奏院案一年):"近者葛宗古、滕宗谅、张亢(葛宗古、张亢也被控滥用公用钱,因不在本文叙述范围,且略过不提),所用官钱钜万,复有入己。范公横身当之,皆得末减,非范公私此三人,于朝廷大体,所补多矣。"联系进奏院案发生时,范仲淹与杜衍却"心知非是,不肯开言",苏舜钦心里应该很不是滋味。

最后,苏舜钦说道:"舜钦年将四十矣,齿摇发苍,才为大理评事。廪禄所入,不足充衣食,性复不能与凶邪之人相就近。今得脱去仕籍,非不幸也。自以所学教后生,作商贾于世,必未至饿死。故当缄口远遁,不复更云。但以遭此构陷,累及他人,故愤懑之气,不能自平。舜钦素为永叔奖爱,故粗写大概,幸观过而见察也。"

欧阳修颇为苏舜钦不平:"子美可哀,吾恨不能为之言。"[1]有意思的是,苏舜钦被罢次年,即庆历五年(1045)八月,欧阳修也因为"坐用张氏(欧阳修妹妹的继女)奁中物买田立欧阳氏(欧阳修之妹)券"[2],被贬为滁州(今安徽滁州)知州。在滁州,欧

---

1 费衮《梁溪漫志》收录之苏舜钦致欧阳修书信。
2 《续资治通鉴长编》卷一五七。

阳修写了一篇《醉翁亭记》，是可以与《沧浪亭记》《岳阳楼记》媲美的名篇。

欧阳修被贬，固然与"庆历新政"期间的党争有关，但也不能说欧阳修受了诬陷，因为他挪用张氏私财以妹妹名义购买田产，是有契券为证的。欧阳修之妹欧阳氏，嫁与张龟正为继室，未有生育，后张龟正去世，留下一女张氏（前妻所生），所谓"张氏奁中物"就是张龟正留给女儿张氏的遗产。这笔钱被欧阳修用来购置田产，并以妹妹欧阳氏（即张氏继母）之名立户，虽为人之常情，但毕竟在法律上难脱侵占孤儿财产的嫌疑。

对苏舜钦，欧阳修大概抱有同病相怜、惺惺相惜之心。但我们平心而论，苏舜钦也谈不上是无辜受构陷，因为进奏院的旧纸确实属于公物，将公物换钱喝酒，说是监守自盗也不为过。尽管当时"京师百司库务，每年春秋赛神，各以本司余物货易"[1]，似乎是惯例，但真的要追究起来，犯法就是犯法，就如法律规定，国家公务员贪污5000元即构成犯罪，你总不能说，私拿5000元的人很多啊，所以不应认定为犯罪。没有这样的道理。而且，私宴上召妓陪酒，显然也触犯了宋朝的公务员纪律。还是朱熹的评价比较客观：进奏院案"虽是拱辰、安道（张方平）辈攻之甚急，然亦是这几个（年轻人）轻薄做得不是"[2]。

苏舜钦被除名之后，寓居吴中，购废园、买水石，作沧浪亭，作《沧浪亭记》，又自号为"沧浪翁"，大概有以屈子自况的意思。

1　魏泰：《东轩笔录》。
2　《朱子语类》卷一二九。

苏舜钦书法极好,"善草书,每酣酒落笔,争为人所传"[1],所以滕宗谅才请他手书范仲淹的《岳阳楼记》。这两个人生原本并无多少交集的士人,却因为命运的阴差阳错而获得某种联结。

私人关系与公共立场

公用钱案与进奏院案,相隔一年发生,其间正好是范仲淹领导的"庆历新政"展开之际,而且滕宗谅与苏舜钦都与范仲淹关系密切,因此,修史的人多将这两段公案说成是北宋党争的体现,是王拱辰等保守势力拿滕宗谅与苏舜钦开刀,剑指主持新政的杜衍、范仲淹。如《宋史·苏舜钦传》称,"(杜)衍时与仲淹、富弼在政府,多引用一时闻人,欲更张庶事。御史中丞王拱辰等不便其所为"。

我们并不排除庆历年间公用钱案与进奏院案背后有着党争的暗流。不过,单纯一个党争的视角也会遮蔽历史的复杂性,比如最早揭发滕宗谅"枉费公用钱"一事的郑戬,并不完全反对新政,力主从重治罪滕宗谅的杜衍,更是新政的领袖之一;要求严厉惩处苏舜钦、王益柔的谏官张方平,实际上也是一位赞同改革的官员,他的许多政治主张,都跟范仲淹相合。

那么公用钱案与进奏院案是不是出于私人关系的官场倾轧呢?苏舜钦本人是这么理解的,他在一封写给文彦博的书信上提到,"始者,御史府(指王拱辰)与杜少师(杜衍)、范南阳(范

---

1 《宋史·苏舜钦传》。

仲淹)有语言之隙,其势相轧,内不自平,遂煽造诡说,上惑天听"[1]。但苏舜钦这么说,恐怕是想将自己塑造成官场倾轧的牺牲品,间接为自己的公款吃喝开脱。

苏舜钦、滕宗谅之被台谏官严厉弹奏,应该跟私人恩怨关系不大。我们可以发现一个有趣的现象:第一个检举滕宗谅的郑戬,与极力保护滕宗谅的范仲淹,是一对连襟(都是李昌龄的女婿),也一直保持着友谊;严词弹劾滕宗谅与苏舜钦的王拱辰,与对滕宗谅与苏舜钦十分同情的欧阳修,也是一对连襟(都是薛奎的女婿),又是同门、同年,王拱辰中状元后致皇帝的谢表,还是欧阳修代写的。显然,围绕公用钱案与进奏院案展开的意见分歧,跟私人关系并无明显的关联。甚至王拱辰本人还是苏舜钦的举主,最先举荐苏舜钦充馆职,我们看不出王拱辰对苏舜钦有什么私怨。

像郑戬与范仲淹、王拱辰与欧阳修这类私人关系密切、公共立场各异的情况,放在北宋历史中,其实是十分常见的,甚至构成了一道特别的政治风景。

比如富弼,是晏殊女婿,但在庆历党争中,富弼站在新政派一边,晏殊则颇维护保守派领袖吕夷简,富弼一次当着仁宗面大骂老丈人:"晏殊奸邪,党夷简以欺陛下。"[2] 还有欧阳修,他第一位妻子胥氏(新婚未久便病逝了)的父亲胥偃,为纠察在京刑狱司的长官,曾经"数纠(范)仲淹立异不循法",而欧阳修却是范仲淹的坚定支持者,为此与岳父胥偃颇合不来。[3]

---

1 苏舜钦:《上集贤文相书》。
2 李幼武:《皇朝名臣言行续录》卷二。
3 《续资治通鉴长编》卷一一八。

宋神宗熙宁－元丰变法之时，吴充与王安石是姻亲，但吴充并不支持王安石的新法；文彦博与蔡确也是亲家，蔡确为变法阵营之中坚，文彦博却反对新法，"极论市易司监卖果实，损国体，敛民怨"[1]；蔡确与冯京也有姻亲关系，但冯京却是新法的反对者，曾上疏万言，批驳王安石变法；韩绛与韩维是兄弟，韩绛支持王安石变法，韩维却反对；曾巩与曾布也是兄弟，曾巩对变法颇多异议，曾布却是新党的一员骁将；吕公弼、吕公著兄弟都不满王安石变法，但他们的侄子吕嘉问却是王安石的追随者，提举京师的市易务；还有，王安石之弟王安国，也反对兄长主持的变法，"常非其兄所为"，神宗曾问他，你兄长秉政，外间物论如何？王安国实话实说："但恨聚敛太急，知人不明耳"[2]。王安石是新党领袖，司马光是旧党领袖，俩人政见几乎完全对立，朝堂上吵得不可开交，但私下大家还是好朋友。神宗朝老臣赵抃与范镇有私怨，但两人却是反对王安石新法的同盟。

私人关系是私人关系，政治立场是政治立场，私归私，公归公，宋人似乎分得很清楚。私谊不影响公事，公事也不影响私谊。

说回公用钱案与进奏院案。我觉得，与其说，台谏官坚执弹劾滕宗谅与苏舜钦是出于朋党斗争与个人恩怨，不如说，那是宋仁宗时代台谏官的惯常作风。在仁宗朝，台谏官轮番攻击政府官员，实在是稀松寻常的事情，朝廷"一事过举，（台谏）议论蜂起，章奏交上，往往以死争之（其实也死不了）。纵有忤旨，不过薄责，

---

1 《宋史·文彦博传》。
2 司马光：《涑水记闻》。

旋即超升"[1]。因而，宋人说，"台谏之职，在国初则轻，在仁宗之时则重；在国初则为具员，在仁宗之时则为振职。何耶？盖仁祖不以天下之威权为纪纲，而以言者之风采为纪纲"[2]。

王拱辰本人就是一名天生的反对派，被他攻击的人多了去。苏舜钦说王拱辰与杜衍、范仲淹"有语言之隙"，其实这未必是私怨，换了其他人执政，以王拱辰的行事风格，该反对时他一样强烈反对。庆历三年，即滕宗谅被王拱辰弹劾那一年，仁宗的老师夏竦拜枢密使，王拱辰立马反对，说："竦经略西师，无功称而归。今置诸二府，何以厉世？"[3]仁宗不听，他就扯着皇帝的衣裾不放，迫使仁宗还是罢去了夏竦的枢密使之职。要知道，夏竦可是"庆历新政"的头号反对者，如果说王拱辰攻击滕宗谅、苏舜钦是为了讨好保守派，那他对夏竦的强烈反对又是为了什么呢？

有趣的是，王拱辰以公款吃喝问题将苏舜钦拉下马，十年后他自己也因吃喝问题遭到台谏官的猛烈抨击。至和二年（1055），已转任三司使的王拱辰，被委任为大宋使臣，出使辽国，辽主设宴招待，王拱辰"窄衣与会"，又"痛饮深夜，席上联句，语同俳优"，非常失态。殿中侍御史赵抃知悉，便对王拱辰发起弹劾，称拱辰"失礼违命，损体生事，乞加黜降"。宋仁宗欲袒护王拱辰，但赵抃不屈不挠，一再上书弹奏，迫使仁宗皇帝不得不将王拱辰"罚铜二十斤"[4]，未久又罢去他的三司使之职，徙知永兴军（今陕

1　蔡戡：《定斋集》卷四。
2　吕中：《宋大事记讲义》卷九。
3　《宋史·王拱辰传》。
4　《续资治通鉴长编》卷一七九。

西西安）。

亲爱的女儿，这便是宋仁宗朝的台谏风气了。这些台谏官很大程度上就如后世议会中的反对派，以紧紧盯住政府官员的差错为天职。王拱辰当御史时是这样，赵抃当御史时也是这样。

一名仕途受拦截的皇亲国戚

庞太师的原型

亲爱的女儿，如果你读过清代评书小说《三侠五义》，或者看过电视连续剧《包青天》，一定知道这些文艺作品里面有一个著名的奸角、大坏蛋——庞吉庞太师。你看，《三侠五义》写道："且说朝廷国政，自从真宗皇帝驾崩，仁宗皇帝登了大宝，就封刘后为太后，立庞氏为皇后，封郭槐为总管都堂，庞吉为国丈加封太师，这庞吉原是个谗佞之臣，倚了国丈之势，每每欺压臣僚。又有一班趋炎附势之人，结成党羽，明欺圣上年幼，暗有擅自专权之意。"

其实庞吉是一名虚构的文学人物，历史上并没有这一号人物。不过，在宋仁宗朝，确有一位庞姓大员，官至枢密使，封太子太保。他叫作庞籍，恰好跟庞吉的名字谐音。因此许多人都误以为庞籍就是庞吉，或者说，庞吉的人物原型就是庞籍。我年轻时也这么误会过。

庞籍要是泉下有知，一定会抗议：这锅我不背！

历史上的庞籍，并不是作威作福的皇亲国戚，而是一位敢捋虎须的正直官员。章献太后（即《三侠五义》中的刘太后）垂帘听政期间，庞籍任殿中侍御史，以敢言著称，敢对抗宰相，宋人称"言事官多观望宰相意，独庞醇之（庞籍，字醇之），天子御史也"。章献太后逝世前，曾留下遗诰："章惠太后议军国事。"意欲安排杨太后继续垂帘听政。此举受到庞籍抗议，"籍请下阁门，取垂帘仪制尽燔之"。后庞籍改任开封府判官，有一回，仁宗的妃子尚美人派遣内侍来开封府传达一道教旨："免工人市租。"大概这工人是尚美人的亲戚吧。但庞籍严词拒绝了："祖宗以来，未有美人称教旨下府者，当杖内侍。"并吩咐有司："自今宫中传命，毋得辄受。"[1]

你看，真实的庞籍形象，跟文艺作品中的庞吉，可谓有着天壤之别。你应该知道，明清时期出现的不少戏曲小说，都以宋朝为历史背景，但里面的故事情节，几乎都不可能发生在宋朝，比如"狸猫换太子"的故事，宋代哪里有这样的惨烈宫斗，分明是明朝文人杜撰来影射万贵妃与明孝宗的事情嘛。这是我们读文艺作品时需要特别留意的地方，千万不要被明清时期的小说戏曲带偏了。

不过宋代确实出了一个庞吉式的皇亲，那就是我们今天要说的张尧佐。

张尧佐，河南永安人，进士出身，仁宗皇帝宠妃张贵妃的伯父，去世后赠封太师。我们认为，庞太师庞吉的历史原型，便是这位张太师张尧佐。但张尧佐实际上也没有小说人物庞吉那么坏，更不敢有"擅自专权"的表现；只不过是一名趋炎附势的平庸官员，"徒缘私宠，骤加显列，是非倒置"[2]，让人看不过眼。

张尧佐"方负宫掖势"之时，曾碰到一回软钉子。话说有一位叫作冯京的才子，"自乡举、礼部以至廷试，皆第一，时犹未娶"。张尧佐想拉拢这位新科状元，决定将女儿许配给他，"拥至其家，束之以金带，曰：'此上意也。'顷之，宫中持酒肴来，直出奁具目示之"。皇帝都出面撮合这门亲事。但此番美意，被冯京谢绝了，"京笑不视，力辞"[3]。

---

1 《宋史·庞籍传》。
2 《皇宋通鉴长编纪事本末》卷三四。
3 《宋史·冯京传》。

南宋萧照《瑞应图》（局部）中的宋朝大臣。保利艺术博物馆藏

这个故事说明，尽管张尧佐深被皇恩，地位显赫，但当时有志气的读书人，是瞧不起他的。张尧佐这个人，显然也没有冯京那样的骨气，当初张贵妃未入宫时，因家道中落，母亲曾想带她投奔在四川当官的张尧佐，但张尧佐却"不收恤，以道远辞"[1]。后来张贵妃入了宫，并且成了皇帝的宠妃，张尧佐的态度发生了一百八十度转变，对来自贵妃娘娘的福荫，那可是照单全收，"洋洋自得，不知羞辱"[2]。这也是当时正派士大夫瞧不起他的原因之一。

仁宗皇帝因为宠爱张贵妃，爱屋及乌，一再给张尧佐加官晋爵，先是将张尧佐调到京师，任权开封府推官；未几，"迁三司户部判官，又为副使，擢天章阁待制、吏部流内铨，累迁兵部郎中、权知开封府，加龙图阁直学士，迁给事中、端明殿学士，拜三司使"[3]。简直是坐上了火箭晋升。北宋的三司使，掌一国财权，号为"计相"，权力排序只在二府（宰相与枢密院）之下。接下来，张尧佐便极有可能拜相，位极人臣。

本来，"官爵者，天下之公器"；国家"设官分职，选贤任能，得其人则有益于国家，非其才则遗患于黎庶。此义不可不知也"[4]。宋仁宗作为张贵妃的"夫君"，想照顾照顾爱妃的娘家人，也算人之常情；但作为大宋的"人君"，因私人感情而以天下公器市恩，确实忘了设官分职之大义。现在的问题是，宋朝有没有一套制度性的力量来阻止皇帝这么做？

有。

1　《宋史·张贵妃传》。
2　《皇宋通鉴长编纪事本末》卷三四。
3　《宋史·张尧佐传》。
4　《旧唐书·张九龄传》；《旧唐书·食货志》。

第一次拦截

在宋仁宗给张尧佐加官晋爵的同时,一场针对张尧佐非正常晋升而展开的接力拦截也启动了。

拦截张尧佐的主要力量来自台谏系统。按宋朝体制,朝廷除授若未当,台谏有论列之权。皇祐元年(1049),张尧佐被提拔为三司使,当时监察御史陈旭便表示反对:"尧佐以后宫亲,非才也,不宜使制国用。"只是仁宗皇帝"不听"[1]。

张尧佐在三司使的位置上大约坐了一年,知谏院包拯又上言弹劾:"窃缘三司使张尧佐早缘恩泽,骤陟华显,任之会府,委以大计。而本职隳废,利权反复,公私困弊,中外危惧。且历代后妃之族,虽有才者,未尝假以事权,又况庸常不才者乎?但富贵保全之,则无所害矣。"[2]

侍御史知杂事何郯也上疏提醒仁宗:"尧佐虽由进士登第,历官无他过,然骤被宠用,人情皆以止缘后宫之亲,不复以才能许之。况三司使位望任使,为二府之亚,跂步便至。今尧佐充三司使已逾年,若大飨讫事,众议谓陛下以酬劳为名,必当进用尧佐在两府。果如众议,命行之日,言事之臣必以死争。当是之时,陛下欲决用尧佐,则当黜言者;若听用言者,即须罢尧佐。酌之两途,必难并立。"[3]

何郯的话应该触动了仁宗,所以在皇祐二年(1050)闰十一

---

1 《皇宋通鉴长编纪事本末》卷三四。
2 《皇宋通鉴长编纪事本末》卷三四。
3 《续资治通鉴长编》卷一六九。

月，仁宗下诏："后妃之家，毋得除二府职任。"自己先堵了张尧佐挤入宰执之列的进路。同时，罢去张尧佐三司使之职，改授宣徽南院使、淮康节度使、景灵宫使、群牧制置使。宋朝的节度使，只是尊贵的虚衔，但无多少实权；景灵宫使也是闲职；宣徽南院使为宣徽院长官，掌内廷供帐；群牧制置使则是主管马政的长官。看来宋仁宗也是想收了张尧佐的事权，而以"富贵保全之"。

不过，一下子授予张尧佐四使，这个皇恩也太浩荡了，给予的富贵也太过分了。因而台谏官纷纷进言反对。

知谏院包拯说："宣徽、节度使并以与之，若非内外协应，蒙惑攘窃，宁至此哉？尧佐叨据如此，惭羞不知，真清朝之秽污、白昼之魑魅也！况下制（下达任命书）之日，阳精暗塞，氛雾继起，天道固于人事不远，伏望陛下断以大义，稍割爱情，追寝尧佐过越之恩。必不得已，宣徽、节度使，择与其一，仍罢群牧制置使之命，畀之外郡，以安全之。"[1] 毫不客气地将张尧佐指斥为"清朝之秽污、白昼之魑魅"。在这一次针对张尧佐同时除四使的拦截行动中，包拯可谓是一名主力阻击成员，连续几次上书表达抗议。

另一位主力阻击成员叫作王举正，时任御史中丞。王举正这个人很有意思，庆历年间，他当参知政事时，被连襟李徽之弹劾："举正妻悍不能制，如谋国何？"连老婆都搞不定，还怎么处理政务？谏官欧阳修等人也上书批评他尸位素餐，弄得王举正不得不辞去参知政事，出知许州（今河南许昌）。[2] 现在宋仁宗决心要

---

[1] 《续资治通鉴长编》卷一六九。下同。
[2] 《宋史·王举正传》。

授予张尧佐四使，已预感台谏官必定会强烈反对，所以便先将这个王举正任命为御史中丞。大家心里都相信，王举正"重厚寡言"，生性"儒懦"，对张尧佐除拜四使的任命，肯定会睁一只眼闭一只眼，"迤逦退避"，如此一来，"尧佐之命必遂行，论谏弗及矣"。然而，仁宗与臣僚都看走眼了。王举正甫一上任，仿佛小宇宙爆发，立即就放了一把火，"力言擢用尧佐不当"。来看看他的奏疏是怎么说的："臣伏睹张尧佐优异之恩，无有其比。窃以尧佐素乏材能，徒以夤缘后宫，侥幸骤进。国家计府，须材以办经费，尧佐猥尸其职，中外咸谓非据。近者，台谏纵有论列，陛下虽罢其使任，而复加崇宠，转逾于前，并授四使，又赐二子科名。贤愚一词，无不嗟骇。夫爵赏名数，天下之公器，不当以后宫疏戚、庸常之材，过授宠渥，使忠臣义士无所激劝。且尧佐居职，物议纷纭，当引分辞避，而晏然恃赖，曾无一言自陈，叨窃居位，日觊大用。……臣方叨司宪，适睹除命，事干国体，不敢缄默。望圣慈开纳，速降指挥。或臣言之不行，即乞罢臣宪司，出补远郡。"

但王举正的奏疏递入大内，却被仁宗扣留下来，做冷处理，"疏入，不报"。

王举正的犟脾气也给激了出来。过了四天，由于皇帝对奏疏迟迟不做回应，王举正便在退朝后"留百官班廷诤，复率殿中侍御史张择行、唐介及谏官包拯、吴奎、陈旭，于上前极言，且于殿庑切责宰相"，因为除授四使这么重大的任命，如果没有宰相同意，也是断不可行的，所以宰相也有责任，台谏官有权质询他们。仁宗"闻之，遣中使谕旨，百官乃退"。

次日，仁宗下诏："近台谏官累乞罢张尧佐三司使，及言亲连宫掖，不可用为执政之臣，若优与官爵，于礼差便，遂除宣徽使、淮康节度使。兼已指挥自今后妃之家，毋得除两府职任。今台谏官重有章疏，其言反复，及进对之际，失于喧哗。在法当黜，朝廷特示含容，其令中书取戒厉，自今台谏官相率上殿，并先申中书取旨。"

看得出来，对台谏官的这次抗议，仁宗皇帝是很生气的，他也想不通啊：你们不是说外戚"不可用为执政之臣"吗？好吧，前几天已申明"后妃之家，毋得除两府职任"；你们不是一再要求罢去张尧佐的三司使之职吗？好吧，现在就让张尧佐退居二线，领几个虚职。但你们还要闹意见，还喧哗于朝廷，成何体统？这不是欺人太甚吗？

所以宋仁宗命令宰相对台谏官"取戒厉"，类似于口头警告。当时皇帝"怒未解，大臣莫敢言"，但枢密副使梁适还是站出来为台谏官辩护："台谏官盖有言责，其言虽过，惟陛下矜察。然宠尧佐太厚，恐非所以全之。"

此时，张尧佐大概也觉得众怒难犯吧，主动上书辞去宣徽使、景灵宫使。宋仁宗也乐得顺水推舟，免去其宣徽使、景灵宫使的职务，"乃诏学士院贴麻处分"，修改了任命书，授予张尧佐淮康节度使、群牧制置使的荣衔闲职，让他端坐京师领取厚禄。"而取戒厉卒不行"，口头警告台谏官一事，不了了之。

至此，台谏官拦截张尧佐担任四使的风波，暂时平息下来。

第二次拦截

不想次年，即皇祐三年（1051）八月，朝廷突然又颁布制书，任命张尧佐为宣徽南院使，判河阳府。

据南宋人朱弁《曲洧旧闻》的记述，是宋仁宗抵挡不住张贵妃的"耳边风"，才冒着触怒台谏官的风险，再次将张尧佐任命为宣徽使的：" 张尧佐除宣徽使，以廷论未谐，遂止。久之，上以温成（张贵妃）故，欲申前命。一日将御朝，温成送至殿门，抚背曰：'官家，今日不要忘了宣徽使。'上曰：'得，得。'既降旨，包拯乞对，大陈其不可，反复数百言，音吐愤激，唾溅帝面。帝卒为罢之。温成遣小黄门次第探伺，知拯犯颜切直，迎拜谢过。帝举袖拭面曰：'中丞向前说话，直唾我面。汝只管要宣徽使、宣徽使，汝岂不知包拯是御史中丞乎？'"

朱弁的记述绘声绘色，极具镜头感。不过里面有些细节并不准确。皇祐三年，包拯并不是御史中丞，而是知谏院，而且，包拯在台谏官第二次拦截张尧佐时也没有什么过激举动。当时的御史中丞是王举正——对，就是那位看起来怯懦、寡言却让宋仁宗吃了一记闷棍的犟脾气言官。

王举正当然再次上书抗议皇帝对张尧佐的任命："尧佐本常才，但以夤缘后宫，叨据非分。自去年冬罢三司，除宣徽，制命方出，中外莫不骇听。其时臣与谏官、御史至留班廷议而争之，寻罢宣徽，尚忝节度名品。……方逾半年，端坐京师，以尸厚禄，今复授之，盖增鄙诮，此乃执事之臣不念祖宗基业之重，顺颜固宠，不能执奏，制命既行，有损圣德。陛下不纳臣尽忠爱君之请，必行尧佐滥赏窃位之典，即乞黜臣，以诫不识忌讳愚直之人。"[1] 以辞职相要挟。仁宗对王举正的奏疏还是留中不报，冷处理。

知谏院包拯、陈旭、吴奎也相继上书："张尧佐怙恩宠之厚，侥求觊望，不知纪极。始欲得宣徽使，今已行前命付之矣。虽出领外镇，将来入觐，即图本院供职，以致使相。名器之大者，岂

---

[1]《续资治通鉴长编》卷一七一。下同。

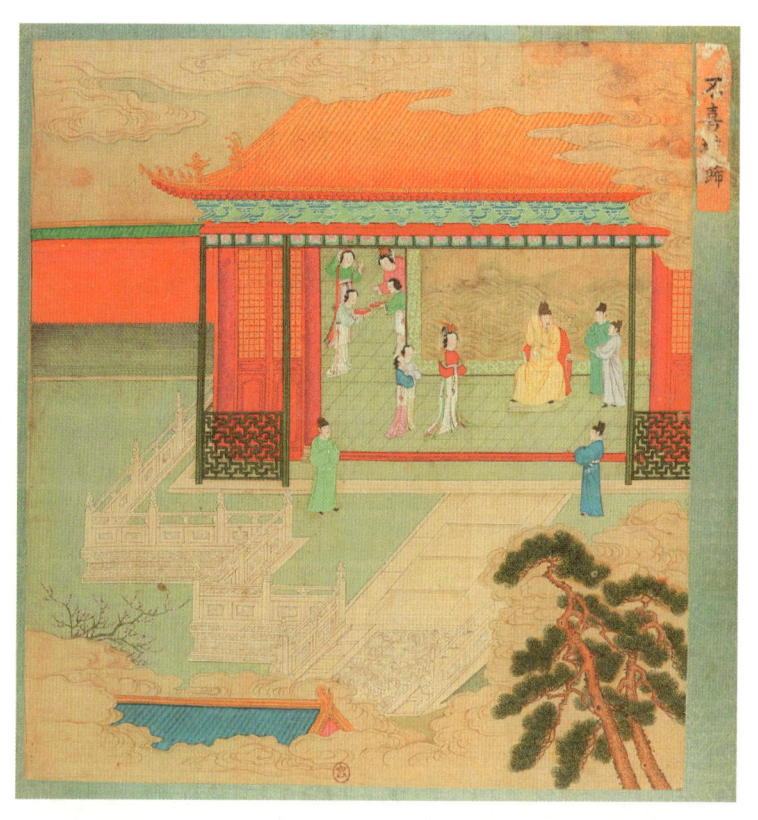

清初彩绘版《帝鉴图说》中的《不喜珠饰图》,讲述宋仁宗责斥张贵妃以珍珠为首饰,过于奢侈。法国国家图书馆藏

可皆缘恩私,每求而不让?伏望思已然之失,为杜渐之制,特降诏旨,申勒中书,谕以尧佐皆缘恩私,不次超擢,享此名位,已为过越,将来更不令处使相之任,及不许本院供职,及趋赴河阳任所。庶几厌塞人情,防杜间隙。"

仁宗采纳了这一相对温和的建议,"诏自今张尧佐别有迁改,检会此札子进呈执奏"。意思是说,下不为例,下不为例,今后若再给张尧佐升迁,你们就检出这条诏令,阻止任命状通过。

皇帝与台谏官各退一步，此番争执本可翻过。但是，当时的台谏官中有一位愣头青，叫作唐介，任"殿中侍御史里行"，脾气比王举正还要犟。当其他台谏官认为张尧佐这一次是外放河阳，"不足争"时，唐介却扬言："（皇上）是欲与宣徽，而假河阳为名耳。我曹岂可中已耶？"其时，"同列依违不前，唐遂独争之，不能夺"。[1]

宋仁宗被唐介逼得没办法，只好解释说："差除自是中书。"[2]任命张尧佐为宣徽使的，是执政的宰相，不是我。平心而言，宋仁宗这么说也不完全是推卸责任，因为按照宋朝制度，人事任免决定需要宰相副署方得生效。宰相既然签发了对张尧佐的任命状，当然意味着他们同意这一任命，并对任命负责。

但宋仁宗一定想不到，他的那一句"差除自是中书"，立即将熊熊大火从张尧佐那里引到宰相文彦博身上，也使得"拦截张尧佐"的剧情出现了极富戏剧性的节外生枝，故事的主角立即由王举正与张尧佐转换为唐介与文彦博。

宰相躺着中枪

话说唐介听了仁宗之言，提出问责宰相，"当责执政"，并鼓动全台御史一齐上殿质询政府。但仁宗不允许这么做。唐介又提出辞职。仁宗也没有批准。于是唐介干脆对宰相文彦博发起火力猛烈的弹劾："（文彦博）专权任私，挟邪为党，知益州（今四川成都）日，诈间金奇锦，因中人入献宫掖，缘此擢为执政；及恩

---

1 《皇宋通鉴长编纪事本末》卷三九；魏泰：《东轩笔录》。
2 魏泰：《东轩笔录》。

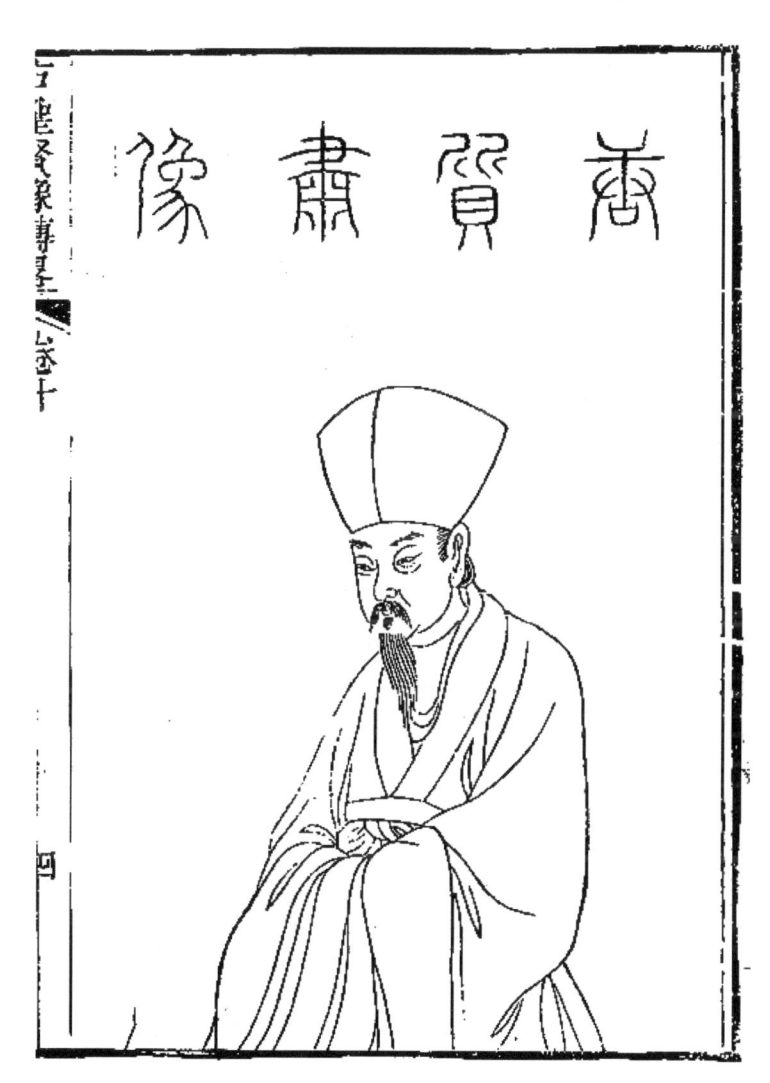

清代《古圣贤像传略》收录的唐介画像

州（今河北清河）贼平，卒会明镐成功，遂叨宰相；昨除张尧佐宣徽、节度使，臣累论奏，面奉德音，谓是中书奏拟，以此知非陛下本意。盖彦博奸谋迎合，显用尧佐，阴结贵妃，陷陛下有私于后宫之名，内实自为谋身之计。"[1]还将张贵妃也拖下了水。

文彦博是不是真有"阴结贵妃"的事情呢？据宋人笔记，某年上元节，仁宗设宴于端门，侍宴的张贵妃身着"灯笼锦"（一种产自成都的名锦），仁宗问这衣锦从何而来。张贵妃答道，"文彦博以陛下眷妾，故有此献"。仁宗听后，"终不乐"。也有人说，"灯笼锦乃彦博夫人献妃，彦博不知也"[2]。

李焘《续资治通鉴长编》也有述及："或言张尧佐，彦博父客也。彦博知益州贵妃有力焉，因风彦博织灯笼锦以进。贵妃服之，上惊顾曰：'何从得此？'妃正色曰：'文彦博所织也。彦博与妾父有旧，然妾乌能使之，特以陛下故尔。'上悦，自是意属彦博。及为参知政事，（恩州兵变）明镐讨王则未克，上甚忧之，语妃曰：'大臣无一人为国了事者，日日上殿何益。'妃密令人语彦博。翼日，彦博入对，乞身往破贼，上大喜。彦博至恩州十数日，贼果平，即军中拜相。议者谓彦博因镐以成功，其得相由妃力也。"[3]我个人认为，文彦博家与张家为世交，给张贵妃送"灯笼锦"之事或有之，但若说文彦博是靠"阴结贵妃"才当上了宰相，则实在小瞧了一代名臣文潞公。

唐介又言："彦博向求外任，谏官吴奎与彦博相为表里，言

1　《皇宋通鉴长编纪事本末》卷三九。
2　邵伯温：《邵氏闻见录》。
3　《续资治通鉴长编》卷一七一。

彦博有才，国家倚赖，未可罢去。自彦博独专大政，比所除授，多非公议，恩赏之出，皆有夤缘。自三司、开封、谏官、法寺、两制、三馆、诸司要职，皆出其门，更相授引，借助声势，威福一出于己，使人不敢议其过。乞斥罢彦博，以富弼代之。臣与弼亦昧生平，非敢私也。"[1]

台谏官当然有权对宰相发起弹劾，但唐介最后推荐富弼为相，却是越权了。按宋朝惯例，为了保持政府与台谏之间的相对独立性，宰相不能干预台谏官人选，台谏官当然也不可以推荐宰相人选。庆历三年（1043）七月，谏官欧阳修、余靖、蔡襄咸言：参知政事王举正"懦默不任职（那时候王举正的小宇宙尚未爆发），枢密副使范仲淹有宰辅才，不宜局在兵府，愿罢举正，以仲淹代之"。仁宗遂任命范仲淹为参知政事，但范仲淹"固辞不拜"，说："执政可由谏官而得乎？"[2]也就是说，台谏官与执政官之间，不得有亲嫌关系。

说回唐介的事。我们可以想象，宋仁宗接到唐介的弹劾报告，内心是震怒的。他将唐介的奏疏丢于一边，还扬言要贬窜唐介。唐介却不慌不忙，将弹劾报告拾起来，从容读完，然后说道："臣忠义激愤，虽鼎镬不避，敢辞贬窜。"[3]

宋仁宗"急召二府"，将执政大臣叫来，给他们看了唐介的奏疏，愤愤不平地说："介言他事乃可，至谓彦博因贵妃得执政，此何言也？"唐介呢，却当面教训文彦博："彦博宜自省，即有之，

---

[1] 《皇宋通鉴长编纪事本末》卷三九。
[2] 《续资治通鉴长编》卷一四二。
[3] 《皇宋通鉴长编纪事本末》卷三九。下同。

不可隐于上前！"文彦博"拜谢不已"。

枢密副使梁适有点看不下去，"叱介下殿"，但唐介"辞益坚，立殿上不去"。宋仁宗也找不到台阶下来，坚决要处分唐介——贬到岭南烟瘴地春州（今广东阳春）当通判。盛怒之下，仁宗当时就叫来值日的知制诰，要他马上起草处分的敕命。倒是文彦博"宰相肚里好撑船"，站出来替唐介求情："台官言事，职也。愿不加罪。"谏官蔡襄也进言："介诚狂直，然容受尽言，帝王盛德也，必望矜贷之。"不过皇帝当时并不听劝。

次日，御史中丞王举正又上疏，"言责介太重"。此时仁宗已经气消，亦有悔意，担心这么处分一位敢言的台谏官，会引发内外惊疑，便重新让知制诰起草敕命，改为贬谪到生活条件稍好的英州（今广东英德）当通判。仁宗还有另外的忧虑：唐介万一染上"霜露之病，死于道路"，势必给自己带来恶名，于是又"遣中使护送介至英州，且戒必全之，无令道死"。

唐介在英州只是待了两个月，便先后改迁荆湖"监郴州（今湖南郴州）酒税""通判潭州（今湖南长沙）"。皇祐五年（1053）八月，宋仁宗将唐介召回朝廷，任殿中侍御史。宋人评价说，唐介"贬斥不二岁复召，议者谓天子优容言事之臣，近古未有也"。

几年后（大约嘉祐年间），宋仁宗一日旧话重提，说起台谏官阻挠张尧佐任四使之事：以前言者"常指朕用张尧佐，必有如（唐）明皇播迁之祸。朕果用一尧佐，岂遂为明皇播迁乎？"此时已是知谏院的唐介很不客气地顶了皇帝一句："用尧佐未必播迁。然陛下若播迁，则更不及明皇。盖明皇有肃宗兴复社稷，陛下安得有肃宗乎？"意思是说，陛下您若播迁，命运将比唐明皇还不如，明皇好歹有儿子中兴唐室，您有子嗣么？此话正好击中宋仁宗晚年最大的痛处。仁宗闻言，"变色，徐曰：'此事与韩琦商量久矣。'"[1]虽然恼怒,却不好责备唐介,最后只好坦言:立储这事,已经与韩琦等宰执大臣商议好了。这是后话,按下不表。

再说唐介当初被贬出朝廷之时,同平章事文彦博也罢相,出知许州。这里体现了宋朝的一项惯例:宰相等执政官,若受台谏官弹劾,通常要提出辞职,在家"待罪";君主一般也会批准宰相辞职,另拜宰相,重组政府。我们用现代政治学说来理解,台谏官对宰相的弹劾,相当于是对政府的不信任投票,为了重新建立政府与台谏之间的信任关系,更换宰相便是常见的选项。

在张尧佐风波刚刚开始酝酿的时候,恐怕谁也想不到,一场本来只是为了阻止外戚当上宣徽使的拦截行动,最后却导致宰相去职。从中我们也可以一窥很特别的宋朝政治风景。

余话:台谏的权力

在我们今天讲述的这个故事中,台谏的功能与权力,是我们应当特别留意的宋朝政治风景。

宋代是历代最重台谏的一个王朝:"祖宗以来,尤以台谏为重,虽所言者未必尽善,所用者未必皆贤,然而借以弹击之权,养其敢言之气者。"[2]及至宋仁宗朝,台谏势力最为鼎盛,宋人说,台谏"在仁宗之时则为振职。何耶?盖仁祖不以天下之威权为纪纲,而以言者之风采为纪纲,故其进退台谏公其选而重其权,优其迁

---

1 《续资治通鉴长编》卷一八七。
2 《续资治通鉴长编》卷四〇八。

而轻其责。非私之也,盖以立国之纪纲实寄于此"[1]。

　　台谏掌握着行政监察、弹劾百官、审议法令、司法审查等权力,但凡"诏令不允、官曹涉私、措置失宜、刑赏逾制、诛求无节、冤滥未伸,并仰谏官奏论,宪臣弹举"[2],甚至可以"风闻言事"。所谓"风闻言事",是说台谏弹劾政府官员,君主"不问其言所从来,又不责言之必实。若他人言不实,即得诬告及上书诈不实之罪。谏官、御史则虽失实,亦不加罪"[3]。君主也不可以追究风闻出处,台谏有权拒绝君主的诘问,宋神宗时,御史彭汝砺弹劾官员俞充,神宗要求彭汝砺讲出"所言充事得于何人",彭汝砺即抗诏:"臣宁自劾,不敢奉明诏。"最后,"神宗用汝砺言,故罢充"[4]。

　　宋朝宰相虽然掌握着执政大权,却必须接受台谏的监察,"台官职在绳愆纠谬,自宰臣至百官,三省至百司,不循法守,有罪当劾,皆得纠正"[5]。执政官一旦被"谏官列其罪,御史数其失,虽元老名儒上所眷礼者,亦称病而赐罢"[6]。因此,在台谏非常强势的宋仁宗时代,"御史府视中书、枢密虽若卑,中书、枢密亦不敢与御史府抗威争礼,而反畏悚而尊事之"[7],以致有议者"讥宰相但奉行台谏风旨而已"[8]。

　　宋朝台谏还具有审查朝廷诏令的法定权力,有权追改已颁行

---

[1] 吕中:《宋大事记讲义》。
[2] 《宋会要辑稿·职官》。
[3] 《续资治通鉴长编》卷二一〇。
[4] 《续资治通鉴长编》二八五。
[5] 《宋史·职官志》。
[6] 秦观:《淮海集》卷一二。
[7] 石介:《徂徕石先生文集》卷一三。
[8] 苏轼:《苏轼文集》卷五一《上神宗皇帝书》。

的法令,"令或未便,不为已行而惮改"[1]。宋仁宗自己都承认,他发出的诏令,"台谏官见有未便,但言来,不惮追改也"[2]。这里的诏令,包括人事任免令。前面我们已经看到,王举正等台谏官逼得仁宗皇帝不得不收回成命,罢去张尧佐的宣徽使、景灵宫使二职。

虽然宋朝并没有以明确的成文法规定重大人事任免需经台谏审核通过,不过,重大人事任免得尊重台谏意见却是不成文惯例,宋人自己发现,"今士大夫去就,常以台谏官贤否为卜"[3]。有时候,甚至宰相的人选,台谏官也敢否决。前文我们提到,仁宗即位之初,由刘太后垂帘听政,刘太后娘家的姻亲钱惟演图拜相,即因御史的强烈反对,无功而退。

在宋人的观念中,台谏还是天下公议、公论的代表。苏轼自述:"臣闻长老之谈,皆谓台谏之言,常随天下之公议。公议所与,台谏亦与之;公议所击,台谏亦击之。"[4]这一点,在后面的文章中我们还会进一步细说。

总之说到这里,亲爱的女儿,你是不是觉得,宋朝的台谏官跟近代的议员有点接近呢?我正是这么认为的。我知道,如果我们将台谏机构比附为监察部门,很多朋友都会同意;但如果将台谏员比附为议员,恐怕许多人会不以为然。

我当然也知道,宋朝台谏与近代议会之间存在很大的差异,比如议会对政府的财政预算、重大人事任免拥有决定权与否决权,

---

1 吕公著:《上哲宗乞选置台谏罢御史察案》,《国朝诸臣奏议》卷五三。
2 《三朝名臣言行录》卷一〇。
3 叶适:《中奉大夫林公墓志铭》。
4 《宋史·苏轼传》。

并且以投票的形式来体现这一权力,这是宋朝台谏不具备的。然而,议会的权力也不是一夜之间就形成的,英国在亨利一世时期(中国正好是两宋时期),发展出一个叫"咨议会"的机构,议员的职权不过是监督各郡各市筹措税款、协助政府考核地方官员、替民众向国王呈交请愿书,并无近代议会之立法权、决策权,但这不妨碍后人将咨议会视为英国议会的起源。

其实,从字面看,言官,议员,性质都差不多,都指向一种与执政权、行政权相对的言事权。我们这么说,并不是穿凿附会的异想天开。晚清时议改官制,坊间即有传言,"政府议商拟将都察院改为议院,俾御史中之才干者充作议员";曾出洋考察宪政的戴鸿慈、端方,也上奏朝廷,"请改都察院为集议院",以作为议院之预备。可见,在清末的立宪派士大夫看来,传统的言官与近代西方的议员虽然不可等同,但两者不无相通之处。当时上海一份报纸发表评论称,"都察院与议院,诚不可相提并论。第天下事有精神不同,而形式尚可比附者。存其形式,即可预为改易精神之地。今都察院之职,上以启沃君心,中以纠劾官邪,下以舒表民志。虽权力远非议院之比,而所为之事则与议院不甚相远"[1]。

说起来,清代的都察院与宋代的台谏相比,不论是制度性的权力,还是言官个人的气节,都已一落千丈,比如被雍正帝并入都察院的六科给事中,在清代差不多丧失了谏议与封驳之权。清代的"都老爷"(御史)也不似宋明二朝言官那般敢言,"道光初,曹太傅振镛当国,颇厌后生躁妄。门生后辈有入御史者,见必戒

---

[1] 转引自赵虎《新瓶装旧酒:改设政务处与丙午内官改制》,《学术研究》2011年第9期。

之曰：'毋多言，毋豪意兴。'由是台谏务循默守位，寖成风俗矣"[1]。宋朝台谏被视为代表天下公议、制衡执政权的独立机构，清代都察院则更像是行政系统内部的监察、审计部门，而且"都老爷"还经常不作为。

换言之，清代都察院离近代议会更远，宋朝台谏距近代议会更近。如果说清代都察院可以改造成近代议院，那么宋代台谏演化为近代议会就更是水到渠成的事情了。

---

[1] 朱克敬：《瞑庵杂识》卷四。

一代名臣留下的千年传奇

亲爱的女儿，我一直想跟你讲讲范仲淹晚年捐出大部分个人财产、创建一个家族性慈善组织的故事。故事本身比较简单，但这个慈善组织的成就可不简单，它不但开创了传统宗族内部的制度化、组织性救济的机制，而且有效维持了约九百年的时间，其间北宋、南宋、元、明、清等政权相继灭亡，但它始终健存，王旗变换、狼烟四起的历史大变故也未能使其覆灭，它是中国历史上运营时间最长的民间组织，也是世界史范围内最长寿的NGO之一。

这个家族性慈善组织叫作"范氏义庄"。

中国古人创办慈善公益组织，多以"义"字冠名，如义仓、义社、义田、义学、义役、义井之类，按宋人的理解，"与众共之曰义"[1]，义就是公益之意。

范氏义庄的建立

范氏义庄成立的时间，约为北宋皇祐初年（1050年前后）。六十一岁的范仲淹时刚移知杭州，杭州与范氏出生地苏州相邻，范仲淹"遂过姑苏，与亲族会"，并与兄长范仲温商议成立一笔"公益基金"惠养族人，让族中"虽至贫者，不复有寒馁之忧"[2]。

这一年，范仲淹捐出自己大部分积蓄，在苏州吴县、长洲两县"置负郭常稔之田千亩，号曰'义田'，以养济群族之人"[3]。南

---

1 洪迈：《容斋随笔》卷八。
2 范仲淹：《续家谱序》《太子中舍致仕范府君墓志铭》。
3 钱公辅：《义田记》。

明人绘范仲淹画像。南京博物馆藏

宋孝宗朝苏州的良田价格约为15贯一亩，假设北宋仁宗朝地价略低，按一亩10贯钱估算，范仲淹出资购买的千亩良田，需要1万贯钱，以购买力折算成人民币，大概是400万元。

范仲淹又在苏州灵芝坊祖宅购置二百亩地，作为范氏家族的住宅建筑用地，"广其居以为'义宅'，聚族其中"。又在灵芝坊义宅内设立"义学"，"初公（指范仲淹）买田以赡族，而族滋大，立塾以教其人"。[1]

整个范氏义庄，大体上就由义田、义宅、义学构成，其中义田为最重要的一部分，构成范氏宗族福利的经济基础，相当于范氏义庄的公益基金，范氏族人从义庄获得的福利，基本上都来自义田源源不断的租金收益。

范仲淹为范氏义庄总共捐献了多少财产，今日已经难以计算，我们称其为"裸捐"亦不夸张。范仲淹个人生活十分俭朴，"终身非宾客食不重肉"，"妻子仅给衣食"，但他一生"乐善泛爱"，"好施予"。[2] 尚未贵显之时，已有志于设立一个基金赈济族人，只是"力未逮者二十年"[3]，其后经略西北、官拜参知政事，俸禄优厚，始有余财，积至晚年，差不多都捐给了范氏义庄。

范仲淹的施予对象不仅仅是范氏族人。他谪守邠州（今陕西彬县）时，一日闲暇，"率僚属登楼置酒"，席间闻知有"寓居士人卒于邠，将出殡近郊，赗殓棺椁皆所未具"，范仲淹听说后，心中"怃然"，吩咐撤走酒席，又"厚赒给之"，捐了一大笔钱给

---

1 楼钥：《范氏复义宅记》；徐琰：《文正范公祠记》。
2 楼钥：《范文正公年谱》；《宋史·范仲淹传》。
3 钱公辅：《义田记》。

逝者家属。[1] 又有一次，范仲淹在苏州购到一块宅基地，看风水的堪舆家告诉他："这是块风水宝地，居于此，当世出卿相。"范仲淹说："诚有之，不敢以私一家。"将这块地捐出来，建设学舍，作为苏州府学。[2]

在范仲淹酝酿建立范氏义庄时，他的子弟可能有些不理解，劝他不如用这笔积蓄"治第洛阳，树园圃，以为逸老之地"。北宋时，洛阳可谓是全国文化中心，许多德高望重的士大夫告老致仕后，都在洛阳修建园林，安度晚年。范仲淹的母亲也安葬在洛阳，子弟劝他到洛阳治第养老，也是合情合理的。

但范仲淹说："人苟有道义之乐，形骸可外，况居室乎？吾今年逾六十，生且无几，乃谋治第、树园圃，顾何待而居乎？吾之所患，在位高而艰退，不患退而无居也。且西都士大夫园林相望，为主人者莫得常游，而谁独障吾游者？岂必有诸己而后为乐耶？俸赐之余，宜以赒宗室。若曹遵吾言，毋以为虑。"[3]

这段话的意思是说，人生在世，如果能够为公益尽份心力，乐在其中，个人的享乐倒无关紧要。况且，我已经年过六十，就算修建了漂亮的园林府第，又有多少年可以享受？再说，洛阳园林相望，人皆可游，难道会独独将我挡之门外？哪里有自己建了园林才得享受的道理？我的积蓄，还是用来赈济族人吧。你们听我的主意，不必多虑。

随后，范仲淹又给子弟写了一封公开信《告诸子及弟侄书》，

---

[1] 王辟之：《渑水燕谈录》。
[2] 郑瑄：《昨非庵日纂》。
[3] 楼钥：《范文正公年谱》。

阐述他建立范氏义庄的道理："吴中宗族甚众，于吾固有亲疏，然以吾祖宗视之，则均是子孙，固无亲疏也，敬祖宗之意无亲疏，则饥寒者吾安得不恤也。自祖宗来积德百余年，而始发于吾，得至大官，若享富贵而不恤宗族，异日何以见祖宗于地下，今何颜以入家庙乎？"[1]

对血缘共同体的道义责任，是范仲淹建义庄的初衷，也是儒家慈善的一个出发点。许多论者从范仲淹的初衷（恤宗族）、义庄救济模式的封闭性（通常只有族人受惠），指出传统义庄的公益性质并不明显。但是，我们应该看到，儒家慈善有一个扩展的过程：从"幼吾幼"扩展到"及人之幼"，从"老吾老"扩展到"及人之老"，从"亲亲"而"仁民"，从"仁民"而"爱物"。因此，钱穆先生说："家族是中国文化一个最主要的柱石，我们几乎可以说，中国文化，全部都从家族观念上筑起，先有家族观念乃有人道观念，先有人道观念乃有其他一切。"[2]

范仲淹建范氏义庄，其实也是儒家慈善的扩展：从一家之富贵，扩展为一族之福利，使族人"日有食，岁有衣，嫁娶凶葬皆有赡"[3]。而且，范氏义庄成立后，救济的对象其实并不仅限于苏州范氏族人，还包括贫困的亲戚与乡亲，这又是慈善半径的扩展。

一千年后，美国富豪、社交网站"脸书"创始人马克·扎克伯格在女儿出生后，宣布捐出家庭所持有"脸书"股份的99%（市值约为450亿美元），用于发展公益与慈善事业。同时，扎克伯

1　范仲淹：《告诸子及弟侄书》。
2　钱穆：《中国文化史导论》，商务印书馆，2003。
3　钱公辅：《义田记》。

格也发布了一封"写给我们女儿的信",说希望女儿可以"成长在一个更好的世界,比我们今天的还要好","为实现此目标,我们要有所付出,不仅仅因为我们爱你,还因为我们对于所有下一代孩子有着道义上的责任"。

扎克伯格关怀的对象是"所有下一代孩子",看起来比范仲淹办义庄的胸怀更宽阔。不过这背后也有技术支撑的因素,现代技术可以支撑起一个向全世界开放的公益基金会,但在范仲淹的时代,技术上只能支持救济半径很小的慈善行为。而且,扎克伯格夫妇"写给我们女儿的信",表达的依然是"幼吾幼,以及人之幼"的理念,从对女儿的爱与祝福,扩展至对"所有下一代孩子"的关怀。

范氏义庄制度:第一次立法

扎克伯格的公益基金可以延续多少年,我们还不知道。但我们已经知道范氏义庄维持了近千年的时间。一个民间组织能够生存如此之久,其制度与治理必有过人之处。

范氏义庄的制度有一个逐渐完备的过程。义庄成立之初,皇祐二年(1050)十月,范仲淹手定"义庄规矩"十三条。这十三条规矩值得我们一字不漏抄录下来:

> 一、逐房计口给米,每口一升,并支白米。如支糙米,即临时加折(支糙米每斗折白米八升),逐月实支,每口白米三斗。
>
> 二、男女五岁以上入数。
>
> 三、女使(雇用的奴婢)有儿女在家及十五年,

年五十岁以上，听给米。

四、冬衣每口一匹，十岁以下、五岁以上各半匹。

五、每房许给奴婢米一口，即不支衣。

六、有吉凶增减口数尽时上簿。

七、逐房各置请米历子一道，每月米于掌管人处批请，不得预先隔跨月分支请。掌管人亦置簿拘辖，簿头录诸房口数为额。掌管人自行破用或探支与人，许诸房觉察勒赔填。

八、嫁女支钱三十贯（七十七陌，下并准此），再嫁二十贯。

九、娶妇支钱二十贯，再娶不支。

十、子弟出官人每还家待阙、守选、丁忧，或任川、广、福建官留家乡里者，并依诸房例给米、绢并吉凶钱数。虽近官，实有故留家者，亦依此例支给。

十一、逐房丧葬：尊长有丧，先支一十贯，至葬事又支一十五贯。次长五贯，葬事支十贯。卑幼十九岁以下丧葬通支七贯，十五岁以下支三贯，十岁以下支二贯，七岁以下及婢仆皆不支。

十二、乡旦、外姻、亲戚，如贫窭中，非次急难，或遇年饥，不能度日，诸房同共相度诣实，即于义田米内量行济助。

十三、所管逐年米斛，自皇祐二年十月支给逐月糇粮并冬衣绢；约自皇祐三年以后，每一年丰熟，桩留二年之粮。若遇凶荒，除给糇粮外，一切不支。或二年粮外有余，却先支丧葬，次及嫁娶。如更有余，方支冬衣。或所余不多，即凶吉等事众议分敷均匀支给。

或又不给,即先凶后吉;或凶事同时,即先尊口后卑口;如尊卑又同,即以所亡所葬先后支给。如支上件糇粮吉凶事外,更有余羡数目,不得粜货,桩充三年以上粮储。或虑陈损,即至秋成日方得粜货,回换新米桩管。[1]

这十三条章程,称"文正公初定规矩",除了第七条与第十二条,其余都是约定范氏族人可以从义庄获得哪些福利、福利应当怎么发放,因此我们不妨将其称为"福利条款"。从义庄的"福利条款",可以知道范氏义庄在宗族内部推行一种普遍主义的福利:凡五岁以上的宗族成年,不分男女老幼、尊卑贫富,均可从义庄领取到口粮、衣物、红白喜事补助。

至于义庄怎么管理、义庄掌管人如何产生、具有哪些权力、族人又需承担什么责任,却都没有给出明晰的规定。范老先生也来不及为义庄的创制立法继续操劳了,皇祐四年(1052),范仲淹逝世于徐州。他看着范氏义庄诞生,却没有机会见到义庄生长。

范仲淹的去世,对义庄的发展而言无疑是一道坎。时值义庄草创之际,制度尚未完备,主事之人却突然不在了,就好比造屋,房子还未完工,设计师与建筑师却走了,这房子还能不能完全按图纸建造好?事实上,义庄果然在数年后发生危机:"诸房子弟不遵规矩",义庄制度"渐至废坏,遂使子孙饥寒无依"[2]。

范氏义庄当何去何从?怎么迈过这道坎?

---

1 余治:《得一录·范氏义庄规条》。
2 余治:《得一录·范氏义庄规条》。

范氏义庄制度：第二次立法

幸运的是，范仲淹的四个儿子，除了长子范纯佑英年早逝之外，其他三子范纯仁、范纯礼、范纯粹都非常出息，且都接过父亲手中的薪火，参与主持范氏义庄的制度建设与后继发展。特别是次子范纯仁，"自为布衣至宰相，廉俭如一，所得奉赐，皆以广义庄"[1]。义庄的启动基金为范仲淹捐献的千亩良田，范纯仁将义庄规模扩充至三千亩，是带领范氏义庄走出发展瓶颈的关键人物。

范氏三兄弟又"随事立规"，先后于熙宁六年（1073）六月、元丰六年（1083）七月、绍圣二年（1095）二月、绍圣二年四月、元符元年（1098）六月、元符二年（1099）正月、崇宁五年（1106）十月、大观元年（1107）七月、政和三年（1113）正月、政和五年（1115）正月，续订了范氏义庄二十八条规章，合称"忠宣右丞侍郎公续定规矩"。

这二十八条续定规矩中，其中两个条款补充了族人可获得的福利：

一、诸位子弟得大比试者，每人支钱一十贯文（七十七陌，下皆准此）。再贡者减半。并须实赴大比试乃给。即已给而无故不试者，追纳。

二、诸位子弟内选曾得解或预贡有士行者二人，充诸位教授，月给糙米五石（若遇米价每石及一贯以

---

[1] 《宋史·范仲淹传》。

范纯仁石刻像，刻于清道光七年

上,即每石即支钱一贯文)。虽不曾得解预贡,而文行为众所知者,亦听选,仍诸位共议(本位无子弟入学者,不得与议)。若生徒不及六人,止给三石;及八人,给四石;及十人,全给(诸房量力出钱以助束修者,听)。

六个条款对族人领取福利的权利做出限制:

三、身不在平江府者,其米绢钱并勿给。

四、兄弟同居,虽众,其奴婢月米通不得累过五人(谓如七人或八人同居,止共支奴婢米五人之类)。

五、未娶,不给奴婢米(虽未娶,而有女使生子在家及十五年,年五十岁以上者,自依规给米)。

六、因出外住支月米者,其归在初五日以前,取诸位保明诣实,听给当月米。

七、积留月米并请者勿给。

八、诸位子弟官已升朝,愿不请米绢钱助赡众者,听。

五个条款规定了族人申报领取义庄福利的程序,以及对违规冒领福利的处罚:

九、诸位请米历子,各令诸位签字圆备,方许给。给讫,请人亲书交领。即去失历子者住给,勒令根寻。候及一年,许诸位及掌管人保明,申"文正位",候得报,别给历头起支。

十、诸位生男女,限两月,其母或所生母姓氏及男女、行第、小名报义庄。义庄限当日再取诸位保明讫,注籍。即过限不报,后虽年长,不理为口数给米。

十一、诸位辄取外姓以为己子,冒请月米者,勿给。许诸位觉察报义庄,义庄不为受理,许诸位径申"文正位"公议,移文平江府理断(其大观元年七月以前已收养给米者不得追讼)。

十二、诸位子弟在外不检生子,冒请月米,掌管人及诸位觉察,勿给。即不伏(服),掌管人及诸位申"文正位",移文平江府理断。

十三、诸位不得于规矩外妄乞特支,虽得"文正位"指挥与支,亦仰诸位及掌管人执守勿给。

八个条款对范氏义庄公共财产的使用做出限制性的规定:

十四、诸位子弟纵人力采取近坟竹木,掌管人申官理断。

十五、族人不得租佃义田(诈立名字同)。

十六、义庄不得典买族人田土。

十七、义庄费用虽阙,不得取有利债负。

十八、义仓内族人不得占居会聚。非出纳勿开。

十九、义宅有疏漏,惟听居者自修完。即拆移舍屋者,禁之;违者,掌管人申官理断。若义宅地内自添修者,听之(本位实贫乏无力修完,而屋舍疏漏实不可居者,听诸位同相视保明诣实,申"文正位",量支钱完补,即不得乞添展舍屋)。

二十、义庄人力船车、器用之类，诸位不得借用。

二十一、族人不得以义宅舍屋私相兑赁质当。

七个条款对义庄管理层的权力与责任、义庄的日常管理做出规定：

二十二、义庄事惟听掌管人依规处置。其族人虽是尊长，不得侵扰干预。违者，许掌管人申官理断。即掌管人有欺弊者，听诸位具实状同申"文正位"。

二十三、掌管人侵欺，及诸位辄假贷义庄钱斛之类，并申官理断偿纳，不得以月给米折除。

二十四、掌管子弟若年终当年诸位月给米不阙，支糙米二十石。虽阙而能支及半年以上无侵隐者，给一半。已上并令诸位保明后支。若不可保明，各具不可保明实状申"文正位"。

二十五、义庄勾当人催租米不足，随所欠分数克除请受（谓如欠米及一分，即只支九分请受之频）。至纳米足日全给（已克数更不支）。有情弊者，申官决断。

二十六、义庄遇有人赎田，其价钱不得支费，限当月内以元钱典买田土。辄将他用，勒掌管人偿纳。

二十七、诸位关报义庄事，虽尊长并于文书内著名，仍不得竹纸及色笺。违者，义庄勿受。

二十八、遇有规矩所载不尽事理，掌管人与诸位共议定保明同申"文正位"（本位有妨嫌者，不同申）。

虽已申而未得"文正位"报,不得止凭诸位文字施行。[1]

如果说,范仲淹手订的"初定规矩"是"福利条款",是范氏义庄的第一次"立法",那么范纯仁兄弟增补的"续定规矩",可以说是范氏义庄的第二次"立法",是"治理条款",主要对范氏义庄的日常管理加以规范,使其运转实现制度化。其中有些条款体现了范纯仁兄弟立规之时的深谋远虑,比如规定"族人不得租佃义田""义庄不得典买族人田土",此举可以杜绝族人内部因为田产交易、租佃而发生纠缠不清的利益纠纷。

为使义庄规矩对于族人具有强有力的约束,范纯仁又于治平元年(1064),申请"朝廷特降指挥下苏州,应系诸房子弟,有违犯规矩之人,许令官司受理"[2],换言之,即赋予义庄规矩法律效力(相对苏州范氏族人而言)。

经过二次"立法",范氏义庄完成了制度化,"关防益密"[3]。

范氏义庄的二次"立法",总让我想到美国先贤的制宪过程。美国独立后,于1787年在费城会议上制订出来的《美利坚合众国宪法》,主要规定了联邦政府的权力架构;两年后才以宪法修正案的形式通过了"美国权利法案"。换言之,美国宪法先定下"权力条款",再补充"权利条款",立法顺序正好跟范氏义庄的相反。这大概是因为,对于一个超大型共同体来说,议定权力架构是第一位的问题,否则这个共同体便无法健康地运转;而对于一个小

---

[1] 余治:《得一录·范氏义庄规条》。原续定规矩二十八条按订立时间排序,为更方便理解,我将排列次序按类别做了调整。
[2] 余治:《得一录·范氏义庄规条》。
[3] 楼钥:《范氏复义宅记》。

型共同体来说，权力分配的问题却不是十分迫切，因为有宗族习惯可以遵循。不过我们这么说，并不表示义庄的权力分配不重要。

范氏义庄的权力构架

事实上，范氏义庄通过第二次"立法"，建立了一个非常有意思的治理构架：宗子与掌庄人分立制。

我们需要先来解释什么是"宗子"。宗子，指一个宗族的嫡长子，是族人宗奉之主，其权力主要为主持祭祀，执掌族务。这时候的宗子，实际上也是我们常说的族长。不过，由于宗子为嫡长子世袭，很难保证每一代宗子都是贤良之人，因而有些宗族又实行宗子与族长二分的制度，宗子世袭，主礼仪性的祭祀；族长由选举产生，掌实权，管理族务。这样的宗族治理构架，跟宋人追求的"虚君实相"之制是同构的，缩小到小型共同体（宗族）的治理，就是"宗子－族长分立"；扩展至大型共同体（国家）的治理，便是"虚君实相"。

根据"续定规矩"的规定，我们可以推知范氏义庄实行的权力架构接近于"宗子－族长分立"之制。

不知你有没有注意到，"续定规矩"频频出现"申文正位"、"同申文正位"的说法，这是什么意思呢？"文正"为范仲淹谥号，以前我以为"文正位"指范仲淹灵位，"申文正位"即在范仲淹灵前理论。这个理解属于望文生义。后来才明白，"文正位"是指范仲淹嫡长房子孙（范纯佑一房）继承的一个族内职位，实际上就是苏州范氏宗族的宗子兼族长，是范氏宗族十六房的领袖，由世袭产生。

但有意思的是，"文正位"并不掌管义庄事务，执掌义庄的另有其人，叫作"掌管人"，又叫"掌庄人"。掌管人是选举产生的，"择族之长而贤者主其计"[1]，十六房中"长而贤"之人，均有机会当选义庄掌管人。义庄又设有"勾当人"若干名，负责义庄的日常出纳，协助掌管人管理义庄。

掌管人对于义庄事务具有全权处分的权力，族人若不服处分，掌管人有权申官强制执行。而且，掌管人处分庄务的权力不受宗族尊长包括"文正位"的干预，"义庄事惟听掌管人依规处置，其族人虽是尊长，不得侵扰干预"；"诸位（指范氏宗族十六房房长）不得于规矩外妄乞特支，虽得文正位指挥与支，亦仰诸位及掌管人执守勿给"。也就是说，掌管人只需按义庄规矩行事，对于违背规矩的请求，哪怕是来自"文正位"的批示，都可以置之不理。掌管人也领有职务津贴，"掌管子弟若年终当年诸位月给米不阙，支糙米二十石"，津贴是每年 20 石糙米。

但是，掌管人的权力并非不受约束与制衡。

首先，掌管人必须按义庄规矩行使权力，"依规处置"。

其次，范氏各房房长具有监督掌管人的权利，"掌管人自行破用或探支与人，许诸房觉察勒赔填"；"掌管人有欺弊者，听诸位具实状同申文正位"；掌管人一年履职是否称职、年终能否领到津贴，也要由各房考核，"诸位保明后支"，各房房长有权不批准发给津贴，但需要向"文正位"书面报告理由。

再次，在族人与房长同掌管人发生纠纷，或者房长对掌管人提出弹劾，或者"遇有规矩所载不尽事理"的情况下，"文正位"保留着裁决权。当"文正位"无法裁决或者裁决不服人时，有权

1　钱公辅：《义田记》。

移送官府处理。

应该说，这样的权力"顶层设计"是比较合理的，既赋予掌管人类似于"宰相""内阁总理"的义庄治理权，又顾及权力的制衡与监督，保留了"文正位"这一类似于"虚位君主"的裁决权。

在这一权力构架下，范氏义庄顺利走到南宋。南宋时，由于长年战乱，又由于制度日久生弊，范氏义庄曾面临着一场关乎生死存亡的危机。据范仲淹后人范之柔的报告，"自南渡之后，虽田亩仅存，而庄宅焚毁，寄庑坟寺，迁寓民舍，蠹弊百出，尽失初意"[1]。自宋室南渡至庆元初年，约五十年间，范氏义庄几乎处于瘫痪状态，许多田产都被族人和外人侵占，甚至"据为居宇，为场圃，俶直无几，甚失遗意"[2]，宗族福利应该也停止发放了。

当此危难之际，范氏家族迫切需要有一位范纯仁那样的人物，才可以中兴义庄，告慰祖先。

所幸范氏后人才俊辈出，义庄的中兴人物终于走上了历史舞台，那便是范仲淹五世孙范良器、范之柔（原名范良能）兄弟。

庆元二年（1196），范氏兄弟开始着手复兴义庄。第一步是赎回义庄的田产，"历告居民，尽除俶直，约期而遣之"。这一步非常不容易，因为许多人都不愿意搬迁，最后打了多年官司，才收回田土。第二步是重建义庄，范良器兄弟"首捐私帑"，重修了范仲淹祠堂、义宅、义仓，又捐田五百亩，终于使义庄规模"寖复旧观"。第三步是重订义庄制度，嘉定三年（1210），范之柔完成了对义庄规矩的续订，使得义庄"规约又加密矣"，这是范氏

1　《范文正集》附录《续定义庄规矩》。
2　楼钥：《范氏复义宅记》。

义庄的第三次"立法",称"清宪公续定规矩"。[1]

至此,范氏义庄浴火重生,实现中兴。

此后又经数十年建设,范氏义庄的组织形式越发完善,发展出一套完备的管理机构。从咸淳十年(1274)开始,义庄的掌管人例由"主奉"兼任,主奉是范氏宗族的主祭官,其责为"谨守家规、时修祀典、公于黜陟、勤俭谱牒",地位类似于宗子。

主奉下面,设"提管"一人,"领籍办粮,督理庶务、上辅主奉、下监主典",职能类似于公司的常务副总裁。又设"主计"一人,"专司出纳,均济族人,时备祭器,禁革花费",职位相当于公司的财务出纳。又设"典籍"一人,"监临出入,秉笔不阿,升合分毫,销注明白",职位相当于公司的会计。此外,范氏义庄还有"催租",其职责是向租佃义田的佃户追收地租。[2]

由宗族主奉兼任义庄掌管人,无疑使得掌管人的权力与权威大增。那么范氏义庄会不会从此进入"主奉独裁"的状态?

不会。因为义庄新的制度设计已经预防了"主奉独裁"的问题。首先,范氏族规规定"自后为主奉者,例由合族公举"[3],主奉是选举产生出来的;其次,主奉的权力受到提管、主计、典籍的制度性分割;再次,各房对主奉具有弹劾权与罢免权,研究者发现,"在范氏宗族的历史上,就有第十二世宗子范启义、二十七世宗

---

1 楼钥:《范氏复义宅记》。
2 参见《范氏宗谱》卷四,《祠堂岁祀记》,《庄籍附录考》。转引自朱林方《"家"的法律构造——以范氏义庄为中心的考察》,《社会中的法理》2014年第1期。
3 《范氏家乘·凡例》。

子范安恭因为私吞义庄收入而被罢免"[1]。

至于"文正位",也一直保留着,但其权力更加虚化、象征化,只是作为苏州范氏宗族这一血缘共同体的象征性领袖。世袭但象征化的"文正位",与"合族公举"而掌实权的主奉,更为接近宋人心仪的"虚君实相"之制。

这样一套治理构架,显然是可以实现自我纠错的。话说范氏义庄绵延近千年而不坠,其制度设计怎么可能不具自我纠错的功能?

范氏义庄的发展与影响

实际上,范氏义庄自创立之后,曾有几次都面临灭顶之灾,范仲淹去世后出现第一次危机,幸有范纯仁兄弟带领走出瓶颈;南宋战乱是第二次,又幸有范良器、范之柔兄弟中兴义庄。

元末明初又有一次危机:"大明兵至,义庄、祠堂俱为灰烬"[2],之后明王朝又对苏州田赋课以重税,范氏义庄的田租收入锐减;又由于"岁久规弛,田多侵没,田房盗卖一空",义庄再次陷入瘫痪状态。

但是,范仲淹播下的种子,总是会在危难时刻萌芽。嘉靖三十九年(1560),范仲淹第十六世孙范惟一负起了重建范氏义庄的重任:"与宗人、长老查议前规,酌以时制,更为参订,稍

---

1 朱林方:《"家"的法律构造——以范氏义庄为中心的考察》,《社会中的法理》2014年第1期。
2 《范文正集》补编卷三,题跋。

积俸资，渐图复兴。"[1] 义庄又一次起死回生。范仲淹第十七世孙范允临，又于天启五年（1625）、崇祯四年（1631）两次购田千亩，助范氏义庄壮大。

清代时，范氏义庄的规模持续得到扩大。雍正年间，范氏后人范安瑶捐田千亩；乾隆年间，范兴概亦捐田千亩。嘉庆年间，范来宗当选为范氏义庄主奉，"清厘整顿，一秉至公，不三十年增置良田一千八百余亩，市廛百余所，每岁可息万金"[2]。清人称，"尝询诸范宗文正义田，今已增至八千余亩"[3]。

不过，尽管义庄的规模越来越大，但因为人丁繁衍，至清代时，苏州范氏已成为一个子孙无数的庞大家族，范仲淹当初定下的"普遍福利"原则，显然已难以为继。于是康熙十七年（1678），主奉范能浚提出"祖泽本以周急，不以继富"的主张，其后，范氏宗族的主奉又增订义庄规矩，确立下"济贫不济富"的新原则："谨考先规，子孙不论贫富，均沾义泽，遇有极贫，量加周赡，似可无庸再益。但有贫病交加，实在不能自存者，允谊矜念，以广先仁。每岁房支长报名，执事核实，每名给米一户，稍资饘粥，极困者量加。"[4]

范氏义庄的功能至此发生了一次重大转变，从普遍主义的族内福利转为侧重于对贫困族人的救济。

因时制宜的制度修订，合理的权力构架设计，还有文正公精

---

1 《刻义庄家规序》，转引自廖志豪、李茂高《略论范仲淹与范氏义庄》。
2 钱泳：《履园丛话》卷六。
3 王仲鎏：《义田说》。
4 参见王卫平《从普遍福利到周贫济困——范氏义庄社会保障功能的演变》，《江苏社会科学》2009年第2期。

清乾隆年间刻本《南巡盛典》中的苏州高义园。乾隆下江南之时,曾为范氏义庄赐名"高义园"

神与家族荣耀对范氏后人的感召,我觉得这便是范氏义庄历经千年风雨仍然屹立不倒的"奥秘"。

范仲淹创建范氏义庄,不但留下了一个千年的传奇,而且开创了一种制度化、组织化的社会救济范式:以公共财产的孳息维持福利支出,有专门的机构与规则管理基金,定期发放福利。范氏义庄问世之后,很快便成为宗族公益的典范,为历代士大夫所效仿,尤以江南为盛,"吴中士大夫多仿而为之"[1]。一份调查材料显示:20世纪上半叶,苏州吴县还有64所义庄,除了范仲淹创立的范氏义庄,还有1所设立于16世纪,3所设立于17世纪,10所设立于18世纪,43所设立于19世纪,5所设立于20世纪初,

---

1 刘宰:《漫塘集》卷二一。

1 所创立时间未详。[1]

在宋朝士大夫建立的众多义庄中,以南宋明州(今浙江宁波)的"乡曲义庄"最具特色。大约淳熙－绍熙年间(1190年前后),赋闲在家的明州士绅沈焕因见"乡间有丧不时举,女孤不嫁者,念无以助",而"随时拯恤,其惠有限",深切意识到,明州需要成立一个实体性的公益组织,创建制度性的救济机制。[2]

沈焕便找他的朋友,也是明州望族的史浩、汪大猷商议:何不仿效姑苏范氏义庄,创设乡曲义庄,以周济家乡的贫困士人?沈焕的提议立即得到史浩、汪大猷的赞同,"二公欣然意合,果于集事"[3],汪大猷率先捐献二十亩田产,充作乡曲义庄的启动资金,然后又向众人募捐,募集到三百亩义田,明州政府也给予资助,划拨了二百亩官田给义庄。

明州乡曲义庄成立四年,史浩与沈焕便先后去世了,义庄的筹备与早期运作,基本上是由汪大猷主持的,义庄的制度也是汪大猷一手制订出来的。按照汪大猷设计的义庄权力框架,"推爵齿之高而有才力者提其纲",即选举一位德高望重之人,担任义庄的领袖;"又择仕而家食者一人,司其出纳及庄之事",再推选一位居乡士绅负责义庄的财务出纳与日常事务。[4]

按照乡曲义庄的救济申请程序,"凡仕族有亲丧之不能举、孤女之不能嫁者,投牒于郡,参稽得实,以次而授"[5]。救济的标

---

1 潘光旦、全慰天:《苏南土地改革访问记》,生活·读书·新知三联书店,1952。
2 袁燮:《絜斋集》卷一四《通判沈公行状》;楼钥:《义庄记》。
3 袁燮:《絜斋集》卷一四《通判沈公行状》。
4 楼钥:《义庄记》。
5 《宝庆四明志》卷一一《乡人义田条》。

准一般是"仕族之亲丧不能举者给三十缗；孤女之不能嫁者给五十缗"[1]。明州的读书人家，如果生活贫困，无力举办红白喜事，均可以向明州政府提出救济申请，由政府核实，批文给义庄主政者，便可获得30贯钱或50贯钱的资助。

可以看出来，明州乡曲义庄在组织形式上借鉴了范氏义庄，但其救济的范围又有超越：不是限于哪一个宗族的成员，而是明州的所有贫困士子均可申请救济。乡曲义庄的运作也注意到权力的分立与制衡：义庄领袖为民选，只"提其纲"，不具体管理；管理层也是民选，负责义庄出纳与经理庄务，但无权处理救济的申请；接受申请和负责核实的是明州政府，但政府并不插手义庄的日常管理，只是充当监督人与公证人的角色。

明州乡曲义庄还有一项制度，对于义庄的长久运转非常重要，那就是先贤祠祭祀制度。首创乡曲义庄的史浩、沈焕、汪大猷三位士绅，身故之后被奉入义庄的先贤祠，接受乡人世世代代的祀奉；捐助田产的人，也可以获得入先贤祠附祀的待遇。在传统中国，一个人的名字如果能够登上先贤祠的祀奉名录，那是莫大的荣誉。这一祭祀制度有效地激励了地方精英为乡曲义庄做出奉献；出于对自身声誉与信用的珍惜，地方精英在管理义庄时，也会自觉奉公行事，不敢徇私，从而使得义庄能够长远维持下去。

明州乡曲义庄维持了一个半世纪之久，历经宋、元两朝，到元末时仍然有效运行。义庄的规模，从成立之初的五百亩田产，到元代延祐四年（1317）之前，扩展为一千多亩。义庄的管理模式，则从宋朝时由地方选举士大夫主持，改为由学校管辖、政府任命

---

[1] 《宝庆四明志》卷一一《乡人义田条》。

乡绅管理。

入明之后，明州乡曲义庄不再见诸记载。不知什么时候，也不知出于什么原因，这个公益组织令人遗憾地消失了。

亲爱的女儿，范仲淹创立范氏义庄也好，明州士绅设立乡曲义庄也好，这里面蕴藏的传统士大夫的道义担当、组织智慧，值得我们细细留意。

一场令人难以理解的议谥之争

议谥的程序

亲爱的女儿，今天我们要讲的故事，跟谥号的制度有关。谥号，是指君主、贵族、大臣去世之后，由国家根据逝者生前的功过是非给出的一个评价，通常是一至几个字不等，具有盖棺定论的性质。而一整套拟谥的制度，就是谥法。

按近代学者王国维的研究，谥法起源于西周中期。之前是没有谥号的，像周文王、周武王，都不是谥号，而是国王生前的尊号。到秦朝时，秦始皇曾废除谥法："朕闻太古有号毋谥，中古有号，死而以行为谥，如此，则子议父、臣议君也。甚无谓，朕弗取焉。自今已来，除谥法。"[1] 但秦二世而亡，汉朝又恢复了谥法，从此延续至清末，最后随帝制的终结而退出历史舞台。不过，最后一位获得赐谥的士大夫，却是王国维先生，他于民初沉湖自尽后，溥仪感其"孤忠耿耿，深恻朕怀"，赐谥"忠悫"。

谥法的成熟期与兴盛期是唐宋时代，标志是形成了一套周密的制度。按宋朝谥法，王公及职事官三品以上，具有获得赐谥的资格，三品以下的官员，原则上不给予赐谥。赐谥的程序如下："王公及职事官三品以上薨，本家录行状上尚书省考功，移太常礼院议定，博士撰议，考功审覆，判都省集合省官参议，具上中书门下，宰臣判准，始录奏闻，敕付所司，即考功录牒，以未葬前赐其家。省官有异议者，听具议以闻。"[2]

根据这一程序，王公贵族及三品以上官员去世后，由亲属将

---

1 《史记·秦始皇本纪》。
2 《宋会要辑稿·礼》。下同。

其生平事迹撰写成书面报告（行状），递交尚书省考功司请谥；考功司收到申请后，将逝者行状送太常礼院议谥，由太常博士根据逝者行状拟谥；谥号拟好之后再送考功司复审，经尚书省全体礼官合议确认；然后送宰相核准，抄录成报告进呈皇帝过目，最后以天子的名义赐谥；议谥的过程中，礼官如果对所拟谥号有异议，可以提出反驳，这叫作"驳议"；亲属对所定谥号不满，也可以提出申诉，这叫作"论枉"。这么严谨的给谥程序，是唐宋时期才有的。唐宋之前，谥法并不严密；明清时期给大臣赐谥，则基本上由皇帝定夺。

由于谥号涉及对一名高级官员一生功罪的最后评定，"皆迹其功德而为之褒贬"，于是有些"侥幸之徒"，临终之时，"自顾生无片善，死有百责，则诫其子孙不复请谥"；又有一些官员去世后，其子孙担心得到的是恶谥，也放弃了请谥："近日臣僚薨卒，虽官品合该拟谥，其家子弟自知父祖别无善状，虑定谥之际斥其缪戾，皆不请谥"。为防止出现这种逃避"盖棺定论"的情况，宋朝实际上推行"亲属请谥"与"朝廷径谥"双轨制："凡有臣僚薨谢，不必候本家请谥，并令有司举行。"也就是说，符合赐谥资格的官员，去世后即使其家属不请谥，朝廷也将按程序给予赐谥。

又由于拟谥的依据，主要乃是参考逝者的行状，宋人发现，行状"皆其亲旧之厚善者所作，虚美隐恶，人情不免。纵不虚美，尚书隐恶，有司信此以定谥，果能得其实乎？"为避免最后所赐之谥名实不符，宋哲宗时又增设了一道由史馆鉴定逝者行状的程序，"臣僚合得谥者，俟陈乞恩数于朝廷，即以姓名下礼部、太常寺定谥，仍许令关会史馆，以采其终始。如此，则名随实得，善恶俱张"。

话说宋仁宗皇祐三年（1051）九月，郑国公夏竦在京师去世。夏竦是一品大员，当然必须赐谥。我们不知道夏家有没有按时请谥，但不管夏家是否有请谥之举，按宋朝谥法，朝廷都要启动给夏竦议谥的程序。

在议谥的过程中，就究竟应该给予夏竦一个什么谥号，礼官与宋仁宗发生了一场冲突。

礼官的抗议（一）

夏竦是饱学之士，曾担任过仁宗皇帝的老师。宋仁宗是一位很有人情味的君主，一直感念老师，现在老师去世，仁宗要"为夏竦成服于苑中"，即在宫中给老师服丧举哀。按礼官挑选的日子，"成服"之礼的日期恰好是节庆宴会之后，仁宗说："（夏）竦尝侍东宫，情所悯伤，若依所择日则在大燕后，岂可先作乐而后发哀？"[1] 遂提前为夏竦举哀。他当然也希望给老师拟一个好一点的谥号，以告慰老师泉下之灵。

然而，当时的舆论界对夏竦可没有什么好印象，许多士大夫都认为夏竦是一个品行不端的小人。宋史这么评价他："材术过人，急于进取，喜交结，任数术，倾侧反覆，世以为奸邪。"[2] 特别是他对同僚石介的构陷，尤其令人不齿。

夏竦与石介有宿怨，庆历年间，夏竦伪造石介书信，诬陷石介欲废立皇帝，导致石介被贬谪至濮州（今山东鄄城）任通判。

---

1 《续资治通鉴长编》卷一七一。
2 《宋史·夏竦传》。

表现谏争情景的宋佚名《却坐图》。台北故宫博物院藏

未久石介病逝，夏竦又落井下石，谎称石介诈死，实投奔契丹，并怂恿皇帝掘开石介之墓验证真伪。按传统中国人的观念，掘人坟墓，无疑是对死者及其家人的最大的羞辱，幸亏仁宗在大臣的劝阻下，最后克制住了冲动。欧阳修的长诗《重读徂徕集》，便是为死犹蒙冤的石介鸣不平，并对狠毒的夏竦提出控诉："……当子病方革，谤辞正腾喧。众人皆欲杀，圣主独保全。已埋犹不信，仅免斫其棺。此事古未有，每思辄长叹。我欲犯众怒，为子记此冤。下纾冥冥忿，仰叫昭昭天。……"

夏竦去世之前，领武宁军（今江苏徐州）节度使，因为病重，请求回京师，"以疾求还京师"。但同僚听说夏竦回京，都不相信他真的病了，认为称病只是夏竦耍出来的花招，"求还京师，图大用尔，称疾诈也"。不久夏竦病逝，仁宗皇帝前往祭奠，命内侍揭开盖在夏竦脸上的布幕，只见夏竦遗容"颜色枯悴"，仁宗怆然说："竦枯悴若此，疾岂诈乎。"而外间议论的人都说，"竦尝欲剖石介棺，此其阴报也"。[1] 由此可见夏竦人缘与口碑之差。

这么一名被目为"奸邪"的大臣，将获得怎样的盖棺定论呢？

经过法定的议谥程序走下来，考功司与太常礼院给夏竦拟定的谥号是"文献"，按古老的《逸周书·谥法解》（以下简称《谥法》），"勤学好问曰文，博闻多见曰文"；"博闻多能曰献，聪明睿智曰献"，夏竦是聪明人，文采也很好，"文献"的谥号倒也适合他。

但是，在皇帝准备下诏赐谥的时候，仁宗的词头却被知制诰王洙封还。王洙的理由是："臣下不当与僖祖同谥。"僖祖指赵朓，宋朝开国皇帝赵匡胤的高祖，赵匡胤称帝后，追尊赵朓为文献皇

---

[1] 《续资治通鉴长编》卷一七一。

表现谏争情景的宋佚名《折槛图》。台北故宫博物院藏

帝。王洙以文献乃僖祖谥号为由，拒绝起草赐谥的诏敕。

宋仁宗在收到被封还的词头后，决定亲自给夏竦老师改一个响亮的谥号——赐谥"文正"。但是，仁宗此举，从程序的角度来说，显然已经违背了宋朝的谥法。我们回顾一下前面介绍过的宋朝给谥程序，便可以知道，尽管最后的赐谥都是以皇帝的名义进行，但在议谥的过程中，皇帝一般并不参与其中，负责议谥、拟谥的是考功司与太常礼院的礼官。如果礼官所议的谥号被驳回，按程序也应该是退回考功司与太常礼院重新评议。

因此，当仁宗皇帝宣布给夏竦改谥"文正"的时候，几位礼官都站出来表达抗议。判考功司刘敞说，给夏竦议谥，"此吾职也"，皇上怎么可以越俎代庖？立即上疏跟宋仁宗辩论："谥者，有司之事也，且(夏)竦行不应法。今百司各得守其职，而陛下侵臣官。"[1]

知礼院司马光也上疏讽谏仁宗："谥者，行之迹也。行出于己，名生于人，所以劝善沮恶，不可私也。臣等叨预礼官，谥有得失，职有当言，不敢隐默。谨按令文，诸谥王公及职事官三品以上，皆录行状申省，考功勘校，下太常礼院拟谥，讫申省议定奏闻，所以重名实、示至公也。陛下圣德涵容，如天如地，哀悯旧臣，恩厚无已，知（夏）竦平生不协众望，不欲委之有司，概以公议，且将掩覆其短，推见所长，故定谥于中，而后宣示于外，……乃欲以恩泽之私，强加美谥。虽朝士大夫畏（夏）竦子孙居美仕，不敢显言，四方之人耳目炳然，岂可掩蔽？必曰夏竦之为如是，而谥'文正'，非以谥为公器也，盖出于天子之恩耳。

---

1 欧阳修：《集贤院学士刘公墓志铭》。

此其讥评国家之失，岂云细哉？"[1]

司马光这段话有些长，但值得我们引述出来。跟刘敞的意见一样，司马光首先从"程序正义"的角度，申明宋仁宗的做法不合大宋的赐谥制度。如果按照制度给定的程序（令文），给夏竦赐谥，应该先由考功司勘校夏竦的行状，再由太常礼院拟谥，然后经尚书省合议，最后交宰相核准、奏闻，因为谥号关乎劝善沮恶，"不可私也"。现在陛下深知夏竦"平生不协众望"，所以"不欲委之有司"议谥，而私自给夏竦定下"文正"之谥，这明显是将谥号之公器当成天子之私恩，也是对法度的败坏。

礼官的抗议（二）

司马光的奏疏呈上去之后，宋仁宗没有回应。仁宗的意思大概是想用"拖"字诀，将事情拖过去。但司马光是一个牛脾气之人，等了十天，见仁宗似乎不当回事，又上了一道措辞更强烈的奏疏。

这一回，他主要从"实体正义"的角度，反驳皇帝给夏竦赐谥"文正"："臣等窃迹谥法本意，所谓道德博闻曰文者，非闻见杂博之谓也，盖以所行所学不离于道德也；靖共其位曰正者，非柔懦苟偷之谓也，盖诗云靖共尔位，好是正直也。"总而言之，"文正"乃是褒奖士大夫功德的第一美谥，而以夏竦的品行，又如何当得起此等美谥？夏竦这个人，"奢侈无度，聚敛无厌，内则不能制义于闺门，外则不能立效于边鄙，言不副行，貌不应心，语其道德则贪淫矣，语其正直则回邪矣，此皆天下所共闻，非臣等

---

[1] 司马光：《上仁宗论夏竦不当谥文正》。

所敢诬加也"[1]。

这里司马光提出了一个对后世谥号观念影响颇深的观点:"文正"乃是"谥之至美,无以复加"。

既然是至美至荣之谥,当然不可以轻易与人,北宋一百余年,能获得"文正"之谥的士大夫,屈指可数,宋人说,"国朝以来,得此谥者,惟公(指司马光)与王沂公(王曾)、范希文(范仲淹)而已。若李司空昉、王太尉旦皆谥'文贞',后以犯仁宗嫌名,世遂呼为'文正',其实非本谥也。如张文节(张知白)、夏文庄(夏竦)始皆欲以'文正'易名,而朝论迄不可,此谥不易得如此"[2]。只有那些堪称士人典范中的典范,才可以得到"文正"的赐谥。

仁宗朝宰相张知白,"在相位,慎名器,无毫发私,常以盛满为戒,虽显贵,其清约如寒士"。这么一位享有清誉的名臣,去世之后,礼官议谥"文节",有御史提议:"知白守道徇公,当官不挠,可谓正矣,请改谥文正。"但宰相王曾没有同意,说:"文节,美谥矣。"[3] 遂没有改谥。大名鼎鼎的包公包拯,被热爱他的人称为"包文正",其实这只是民间私谥,他的正式谥号为"孝肃"。

对宋朝士大夫来说,人生最大的荣耀,不是生前封侯拜相,而是身后获得"文正"之谥。宋徽宗时,宰相赵挺之(赵明诚之父、李清照之家翁)去世,徽宗前往祭奠,"夫人郭氏哭拜,请恩泽者三事",其中一件便是"乞于谥中带一'正'字"。赵夫人的意思,实际上就是想替丈夫乞得一个"文正"的谥号,因为宋朝士大夫

---

1 司马光:《上仁宗论夏竦不当谥文正第二状》。
2 费衮:《梁溪漫志》卷二。
3 《宋史·张知白传》。

谥号带"文"字极常见，如果徽宗答应给予"正"字，通常就是"文正"了。但徽宗不敢答应，"余二事皆即许可，惟赐谥事独曰：'待理会。'"徽宗平日说"待理会"的意思，就如今人所言"研究研究"，含婉言拒绝之意。最后，赵挺之得到的谥号是"清宪"[1]。不过，徽宗朝法度已乱，谥号有时也成了天子与权臣之私恩，连蔡京之弟蔡卞也能谥"文正"。

宋人以"文正"为极美之谥的观念，影响至明清时期。一名清代学者说："凡臣工谥法，古以'文正'为最荣。今人亦踵其说，而不知所自始。……我朝之得谥'文正'者，百余年来亦不过数人。"[2] 按清代的赐谥程序，"本朝定例，凡大臣应否予谥，由礼部先行奏请，俟得旨允准后，行知内阁撰拟谥号四字，恭候钦定"；"惟'文正'则不敢拟，悉出特旨（换言之，按大清谥法，谁可以谥'文正'，例由皇帝说了算），自非品学德业无愧完人者，未足当此"[3]。

而明朝，自朱元璋开国至正德朝，一百余年间未有一位士大夫获赐"文正"谥号，第一个获谥"文正"的是大学士李东阳，相传李东阳病危之际，同僚杨一清前往看望，在病床前许诺："国朝以来，文臣无有谥文正者，如有不讳，请以谥公。"垂死的李东阳立刻爬起来，"顿首称谢，卒后果谥'文正'"[4]。李东阳于是成了明朝第一个获得"文正"谥号的大臣。

了解了"文正"之谥在宋人心目中的崇高地位，我们便不难

---

1 陆游：《老学庵笔记》卷四。
2 梁章钜：《浪迹丛谈》卷四。
3 朱彭寿：《旧典备征》卷三。
4 梁章钜：《浪迹丛谈》卷四。

理解为什么司马光等礼官要极力反对仁宗赐谥夏竦"文正"。

在呈仁宗的奏疏中,司马光说:如果像夏竦这样的臣子都能获得"文正"的至美之谥,那我实在不知"复以何谥待天下之正人良士哉!"陛下今日给予夏竦美谥,他日难免有"不令之臣","生则盗其禄位,死则盗其荣名",如此一来,"善者不知所劝,恶者不知所惧,臧否颠倒,不可复振,此其为害可胜道哉!"

最后,司马光希望仁宗皇帝采纳他的意见,"特依前奏所陈,改赐竦谥"[1]。与此同时,刘敞也接连上疏,要求皇帝给夏竦改谥号。

迫于礼官压力,宋仁宗不得不收回成命,改赐夏竦另一个谥号:"文庄"。与"文正"相比,"文庄"算是平谥。仁宗皇帝做了妥协,于是刘敞说,"姑可以止矣"[2]。这场议谥之争才平息下来。

仁宗朝的议谥之争

夏竦议谥风波,并不是宋朝的第一起谥号之争。十几年前,景祐元年(1034)七月,崇信军节度使、外戚钱惟演去世,礼官议谥时,同知太常礼院张瑰提出,钱惟演为文学之士,但为官贪墨,根据《谥法》,"敏而好学曰文,贪而败官曰墨",拟谥"文墨"。这显然是一个不好听的下谥。

钱惟演的儿子得知,"挝登闻鼓上诉",这就是我们前面说过的议谥程序之一:"论枉"。宋仁宗接到钱家的申诉后,诏翰林学士章得象等人覆议。章得象等认为,考钱惟演生平,并无贪黩之

---

1 司马光:《上仁宗论夏竦不当谥文正第二状》。
2 欧阳修:《集贤院学士刘公墓志铭》。

状,虽然有过贪慕权要之行,但晚年"率职自新,有惶惧可怜之意",谥"文墨"确实有些过分了。

张瓌呢,也不甘示弱,"条奏甚切,朝廷不能夺"。最后,双方各退一步,取《谥法》"追悔前过曰思"之义,改为单谥一个"思"字。几年后,庆历年间,钱惟演的儿子"复诉前议",又提出申诉,最后改谥"文僖"[1]。按《谥法》,"有过曰僖;小心恭慎曰僖","文僖"也是一个平谥。钱氏子孙终究未能为钱惟演争取到一个美谥。

鉴于常有子孙为其父祖请改谥号之举,南宋时,宋政府又补充立法:"若定谥已下,其子孙请再更易者,以违制论。"[2] 不再同意受谥者后代在正式赐谥以后复又申请改谥。当然,议谥过程中的"论枉"程序仍然保留。

夏竦议谥风波,当然也不是宋朝的最后一起谥号之争。嘉祐四年(1059),前宰相陈执中去世,朝廷照例赐谥。

负责拟谥的知太常礼院韩维说:陈执中出身于公卿之家,本人并无多少才能,却官至贵显;担任宰相时,主持张贵妃的丧礼,用皇后之制,建庙用乐,皆逾祖宗旧制;而且,陈家"闺门之内,礼分不明",庶妾张氏"悍逸不制"。陈执中身为宰相,却不能"秉道率礼,正身齐家"。根据《谥法》,"宠禄光大曰荣;不勤成名曰灵",陈执中"出入将相,以一品就第,宠禄光大矣;得位行政,贤士大夫无述焉,不勤成名矣",可以赐谥"荣灵"[3]。

---

1 《宋史·张瓌传》;《宋史·钱惟演传》。
2 宋佚名《两朝纲目备要》卷六。
3 《宋史·陈执中传》;《宋史·韩维传》。

但有臣僚"疏论其非",不赞同赐谥"荣灵",此即前面介绍过的"驳议"程序。仁宗于是诏太常礼院再议。有人提议谥"厉",有人提议"荣",考功司礼官杨南仲提议谥"恭襄",更多的礼官则建议：按《谥法》,"不懈于位曰恭",可单谥一个"恭"字。仁宗"诏从众议",赐陈执中谥号"恭"[1]。

韩维因拟谥被"驳议",心里也不服气,连上三疏跟仁宗理论：考功司以"恭"字为陈执中定谥,我感到很不可理解,陈执中"犯不恭者三,而顾以'恭'为谥,如此则谥法可废,而官守无用也。夫设法而至于可废,命官而同于无用,臣愚,不识朝廷处此于义何当？"[2]

但仁宗一直没有采纳他的意见,韩维一气之下,给仁宗呈交了一份辞职报告："三上章而不报,此皆在臣愚论议浅薄,不足以感动天听。臣既不能为陛下守职,而尚窃俸,入以礼官为称,臣实耻之。伏望圣慈特许罢臣礼院。"[3]

仁宗成全了他,将他外调至泾州（今甘肃泾川）任通判。

谥号的功能

以我们现在的观念,恐怕很难理解为什么宋人要对谥号如此锱铢必较,不就死后的一个虚名吗？有什么意义？犯得着争个不休吗？

1　徐度：《却扫编》卷中。
2　韩维：《上仁宗论陈执中不当得美谥》。
3　韩维：《上仁宗以议谥不合乞罢礼院》。

但古人并不这么认为。在古人的观念中,"谥者,行之迹也;号者,功之表也","是以大行受大名,细行受细名;行出于己,名生于人"[1]。一个人生于天地间,可以自主选择自己的行为;但这行为带来的功过是非,却只能由他人评价。这是国家设立谥法的法理基础。

而谥法确立的一条重要原则,就是"善行有善谥,恶行有恶谥,所以为劝善戒恶也。谥之言列,陈列其行,身虽死,名常存也"[2]。

朝廷赐谥之制,也因此具备了深刻的政治功能,用宋代哲学家程颐的话来说,"古之君子之相其君,而能致天下大治者,无他术,善恶明而劝惩之道至焉尔。劝得其道,而天下乐为善;惩得其道,而天下惧为恶。二者为政之大权也。然行之必始于朝廷,而至要莫先于谥法。何则?刑罚虽严,可警于一时;爵赏虽重,不及于后世。惟美恶之谥一定,则荣辱之名不朽矣。故历代圣君贤相,莫不持此以厉世风也"[3]。

宋人致力于完善谥法,设置周密的议谥程序,在议谥过程反复争论,允许"驳议"与"论枉",当逝者亲属不请谥时,朝廷可径自议谥,又立法防范家属在逝者行状上溢美造假,凡此种种,都是为了最大限度保证"善行有善谥,恶行有恶谥",使朝廷赐谥之制能够发挥"劝善戒恶"的功能。

有一个例子,可以让我们真切体会到什么是"惟美恶之谥一定,则荣辱之名不朽"。这个例子就是秦桧的谥号。秦桧死后,

---

[1] 《逸周书·谥法解》。
[2] 杜佑:《通典》。
[3] 转引自丘濬《大学衍义补》卷八四。

高宗赐谥"忠献",这是一个美谥。但到开禧二年(1206),秦桧被追夺王爵,改谥"谬丑"。宝祐二年(1254),宋理宗又诏"太常厘正秦桧谥"[1],最终定谥"缪狠"。"谬丑"与"缪狠"都是不折不扣的恶谥,背着这样的恶谥,秦桧可谓是遗臭万年了。

有人说,历史就是中国人的信仰。对传统的士大夫而言,确实如此,他们不像宗教信徒那样祈求"神的救赎",或者"来世的福报",也避而不谈"灵魂不灭",但他们深信,一个人留于历史的声名,子子孙孙都会看得到,或流芳百世,或遗臭万年。而谥法,正是传统士大夫"历史信仰"的制度性体现,是中国人信仰的"历史的审判"。秦始皇废谥法,认为"子议父、臣议君也。甚无谓",实则就是想逃避这样的"历史审判"。但他躲过了恶谥,却终究无法逃过历史的评判。

不过,谥法的"历史审判"功能,在明清时期又有所弱化。一名明朝学者说:"本朝之谥有美无恶。所谓谥者,特为褒美之具而已。"[2] 另一名清代学者也说:"唐制:三品以上皆得请谥,而其人之贤否不同,则必核其生平以定之。盖犹存古道也。后世惟赐谥者始得谥,即邀恩赐,自必其人履行无亏,故谥皆有美而无恶也。"[3] 其实其人未必"履行无亏",但皇帝一般都不会赐给恶谥了。换言之,这时候的谥号,已沦为帝王对王公大臣表达恩宠的工具。但士大夫追求美谥,体现的毕竟还是"人过留名,雁过留声"的"历史信仰"情结。

---

1 《宋史全文》卷三五。
2 王鏊:《震泽长语·国猷》。
3 赵翼:《廿二史札记》卷一九。

若是对身后的千古骂名都毫不在乎呢？亲爱的女儿，我想告诉你，当社会的精英群体已经不怎么珍惜自己的身后名时，那一定是一个礼崩乐坏的时代。

一名婢女之死

亲爱的女儿，在我们讲述的宋仁宗朝故事中，往往都有执政官被台谏官严词弹劾的情节，比如皇祐年间，三司使张尧佐被知谏院包拯弹劾，宰相文彦博被御史唐介弹劾；至和年间，三司使王拱辰被御史赵抃弹劾。这是宋仁宗时代常见的政治风景。今天我们要说的新故事，也是围绕着宰相与御史的冲突而展开，主角是御史赵抃与宰相陈执中。

一名婢女的蹊跷死亡

故事得从一起非正常死亡事件说起——宋仁宗至和元年（1054）冬十二月，开封府接到报案：宰相陈执中家中婢女迎儿离奇死去，死因可疑。开封府知府蔡襄不敢怠慢，赶紧派法医前往检验，因为宋初有立法："自今奴婢非理致死者，即时检视，听速自收瘗。病死者不用检视。"[1] 检视的结果，果然发现死者迎儿身上伤痕累累。此时，京城坊间已是流言四起，有人说，迎儿生前受陈执中宠妾张氏虐待，现在又被张氏殴打而死；也有人说，是迎儿犯了什么过错，陈执中亲自惩罚她，致其暴毙。

当时有一位殿中侍御史，叫作赵抃，"弹劾不避权幸，时号铁面御史"。他立即对宰相陈执中发起弹劾："臣窃闻宰臣陈执中本家，捶挞女奴迎儿致死，开封府见检复行遣，道路喧腾，群议各异。一云执中亲行杖楚，以致毙踣；一云嬖妾阿张酷虐，用他物殴杀。臣谓二者有一于此，执中不能无罪。若女使（即婢女）本有过犯，自当送官断遣，岂宜肆匹夫之暴，失大臣之体，违朝

---

1 《续资治通鉴长编》卷一〇。

传刘松年《宫女图》中的婢女。东京国立博物馆藏

廷之法,立私门之威!若女使果为阿张所杀,自当擒付所司,以正典刑,岂宜不恤人言,公为之庇!"[1]要求成立一个法庭调查女奴迎儿非正常死亡一事。

陈执中看到御史弹劾,也"自请置狱"。于是宋仁宗命令在京城嘉庆院设立临时"专案组"(诏狱),并委任太常少卿齐廓负责推勘迎儿之案。但御史赵抃又说,齐廓有心风之疾(癫痫),

---

[1] 《续资治通鉴长编》卷一七七。

恐怕不能胜任勘案的工作。因此，又改命龙图阁直学士张昪主审。未久，不知道出于什么原因，皇帝又将推勘官换成了给事中崔峄。[1]

崔峄其实是接下了一个烫手山芋。陈执中虽然"自请置狱"，但在推勘官调查时，需要相府配合"追取证佐"，陈执中却"皆留不遣"，"专案组"要勾摄陈府的干连证人，陈执中却拒绝放人，称本案不应枝蔓多人。这要是在宋神宗时代，"专案组"早就往陈执中家直接抓人了，但在仁宗时代，朝廷体貌大臣，陈执中不配合调查，推勘官也不敢来硬的。

崔峄主持的"专案组"大约查了一个多月，最后认定的事实是："执中自以婢不恪，笞之死，非嬖妾杀之"。婢女迎儿被认为是对主人不敬，因而受到陈执中笞打，意外致死。但赵抃了解到的情况，远比崔峄认定的事实更为恶劣：陈执中听从嬖妾张氏之言，对迎儿施以私刑："穷冬裸冻，封缚手腕，绝其饮食，幽囚扃镰，遂致毙踣"。因此，崔峄的那个裁定，被当时的舆论认为"颇左右执中"[2]，明显是对宰相陈执中的偏袒。

按宋朝司法制度，嘉庆院"专案组"只负责推勘犯罪事实，不负责法律裁决。犯罪事实调查清楚之后，案子移送大理寺检法判罪。大理寺做出的裁决是："准律，诸主殴部曲至死者，徒一年；故杀者加一等；其有愆犯决罚致死及过失杀者，各勿论"，陈执中对婢女迎儿之死，不负法律责任。[3] 时为至和二年（1055）二月。

今天，我们对于大理寺的判决，会觉得匪夷所思、不可思议。

---

1 《续资治通鉴长编》卷一七七。
2 《续资治通鉴长编》卷一七八。
3 《续资治通鉴长编》卷一七八。

清代《古圣贤像传略》收录的赵抃画像

不过在北宋前期，法律确实有这样的规定：主人对于奴婢拥有惩罚权，如果主人对犯有过错的奴婢施加责罚而致其意外死亡，可免于追究刑事责任，见《宋刑统·斗讼律》"主杀部曲奴婢"条："其有愆犯决罚致死及过失杀者，各勿论。"

《宋刑统》的"主杀部曲奴婢"法条抄自《唐律疏议》，其实这也是魏晋－盛唐奴婢贱口制度在北宋前期尚有遗存的体现。唐朝法律将奴婢、部曲列为贱口，"奴婢贱人，律比畜产"[1]，奴婢只是主家的私人财产，跟牛马猪羊没什么区别。主人可以将奴婢牵到市场卖掉，也有权对奴婢进行刑罚，即使不小心打死了，也不用负法律责任。

入宋之后，这种中世纪式的奴婢贱口制度已经趋于瓦解，多数奴婢不再属于贱户，而获得了自由民的身份，她们与主家的关系，也不是人身依附关系，而是经济意义上的雇佣关系。为了跟从前的贱口奴婢相区别，我们将宋代的这部分奴婢称为"雇佣奴婢"。

宋真宗天禧三年（1019），大理寺提议参照《宋刑统》的"主杀部曲奴婢"条，补充关于雇佣奴婢的立法："自今人家佣赁，当明设要契，及五年，主因过殴决至死者，欲望加部曲一等，但不以愆犯而杀者，减常人一等，如过失杀者，勿论。"[2]这一立法获得批准。也就是说，主家殴杀有过错的雇佣奴婢，将比照殴杀贱口奴婢罪律，罪加一等。按《宋刑统》，"诸（贱口）奴婢有罪，其主不请官司而杀者，杖一百"，加一等便是"徒一年"；无故殴

---

1 《唐律疏议·名例律》。
2 马端临：《文献通考·户口考》。

杀雇佣奴婢,按罪减常人一等论处。常人相殴致死,依律当绞,减一等即处以流三千里刑;过失杀死雇佣奴婢,则不追究刑事责任。

法律对奴婢生命权的保护尽管比之前略有提高,但我们若以现代文明的标准来看,肯定无法满意。要等到北宋后期,奴婢贱口制度彻底瓦解,奴婢的生命权才获得完全之保护,根据宋徽宗建中靖国元年(1101)的一道敕文:"主殴人力、女使有愆犯,因决罚邂逅(意外)致死,若遇恩,品官、民庶之家,并合作杂犯。"[1]我们不难知道,在北宋后期,雇主(不管是品官之家,还是民庶之家)如果处罚有过错的"人力""女使"(宋人对雇佣奴婢的称呼),导致其意外死亡的,将按杂犯论处。所谓"杂犯",是指除了犯"十恶""故杀人"等严重罪行的死罪,按《宋刑统·名例律》解释,"其杂犯死罪,谓非上文十恶、故杀人、反逆缘坐、监守内奸、盗、略人、受财枉法中死罪者"。换言之,雇主若殴杀有过错的奴婢,将可以判处死刑。[2]陈执中与其宠妾张氏如果生活在北宋末,触犯的就是杂犯死罪。

但在北宋前期,人们的观念与国家的立法尚未进步到这一程度,按天禧三年立法,"主因过殴决至死者",徒一年;按《宋刑统》,奴婢"有愆犯决罚致死",主人免刑责。大理寺没有采纳天禧三年的新法,而是援引《宋刑统》"主杀部曲奴婢"条做出裁决,很可能是因为被殴打致死的迎儿是贱口奴婢,而非雇佣奴婢。一项制度的消亡总是有一个过程的,北宋前期应该还存在一部分贱

---

[1] 《庆元条法事类》卷一六。
[2] 参见戴建国《"主仆名分"与宋代奴婢的法律地位》,《历史研究》2004年第4期。

口奴婢。

总而言之，根据北宋前期的法律，如果陈家婢女迎儿确实是因犯有过错而受责罚，意外致死，那么陈执中将不需要承担任何法律责任。

半路杀出一个范镇

崔峄认为，既然案情已经查明，女奴迎儿致死一案可以结案了；陈执中也"入札子，乞不枝蔓"。仁宗皇帝遂下诏停止嘉庆院诏狱。陈执中顺利躲过了诏狱的司法调查，然而，他无法逃过御史的政治弹劾。

殿中侍御史赵抃率先对宰相陈执中做出火药味十足的抨击：陈执中"不学无术、措置颠倒、引用邪佞、招延卜祝、私仇嫌隙、排斥良善、狠愎任情、家声狼籍"，这样的人，还适宜当大宋的宰相吗？

赵抃列举了陈执中当罢相的八大理由，其中一条就是陈执中"恣行虐害"，陈家奴婢经常受虐待，除了被殴打致死的迎儿，之前已有一名叫海棠的奴婢，被张氏"打决逼胁，遍身痕伤，既而自缢"，又有一名婢女被陈家"髡发杖背"，自杀未遂。"凡一月之内，残忍事发者三名"，如此酷虐之辈，如何可以再当宰相？请陛下"正执中之罪，早赐降黜，取中外公论"[1]。

御史中丞孙抃接着弹奏："嘉庆院诏狱，本缘陈执中特上奏章，乞行制勘"，但在审案过程中，陈执中却"务徇私邪，曲为占庇，

---

1 《续资治通鉴长编》卷一七八。下同。

上昧圣德,下欺僚寀,凡所证逮,悉皆不遣,致使狱官,无由对定,罔然案牍,暗默而罢",如此妨碍司法公正的行径,如果陛下还能容忍,那将置国体、法律、公议于何地?

说来也是凑巧,这次对陈执中出手攻击最为凌厉的两位御史,都单名一个"抃"字,赵抃与孙抃。

不过宋仁宗宠信陈执中,以前曾有人问仁宗:"执中何足眷?"仁宗说:"执中不欺朕耳。"[1]因此,对于御史的弹奏,仁宗置之不理。

为加大弹劾的杀伤力,御史"又言执中私其女子,伤化不道"[2],说陈执中与家中婢女通奸,生活作风腐化。当然,这是台谏官的"风闻言事",并无实据。

恰好这个时候,同知谏院范镇出差回朝,仁宗皇帝便询问他对陈执中被弹劾一事有什么看法。范镇说:"臣新从外来,未知仔细。"仁宗向他发牢骚:"台谏官不识体,好言人家私事。"范镇说:"人命至重,台谏官不可不言,然不可用此进退大臣,进退大臣,当责以职业。……为一婢子令国相下狱,于国之体,亦似未便,所以不敢雷同上言。"[3]显然,范镇反对御史台拿宰相的家事攻击执政大臣。

台官(御史)与谏官虽然同属言职,但职权又有区别,台官责在纠绳百官,谏官责在讽谏君主,"谏官掌献替,以正人主;御史掌纠察,以绳百僚"[4]。入宋之后,台谏职能有合一之势,也就是说,台官与谏官都可以谏天子、绳官邪。但尽管如此,毕竟

---

[1] 吴处厚:《青箱杂记》卷二。
[2] 《续资治通鉴长编》卷一八〇。
[3] 《续资治通鉴长编》卷一七八。下同。
[4] 《山堂考索续集》卷三六《官制门》。

还是分属御史台与谏院两套系统。这次御史台交章弹奏陈执中，谏院却一直保持沉默。赵抃对谏官的装聋作哑本来就很是不满，听了范镇的话，更是愤怒，立即将战火引到他身上，上书说"风闻同知谏院范镇妄行陈奏，营救执中"，据臣所知，范镇之前升迁，都是陈执中提携，所以今天才"惑蔽听断，肆为诬罔"，伏望陛下明察。

对于赵抃的抨击，范镇觉得非常可笑，说道：我立朝之本末、当谏官是否称职，跟有没有出入执中门下，御史其实是心知肚明的，皇上也心中有数，我不需要争辩。御史这样中伤我，原因无他，无非是想恐吓我，以后不要再替陈执中出声而已。但是，"臣为谏官，为御史所恐而遂不言，非所谓为谏官也"。范镇也是牛脾气之人，并不怕赵抃的恫吓，你一恫吓，他的斗志就给激发出来了，再三上书反驳御史台。

平心而论，范镇其实并无意于替宰相陈执中辩护。恰恰相反，范镇认为陈执中当宰相很不称职：今天下民困，陈执中身为首相，因循苟简，不曾建言，即便皇上罢了他的宰相之职，也毫不过分。但是，陈执中当罢是一回事，御史的弹劾合不合理又是另一回事。御史称陈执中无学术、不知典故，这是有道理的，因为陈执中"一为参知政事，再为宰相，无学术、不知典故有素矣"，皇上拜他为相，本来就是僭赏。然而，现在御史"不以职事而以私事"要求罢逐陈执中，则是舍大责细，看似正气凛然，实则有伤国体。

也就是说，范镇反对的是赵抃等御史"专治其私"，拿宰相的私生活大做文章。在他看来，陈执中责笞婢女致死，是宰相家事，跟职事无关，按照法律的规定处理就行了，既然法律已经写明，奴婢有愆犯决罚致死，当勿论，那么朝廷就不应该"弃法律而牵于浮议也"。范镇尤其看不惯御史攻讦陈执中跟奴婢通奸："审如御史言，则执中可诛；如其不然，亦当诛御史！"[1]要求御史跟宰相辩个清楚。

最后，范镇跟仁宗说：我的意见就是这样，奏章摆在这里，如果皇上认为我说错了，那请将我的意见"榜于朝堂，使士大夫知臣之罪；颁于天下，使天下人知臣之罪；付于史官，使后世人知臣之罪"。御史台若是不服，请来当庭辩论，"中书、枢密大臣详正是非"，如果"以臣章非是，则乞免臣所职，终身不齿；以御史所奏为非，亦乞依公施行"[2]。

不过，宋仁宗大概觉得，如果让谏院与御史台展开辩论，容易激化矛盾。所以既没有将范镇的意见榜于朝堂，也没有批准双方进行辩论。他还是希望这事儿能够慢慢淡出舆论的焦点。看御史台那边，似乎也平静了下来。

御史台再度发起弹劾

谁知这年（至和二年）四月，陈执中又有一个举动，激怒了御史台。

原来，自二月份孙抃、赵抃交章发起弹劾，要求朝廷罢逐陈执中之后，陈执中已遵循惯例，在家待罪，不再赴政事堂上班，连两次大宴及乾元节宋仁宗寿辰宴会，都没有赴会。外议相信，陈执中应该会自觉提出辞职，而仁宗皇帝"礼貌大臣，虽执中罪恶彰著，不即降黜，是欲使全而退之"。这样，陈执中还可以体

---

[1] 《续资治通鉴长编》卷一八〇。
[2] 《续资治通鉴长编》卷一七八。

面地辞去相职。所以御史台也就没有"再三论列,惧成喋喋,烦黩宸听"[1]。

想不到陈执中"退处私第"才两个月,大概以为风声已过,而且皇帝一直压着御史的奏章,谏官范镇又对御史的弹奏颇不以为然,事情应该没什么大不了吧,所以又于四月二十二日,回到政事堂,上班如常。

赵抃一看,立即上书:"(陈)执中遽然趋朝,再入中书,供职如旧,中外惊骇,未测圣情,臣虽至愚,不能无惑。臣固不知陛下以臣向来之言为是耶,为非耶,复不知陛下以执中之罪为有耶,为无耶!陛下若以臣言为是,而以执中为有罪,即乞陛早下正朝廷之法,而罢免相位,以从天下之公议。陛下若以臣言为非,而以执中为无罪,亦乞陛下正朝廷之法,而窜臣远方,宣布中外,以诫后来。"这话说得非常决绝了,陛下你不处理陈执中,那就处理我吧,你看着办好了。

御史中丞孙抃相继弹奏:"臣等近以宰臣陈执中家杖杀女使事,有诏置狱勘,不尽情理,亏朝廷之法,各曾具状弹奏,乞正执中之罪。至今道路腾沸,未蒙施行。窃闻多有大臣及近侍臣僚曲为党扇,上惑宸听。伏缘党扇之人,尽是交结朋附,树恩坏法。伏望陛下特从圣断,早赐指挥,正执中之罪,以塞中外公议。"不点名掐了一把范镇。

孙抃又说:"(陈)执中诬罔朝端,轻废诏狱,缘嬖昵之私爱,屈公平之大议,内则灭家法,外则隳国纲。又其作为,全是虚诡,当居官之日,则务扬声,言乞引退;及待罪之时,则多设

---

1 《续资治通鉴长编》卷一七九。下同。

事意,密图召还。罔上欺心,忠实何在?陛下姑全大体,不念远谋,尚传天音,留任宰府,人人相目,愤愤不平。况执中少不读书,壮不稽古,及其寖老,遂暗而荒,事之十端,颠倒七八,物议以为必不可更当大任。臣等屡曾论列,总是人言所隔,致兹圣意未回。……伏乞特行责降,以正本朝典章。"

但宋仁宗压下孙抃与赵抃的奏章,"不报"。

御史台也不示弱,孙抃决定率领知杂事郭申锡,侍御史毋湜、范师道,殿中侍御史赵抃,合台上殿,跟皇帝理论。但宋仁宗以这么做有违近制为由,拒绝御史台全台上殿辩论。

谏官范镇却批评仁宗:"御史台全台请对,陛下何不延问,听其所陈,别白是非,可行则行,不可行亦当明谕不可之故,使知自省。今拒其请,非所以开言路也。"

宋仁宗的想法是尽最大可能息事宁人。但他无意间说了一句话,又刺激了御史敏感的心。原来,有言事者提议皇帝"条列近岁弊事,申戒百官"。于是仁宗下了一道诏书,从皇帝的角度,对近年出现的弊事提出批评,其中有"尸言责者或失于当"之句。这本是泛泛而论,但赵抃认为,皇帝这么说,分明是对御史台弹劾陈执中一事表示不满嘛。所以他又上疏分辩:"臣伏睹近降诏书,有'尸言责者或失其当'之语。……臣昨二月中,曾疏奏执中可罢免者八事,臣自省臣之言,无不当也。"

仁宗只好召御史轮日入对。

御史中丞孙抃入对时,质问仁宗:"今相臣轻侮朝柄,诏狱废置,议皆自我,顾其所为,何止暴横!陛下纵全君臣之分,免其责罚,亦当罢去,以惩不法之罪。奈何优游迁延,固执不下?"

侍御史知杂事郭申锡入对时,也问仁宗:陈执中"家声丑秽,物议喧腾,不恤中外之言,复坏朝廷之法,欺公罔上,愧心厚颜,岂宜更居台司，使辅国政？"

赵抃在入对时，也是要求皇帝"正执中之罪而罢免之"[1]。显然，在御史看来，陈执中与嬖妾殴杀婢女，不仅仅是家丑、是外人不应过问的私事，而是关乎宰相的人品，试问，一个暴横、酷虐的人，如何可以执掌治国大权？

在御史台交章论列的压力下，宋仁宗只好于至和二年六月下诏，罢去陈执中的宰相之职，判亳州（今安徽亳州）。这次罢相，陈执中的政治生命也就走到尽头了，次年便告老退休，再过三年，即嘉祐四年（1059）去世，享年七十岁。

陈执中晚年才得一独子，儿子陈世儒为宠妾张氏所生，张氏自恃得宠，飞扬跋扈，虐待婢女致死，日后她却遭婢女毒杀，脑后被钉入铁钉。冥冥之中，似乎真有因果报应。这是后话，不提。

陈执中罢相之初，谏官范镇还替他深感不平："朝廷制御史以防谗慝，非使为谗慝也。"要找御史廷辩，请执政大臣明断是非，"乞宣示执政，相与廷辩之"。但仁宗皇帝不同意这么做。范镇"于是与赵抃有隙"。

陈执中罢相一年后，嘉祐元年（1056）八月，仁宗任命范镇兼侍御史知杂事，赵抃马上就提出辞职："臣去年春夏间累次弹奏宰臣陈执中，乞正其罪而罢免之。是时范镇不顾公议，一向阴为论列，营救执中，上惑圣德。今朝廷除镇知杂事，臣见居台职风宪之地，趋向各异，难为同处。伏望特赐指挥，除臣江浙一州军合人差遣，且以避镇，亦臣之私便也。"范镇也"固辞不受"

---

1 《续资治通鉴长编》卷一八〇。

御史之职，不愿意与赵抃同台。[1]

赵抃、范镇尽管不和，也相互攻讦，但对彼此为人，还是很尊重。宋神宗熙宁年间，王安石执政，因范镇反对变法，欲斥逐之，便多次在神宗皇帝面前非议范镇（范镇时任知通进银台司，主封驳事，是王氏变法的一大障碍），并跟神宗说："陛下问赵抃，即知其为人。"过了几天，赵抃（时任参知政事）入对，神宗果然问他，范镇这人如何？赵抃对曰："忠臣。"王安石得悉，质问赵抃："公不与景仁（范镇）有隙乎？"赵抃说道，是有隙，但"不敢以私害公"[2]。这种公私分明的政敌关系，很有意思。

余话：可问责的政治

至和二年的罢相，说起来，其实是陈执中第二次被台谏官赶下台。上一次，是在六年前，皇祐元年（1049）八月，由于"河决民流，灾异数见，执中无所建明，但延接卜相术士"，表现得十分无能，因此"言者屡攻之"，最后陈执中不得不"以足疾辞位"，托病辞去宰相职务，徙知陈州（今河南淮阳）。巧的是，当时起草陈执中罢相制书的翰林学士，正是孙抃。[3]

但放在宋仁宗朝，陈执中不过是众多被台谏官赶下台的宰执之一。我们知道，宋仁宗时代的台谏官，风头正劲，宰相被台谏弹劾而去职的情况很常见，据研究者统计，从明道初至嘉祐末

---

1 《皇宋通鉴长编纪事本末》卷三九。
2 《宋稗类钞》卷三。
3 《续资治通鉴长编》卷一六七。

二十余年间，因台谏论列而被罢免的宰执，有二十三人之多。[1]

最著名的一次是宝元元年（1038），宋境发生地震，灾害频仍，以宰相陈尧佐为首的政府却应对无方，赈灾不力。谏官韩琦连上数疏，弹劾宰相王随、陈尧佐，参知政事韩亿、石中立尸位素餐、庸碌无能，必须对眼下发生的灾异负责，最后迫使王随、陈尧佐、韩亿、石中立四位宰执同日请辞。

有意思的是，后来韩琦也当上了宰相，因为"不赴文德殿押常参班"（不到文德殿签到），被御史中丞王陶弹劾为"跋扈"。虽然刚刚登基的神宗皇帝并不相信王陶所言，但韩琦自己还是坚持辞去宰相。[2]

许多年之后，一位哲宗朝的侍御史回忆起仁宗朝的台谏风气，还是非常怀念："伏见祖宗以来，执政臣僚苟犯公议，一有台谏论列，则未有得安其位而不去者。其所弹击，又不过一二小事，或发其阴私隐昧之故，然章疏入，即日施行。盖去留大臣，一切付之公议，虽人主不得以私意加也。"[3]

不管宰相是被弹劾罢黜，还是自己引咎请辞，实际上都体现了一种可以问责的政治。我们认为，任何堪称优良的政治，都离不开一个大前提：可以问责。你拥有什么样的权力，就应承担什么样的责任。从这个角度来说，现代政治兴起的全民公投并不是什么优良的选项，因为做出决策的"全民"，是一个非常笼统的集合，如果他们决策错误，那么政府也好，法院也好，另一届"全

---

1 沈松勤：《北宋文人与党争》，人民出版社，1998，第三章。
2 《宋史·韩琦传》。
3 《续资治通鉴长编》卷三六四，刘挚语。

民"也好,都不可能追究决策者的任何责任。

前面我们说过,宋人追求的是虚君实相之制。所谓"实相",即由宰相掌执政之实权,"天下兴亡责宰相"[1],因为宰相是可以问责的,执政若不称职或者有过失,能够追究其政治责任乃至法律责任,包括弹劾、引咎辞职、罢黜、治罪。

所谓"虚君",即君主垂拱而治、不亲细故,因为君主不可问责。君主有过,担责只能是象征性的,比如下诏罪己。总不能像更换宰相一样废立君主吧。宋神宗时,"内外事多陛下亲批",也许我们会觉得这是神宗皇帝勤政的表现,但在老臣富弼看来,君主亲裁庶政并不可取,"虽事事皆是,亦非为君之道。况事有不中,咎将谁执?"[2]

因此,优良的君主制,并不是皇帝要像明朝朱元璋、清朝雍正帝那样勤政,而是沿着宋人的理念发展出虚君实相的责任内阁制。我们知道,最早建成虚君立宪制的国家是英国,在英国普通法体系中,有一条所谓"君主不容有错"(The King can do no wrong)的原则,正是这一原则构成了虚君立宪框架下责任内阁制的法理基础。逻辑上的道理是这样的:君主不容有错,即不负行政责任;如何不负行政责任?君主只作为尊贵的国家象征、最高的仲裁权威,不过问具体的庶政;执政权委托给内阁,发生差错也由内阁负责;君主则超然事外。

而这样的道理,宋人是明了的。南宋朱熹说:"君虽以制命为职,然必谋之大臣,参之给舍,使之熟议,以求公议之所,然

---

[1] 《续资治通鉴长编》卷三七三。
[2] 《嵩山集》卷一七《韩文忠公富公奏议集序》。

后扬于王庭,明出命令,而公行之。是以朝廷尊严,命令详审,虽有不当,天下亦皆晓然,知其谬之出于某人,而人主不至独任其责。"[1]意思是说,君主不能负责任,所以每一道以皇帝名义发出的诏令,都必须与执政大臣合议,经给事中与中书舍人审核通过,再由宰相盖章副署,才可以发布于王庭、颁行于天下。这样,即使事后发现诏令有错,也可以由执政大臣负其责。

宋代的诏令,尽管都以君主的名义发出,但必须有宰相的副署,方能生效。诏令若无宰相之副署,则不具备法律效力。北宋初,太祖皇帝曾因为找不到宰相副署,差点连个任命状都签发不了。

为什么皇帝的诏令需要宰相副署?究其原因,还是在于"问责"二字。晚清梁任公曾撰文解释过西方君主立宪国的国务大臣副署之制:立宪国创"国务大臣副署之制,其意曰:君主不能为恶者也。而国务大臣则辅弼君主者也,君主有过举,则惟大臣之辅弼无状实职责咎。而副署云者,即以证明此诏敕已得大臣之同意也。故以有副署而大臣之责任缘之而生,同时亦以有副署而君主之责任缘之而卸";"大臣认为不当发布之诏敕,可以拒不副署,非逆命也,居辅弼之职者,以道事君,义宜然也。争之不得,则辞职耳"。借用任公这段话来解释宋代的宰相副署制度,也是恰如其分的。

但任公自己对中国的宰相副署古制却颇不以为然,认为那不同于西方立宪国之国务大臣副署制:"六朝、唐、宋,凡诏敕皆由宰相署名,其所以必须署名之故,凡以证明诏敕之真,防宦官之滥传中旨而已。而今世立宪政体大臣副署之制,其立法

---

1 《晦庵先生朱文公文集》卷六。

之意则异是，所以明大臣之责任，而使君主之神圣不可侵犯，得现于实也。"[1] 任公此言，就有点不确了。六朝与唐代的情况，非我们讲述的范围，且放下不谈，就说宋代宰相的副署诏敕，同样是"以明大臣之责任"（当然也不排除"防宦官滥传中旨"的功能），用朱熹的话来说，即"知其谬之出于某人，而人主不至独任其责"。宋朝宰相对于他不同意的诏敕，也同样可以拒绝副署，这叫作"执奏"。

当然，我们不会天真地认为，宋朝的政体就是君主立宪制、责任内阁制。不过，我们有理由相信，宋朝宰相领导的政府是可以问责的，距近代责任内阁制也仅仅是一步之遥。

---

1 《梁启超全集》卷八《新中国建设问题》。

一起由买房子引发的政坛震荡

刘保衡卖房还债

亲爱的女儿，我们来讲新的故事。话说宋仁宗嘉祐四年（1059）春，开封府接到一起诉讼案：一名刘姓老妪状告她的侄子刘保衡"亡赖豪纵，坏刘氏产"[1]。

刘保衡本为开封富民，在京城承包了一家大型酒场酿卖商品酒。宋朝对商品酒的生产与销售实行一种复合式的"禁榷"（国家专卖）制度："诸州城内皆置务酿酒；县、镇、乡、间或许民酿而定其岁课，若有遗利，所在多请官酤；三京官造曲，听民纳直以取。"[2]意思是说，京师之地，国家垄断酒曲，酒店向政府购买酒曲酿酒，然后自由售卖，因为曲价中已包含了税金，政府不再另外向酒店收酒税；诸州城内，官酿官卖，禁止民间私酿酒；乡村允许酒户自行酿卖，为特许经营，政府收其酒税，但只要酒利稍厚，政府就会设法改为官酤。

不过，官营酒坊总是效率低下，又容易跟市场脱节，酿造出来的酒"多醨薄"，消费者都不愿意购买，因此酒坊"岁计获无几"。宋政府迫于无法盈利的压力，不得不改制，走市场化的道路，将官营酒坊的酿酒权、经营权承包出去，"诏募民自酿，输官钱减常课三之二，使其易办；民有应募者，检视其赀产，长吏及大姓共保之，后课不登则均偿"[3]。熙宁变法开始后，更是出现一波酒坊改制热潮，"遍卖天下酒场"[4]。

---

1 《续资治通鉴长编》卷一八九。
2 《宋史·食货志》。
3 《宋史·食货志》。
4 《续资治通鉴长编》卷二二〇。

宋政府在转让酒坊、酒场经营权的过程中，逐渐推广了一种极富现代色彩的招投标制度，叫作"扑买"或"买扑"。扑，有博弈、竞争之意；买，即买卖、交易；合起来，"买扑"的意思就是竞价买卖。具体做法是这样的：假设宋政府想拍卖某一处酒坊的经营权，会提前半年于"要闹处出榜，召人承买"，即张榜公告招标，说明酒坊的起拍价是多少钱（标底通常采用以往拍卖的次高价或中位数），欢迎有意竞买者在限期（通常是一个月到三个月）内参与投标。

凡符合资格（官户、无家业的人不准参与竞标）、有意竞标的人，填好自己愿意出的竞买价与投标时间，密封后投入政府专门设来接收标书的木箱内，这叫作"实封投状"："许诸色人实封投状，委本司收接封掌。"

等到竞标期限结束，官府开箱评标，"据所投状开验，着价最高者方得承买；如着价同，并与先下状人"，哪一个投标人出价最高，即由他中标；如果出最高价的有两人以上，则以先投标的那个人胜出。

评标之后，还要公示，"仍先次于榜内晓示百姓知委"，以示整个招投标过程的公平、公正。最后，政府给中标人颁发"公凭"，实质上就是订立合同。中标人在合同有效期之内（通常三年为一届，满届即重新招标）享有对这处酒坊的独占经营权。按照宋朝惯例，中标者并不需要一次性预交完酒场的租金（含酒税），而是允许分期付款，"其钱听作三限，每年作一限送纳"[1]。

刘保衡就是一名通过竞标拍下京师某个酒场的富商。我们应

---

[1]《续资治通鉴长编》卷二一八、卷二二〇。

当承认，"扑买"在当时是一种很先进的拍卖机制，但是，基于人性的理性局限，有些竞标人因贪图目前利益，或未能预判风险，为拍到酒场经营权，不惜投下不切实际的高价，导致收不回成本，亏欠政府的官钱。我们不知道刘保衡究竟是因为投标时标价过高，还是因为对酒场经营不善，总之亏了大本，"负官曲钱百余万"，欠下政府1000多贯钱。

负责管理京师官营企业"扑买"事务的机构是三司。作为债权人，三司当然要找刘保衡讨债。刘保衡被政府追债，没办法，只好卖掉祖业——京城中的一处宅院来偿还欠款。

北宋开封的房地产业非常发达，刘保衡到"庄宅牙人"（类似于房地产交易中介）那里一放盘，马上就有人买下他的房产了。那时候也没有按揭，都是一次性交钱，刘保衡"得钱即输官，不复入家"[1]，用卖楼款还清了欠数，没有交给家里一文钱。

那位到开封府告状的刘姓老妪，是刘保衡的姑姑，所控告内容，正是刘保衡卖掉祖业还债一事。刘氏姑姑坚称刘保衡败坏了刘家的产业，要求追回房产。

三司使被拖下水

开封府法官说，刘保衡卖掉的是他自己的物业，没什么不对啊。

这时刘氏姑姑向法官提供了一个对刘保衡极不利的证言："保衡非刘氏子。"刘保衡实际上并不是刘家的儿子（也许是养子，史料没有具体说明），他没有权利卖掉刘家的祖业。

---

1 《续资治通鉴长编》卷一八九。

张择端《清明上河图》上的北宋酒店与民居。北京故宫博物院藏

开封府马上派吏员调查,证实刘氏姑姑所言非虚。换言之,刘保衡并不是刘家物业的权利人,由他签字的田宅交易合同是无效的。于是,法官按律判处:取消刘保衡鬻卖刘家祖业的交易,刘保衡将钱款退还买方,买方将物业退还刘家。

这个案子很简单,本来到此便可以结案。但是,开封府法官在审案时,得知当时跟刘保衡买下宅院的买家,正是现任三司使张方平。

说到这里,我们需要先来了解一下北宋京城的房价。宋朝人自己说,"重城之中,双阙之下,尺地寸土,与金同价,其来旧矣"[1]。东京房价究竟贵到什么程度呢？咸平年间，宰相向敏中"以钱五百万"（即 5000 贯）买下薛安上的宅第，薛安上的庶母随后击登闻鼓，控告向敏中"贱贸"薛家故第，向敏中因此被罢去宰相之职。[2] 也就是说，东京一套豪宅的市场价当在 5000 贯以上，5000 贯的成交价被认为是"贱贸"。

大中祥符年间，京师有一个叫作崔白的恶霸，强买邻居梁文尉的住宅，梁文尉的遗孀张氏叫价"一百三十万钱"（1300 贯），但崔白倚势欺人，只出了九十万钱（900 贯），便强行将宅子盘买下来，过后张氏跑到开封府起诉崔白强买人宅，崔白这才"增钱三十万"[3]。也就是说，京城一套像样的宅院，少说也要 1300 贯。这是宋真宗朝的情况，宋仁宗时京师房价肯定又涨得更高一些。

由于京师的房子太贵，北宋前期，很多高官都是租房居住，用宋人自己的话来说，"自来政府臣僚在京僦官私舍宇居止，比比皆是，兹乃常事"[4]，"祖宗朝，百官都无屋住，虽宰执亦是赁屋"[5]。等到宋神宗熙宁－元丰年间，朝廷才拨款在皇城右掖门前修建了一批官邸，分配给宰相、参知政事（副宰相）、枢密使（主管军政的副宰相）、枢密副使、三司使（主管财政的副宰相）、三司副使、御史中丞（相当于议长）、知杂御史（相当于副议长）居住。

但张方平当三司使时，还是仁宗朝，那时候还没有官邸呢。张方平只好攒了一笔钱，准备自己买房子。恰好刘保衡因为欠了

1　王禹偁：《小畜集》卷一六《李氏园亭记》。
2　《续资治通鉴长编》卷五三。
3　《续资治通鉴长编》卷八五。
4　韩琦：《安阳集》卷六《辞避赐第》。
5　《朱子语类》卷一二七。

三司1000多贯酒场的租金，不得不卖房还债，张方平近水楼台先得月，便掏钱将刘保衡的宅第买了下来。刘保衡急于将房子出手，要价不会太高，估计也就1000贯左右。

张方平以为自己捡到了便宜，谁知半路杀出一个刘氏姑姑，跑到开封府起诉刘保衡"坏刘氏产"。这下好了，不但到嘴的鸭子飞走了，还惹来一身腥，京城人都知道三司使张方平贱买了酒商刘保衡的房产。

权御史中丞包拯很快就上书劾奏张方平："方平身主大计，而乘势贱买所监临富民邸舍，无廉耻，不可处大位。"[1]包拯的弹劾是有道理的，因为刘保衡的债权人是三司，而张方平是三司的行政长官，现在刘保衡卖房还债，恰好又是你张方平将房子买下来，那谁知道在交易的过程中有没有存在不正当的利益输送，或者单方面恃势压价的不公正行为。

张方平这下恐怕跳进汴河也洗不清了。

当时包拯担任御史中丞，以敢言著称，争执起来，唾沫星子直喷到宋仁宗脸上，皇帝都怵他三分，人称包拯为"嘉祐四真"之一。原来嘉祐年间，"富韩公（富弼）为宰相,欧阳公（欧阳修）在翰林，包孝肃公（包拯）为御史中丞，胡翼之（胡瑗）侍讲在太学，皆极天下之望。一时士大夫相语曰：'富公真宰相，欧阳永叔真翰林学士，包老真中丞，胡公真先生。'遂有四真之目"[2]。

在包拯看来，张方平的行为，显然属于"乘势贱买所监临富民邸舍"。一个"身主大计"的三司使，怎么可以做出这么愚蠢

1　《续资治通鉴长编》卷一八九。
2　洪迈：《容斋随笔》卷三。

故宫南薰殿旧藏包拯画像

的事？性情刚强的包拯不但上书弹劾，还跑到宰相富弼的办公室，"诟责宰相，指陈前三司使张方平过失，怒宰相不早罢之"[1]。

随后，"台中僚属相继论列"，御史台的言官都纷纷要求处分张方平。嘉祐四年三月，宋仁宗应御史台的要求，下诏罢免了张方平的三司使之职，外放到陈州（今河南淮阳）。

说起来，这是第二个被包拯拉下马的三司使了。你应该记得，九年前，即皇祐二年（1050），深得仁宗皇帝恩宠的外戚张尧佐，也是因为受包拯（时任谏官）弹劾而被免去三司使之职。

"贱买民宅"一事，成了张方平一生的污点，以致八年后，即治平四年（1067），张方平为参知政事，权御史中丞司马光还要抨击他"奸邪贪猥""不协众望"。刚刚继位的神宗皇帝问，这是怎么回事？

司马光说：陛下您有所不知，仁宗朝时，张方平为三司使，恃势贱买富民刘保衡的房产，当时"包拯最名公直，与台谏官共言方平奸邪贪猥"。陛下您想了解张方平究竟为贤抑或不肖，可令档案馆检出当年包拯等台谏官的奏疏、张方平自己的奏章、开封府知府陈升之推勘刘保衡公案的卷宗，便"知臣所言，非一人私论也"[2]。

包拯当上三司使

一次不得当的房产交易，居然导致一位高官去职，很想不到

1　《续资治通鉴长编》卷一八九。

2　《皇宋通鉴长编纪事本末》卷五七。

吧？但"刘保衡鬻卖房产案"引发的官场震荡才刚刚开始。

宋仁宗罢去张方平的三司使职务后，任命刚回京述职的益州（今四川成都）知州宋祁接任。但这一人事任命很快又遭到包拯的强烈反对。包拯的理由是，宋祁在益州时，"多游宴"，贪图享乐，不宜升迁；而且，宋祁的兄长宋庠是执政官，宋祁应该避嫌，"不可任三司"。仁宗不听，包拯就"累论之不已"[1]。

谏官吴及也上书弹劾宋祁，称宋祁以前在定州（今河北定州）为官时，"纵家人贷公使钱数千缗"，在益州时又"奢侈过度"，这样的人，实在不适合执掌国家财政。宋祁的生活作风的确比较奢靡，他好宾客，常常"会饮于广厦中，外设重幕，内列宝炬，歌舞相继，坐客忘疲，但觉漏长，启幕视之，已是二昼，名曰'不晓天'"[2]。

这时，宋祁兄长宋庠也说，自己"身处机密，弟总大计，权任太重"，确实不合适，"乞除祁外官"，陛下还是将宋祁安排到地方吧。[3]

因此，宋祁在三司使的位子上屁股还未坐热，又被改任为郑州（今河南郑州）知州。宋祁本存拜相之志，三司使距宰执也只有一步之遥，可惜他被放外任，仕途自此走到尽头，以后每每从朝廷传来谁谁被任命为宰相的消息，都"闻报怅然"[4]。

宋祁走了，那么谁来接替他呢？

宋仁宗大概觉得，以前张尧佐担任三司使时，你包拯认为不

---

1 《续资治通鉴长编》卷一八九。
2 陆游：《老学庵笔记》。
3 《续资治通鉴长编》卷一八九。
4 邵伯温：《邵氏闻见录》。

合适；张方平任三司使，也被你弹劾下来，现在宋祁又被你赶走了，那不如你老包来做这个三司使吧。于是，仁宗下诏："权御史中丞包拯为枢密直学士、权三司使。"[1]

包拯呢，也当仁不让，大大方方接受了任命。

这下御史台不再闹腾了吧？

御史们有没有意见且不说，翰林学士欧阳修首先就不干了，上疏反对包拯的任职："伏见陛下近除包拯为三司使，命下之日，外议喧然，以谓朝廷贪（包）拯之材，而不为（包）拯惜名节。然犹冀（包）拯能执节守义，坚让以避嫌疑，而为朝廷惜事体。数日之间，遽闻（包）拯已受命，是可惜也，亦可嗟也。"

欧阳修认为，包拯接受三司使的任命，是非常愚蠢的表现。御史的天职是监察政府、弹劾官员，你怎么抨击都没有人会觉得过分；但如果"逐其人而代其位"，那即便是自己确无取而代之的野心，外人也不能不这么猜疑。包拯说他别无用心，然而"人谁信之"？常人皆知"君子防未然，不处嫌疑间，瓜田不纳履，李下不正冠"，何以包拯就不知道回避嫌疑呢？只能说，包拯这个人，"性好刚，天姿峭直"，但"学问不深，思虑不熟，而处之乖当，其人亦可惜也！"

欧阳修又分析了朝廷任命包拯为三司使可能会诱发的负面效应："有所不取之谓廉，有所不为之谓耻。近臣举动，人所仪法"，包拯"取其所不宜取，为其所不宜为，岂惟自薄其身，亦以开诱他时言事之臣倾人以觊幸，相习而成风，此之为患，岂谓小哉！"

因此，欧阳修说，以包拯的才干、资望，陛下您给他封一个

---

[1] 《续资治通鉴长编》卷一八九。

再大的官，外人也不会说三道四，但是，"其不可为者，惟三司使尔！非惟自涉嫌疑，其于朝廷所损不细"。

最后，欧阳修希望仁宗皇帝"别选材臣为三司使，而处（包）拯他职，置之京师，使（包）拯得避嫌疑之迹，以解天下之惑，而全拯之名节，不胜幸甚！"

欧阳修的奏疏呈上去，包拯闻知，也提出辞职，居家"避命"，但仁宗皇帝并没有批准，过了一段时间，包拯"乃就职"。[1]

有人说，欧阳修弹劾包拯，是因为欧阳修与包拯之间有私怨，欧阳修素来瞧不起包拯。这么揣测未免有些"以小人之心度君子之腹"。欧阳修对包拯的才干、操守其实是相当赏识的，几年前，即嘉祐元年（1056），欧阳修还向仁宗皇帝举荐包拯："龙图阁直学士、知池州包拯，清节美行，著自贫贱；说言正论，闻于朝廷"，应当"亟加进擢，置之左右，必有裨补"[2]。正是因为欧阳修的极力推荐，包拯才于嘉祐元年年底调回京师，权知开封府；然后又于嘉祐三年六月升为权御史中丞。

在我看来，欧阳修对包拯的弹劾，并非出于私怨，而是想申明一条非常重要的政治伦理：避嫌。

避嫌的政治伦理与制度

"刘保衡鬻卖房产案"给嘉祐政坛带来的震动还不止于此。开封府在审理这个案子时，还发现宰相富弼的女婿、扬州（今江

---

1 《续资治通鉴长编》卷一八九。
2 《国朝诸臣奏议》卷四一。

苏扬州）知州冯京也跟刘保衡有牵连。

冯京外放扬州之前，在京任馆职，"与刘保衡邻居"，有一次，冯京急需用钱，便以铜器为抵押，向刘保衡借钱。此时刘保衡可能因为酒场经营不善，家里已没什么余钱，却又不便拒绝冯京，便用家里的银器作为抵押物，向质库贷款借给冯京。冯京还曾经"从保衡借什物以供家用"。

这本是小事，但毕竟失当，因而也引起了一些议论。冯京"闻之，自劾，乞徙小郡"。仁宗遂将冯京从繁华大郡扬州调到小地方庐州（今安徽合肥）。[1]

当初刘保衡卖房子时，肯定想不到，他的这一宗不合法的买卖，直接导致原三司使张方平与宰相女婿冯京被贬谪，间接致使宋祁被包拯弹劾、包拯被欧阳修弹劾。从中我们可以一窥北宋仁宗朝"嘉祐之治"的风气，其中最值得我们留意者，就是彼时政要对"避嫌"的自觉与强调。

没有证据显示张方平向刘保衡购买房子时使用了不正当手段，但他毫无疑问犯了该避嫌而没有避嫌的大忌，你作为三司的长官居然跟三司所监临的商人发生私人交易，谁相信里面没有猫腻啊？

张方平离开三司之后，宋祁接任，包拯之所以强烈表示反对，其中的一个理由也是"避嫌"——既然你兄长宋庠已经是执政官，弟弟就不应该执管财政大权。其实，嘉祐年间冯京曾为知制诰，因为要避岳父富弼当国之嫌，才外放扬州。

而包拯接替宋祁出任三司使之所以受到欧阳修的猛烈批评，

---

[1] 《续资治通鉴长编》卷一八九。

亦是因为包拯不知道避嫌。包拯之前对张方平、宋祁二人提出弹劾，也许是出于公心，但由于他不知避嫌，自己取而代之当了三司使，这"公心"便免不了要被怀疑。

冯京身为京官，跟邻居刘保衡借钱、借什物以供家用，还是忘记了避嫌。人们有理由怀疑，冯京有没有恃势胁迫刘保衡？刘保衡有没有趁机贿赂冯京？尽管查无实据，但冯京还是闻言自劾，不失为明智之举，承认自己当初的行为不当，应受处分。

那么宋人为什么这么强调避嫌呢？我觉得，与其说，这是在表达士大夫的某种道德洁癖，不如说，我们的先人们其实信奉一种比较务实的人性预设：人皆有私心，如果有机会，谁都可能会徇私。也因此，宋人不但将避嫌当成一种自觉的政治伦理，并且建立了一套严格的回避制度，防患于未然。

说到古代政治的回避制，也许我们会脱口而出：不就是原籍回避嘛，地方官不能回原籍地当官，这我知道。

其实，宋朝的回避制度可不仅仅是原籍回避。一名宋朝官员获得任命之时，必须在三十日内填写好一份《射阙状》，申明自己即将任职的部门中、本部门的中下级单位中、与本部门存在密切利害关系的机构中，是否有需要回避的亲属。如果在限期内不申报，"杖一百"。根据成文的规定与不成文的惯例，宰执与台谏之间不可有亲嫌关系，假设某位台谏官的亲属、举主被任命为宰执大臣，那么这名台谏官就需要辞职或调离；侍从官（替皇帝起草诏敕的翰林学士）与宰相如存在亲嫌关系，也应回避；有亲属关系的官员也不可同时在构成上下级关系的部门任职。

此外，在京官员荐举人才时，不得推荐现任执政官的亲属；诸州官吏不可与其管辖下属结成姻亲；监临官不得纳所监临地区的女子为妾；官宦子弟参加科举，有登第者，必须加以复试；大理寺与御史台的司法官禁止接见宾客……

这是行政方面的回避制度。司法程序上的回避制度也非常严谨。

宋朝的法院在受理一起诉讼案之后，开庭之前，需要做的第一件事是核定回避的法官。所有跟诉讼的原告或被告有亲戚、师生、上下级、仇怨关系，或者曾经有过荐举关系者，都必须自行申报回避。在一起刑事案的审理过程中，推鞫、录问、检法三个环节的法官之间也不可有亲嫌关系，不可有人情往来，不可相互协商意见。如果是复审的案子，复审法官与原审法官若有亲嫌关系，也需要回避。

宋朝司法回避制中还有一项回避非常有意思：按发官回避。即由官方按发的案件，按发官本人不得参与审理，必须回避；案子需要申报上级法司，由上级法司组织不干碍的法官组成法庭进行审理："如系本州按发，须申提刑司，差别州官；本路按发，须申朝廷，差邻路官前来推勘。"[1]

宋人所说的"按发"，有点像今天的"公诉"，"按发官"则相当于"公诉人"。今天我们会觉得"公诉人回避"很不可思议，但如果我们回到历史现场，马上就会发现这一回避机制的设置很合理。传统中国实行的是审问式诉讼，公诉人如果参与审判，就相当于既当原告又当仲裁官，这对被告人是很不公平的。宋朝未能发展出抗辩式诉讼，这是事实，但宋人显然已认识到，公诉人不可同时当仲裁官。那么在审问式诉讼的模式下，让按发官回避便是次优的选择了。

---

1 《宋会要辑稿·刑法》。

缉捕官在司法审判过程中也需要回避。宋代的缉捕、刑侦机构为隶属于州、路的巡检司，以及隶属于县的县尉司，合称"巡尉"，相当于今天的警察局，其职责是缉拿、追捕犯罪嫌疑人、搜集犯罪证据、主持检验等，但按照宋朝的司法制度，他们不可以参与推勘，咸平元年（998），宋真宗"诏天下县尉司不得置狱"[1]。这是因为，犯罪嫌疑人是缉捕官抓捕的，出于立功的心理，他们会倾向于认定嫌犯有罪，容易锻炼成狱。大中祥符二年（1009），曾有犯人临刑称冤，法司安排县尉司复审，刑部即上言："县尉是元捕盗官，事正干碍，望颁制以防枉滥故也。"[2]要求朝廷再次申明县尉不得推勘案件。

　　我们常常听到这样的评价：中国人只有人治的传统，并不重视制度。亲爱的女儿，我想提醒你，对于这种企图使用一个词、一个短语来概括一部历史与整个传统的"高论"，我们笑笑就行了，从左耳朵听进来，赶快从右耳朵漏出去。

1　《宋会要辑稿·职官》。
2　《宋会要辑稿·刑法》。

一名『愤青』对皇帝的抨击

亲爱的女儿，记得你小时候，我们教你背诵过苏轼的《水调歌头·丙辰中秋》："明月几时有？把酒问青天。不知天上宫阙，今夕是何年。……人有悲欢离合，月有阴晴圆缺，此事古难全。但愿人长久，千里共婵娟。"这首小词附有诗人的一则短序："丙辰中秋，欢饮达旦，大醉，作此篇，兼怀子由。"子由即苏轼的弟弟苏辙。

苏轼与苏辙，可谓是北宋最为耀眼的文学双子星。大苏诗词文章写得极好，是大宋文学青年的偶像，每有新篇出，人必争诵之；相比之下，小苏似乎显得有些默默无闻，直至今天，大苏的光芒仍然盖过了小苏。但其实，不论见识才干，还是政治成就，苏辙都胜于苏轼，只不过文采与虚名不及兄长而已。

相传宋仁宗看了二苏的殿试文章，退而喜曰："朕今日为子孙得两宰相矣。"[1]但苏轼最终还是未能当成宰相，大半辈子都奔走于地方，"坐席未暖，召节已行，筋力疲于往来，日月逝于道路"[2]；倒是苏辙，于元祐年间拜尚书右丞、门下侍郎，相当于副宰相，元祐更化之政，苏辙是主导者之一，宋人赞他，"元祐九年之间，朝廷尊，公路辟，忠贤相望，贵幸敛迹，边陲绥靖，百姓休息，君子谓公之力居多焉"[3]。

不过，我们并无意比较大苏小苏之高低，只来说一件小苏年轻时骂皇帝的故事。

---

1 《宋史·苏轼传》。
2 苏轼：《定州谢到任表》。
3 何万：《苏文定公谥议》，收入苏辙《栾城集》。

故宫南薰殿旧藏苏辙画像

二苏在此，谁与争锋

宋仁宗嘉祐六年（1061），苏辙与兄长苏轼同时参加了"制举"考试。在此之前，兄弟俩已于嘉祐二年（1057）通过"贡举"考试，取得了功名，并分别获授福昌县主簿（苏轼）、渑池县主簿（苏辙）之职。

贡举（常科）是科举制度下的常规考试，每三年一试；制举（制科）则是科举制的特别考试，非常设，由君主下诏临时安排，以发现和选拔非常之才、特别之士。因此，制科考试要比常科考试更为严格、更具难度。

宋仁宗时代的制举考试，科目繁多，比较常见的有九科，其中三科向布衣平民开放：高蹈丘园科、沉沦草泽科、茂材异等科；六科向有官之人开放，分别是：贤良方正能直言极谏科、博通典坟达于教化科、才识兼茂明于体用科、详明吏理可使从政科、识洞韬略运筹决胜科、军谋宏远材任边寄科。凡没有犯罪记录的民间布衣才俊，以及符合条件的官员（职称为太常博士以下、不是现任监司与馆阁官员、不曾犯过贪赃罪，等等），均可投牒自荐，报名参加制举考试。不过庆历六年（1046）之后，宋廷提高了门槛，要求应试之人须有两名大臣作为推荐人。

制举考试的程序也比较繁复。应试人报考之后，"先进所业策论五十首，诣阁门或附递投进，委两制看详。如词理优长，具名闻奏，当降朝旨召赴阙"[1]。这一程序叫作"进卷"，即考生需要先呈交上自己平日的策论作品50篇，请翰林学士评判、打分，

---

[1] 《宋会要辑稿·选举》。

清初彩绘版《帝鉴图说》中的《召试县令图》，描绘皇帝御试新任知县的情景。法国国家图书馆藏

如果策论文辞优美、说理清晰，得到"次优"以上的评分，便可以赴阙参加"阁试"。但宋朝翰林学士是非常挑剔的，如宋哲宗年间的一次制举考试，翰林学士"看详到应制科人词业，三人并优长，五人并次优，七人并平常"[1]，文章被评为不合格的应试者差不多占了一半。

---

1 《宋会要辑稿·选举》。

阁试为初试,因为考试地点在秘阁(中央图书馆),所以称"阁试"。其试题为试论六篇,目的是考查应试人的学识,"盖欲探其博学"[1]。题目通常取自经史,每篇要求五百字以上,一日之内完成六论。宋人认为,制举考试中,以阁试六论难度最大,"制科不过三事,一缴进词业,二试六论,三对制策。而进卷率皆宿著,廷策岂无素备?惟六论一场,谓之过阁,人以为难"[2]。

阁试合格者,才得以进入复试。复试由皇帝亲自主持,因此也叫作"御试"。试题通常都是试策问一道,以皇帝的名义出题,要求应试者就皇帝所问,提出对策,当日之内完成一篇三千字以上的策论。策问主要是为了考察应试人对于治理国家的见解,"欲观其才用"[3]。

宋代制科御试策论的成绩,分五等,第一、二等从来不给任何人,形同虚设,实际上只有三等,"故事,制科分五等,上二等皆虚,惟以下三等取人,然中选者,亦皆第四等"[4]。黜落者不入等,因此入第五等便算登科,入第三等相当于贡举进士第一等。

如果原为布衣之人,登科即可授官,"制科入第三等,与进士第一,除大理评事、签书两使幕职官;代还(任满回京述职),升通判;再任满,试馆职。制科入第四等,与进士第二、第三,除两使幕职官;代还,改次等京官。制科入第五等,与进士第四、第五,除试衔知县;代还,迁两使职官"[5]。如果原为有官之人,

---

1 《宋会要辑稿·选举》。
2 马端临:《文献通考·选举考》。
3 《宋会要辑稿·选举》。
4 叶梦得:《石林燕话》卷二。
5 《宋史·选举志》。

制科登科则可依其成绩等第，获得升迁。

但宋朝制举录取的名额极有限，两宋三百余年，制举登科不过寥寥四十一人，其中布衣出身者才七人。成绩入三等者，仅有四人，分别是吴育、苏轼、范百禄和孔文仲。也因此，宋朝士子对制举出身极推崇，认为制举所选拔出来的，都是了不起的人才。

当仁宗皇帝下诏宣布于嘉祐六年举行一次制举考试时，开封府的士子都欢呼雀跃，跃跃欲试。但宰相韩琦一席话，给这群士子当头泼下一盆冷水："二苏在此，而诸人亦敢与之较试，何也？"这话是韩琦对门客说的，但很快便传了出来，原来跃跃欲试的士子听了，都心灰意冷，打起退堂鼓，"于是不试而去者，十盖八九矣"[1]，最后只有四个人报名参加这次制举考试，除了苏轼、苏辙兄弟，另外两人，一位叫王介，另一位姓名已佚失。

韩琦对大苏小苏之才，十分赏识。考试前，苏辙突然生了一场大病，"忽感疾卧病"，自料无法参加阁试了。韩琦得知后，居然向仁宗提出延期考试的申请："今岁召制科之士，惟苏轼、苏辙最有声望。今闻苏辙偶病未可试，如此人兄弟中一人不得就试，甚非众望，欲展限以俟。"[2] 仁宗也批准了这一申请，因此阁试延期了二十日。

对二苏来说，进卷、阁试，当然都不在话下。谁知，在参加八月二十五日举行的御试时，小苏先生却闹出了一场不大不小的风波。

1　李廌：《师友谈记》。
2　李廌：《师友谈记》。

小苏的答卷

苏轼苏辙兄弟参加的这次制举考试,是"贤良方正能直言极谏科"。朝廷设这一科的目的,是希望通过考试发现敢言有识之士。

仁宗皇帝在御试的时候,向四位应试的士子提出了这么一道策问:"朕承祖宗之大统,先帝之休烈,深惟寡昧,未烛于理,志勤道远,治不加进。夙兴夜寐,于兹三纪。朕德有所未至,教有所未孚,阙政尚多"(后面列举了民生、兵政、教化、法制、财政诸方面存在的问题)。请问,面对目前种种困顿,该怎么办?

苏辙接过试题,挥笔写道:"陛下策臣曰:'朕承祖宗之大统,先帝之休烈,深惟寡昧,未烛于理。'又曰:'志勤道远,治不加进,夙兴夜寐,于兹三纪。'此陛下忧惧之言也。然臣以谓陛下未有忧惧之诚耳。"开篇即指出宋仁宗的忧惧缺乏诚意。然后,苏辙围绕着这一立论,对仁宗皇帝展开了措辞强烈的批评:

> 窃闻之道路,陛下自近岁以来,宫中贵姬至以千数,歌舞饮酒,欢乐失节,坐朝不闻咨谟,便殿无所顾问。夫三代之衰,汉唐之季,其所以召乱之由,陛下已知之矣。久而不正,百蠹将由之而出。内则将为蛊惑之所污,以伤和伐性;外则将为请谒之所乱,以败政害事。妇人之情,无有厌足,迭相夸尚,争为侈靡,赐予不足以自给,则不惮于受赂贿。赂贿既至,则不惮于私谒。私谒既行,则内外将乱。陛下无谓好色于内而不害外事也。

——这是抨击皇帝好色怠政。

国家自祖宗以来，至于陛下四世矣。陛下之所以深结于民者何也？民之所好者生也，所惜者财也。陛下择吏不精，百姓受害于下，无所告诉，则是陛下未得以生结民也；陛下赋敛烦重，百姓日以贫困，衣不盖体，则是陛下未得以财结民也。……臣独怪陛下内有宫中赐予玩好无极之费，此何为者？凡今百姓所为，一物以上，莫不有税。茶盐酒铁，关市之征，古之所无者，莫不并行。疲民咨嗟，不安其生，而宫中无益之用，不为限极，所欲则给，不问无有。司会不敢争，大臣不敢谏，执契持敕，迅若兵火。

——这是谴责朝廷劳民伤财。

陛下又发德音，分遣使者巡行天下，或以宽恤，或以减省，或以均税，名号纷纭而出，天下又皆翕然知陛下之欲速于为治也。然臣以为陛下惑于虚名，而未知为政之纲也。……臣观陛下之意，不过欲使史官书之，以邀美名于后世耳。[1]

——这是批评仁宗好邀虚名。

苏辙的制策洋洋洒洒写了六千余言，将皇帝、宰执大臣、三

1　苏辙：《栾城集》卷五〇《御试制策》。

司使骂了个遍。参加嘉祐六年制举之时，小苏才二十三岁，血气方刚，正是"初生牛犊不怕虎"的年岁。年轻时的苏辙是一名"左倾"的理想主义者，曾认为"当今之势，宜收天下之田，而归之于上，以业无田之农夫，恤小民之所急，而夺豪民假贷之利，以收游手之用"[1]。他对政府与社会现实的批判，也表现出左翼知识分子的激情与锐气。

中年之后，苏辙的思想才转向右翼保守主义，不再天真地认为"宜收天下之田"。当王安石力推"劫富济贫"的变法时，苏辙也极力反对："王介甫，小丈夫也，不忍贫民而深疾富民，志欲破富民以惠贫民，不知其不可也。"因为富贫乃是自然形成，所谓"物之不齐，物之情也"，富人的财产权应受到保护。[2]但嘉祐六年的苏辙还未有这般见识，还是一名热血青年。

答卷交上去，走出考场，苏辙也冷静了下来，觉得自己这么回答皇上的策问，肯定要落榜，"自谓必见黜"[3]。因此也就对考试成绩不抱任何希望。

说到这里，不由想起几年前看过的一出历史剧，陆毅主演的《苏东坡》。此剧为突出苏轼的高大形象，将苏辙的《御试制策》改编成苏轼所写，而苏辙则被塑造成一名谨小慎微之人，以反衬苏轼的热血与勇气。

剧中，殿试结束后，苏辙忧心忡忡地对兄长说："哥哥，你的策论写得太过尖锐了。"苏轼说："子由，为国进言但求无愧于心。

---

1 苏辙：《栾城集》卷一〇《进策五道》第二道。
2 苏辙：《栾城集》卷八《诗病五事》。
3 《宋史·苏辙传》。

忠言不逆耳，怎利于行？既不利于行，又何谓忠啊？"苏辙说："可是言语锋芒太露，恐遭心怀叵测之人陷害啊。"说到后来，苏轼开始教训弟弟："子由，若是为了一己安危而不顾国家社稷，那你我出来做官为何？倒不如在眉山老家安分守己，太太平平，颐养天年。"苏辙说："子由（其实按古人习惯，苏辙不可能自称"子由"）只怕哥哥会为此而引来杀身之祸呀。"苏轼则以烈士一般的语气说："杀身之祸又有何惧？只要所言是为圣上计，为天下苍生计，何惧之有！"将苏辙训得一愣一愣的。[1]

说实话，看着如此错位的对白与画面，我感到非常滑稽。只是不明底细的人，恐怕会被这一拙劣的移花接木、张冠李戴之术所误导。其实，苏轼的《御试制策》虽然写得文采飞扬、结构明朗，但持论平平，哪有苏辙策论的气势？这兄弟俩的同题策论，分别收入了他们的文集中，有兴趣的朋友不妨找来对照读读。

考官的争执

《苏东坡》接下来的剧情，是宋仁宗看了苏轼的策论，勃然大怒，怒拍桌子；御史台派人将苏轼抓起来，关入大牢；太学生在殿门外高喊"苏轼有罪"；欧阳修对苏轼的安危非常担忧，因为他认为，苏轼的言论会被人抓住把柄，大做文章，"罪为大逆，杀头亦不为过"；果然，百官联名上奏，称"苏轼一再诬贤欺圣，目无君主，罪为大逆，该当处死"……[2]

---

1 王文杰执导之电视连续剧《苏东坡》第三集。
2 王文杰执导之电视连续剧《苏东坡》第三集。

这当然是电视剧编造出来的情节，你要是信以为真，那就被带进阴沟里去了。事实上，苏辙的策论交上去之后，确实引发朝中大臣争执了十几天，但争辩的问题从来不是要不要杀苏辙的头，因为没有一个人提出要拿小苏杀头治罪；仁宗皇帝也并没有发火；御史台更没有派人抓捕；苏辙本人也从未担心自己会因为一篇策论而被抓起来砍头，只是觉得自己言辞激烈，很可能会被考官刷下来。

那么当时臣僚争执的焦点是什么呢？是应该给苏辙的御试策论评一个什么等次。

宋朝制举考试的评卷机制比较严密，考生的答卷要雇人誊录（防止考官认出考生的字迹）、封弥（考生姓名密封），用生僻字编号，如苏辙的御试答卷为"毡"字号。考官的评卷则采取三评制，先由二名初考制策官初评；再交二名覆考制策官复评；初考官与覆考官意见若有不同，则由二名详定编排官详复、定等。

嘉祐六年制举御试的初考制策官之一是胡宿。胡宿坚持将苏辙毙了——不是毙人，是毙文章，因为胡宿认为苏辙的策论有两大问题：

第一，"策不对所问"，即答非所问，仁宗的策问明明是请考生试述解决问题的对策，苏辙却全文都在"放口炮"。应该承认，胡宿指出这一点，是有道理的。用现在的话来说，苏辙的作文的确犯了"离题"的毛病，应该扣分。

第二，"引唐穆宗、恭宗以况盛世，非所宜言"，即策论存在"政治不正确"的问题。[1]对于这一点，几位考官则产生了争议。

---

1 《续资治通鉴长编》卷一九四。

我们平心而论，皇帝并不是不可批评，但苏辙对仁宗的指责确实有失当之处，比如说"近岁以来，宫中贵姬至以千数，歌舞饮酒，欢乐失节"，便是不实之词，因为仁宗对自己的私生活还是比较克制的，曾多次放遣宫女出宫。多年之后，苏辙回忆说，"予幼从事于诗书，凡世人之所能，茫然不知也。年二十有三，朝廷方求直言，有以予应诏者，予采道路之言，论宫掖之秘"[1]。承认自己当年的言论来自道听途说。

因此，胡宿"力请黜之"，坚持判苏辙的策论不入等。但卷子复评时，覆考制策官司马光却说，御试几位考生中，苏辙"独有爱君忧国之心，不可不收"，提出将苏辙策论列入第三等，亦即上上等。另一位覆考制策官范镇不同意，"欲降其等"，最后二人达成妥协，将苏辙列为第四等，并得到详定编排官的认可。然而，初考制策官胡宿坚决不同意录取苏辙。双方于是争执不下。[2]

当然，由于答卷是封弥的，评卷的时候，不管是胡宿，还是司马光，其实都不知道文章是苏辙写的。他们争论时都是说"芑号卷"，而不是说苏辙的文章。

这时候，朝中大臣也听说了有这么一份直言皇帝"歌舞饮酒，欢乐失节"的御试文章，亦是议论纷纷。有执政官向仁宗提议，写文章的人究竟是哪路大神，"当黜！"又有侍从官上奏，"陛下恭俭，未尝若是"，苏辙出言狂诞，"恐累盛德，乞行黜落"。三司使蔡襄是被苏辙文章骂到的政府官员之一，但他说，苏辙对三司使的批评有道理，他感到很惭愧，"吾三司使，司会之名，吾

---

1 苏辙：《遗老斋记》。
2 《续资治通鉴长编》卷一九四。

愧之而不敢怨"。[1]

鉴于苏辙文章引发的争议非常大，朝廷打破了三评制的常规，"更为之差官重定"，重新安排考官给苏辙的策论评分。新的考官经过重新评审，认为应采纳胡宿意见，苏辙文章"不入等"。请皇帝定夺。

但司马光也是固执之人，坚持要录取苏辙。他给仁宗写了一道奏章，娓娓道来：臣以为，国家设立制举考试，"本欲得材识高远之士，固不以文辞华靡、记诵杂博为贤"。"毡号卷"文辞如何，臣不敢言，"但见其指陈朝廷得失，无所顾虑，于四人之中最为切直。今若以此不蒙甄收，则臣恐天下之人皆以为朝廷虚设直言极谏之科"，"从此四方以言为讳，其于圣主宽明之德亏损不细"。反之，陛下若能收"毡号卷"入等，使天下人皆知陛下容纳直言之德，岂不是美事一桩？[2]

仁宗皇帝到底会听从哪一方的意见呢？

考试的结果

嘉祐六年闰八月，宋仁宗下诏，公布这年制举考试的录取结果：苏轼御试所对策论入第三等，王介为第四等，苏辙为第四等次（这个"第四等次"，应该是专门为苏辙文章设立的评分等级，比第四等略低，但又略高于第五等）。录苏轼为大理评事、签书凤翔府（今陕西凤翔）判官事；王介为秘书丞、知静海县（今天

---

1 《续资治通鉴长编》卷一九四；高晦叟：《珍席放谈》。
2 司马光：《上仁宗论制策当取直言》。

津静海）；苏辙为商州（今陕西商洛）军事推官。

有臣僚提出，苏辙出言不逊，不应当录取。仁宗说："设制科本求直言，苏辙小官，敢言，特命收选。夫人主言动，辙虽妄说，果能诳天下之人哉？"又说，"吾以直言求士，士以直言告我。今而黜之，天下其谓我何？"[1]

苏辙原以为自己必定会黜落，想不到文章居然获评第四等次，还不是最低的第五等。当时小苏的心情应该是惊喜的。

不过，在授官的时候，苏辙又遇到了一点小麻烦。

苏辙参加制举之前，官职是渑池县（今河南三门峡）主簿；制举登科后，擢为商州军事推官。按照惯例，他的任命状（官告）需要请知制诰起草。当日接到起草官告任务的知制诰，是王安石。王安石也是一名非常有个性的人，他认为苏辙这次"专攻人主"，别有用心，目的是维护宰相韩琦。因此，打死也不肯给苏辙起草任命状。韩琦苦笑说：你们没看见苏辙在策论中大骂"宰相不足用"吗，这还是维护宰相？[2]

但王安石既然不肯给苏辙的任命状制词，也不好勉强，只能换一个知制诰来起草。最终，总算顺利完成了对苏辙的任命。皇帝的任命书是这么说的："朕奉先圣之绪，以临天下，虽夙寐晨兴，不敢康宁，而常惧躬有所阙，羞于前烈。日御便殿，以延二三大夫，垂听而问。而辙也指陈其微，甚直不阿。虽文采未极，条实未究，亦可谓知爱君矣。朕亲览见，独嘉焉。其以辙为州从事，以试厥

---

[1] 高晦叟：《珍席放谈》；苏辙：《遗老斋记》。
[2] 《续资治通鉴长编》卷一九四。

功。克慎尔术，思永修誉。"[1]

小苏御试策论风波总算尘埃落定。谏官杨畋提议说，此为美事，可传之后世，当付史馆记录下来："苏辙，臣所荐也。陛下赦其狂直而收之，此盛德事，乞宣付史馆。"仁宗甚悦，"从之"。

司马光与同僚趁机上疏进言："道路流言，陛下近日宫中燕饮，微有过差，赏赉之费，动以万计，耗散府库，调敛细民。……伏望陛下当此之际，悉罢燕饮，安神养气。"仁宗也"嘉纳之"。[2]一场风波，就此翻过，风轻云淡，海阔天空。

雅量与制度

亲爱的女儿，讲这个"小苏骂皇帝"的故事时，让我感触最深的，其实并不是青年苏辙的勇气，而是宋仁宗的宽容大度。

今人总以唐太宗为优容谏臣的典范，但李世民被魏征当廷抗议，还会气得在后宫直嚷嚷："会杀此田舍汉！"幸亏长孙皇后及时劝解，才消了怒气。[3]而"杀此田舍汉"之类的可怕念头，宋仁宗想都不敢想，更别说嚷出来，甚至对那些如同刀子一样割到他内心痛处的话，他也只能默默忍受。宋人记载，嘉祐年间，仁宗一日跟一位"言事无所避"的台谏官谈话："卿孤寒，凡言照管。"这本是对大臣的嘘寒问暖，可是那台谏官毫不领情，说道："臣非孤寒，陛下乃孤寒。"仁宗说："何也？"那台谏官说："臣

1　苏辙：《栾城集》卷五〇附录《苏颍滨年表》。
2　《续资治通鉴长编》卷一九四。
3　刘𫗧：《隋唐嘉话》。

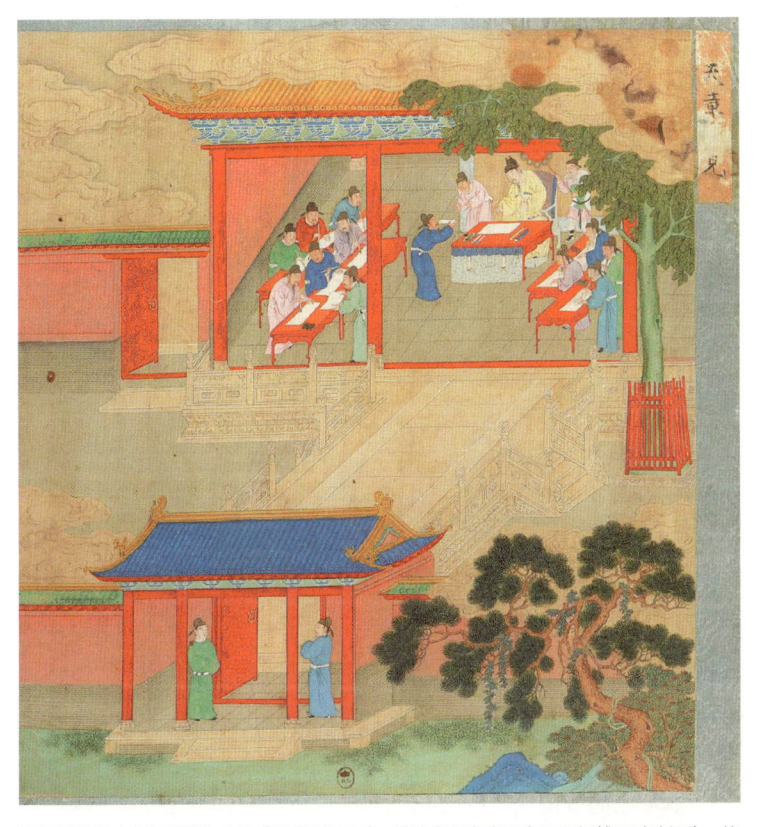

清初彩绘版《帝鉴图说》中的《天章召见图》,讲述宋仁宗在天章阁诏问辅臣时政阙失,皆给笔札,令即坐以对。法国国家图书馆藏

家有妻孥,外有亲戚,陛下呢?"这话直刺仁宗的痛处,因为仁宗所生儿子都已夭折,到了晚年仍无子嗣。回宫后,仁宗脸色还很不好看,跟皇后一说,二人忍不住抱头痛哭,"光献挥洒,上亦堕睫"[1]。但伤心归伤心,却不能责怪台谏官。

---

1 张舜民:《画墁录》。

那么，要是苏辙遇到的不是仁宗这样的宽仁之君呢？又会不会被拿下杀头？我觉得，以宋朝的制度，皇帝要拿进言的士人治罪，恐怕也不容易。不妨来看另一个故事。

南宋光宗朝绍熙二年（1191）春，由于"雷雪交作"，天有异象，宋光宗下诏求言。有一位叫作俞古的太学生，上书皇帝，以非常严厉的语气斥骂宋光宗：

> 陛下即位以来，星已再周，当思付托之重，朝夕求治为急。间者侧闻宴游无度，声乐无绝，昼日不足，继之以夜，宫女进献不时，伶人出入无节，宦官侵夺权政，随加宠赐，或至超迁。内中宫殿，已历三朝，何陋之有！奚用更建楼台，接于云汉，月榭风亭，不辍兴作！深为陛下不取也。甚者奏蕃部乐，习齐郎舞，乃使幸臣嬖妾，杂以优人，聚之数十，饰怪巾，拖异服，备极丑恶，以致戏笑，至亡谓也……

宋光宗的气度，远不如北宋仁宗，"览书震怒"，下了一道特旨，说赶快将此人抓了，谪放远方州郡，"编管"起来。但大臣不同意治言者之罪，奋力"救之"。光宗只好同意减轻对俞古的处罚，改为"送筠州学听读"，将俞古送到筠州（今江西宜丰）的学校，在官方监护下继续读书。

但是，尽管光宗皇帝做了让步，他的意旨还是受到抵制。权给事中谢深甫说："以天变求言，未闻旌赏而反罪之，则是名求而实拒也。俞古不足以道，所惜者，朝廷事体耳。"认为如果处罚言事之人，必会破坏朝廷的事体。换言之，不处罚言事之人，是宋朝先帝确立下来的"事体"。权中书舍人莫子纯也对宰相说：

不可处分俞古。随后又将贬窜俞古的词头封还，说："方求言弭灾异，不宜有罪言者之名。"事情最后不了了之，"事竟寝"。[1]

俞古事件还成为一条具有政治效力的先例，被南宋士大夫援引来申明"言者无罪"。

三年后，宋光宗因为实在不成器，被士大夫集团"罢黜"，他的儿子宋宁宗继位，改元"庆元"（1194）。时韩侂胄揽权，排斥异己，使用谋略迫使深孚众望的宰相赵汝愚罢相。此举马上引发京城士子的强烈抗议，周端朝、张衍、徐范、蒋傅、林仲麟、杨宏中等六名太学生联名上书，指斥韩侂胄一党乃"小人中伤君子"。但宋宁宗对上书不加理会，六名太学生又将上书的副本抄写多份，广为散发。

韩侂胄大怒，鼓动宋宁宗下诏，称杨宏中等人"妄乱上书，扇摇国是，各送五百里外编管"。但中书舍人邓驿拒不起草诏敕，说了一番话：

> 自建太学以来，上书言事者无时无之。累朝仁圣相继，天覆海涵，不加之罪，甚者押归本贯或他州，听读而已。绍熙间，有布衣俞古上书狂悖，若以指斥之罪坐之，诚不为过。太上皇帝始者震怒，降旨编管，已而臣僚论奏，竟从宽典。陛下今日编管杨宏中等六名，……睿断过严，人情震骇。所有录黄，臣未敢书行。[2]

---

1 《续资治通鉴·宋纪》；《宋史·谢深甫传》；《嘉泰会稽志》卷一五。
2 宋佚名《两朝纲目备要》卷四。

宋宁宗与韩侂胄不得不将"编管"改为"听读"。六名太学生虽被"听读",但公道自在人心,天下士子将他们誉为"庆元六君子"。

苏辙"诽谤"皇帝而受到优容,尚可以说体现了宋仁宗生性之仁厚,不过宋光宗与宋宁宗这一对父子,昏庸或有之,仁厚却谈不上,太学生俞古与"庆元六君子"之所以敢放胆妄言,且逃过严厉的惩处,则是得益于宋王朝"不加罪于言事者"的祖制与惯例,以及百年祖制与惯例所塑造出来的政治风气、制度惯性、士大夫集体意识。皇帝与权臣想要挑战祖制与惯例,并不容易。

一场关于皇帝应怎么称呼生父的争论

亲爱的女儿，假如我问：宋英宗赵曙应该怎么称呼他的生父赵允让呢？也许你会脱口而出：当然是称"父亲"了。如果我说：许多士大夫都坚持要宋英宗称他生父为"伯"，你是不是觉得不可思议？以现代人的观念，确实会感到不可理解。但是，对于宋朝人来说，这却是必须辩明的政治原则，而且真的引发了一场旷日持久的大争辩。你大概已想到了，我今天要说的故事便是宋英宗朝的"濮议"。

宰相首倡"濮议"

赵曙是以宋仁宗皇太子的身份继承皇位的，但他并不是仁宗的亲生子。仁宗皇帝生育的三个儿子，都不幸夭折，只好将皇兄濮王赵允让之子赵曙收养于宫中，立为皇太子。嘉祐八年（1063），仁宗驾崩，英宗继位。只是英宗体弱多病，御宇之初，由曹太后（宋仁宗皇后）垂帘听政。次年，即治平元年（1064）才亲政。

英宗甫一亲政，宰相韩琦、参知政事欧阳修等执政大臣便上奏："濮安懿王德盛位隆，所宜尊礼。伏请下有司议濮安懿王典礼，详处其当，以时施行。"韩琦此举，明显有迎合英宗心意之嫌，英宗生性纯孝，当了皇帝，想让生父濮王（已经去世）分享他的荣光，也是人之常情。但其时仁宗逝世未久，不适合讨论崇奉濮王之礼，因此英宗下诏："须大祥后议之。"意思是，等过了仁宗皇帝逝世二周年的"大祥"祭礼之后，再议此事。[1]

治平二年（1065）四月，仁宗"大祥"之礼一毕，韩琦等人

---

1 《皇宋通鉴长编纪事本末》卷五五。下同。

上：故宫南薰殿旧藏宋英宗半身像；下：故宫南薰殿旧藏宋仁宗皇后曹氏画像

故宫南薰殿旧藏韩琦画像

又旧事重提，于是英宗下诏："礼官及待制以上议崇奉濮安懿王典礼以闻。"

这明摆着是皇帝与宰相欲尊崇濮王的意思，翰林学士王珪等人相顾不语，不敢先发声。天章阁待制、知谏院司马光自告奋勇，奋笔写了一份意见书《议濮安懿王典礼状》，大意是说：濮王与陛下虽有天性之亲，但陛下能够登极，富有四海，子子孙孙万世相承，却是因为继承了仁宗皇帝之嗣，从血缘上说，陛下是濮王之子，但在法理上，陛下却是仁宗之子。建议按封赠亲王的先例，尊封濮王"高官大国"。

王珪等两制官将司马光所拟《议濮安懿王典礼状》呈交给宰相部门。宰相韩琦批复："王珪等议，未见详定濮王当称何亲，再议。"王珪说："濮王于仁宗为兄，于皇帝宜称伯。"以王珪为代表的翰林学士认为，根据礼法，宋英宗应当称濮王为"伯"。时为治平二年六月。

宋人的这一观点，用柏杨的说法来说，"我们现代人死也想不通"[1]。但是，从礼法的角度来看，却是不难理解的，自世袭君主制确立以降，合法的皇位继承，一直遵循两条原则：父死子继，兄终弟及。从来没有由侄子继承大位的道理。在法理上以仁宗为父，构成了英宗继位的合法性。否认这一点，等于推翻了英宗登基的合法性。

而且，在古代君主制下，天子化家为国，"不敢复顾私亲"，私人性的权利与血缘关系理应让位于公共性的礼法秩序，英宗皇帝既然从"小宗"（亲王一系）过继为"大宗"（皇帝一系），获

---

[1] 柏杨：《中国人史纲》，人民文学出版社，2011，第二十四章。

得皇位继承的合法性，那么按宗法的要求，需要割舍"小宗"的名分，因而要求他割舍与生父濮王之间的父子关系（法理上而非血缘上），从宗法上来说是不过分的。除非你有魄力不认这一套宗法，然而，如果不遵从宗法，那今后的皇位继承与政治秩序，必定乱了套，谁有实力，谁就可以自任皇帝。

我尽量用现代话语来解释古代的宗法，不知道这么说你是不是能够理解。当然，这一宗法上的要求，显然是违背了人之常情的，也肯定有违宋英宗的意愿。

韩琦明白英宗心意，向皇帝提交了一份建议书："按《仪礼》，'为人后者，为其父母服'。即出继之子，于所继生父母，皆称父母。又汉宣帝、光武皆称其父为皇考。今王珪等议称皇伯，于典礼未见明据。请下尚书省，集三省、御史台官议奏。"[1]（这段话我们先引述出来，后面再解释。）建议书尽管没有明说，但意思非常明显：皇帝应该以"皇考"称呼他的生父濮王。英宗心领意会，"诏从之"。

这份建议书，应该出自欧阳修的手笔。在宋英宗朝的这场濮议之争中，宰相韩琦是始作俑者，也是"皇考"派的主将；参知政事欧阳修则是韩琦的理论旗手。

韩琦、欧阳修之所以要让三省、御史台参与进"濮议"，原来是以为"朝士必有迎合者"，谁知他们误判了形势，百官集议之时，不但欧阳修的立论遭到礼官的迎头痛击，而且很多台谏官都选择支持礼官与两制官的意见，即都认为英宗皇帝应该称濮王为"皇伯"。

---

[1]《皇宋通鉴长编纪事本末》卷五五。下同。

礼官的反对意见

执政团队坚持称"皇考"的理由有二：其一，《仪礼》称"为人后者，为其父母服"，意思是说，过继给他人为子的，要为亲生父母守孝一年。欧阳修据此推论说，可见"出继之子，于所继生父母，皆称父母"。其二，皇帝称生父为"皇考"有先例，"汉宣帝、光武皆称其父为皇考"。

但这两个理由都遭到礼官的反驳。

首先，从《仪礼》称"为人后者，为其父母服"推导出"出继之子，于所继生父母，皆称父母"，在逻辑上是非常牵强的，因为"为其父母服"只是出于叙述之方便，并无表示怎么称呼本生父母的含义。因而，知制诰判礼部宋敏求、翰林学士判太常寺范镇、天章阁待制司马光都反驳说："礼法必须指事立文，使人晓解。今欲言'为人后者，为其父母之服'，若不谓之'父母'，不知如何立文？此乃政府欺罔天下之人，谓其不识文理也。"

其次，虽然确实有汉宣帝、光武帝都称其父为"皇考"的先例，但是，他们的情况与宋英宗不同，汉宣帝是以过继为昭帝皇孙的身份继承皇位的，尊其生父为"皇考"，并不敢尊其亲祖父为"皇祖考"，未乱"大宗"与"小宗"之分，不影响皇位继承的合法性；光武帝则是起于民间，诛王莽而得天下，虽名为中兴汉室，实则与开创基业无异，就算他自立七庙，也不算过分，何况只是尊其父亲为"皇考"。而英宗的情况，是以仁宗皇太子的身份，才得以继承皇位，怎么可以在仁宗之外，又尊一人为"皇考"？

因此，司马光说："国无二君，若复尊濮王为皇考，则置仁宗于何地耶？政府前以二帝不加尊号于其父祖，引以为法则可矣；若为皇考之名亦可施于今日，则事恐不倬。以此言之，濮王当称皇伯，又何疑矣？"

不过，执政团队质疑礼官所议"于典礼未见明据"，却是颇有杀伤力。礼官宋敏求也不得不承认，"出继之君称本生为皇伯叔，则前世未闻也"。韩琦与欧阳修正是抓住这一点，反驳礼官的"皇伯"说。

礼官提出的"皇伯"说，其实是从"濮王于仁宗为兄"、"英宗过继给仁宗为子"推导出来的，而且，"今公卿士大夫至于庶人之家养子为后者，皆以所生为伯叔父久矣"[1]，所以我们也可以说，礼官的主张虽然未见之明典，却合乎逻辑与民间礼俗。

同知谏院蔡抗、监察御史里行吕大防、侍御史赵瞻、侍御史范纯仁、侍御史知杂事吕诲、权御史中丞贾黯等台谏官，都纷纷上疏，"乞如两制礼官所议"[2]。蔡抗还当着宋英宗之面，陈说礼法，说到激动处，怆然泪下，英宗也动容哭泣。

韩琦与欧阳修大概也想不到礼官与台谏官会汇合起来反对"皇考"说，正不知如何应对之时，曹太后突然"以手书责中书不当称皇考"。英宗看了太后手书，"惊骇"，下诏说："如闻集议议论不一，宜权罢议，当令有司博求典故，务合礼经以闻。"[3]

发生在治平二年六月的第一次"濮议"遂草草收场，追崇濮王之礼的动议暂时不了了之。

---

1 欧阳修：《文忠集》卷一二一，《濮议》卷二。
2 参见《国朝诸臣奏议》卷八九。
3 欧阳修：《文忠集》卷一二〇，《濮议》卷一；《皇宋通鉴长编纪事本末》卷五五。

台谏官再次挑起"濮议"

在英宗皇帝下诏叫停"濮议"之后，还有一些礼官与台谏官陆续上书，"坚请必行皇伯之议"。不过宋英宗都将这些奏疏"留中"，扣留下来，不发讨论，希望平息争端。[1]

与此同时，皇帝与宰执也悄然为第二次"濮议"做了一些准备：治平二年八月，英宗将同知谏院蔡抗改任为知制诰，兼判国子监，因为执政团队"欲遂所建，以抗在言路不便之，罢其谏职"。九月，又将权御史中丞贾黯改任为翰林侍读学士，出知陈州（今河南淮阳），任命书发下来第十二天，贾黯便病逝了，临终前"口占遗奏数百言"，仍然坚持"请以濮王为皇伯"。[2]

转眼到了治平二年十二月，冬至祭天大礼过后，侍御史知杂事吕诲"复申前议，乞早正濮安懿王崇奉之礼"。吕诲说：国朝制度，凡军国大事，皆得二府合议。如今议崇奉濮王，只看到中书门下首倡，礼官、两制官、台谏官"论列者半年"，而枢府大臣却恬然自安，装聋作哑，这是怎么回事？"臣欲乞中旨下枢密院，及后来进任两制臣僚同共详定典礼，以正是非。久而不决，非所以示至公于天下也"。

英宗跟吕诲说：群臣反对朕尊濮王为"皇考"，想必是"虑本宫兄弟众多，将过有封爵，故有此言"。

吕诲说：没有这回事。想仁宗皇帝"于堂兄弟辈尚隆封爵，况陛下濮宫之亲"，陛下若给濮邸封爵，谁敢说三道四？但尊为

---

1 欧阳修：《文忠集》卷一二〇，《濮议》卷一。
2 《皇宋通鉴长编纪事本末》卷五五。下同。

皇考一事，关乎礼法，不能不详议。

随后吕诲又连上七疏，要求再议濮王之礼。但英宗没有同意（也许皇帝正在等一个时机）。吕诲又说，既然陛下不采纳台谏意见，那好，我不玩了，我辞职。但英宗又不批准辞呈。气得吕诲暴跳如雷，转而攻击韩琦、欧阳修。

宋朝的台谏官有一个特点，攻击起执政官来，言词都十分激切。比如吕诲痛骂宰相韩琦首倡濮议，教唆人主"欲称皇考"，致使太后与皇帝有嫌猜，"贾天下之怨怒，谤归于上"，必须罢去韩琦宰相之职，"黜居外藩"。他又痛骂参知政事欧阳修："首开邪议，妄引经证，以枉道悦人主，以近利负先帝，欲累濮王以不正之号，将陷陛下于过举之讥，朝论骇闻，天下失望"，请治欧阳修之罪，"以谢中外"。

另一位宰相曾公亮与另一位参知政事赵概，因为在"濮议"中不置可否，也受到吕诲的抨击："（曾）公亮及（赵）概备位政府，受国厚恩，苟且依违，未尝辨正。此而不责，谁执其咎？"

吕诲不是一个人在战斗。范纯仁与吕大防等御史也纷纷上书弹劾韩琦与欧阳修。这大约是治平三年（1066）正月的事情。

此时，韩琦与欧阳修也上书自辩：本次"濮议"，礼官请称皇伯，臣等认为"事体至大，理宜审重，必合典故，方可施行"，而"皇伯之称，考于经史皆无所据"，才"欲下三省百官，博访群议，以求其当"，陛下不欲纷争，下诏罢议，但"众论纷然，至今不已"。议者所坚持的"皇伯"说，其实"是无稽之臆说也"，为何？"盖自天地以来，未有无父而生之子也，既有父而生，则不可讳其所生者矣"。因此，自古以来，从未有"称所生父为伯叔者"，称之，则为"礼典乖违、人伦错乱"。

韩琦与欧阳修的观点，显然更容易为现代人所理解，哪里有不让称生身之父为"父亲"的道理？但欧阳修忘记了，按传统宗法，血缘意义上的父子关系，与法理意义上的父子关系，是可以相分离的。宋朝礼官坚持要辩明的，其实是濮王与英宗在法理上的关系。如果英宗在法理上以濮王为父亲，那么他的皇位继承，便缺乏合法性；传统礼法也将失去了论证皇位合法性的功能。至于濮王与英宗血缘上的父子关系，礼官也是承认的，如翰林学士、判太常寺吕公著说，"陛下入继大统，虽天下三尺之童，皆知懿王所生"。

宋英宗本人，当然站在执政团队一边，"上意不能不向中书"。但他没有仓促下诏采纳宰相的意见，他还要等。等什么？等曹太后的说法。

曹太后的调解

正月二十二日，曹太后突然给外廷下发了一道手诏："吾闻群臣议称，请皇帝封崇濮安懿王，至今未见施行。吾再阅前史，乃知自有故事。可令皇帝称亲，仍尊濮安懿王为濮安懿皇，谯国、襄国、仙游（濮王的三位夫人）并称后。"

曹太后的立场发生了一百八十度大转变，提议皇帝称濮王为"亲"，并追尊濮王为"皇帝"。为什么曹太后突然倒向韩琦一方？当然是因为宰相团队的游说。不久之前，韩琦借皇室祠祭的机会，将欧阳修写的一道《奏慈寿宫札子》，托宦官苏利涉、高居简转给了曹太后。

在这道《奏慈寿宫札子》上，欧阳修说明了之所以要尊濮王为皇考的义理与先例，又简述了礼官、台谏官与执政官的争论，礼官所议如何与礼不合，台谏官如何无理取闹，皇上与宰相如何克制。然后笔锋一转，说，太后之前手书赞成礼官的无稽之说，"臣等窃恐是间谍之人，故要炫惑圣听，离间两宫，将前代已行典礼隐而不言，但进呈皇伯无稽之说，欲挠公议"[1]。

曹太后深知皇帝与宰相的心意，不欲朝廷因此而撕裂，只好委曲求全，出面调解政府与台谏之争，于是便有了这道手诏。接到太后手诏，韩琦、欧阳修"相视而笑"[2]。

随后，宋英宗降敕："朕面奉皇太后慈旨，已降手书如前。朕以方承大统，惧德不胜称亲之礼，谨遵慈训。追崇之典，岂易克当？且欲以茔为园，即园立庙，俾王子孙主祭祀。皇太后谅兹诚恳，即赐允从。"诏敕的措辞非常谦抑、委婉，主要的意思有两个：采纳称濮王为"亲"的提议；建濮王坟园，规格低于皇帝陵园，实际上也即不敢尊濮王为"皇"。而"亲"字在古汉语中，既有专指"父亲"之义，也可以泛指亲人，皇帝采用这样一个模糊称谓，也是想退一步，以期取得礼官与台谏官的谅解。

皇帝能够如愿以偿吗？

政府、台谏成水火之势

"相视而笑"的韩琦与欧阳修有点高兴得太早了，他们迎来的是礼官据"礼"力争的反驳和台谏官更凶猛的攻击。

吕公著上书说："今但建立园庙，以王子承祀，是于濮王无绝父之义，于仁宗无两考之嫌，可谓兼得之矣"，但是，称濮王

1　欧阳修：《文忠集》卷一二二，《濮议》卷三。
2　《皇宋通鉴长编纪事本末》卷五五。下同。

为"亲","于义理不安,伏乞寝罢"。

台谏官更是来势汹汹,吕诲说:"先帝遗诏诞告万方,谓陛下为皇太子,即皇帝位。四夷诸夏,莫不共闻。今乃复称濮王为亲,则先帝治命之诏不行,而陛下继体之义不一。"越说越激动,乃至扬言:"称亲之礼岂宜轻用?首议之臣安得不诛?"

不过在宋朝政治环境中,这种激切之词,徒逞意气而已,对韩琦与欧阳修并无半点杀伤力。倒是范纯仁的一道奏疏,让韩琦很是尴尬。

范纯仁是这么说的:"皇太后自撤帘之后,深居九重,未尝预闻外政,岂当复降诏旨,有所建置?盖是政府臣僚苟欲遂非掩过,不思朝廷祸乱之原。且三代以来,未尝母后诏令于朝廷者。秦汉以来,母后方预少主之政,自此权臣为非常之事,则必假母后之诏令以行其志。今一开其端,弊原极大,异日或力权臣矫托之地,甚非人主自安之计。"直接对太后手诏的合法性提出质疑。

韩琦看到范纯仁的弹奏之词,委屈地对同僚说:"琦与希文(范纯仁父亲范仲淹)恩如兄弟,视纯仁如子侄,乃忍如此相攻乎?"其实,这也是宋朝常见的政治风气,朝堂之上相互攻讦的双方,私底下很可能交情不错,比如熙宁变法中的王安石与司马光;而公事上"同仇敌忾"的两个人,也未必有什么私谊,比如赵抃与范镇携手反对王安石变法,私人关系却非常糟糕。

这个时候,台谏官的进攻重点,也不再放在皇帝应怎么称呼濮王的问题上,而集中攻击执政官非法沟通内宫。吕诲再上一疏:"近睹皇太后手书,追崇之典,并用衰世故事,乃与政府元议相符,中外之议,皆以为韩琦密与中宫苏利涉、高居简往来交结,上惑母后,有此指挥。盖欲归过至尊,自掩其恶。卖弄之迹,欲盖而彰。欺君负国,乃敢如此!"在这场"濮议"之争中,吕诲前前后后上了二十六疏，是最坚决、激烈反对"皇考"说的一位台谏官。

吕诲等台谏官又集体提出辞职，"居家待罪"，不赴御史台上班。英宗让宰相发札子促请御史们赴台供职，但吕诲等人"缴还札子"，"坚辞台职"，并称"甘与罪人同诛，耻与奸臣并进"[1]。

事情闹到这个地步，台谏与政府已势同水火，不可两立。

结局：惨淡的胜利

宋英宗问执政团队，怎么办？欧阳修说："御史以为理难并立，陛下若以臣等为有罪，即当留御史；若以臣等为无罪，则取圣旨。"

英宗犹豫良久，决定挽留执政官，斥逐台谏官。不过想了一想之后，又交待了韩琦一句话："不宜责之太重也。"[2]

"斥逐"是宋人说法，以渲染台谏官悲情。严格来说，这只是宋朝的一项宪制惯例："有言责者，不得其言，当去"[3]；若采纳言官之议，则宰相辞职。这样的宪制惯例旨在维持政府与台谏之间的政治信任，就如议会制下，议会若是对政府发起不信任投票，并获通过的话，那么一般来说，结果要么是解散议会（相当于全体议员辞职），重新大选；要么是更换首相（相当于原首相辞职），以此重建议会与政府的信任。

治平三年正月底，吕诲被罢去侍御史知杂事之职，出知蕲州（今湖北蕲春）；范纯仁免去侍御史之职，出任安州（今广西钦州）

---

1 《续资治通鉴长编》卷二〇七。
2 《皇宋通鉴长编纪事本末》卷五五。
3 袁燮：《絜斋集》卷一四《秘阁修撰黄公行状》。

通判；吕大防免了监察御史里行之职，出任休宁（今安徽休宁）知县。

侍御史知杂事为御史台副长官，按宋朝惯例，其解官"皆有诰词"，即需要知制诰起草人事任免状。而宋朝的知制诰，有权拒绝起草诰词，亦即封还皇帝的任免意见。当时值日的知制诰是韩维，他还兼领通进银台司门下封驳事，有封驳敕命之权。韩琦知道这位韩姓本家很难缠，担心他会"缴词头不肯草制，及封驳敕命"，所以耍了一个手段，绕过知制诰起草诰词的程序，将吕诲免职的敕命直接送到吕家。韩琦的做法，显然是对政制的破坏。

韩维得知，果然气得跳起来，上书说："罢黜御史，事关政体，而不使有司与闻，纪纲之失，无有甚于此，宜追还（吕）诲等敕命，由银台司使臣得申议论，以正官法。"又要求皇帝"召诲等还任旧职，以全政体"。但英宗都不同意，"皆不从"。[1]

与吕诲被免职同一日，同知谏院傅尧俞被任命为兼侍御史知杂事，接替吕诲的职务。但傅尧俞坚决不接受新任命，说：我也上书反对过称濮王皇考啊，如今吕诲等人被逐，"而臣独进，不敢就职"。英宗连下数谕挽留，但傅尧俞坚持"求去"。

最后，英宗不得不在三月份改任傅尧俞为和州（今安徽和县）知州。同一日，侍御史赵鼎、赵瞻也因为曾与吕诲一起"居家待罪"而被免了御史之职，分别通判淄州（今山东淄博）、汾州（今山西汾州）。

知谏院司马光上疏要求英宗召还傅尧俞等人，不获同意，也提出辞职："臣与傅尧俞等七人同为台谏官，共论典礼。凡尧俞

---

1 《皇宋通鉴长编纪事本末》卷五五。下同。

等所坐，臣大约皆曾犯之。今尧俞等六人尽已外补，独臣一人尚留阙下，使天下之人皆谓臣始则倡率众人共为正论，终则顾惜禄位，苟免刑章。臣虽至愚，粗惜名节，受此指目，何以为人？臣入则愧朝廷之士，出则惭道路之人，藐然一身，措之无地。伏望圣慈曲垂矜察，依臣前奏，早赐降黜。"连上四封辞职报告，但英宗一直不予批准。

接替贾黯担任御史中丞的彭思永在"濮议"中表现并不活跃，只上了一道由程颐代笔的《论濮王典礼疏》，赞同称"伯"，反对称"亲"。由于表现不活跃，这位御史台长官被同僚鄙视，认为他"媕阿"。不过，在吕诲、吕大防、范纯仁、赵鼎、赵瞻等台谏官被逐后，彭思永还是上书"请正典礼，召还言事者"，又"自求罢"，但英宗皆"不许"。第二年三月，彭思永给了欧阳修沉重一击：检控欧阳修与儿媳妇乱伦通奸。刚刚继位的宋神宗要他交待清楚信源，彭思永说，"帷薄之私，非外人所知，但其首建濮议，违典礼以犯众怒，不宜更在政府"[1]。此为后话，略过不提。

翰林学士、礼官吕公著也上书讽谏英宗："陛下即位以来，纳谏之风未彰，而屡黜言者，何以风示天下？"请追还吕诲等人。英宗当然没有听从，吕公著于是也提出辞职，并且托病不上班，"家居者百余日"。皇帝派中侍至吕家慰问、敦谕，又请吕公著兄长吕公弼劝告，吕公著才回去上了几个月的班，随后又上书请辞。治平三年八月，英宗只好应吕公著之请，将他外放到蔡州（今河南汝南）。[2]

---

1 《宋史·彭思永传》。
2 《宋史·吕公著传》；《皇宋通鉴长编纪事本末》卷五五。

至此，历时一年多的"濮议"之争，以御史台几乎被"斥逐"一空而收场，皇帝与宰相取得了有限的胜利：宋英宗不用以"皇伯"称呼父亲濮王，但也不敢尊濮王为"皇考"，只是含糊其词地称为"亲"。又过了不到半年的时间，治平四年（1067）正月，宋英宗便因病逝世了，称"亲"也变得毫无意义。这一在"濮议"中争取来的胜利，可谓惨淡。

余话

为了一个"怎么称呼亲爹"的问题，礼官、两制官、台谏官与执政官争执了一年半时间，连皇太后也卷了进来。不只一个士大夫为了坚持自己的立场，不惜辞职，自求贬斥。这件事，如果请今天的人来评说，也许都会觉得莫名其妙：值得争吵吗？

学界对"濮议"的研究已相当透彻，但严肃史学的研究成果，可能公众会觉得难以消化；而通俗的历史叙述，往往又流于浅薄，柏杨《中国人史纲》中的解释可作为代表："儒家思想，到了宋王朝，已开始僵化。欧阳修、韩琦都是最顽强的保守派，只不过在父子至情上偶尔流露一点灵性，就立刻受到凶暴的待遇。"[1] 这么说，分明是大大歪曲了司马光、吕公著、范纯仁等饱学之士。

其实我们可以从今人比较容易理解的法理学、政治学角度，解释为什么会发生"濮议"之争。"濮议"首先是一个法理问题，涉及皇位继承的合法性。这一点，我们前面已有所阐释。

随着争论的进展，在台谏官全面介入之后，"濮议"又逐渐

---

1 柏杨：《中国人史纲》，人民文学出版社，2011，第二十四章。

演变成为一个政治学问题。对于台谏官来说，"濮议"至少关乎几个重大的政治原则：皇帝的意志要不要接受礼法的约束？礼法的解释权归政府，还是归礼官？执政集团的权力要不要受台谏掣肘？

实际上，在"濮议"之争的后期，台谏官的关切重点，也从"皇考""皇伯"称谓的法理纠缠，转移为对君权、相权强化的警惕，包括吕大防弹劾宰相"臣权太盛、邪议干政"[1]；吕诲弹劾韩琦交结内侍；范纯仁质疑太后手诏合法性；韩维指责对吕诲的免职不合程序；吕公著反对宋英宗"屡黜言者"。

而对宰执韩琦与欧阳修来说，以他们的两朝元老的身份，完全犯不着讨好年轻的新皇帝，他们执意迎合英宗心意，也许是为了襄助身体羸弱、性格怯弱的新皇帝走出先帝光芒笼罩下的政治阴影，确立起强势的君主权威。宋英宗继位之初，由曹太后垂帘听政，也是因韩琦极力催促，太后才撤帘，归政于英宗。

从这个角度来看，"濮议"之争，如果宰相胜，则皇权与相权将变得强势，政府在皇帝的支持下，或者说皇帝在政府的支持下，更容易干出他们想干的事情。如果台谏胜，则皇权与相权将会受到更大制约，不容易做事情。

我们拉长历史观察的时段，会将这个问题看得更清楚。熙宁三年（1070）三月，宋神宗与执政团队讨论青苗法，神宗问道：何以人言纷纭、反对青苗法？赵抃说："苟人情不允，即大臣主之，亦不免人言，如濮王事也。"赵抃重提"濮议"旧事，是想向神宗申明一个道理：一项政策，如果多数人反对，那么，即便是宰

---

1 《续资治通鉴长编》卷二〇六。

相力主之，也不应当仓促施行。

而王安石却说："先帝诏书明言，濮安懿王之子不称濮安懿王为考，此是何理？人有所生父母、所养父母，皆称父母，虽闾巷亦不以为碍，而两制、台谏乃欲令先帝称濮安懿王为皇伯，此岂是正论？"[1] 宋神宗为英宗亲生子，立场当然倾向于"皇考"派。但王安石这么说，应该并不是为了讨好神宗皇帝，而是暗示神宗应当乾纲独断，厉行新法，无须理会人言。

如果我们将历史观察的视界拉得更宽一些，把发生在明代嘉靖朝的"大礼议"也纳入参照系，问题就更清楚了。

明朝"大礼议"差不多就是宋朝"濮议"的重演，只不过部分细节与结局并不相同。正德十四年（1519），明武宗朱厚照突然驾崩，由于武宗无子嗣，皇太后张氏与内阁大学士杨廷和选择了与皇帝血缘最近的武宗堂弟、兴献王世子朱厚熜为嗣君，这便是明世宗嘉靖帝。

朱厚熜继位后，在如何尊奉父亲兴献王的问题上，与廷臣陷入了旷日持久的对峙。以杨廷和为首的大臣坚持认为，世宗以"小宗"入继"大宗"，需要先过继给明孝宗（明武宗之父）为子，以获得继承皇位的合法性，因而，应该称兴献王为"皇叔考"；朱厚熜则坚持自己是继承皇统，而不是继承皇嗣，必须追尊父亲兴献王为"皇考"。双方争执了三年，最后，朱厚熜顺利追奉生父为"皇考恭穆献皇帝"，而所有跟新皇帝唱反调的五品以下官员，被当廷杖责，廷杖而死者十六人。皇帝大获全胜。

这一结局，既是明代权力结构中皇权处于绝对强势地位的必

---

[1]《皇宋通鉴长编纪事本末》卷五五。

然结果；而且，皇帝的胜利，又进一步强化了皇权。在"大礼议"胜出之后，明世宗开始御制文章，指斥宋代的司马光、程颐为"罪人"、二人之论为"谬论"[1]，又贬抑孔庙祀典，此举当然是为了将士大夫把持的、隐然与君权抗衡的"道统"压制下来。

嘉靖朝"大礼议"也是明代内阁制演化的一道分水岭，之前权力相对强健、独立的"三杨"内阁[2]、杨廷和内阁不复出现，阁臣对皇权的依附性在"大礼议"之后更为突出，哪怕像严嵩、张居正这样的权臣，对于皇权的依附性也非常严重，严嵩需要给嘉靖撰写"青词"博取皇帝的青睐；张居正的权力也是来自类似于"摄政"的特殊身份，而不是正式的相权。

今天一些自称秉持"自由主义"的论史者，对明代"大礼议"中的杨廷和等士大夫冷嘲热讽，却看不出礼仪之争背后的法理学（道统与皇权之法理关系）与政治学（内阁与皇帝之权力消长）要害所在。

---

1 程颐在"濮议"中的立场与意见，参见他代彭思永所拟的《论濮王典礼疏》。
2 三杨，指杨士奇、杨荣、杨溥。三人共掌内阁三四十年，辅佐三朝，是"仁宣之治"的缔造者。

一次司法大辩论

亲爱的女儿，我们今天来讲一宗刑事案：一名民间女子被控谋杀亲夫，面临法律对她命运的裁决。这案子案情本身并无曲折离奇之处，犯罪嫌疑人也是一个名不见经传的寻常妇人，但围绕案子的判决，多位朝廷大员卷了进来，甚至惊动了皇帝。法官们因为站在不同的立场分化为两大阵营，一方要求判处"凶手"死刑，一方主张从轻发落。双方为此展开一场场辩论，争论了近两年时间。你知道我说的是哪个案子吗？

也许你会说，这不是发生在晚清的杨乃武与小白菜案吗？确实，历史上符合我们所说特征的刑事案件，并不多见，小白菜案是其中一起。不过，我们今天要说的并不是小白菜案，而是发生在北宋神宗朝熙宁初年的阿云案。由于与小白菜案存在可并论之处，所以我们也会拿小白菜案来做些比较。

阿云"弑夫"与初审判决

阿云是京东路登州（今山东烟台）所辖某县的一名农家女子，由尊长作主，许配给长相丑陋的农夫韦阿大为妻。婚后，阿云"嫌婿陋，伺其寝田舍，怀刀斫之十余创，不能杀，断其一指"[1]。这事儿要是发生在近代的五四时期，大概会被新派知识分子塑造成为反抗"封建礼教"的典范。不过在宋代，或者说，在现代，阿云的行凶，无疑涉嫌谋杀（未遂）罪。

韦阿大黑夜中被人斫伤一案，报到县衙。县吏"求盗弗得，

---

1 《宋史·许遵传》。

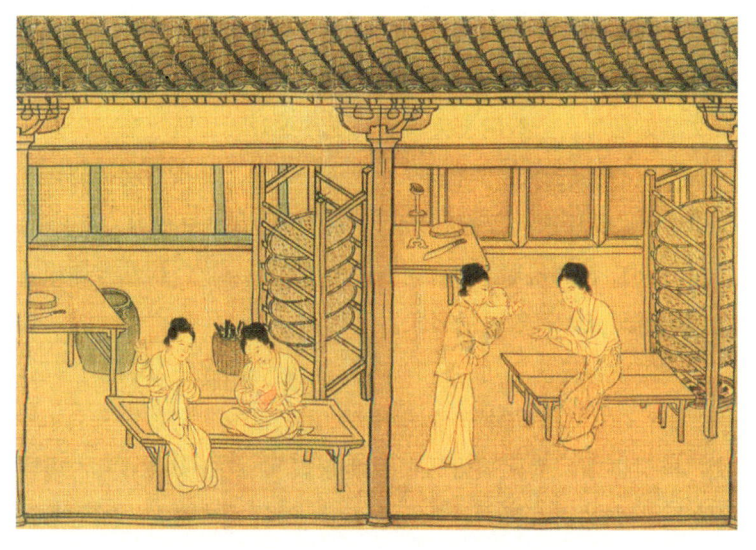

南宋画院摹本《蚕织图卷》(局部)中的宋朝平民女性。黑龙江省博物馆藏

疑云所为,执而诘之,欲加讯掠,乃吐实"[1]。古时,谋杀亲夫是恶逆重罪,由于县一级法庭只有判决词讼(民事诉讼)及杖刑以下轻微刑案的权限,因而无权对阿云案做出判决,案子被移送州一级法庭。

宋朝的州府一级,通常都设有两个以上的法院,配置有专职的司法官。州法院对一起刑事案的审理,必须严格遵循"鞫谳分司"的司法程序,即由推勘官负责"事实审",检法官负责"法律审",两者不可为同一人。推勘官审清了案情,有证人证言、物证与法医检验报告支撑,能够排除合理怀疑,被告人服押,那么他的工作便结束了。至于被告人触犯了哪些法条,则是检法官的工作。

---

[1]《宋史·许遵传》。

检法官的责任是根据卷宗记录的犯罪事实，将一切适用的法律条文检出来。从司法专业化的角度来说，宋代立法频繁，法律条文浩如烟海，一般的士大夫不可能"遍观而详览"法条，只有设置专业的检法官，才可能准确地援法定罪。从权力制衡的角度来看，独立的检法官设置也有助于防止推勘官滥用权力，宋人说，"狱司推鞫，法司检断，各有司存，所以防奸也"[1]。检法官如果发现卷宗有疑点，有权提出驳正。

在推勘与检法之间，还有一道"录问"的程序：推勘结束后，需要由一位未参加庭审、依法不必回避的法官，向被告人读示罪状，核对供词，询问被告人所供是否属实，"令实则书实，虚则陈冤"[2]。被告人如果自认为无冤无滥，即签写"属实"，转入检法定刑的程序；如果想喊冤翻供，则自动进入申诉程序，移交另外的法官重新开庭审理。

一道一道程序走下来，最后才由州的首席法官、知州做出裁决、宣判。阿云案的案情本身并不复杂，阿云对自己的行凶行为也供认不讳；宋朝刑律关于谋杀罪的立法条文也非常详尽。现在就等着知州大人做出怎样的裁决。

当时的登州知州叫作许遵，明法科出身（相当于法学专业毕业），曾任大理寺详断官，是一名具有法科知识背景与司法实践经验、深谙法理的士大夫。

从法的角度来看，阿云案首先涉及宋王朝的两条法律：

《宋刑统·名例律》十恶条："恶逆，谓殴及谋杀祖父母、父

---

1 《历代名臣奏议》卷二一七，《推司不得与法司议事札子》。
2 《续资治通鉴长编》卷二八九。

母，杀伯叔父母、姑、兄姐、外祖父母、夫、夫之祖父母、父母。"

《宋刑统·贼盗律》谋杀条："诸谋杀人者，徒三年；已伤者，绞；已杀者，斩。"

"恶逆罪"与"谋杀罪"在犯罪行为上是重合的，但由于"恶逆"的杀伤对象是直系尊亲属，是人伦大恶，处罚更严厉，属于"十恶不赦"的重罪。今天韩国与我国台湾地区的相关法律中，仍然保留着"杀害尊亲属罪"，量刑比一般的杀人罪为重；日本刑法中也有"杀害尊亲属罪"条款，但后被认定为"违宪"。

这里我们不打算讨论"恶逆罪"是否合理，而来关注阿云是不是触犯了"恶逆罪"。如果是犯下"恶逆罪"，阿云肯定会被判大辟之刑，无可赦免。但登州司法官在审理阿云案时，发现一个细节："阿云于母服内与韦阿大定婚"，"纳采之日，母服未除"[1]。按《宋刑统·户婚律》居丧嫁娶条，"诸居父母及夫丧而嫁娶者，徒三年，妾减三等，各离之"。也就是说，阿云与韦阿大的婚姻关系，在法律上是无效的。因此，许遵认为，阿云刺杀韦阿大，"应以凡人论"，不适用"恶逆"条款，只适用一般谋杀条款。

然后，许遵又发现，《宋刑统·名例律》自首条规定："犯罪之徒，知人欲告，及按问欲举而自首陈，及逃亡之人并返已上道，此类事发，归首者各得减罪二等坐之。"又注云："因犯杀伤而自首者，得免所因之罪，仍从故杀伤法。"《嘉祐编敕》也有敕文规定，"应犯罪之人，因疑被执，赃证未明，或徒党就擒，未被指说，

---

[1] 司马光：《议谋杀已伤案问欲举而自首状》；《宋史·许遵传》。《许遵传》载阿云"许嫁未行"，似未与韦阿大成婚，但考查其他史料，均载阿云已嫁韦阿大。参见苏基朗《神宗朝阿云案辨正》，《唐宋法制史研究》，香港中文大学出版社，1995年。

但诘问便承,皆从律按问欲举首减之科。若已经诘问,隐拒本罪,不在首减之例"。根据律敕条文的法意,如果阿云属于自首,将可以获得减刑,"减谋杀罪二等"[1],免于一死。

那么阿云有没有自首的情节呢?若按《宋史·许遵传》记载,"吏求盗弗得,疑云所为,执而诘之,欲加讯掠,乃吐实"。似乎不算自首。但我们从司马光《议谋杀已伤案问欲举而自首状》所附题解中可得知一细节:"县尉令弓手勾到阿云,问:'是你斫伤本夫,实道来,不打你。'阿云遂具实招。"缉拿、讯问阿云的是县尉,在宋代,县尉类似于现在的刑警,其对犯罪嫌疑人的讯问,属于进入司法程序之前的刑侦,并不是司法程序中的审讯。按宋朝司法制度,县尉不可以参与推勘,宋真宗时,曾有犯人临刑称冤,复命县尉鞫治,刑部上言:"县尉是元捕盗官,事正干碍,望颁制以防枉滥故也。"[2] 提出要明确立法禁止县尉推勘案件。换言之,阿云向县尉坦白交代时,尚未进入司法程序,属"按问欲举"的自首。

据此,许遵对阿云案做出判决:阿云与韦阿大成亲之日,"母服未除,应以凡人论";阿云"按问欲举,自首",按大宋律法,"当减谋杀罪二等",判"流三千里"。又按折杖法,"流三千里"折"决脊杖二十,配役一年"。

大理寺的复核与许遵的抗议

依宋代司法制度,州一级法院对重大刑事案件做出判决之后,

---

1 马端临:《文献通考·刑考》。
2 《宋会要辑稿·刑法》。

要报路一级的提刑司审核。提刑司有终审权,不过"疑狱奏谳",阿云案在法律适用方面存在一些疑问,因此需要呈报中央复核。元丰改制之前,朝廷有三法司:大理寺、审刑院、刑部。按照程序,上报复核的刑案,先送审刑院详议官"略观大情";然后送大理寺,由详断官做出终审裁决意见;复送审刑院,详议官审核后如无异议,再联署上呈君主。

大理寺与审刑院复审了阿云案卷宗之后,推翻许遵的"当减谋杀罪二等"的判决。他们援引《宋刑统·名例律》的一则条文:"其于人损伤,于物不可备偿,即事发逃亡,若越度关及奸,并私习天文者,并不在自首之例。……议曰:损,谓损人身体;伤,谓见血为伤。"认为阿云的行为符合"谋杀已伤"的犯罪要件,不适用自首减等的规定,按律当判绞刑。不过,由于阿云有"违律为婚"情节,存在法律适用的疑问,大理寺与审刑院又"奏裁",呈请宋神宗做出最后裁决。

神宗皇帝并没有在法理上否定大理寺与审刑院的裁决,不过他还是运用皇帝的特权,赦免了阿云的死罪,"贷命编管"[1],即流放远方州郡,编入当地户籍并监视居住。这个量刑,与许遵的判决结果其实是比较接近的。也就是说,皇帝在法理上认可了大理寺与审刑院的意见,而在量刑上照顾了许遵的意见。

如果事情到此为止,阿云案可能不会在历史上留迹。但事情没有完。我们知道,许遵是一位具有法科背景、对法学有着独到理解的士大夫,也很在乎自己司法生涯的声誉,《宋史·许遵传》

---

[1] 司马光:《议谋杀已伤案问欲举而自首状》。按《宋史·许遵传》,宋神宗对阿云"诏以赎论",即允许阿云以铜赎刑。这一裁决有悖情理,且《宋史》对阿云案的记载讹误颇多。不予采信。

称他"立奇以自鬻",意思是热衷于卖弄自己的法学见解。所以,当许遵得悉大理寺与审刑院推翻了他的判决时,立即上书表示不服:"阿云被问即承,应为案问自首。审刑、大理判绞刑,非是。"[1]于是宋神宗将卷宗移交刑部审定。

刑部的审核意见是支持大理寺与审刑院的判决,称许遵的判决是荒唐的。固执的许遵当然不服气,上书抗议说:"刑部定议非直,阿云合免所因之罪。今弃敕不用,但引断例,一切案而杀之,塞其自首之路,殆非罪疑惟轻之义。"[2] 又"引律质正,凡十条,莫之能难"[3],他援引的法律包括《嘉祐编敕》的一条敕文:"谋杀人伤与不伤,罪不至死者,并奏取敕裁。"许遵认为,敕文所说的"罪不至死者",就包括了谋杀已伤、按问自首之人。编敕作为对《宋刑统》的修正案,说得如此明白,为什么要弃敕不用?

此时,宋神宗将许遵从登州调至中央,"判大理寺"(相当于最高法院院长)。台谏官则站出来弹劾许遵,称他在阿云案中议法不当,不适合在大理寺当大法官。许遵便奏请神宗将阿云案交两制官杂议。"两制议法"是宋代的一项司法审议机制:"天下疑狱,谳有不能决,则下两制与大臣若台谏杂议,视其事之大小,无常法。而有司建请论驳者,亦时有焉。"[4] 两制,即内制的翰林学士与外制的知制诰,都是正途出身的饱学之士,对于经义、法理一般都有着深刻理解。

宋神宗遂安排翰林学士司马光与王安石同议阿云案。

---

1 《宋史·许遵传》。
2 《宋史·许遵传》。
3 《续资治通鉴长编》卷四一一。
4 《宋史·刑法志》。

司马光与王安石的争论

司马光与王安石调阅了阿云案的全部卷宗,尽管二人都承认阿云并非"恶逆",也承认阿云的自首情节,但基于对法条与法意的不同理解,他们对于阿云案的裁决各执一词,争执不下。

司马光认为,本案中,"阿云嫌夫丑陋,亲执腰刀,就田野中,因其睡寐,斫近十刀,断其一指,初不陈首,直至官司执录将行拷捶,势不获已,方可招承。情理如此,有何可悯?"即使承认阿云的自首情节,她也不适用"减罪二等"之法,因为大宋律法说得很清楚,"其于人损伤,不在自首之例"。阿云已致韦阿大损伤,无疑已被排除在"自首减刑"的适用范围之外。

王安石则认为,大宋刑统"自首条"加有注文:"犯杀伤而自首者,得免所因之罪,仍从故杀伤。"又议曰:"假有因盗故杀伤人,或过失杀伤财主而自首者,盗罪得免,故杀伤罪仍科。"据此法条,犯盗杀罪者如果自首,可免除所因之罪即"盗罪"的处罚,只追究其故意杀人之罪,"因盗伤人者斩,尚得免所因之罪;谋杀伤人者绞,绞轻于斩,则其得免所因之罪可知也"。盗杀罪重于谋杀罪,既然盗杀罪得以首免,那么按法理逻辑,完全可以推知,谋杀罪也允许首免。

司马光反驳说:法律确实提到盗杀自首、可免因罪的情况,但"盗杀"是两种并立的罪行:盗罪和杀伤罪;"谋杀"则不是两种罪行,如果将"谋杀"也分解成"谋"(杀人之意图)与"杀"(杀人之行为),在逻辑上是荒谬的。试问:一个人如果待在自己的房间里,心里想着杀人,但没有行动,那么法庭要判处他"谋"杀之罪吗?

王安石针锋相对地指出:"谋"杀之罪确实是存在的。按律,

故宫南薰殿旧藏王安石画像

故宫南薰殿旧藏司马光画像

"诸谋杀人者，徒三年；已伤者，绞；已杀者，斩"。即列出了"只谋未杀""已伤""已杀"三等刑名，假使某甲持刀闯入仇人之家，未及行凶即被制服，便是"只谋未杀"之罪。"今法寺、刑部乃以法得首免之谋杀，与法不得首免之已伤合为一罪，其失律意明甚"。王安石指出的"只谋未杀"罪，其实便是今天我们所说的"故意杀人未遂"。

司马光又说：如果谋杀罪可以"免所因之罪"，那假设有甲乙二人，"甲因斗殴人鼻中血出，既而自首，犹科杖六十罪；乙有怨雠，欲致其人于死地，暮夜伺便推落河井，偶得不死，又不见血，若来自首，止科杖七十罪。二人所犯绝殊，而得罪相将。果然如此，岂不长奸？"

王安石则说："议者或谓，谋杀已伤，若开自首，则或启奸"，但法官的责任是体会法意，运用法律，不能因为顾虑"启奸"而设法罪人。"臣以为有司议罪，惟当守法，情理轻重，则敕许奏裁。若有司辄得舍法以论罪，则法乱于下，人无所措手足矣"。

王安石与司马光二人各持己见，"难以同共定夺"，只好各自将自己的意见形成报告书，呈交宋神宗。王安石支持许遵的判决，提出"谋杀已伤，按问欲举，自首，合从谋杀减二等论"；司马光支持大理寺与刑部的裁定，认为阿云"获贷死，已是宽恩；许遵为之请，欲天下引以为例，开奸凶之路，长贼杀之源，非教之善者也。臣愚以为宜如大理寺所定"[1]。

---

1 司马光与王安石的议法意见，参见马端临《文献通考·刑考》节录的奏疏，以及司马光《议谋杀已伤案问欲举而自首状》。

二次议法与皇帝下诏

由于这次两制议法不能达成共识，御史中丞滕甫要求再选两制官定议，宋神宗又委派翰林学士吕公著、韩维与知制诰钱公辅三人，复议阿云案。

这一次，吕公著、韩维、钱公辅共同回顾了先王立法的本意："臣等窃寻圣人制法之意，其大略有三：有量情而取当者，有重禁以绝恶者，有原首以开善者。盖损伤于人，有惨痛轻重之差，故刀伤者坐以徒，他物拳手伤者坐以杖，其义足以相偿而止，是量情而取当者也；畜谋伺便致人于死，非重绝之则相仇者不禁，故谋杀已伤者从绞，是重禁以绝恶者也；苟杀人未至于死，于物当可以偿，于事犹可以自还者，皆得以首，是原首以开善者也。三者虽制法各殊，其于使人远罪而迁善，其义一也。议者见损伤不许自首、谋杀已伤从绞，便谓谋杀不通原首，是未尽圣人制法之意，而于律文有所不达也。"

基于这种对先王立法本意的理解，他们认为，先王立下的成文法，定然无法穷尽天下之情，因此，圣人的法意是永恒的，但具体的法条是需要因时修订的。"夫造法者，常本人之大情，而不能曲尽情之变。古人所谓律设大法是也，议者乃多引奇罪以责律文之不合，若然，恐虽没世穷年而议卒不定也。且今律所不备，别以后敕从事者甚众，何独泥此也。"

同时，他们对谋杀已伤者被堵塞了自首道路之后的治安前景深感忧虑："律所以设首免之科者，非独开改恶之路，恐犯者自知不可免死，则欲遂其恶心至于必杀。"

最后，三人一致同意联署奏报神宗："今令所因之谋得用旧律而原免，已伤之情复以后敕而奏决，则何为而不可也！臣等以为，宜如安石所议。"[1]

宋神宗曰"可"。遂采纳王安石的意见，下诏："谋杀已伤，案问欲举自首者，从谋杀减二等论。"[2]试图以敕文弥补《宋刑统》自首条文的含糊与自相矛盾之处。其时为熙宁元年（1068）七月三日。

然而，诏敕颁下之后，却遭到审刑院、大理寺法官的集体抵制，齐恢、王师元、蔡冠卿等法官，纷纷上书弹劾吕公著等人"所议为不当"。

神宗皇帝只好又诏王安石与众法官"集议"，展开大辩论。

王安石跟王师元、蔡冠卿等人"反复论难"，各不相让，众法官"益坚其说"[3]，王安石也坚持己见。后来，有一些法官以退为进，以攻为守，提出，"杀人已伤，若许自首"，那么根据同样的法理，谋杀已死，也应当给予自首减刑的待遇。这是设了一个套让王安石往里钻。果然，王安石附和其说。[4]

宋神宗遂于熙宁二年（1069）二月三日下诏："自今后谋杀已死自首，及案问欲举，并奏取敕裁。"[5]将自首可获减刑的适用范围，从"谋杀已伤"扩大到"谋杀已死"。这一天为庚子日，所以这份诏敕也被称为"庚子诏书"。我们完全可以想象得到，庚子诏书的仓促出台，就如火上浇油，立即引发更加强烈的舆论

---

1 吕公著、韩维、钱公辅：《议谋杀法状》，《宋会要辑稿·刑法》有节录。
2 马端临：《文献通考·刑考》。
3 马端临：《文献通考·刑考》。
4 据韩维《论谋杀人已死刑名当再议札子》推测。参见苏基朗《神宗朝阿云案辨正》，《唐宋法制史研究》，香港中文大学出版社，1995。
5 马端临：《文献通考·刑考》。

反弹。

参知政事唐介与王安石"争论于帝前",坚决反对谋杀自首可减刑之法:"此法天下皆以为不可首,独曾公亮、王安石以为可首。"[1] "判刑部"(相当于司法部部长)刘述干脆以神宗皇帝庚子诏书语焉不详("庚子诏书未尽")为由,将诏敕奉还宰相,拒不执行。[2]

原来支持王安石的韩维,也对不加节制扩大自首减刑适用范围表示忧虑:"安石、遵前议谋杀人未死许首,犹曲有其自新,意义甚美。臣与吕公著论之详矣。今遂通首法于杀人已死之后,臣于此不能无疑也。伏望圣慈下王安石、许遵,使极陈谋杀人已死所以得首之理,更择明审烛理之人,研极论难,以求一是,然后以制旨裁定"。[3]

此时,刚刚被任命为参知政事的王安石在舆论压力下也改变了主意,上奏神宗:"按大宋律法,谋杀人已死,为首之人必判死刑,不须奏裁;为从之人,自有《嘉祐编敕》奏裁之文,不须复立新制。"

宋神宗于是再次下诏:"自今谋杀人自首及按问欲举,并以去年七月诏书从事。其谋杀人已死,为从者虽当首减,依《嘉祐编敕》:凶恶之人,情理巨蠹及误杀人伤与不伤,奏裁。"[4] 收还庚子诏书。时为熙宁二年二月十七日(甲寅)。

神宗皇帝希望以收回庚子诏书的妥协,结束这一场旷日持久的法律争论。

---

1 《皇宋通鉴长编纪事本末》卷五九。
2 马端临:《文献通考·刑考》。
3 韩维:《论谋杀人已死刑名当再议札子》。
4 马端临:《文献通考·刑考》。

二府再议阿云之狱

然而,皇帝的甲寅诏书并不能为阿云案之争划上一个休止符。

按宋朝惯例,作为一项国家法令的敕命,需要事先经过充分的讨论,达成重叠共识,才得以君主的名义颁行天下,就如韩维所说,"研极论难,以求一是,然后以制旨裁定"。但神宗将甲寅诏书直接发给御史台、大理寺、审刑院、开封府,而没有"颁之诸路",程序上存在瑕疵,反对"谋杀已伤自首判等"的法官们抓住这个把柄,要求重新议法。

神宗说,"律文甚明,不须合议"。但宰相曾公亮说,国家的立法需要"博尽同异,厌塞言者",阿云之狱牵涉到新的司法解释是否合理得当,理应做更深入的讨论。

不得已,宋神宗只好安排"二府"再议阿云之狱。二府,即作为执政集团的宰相、参知政事与枢密院;二府议法,为宋代最高层次的司法杂议,经二府杂议达成的结论,基本上可以确立为国家法律。

但二府在杂议阿云案的过程中,还是分成观点针锋相对的两个阵营。

宰相富弼认为,王安石将"谋杀"分解成"谋"与"杀"二事,是"破析律文",现在反对的法官这么多,王安石应"盍从众议"。吕公著的兄长、枢密副使吕公弼建议:"杀伤于律不可首。请自今已后,杀伤依律,其从而加功自首,即奏裁。"另一位宰相陈升之与枢密副使韩绛则支持王安石。

双方争论了大半年,也未能争出一个能说服彼此的结论。最后,宋神宗决定运用君主的权威来一锤定音,为阿云案之争做出最终的决断。熙宁二年八月一日,皇帝下诏:"谋杀人自首,及案问欲举,并依今年二月甲寅敕施行。"[1]

这一诏敕重申了甲寅敕的效力,而甲寅敕则重申了熙宁元年七月三日敕文的效力:"谋杀已伤,案问欲举自首者,从谋杀减二等论。"换言之,"谋杀已伤,案问欲举自首者,从谋杀减二等论",作为一条旨在补充刑律之不足的司法解释,宣告正式确立为国家法律,通行天下。

为避免再生事端,神宗还将执意反对敕文的刘述、王师元等法官贬出朝廷。此时司马光又上了一道奏疏,对神宗皇帝如此处理阿云案的做法提出批评:"阿云之狱,中材之吏皆能立断,朝廷命两制、两府定夺者各再,敕出而复收者一,收而复出者一,争论从横,至今未定。……今议论岁余而后成法,终为弃百代之常典,悖三纲之大义,使良善无告、奸凶得志,岂非徇其枝叶而忘其根本之所致邪!"[2] 但神宗对司马光的奏疏置之不理。

到此,阿云狱之争暂时告一段落。时距阿云案发之初,差不多已过去了两年时间。

阿云案与小白菜案的比较

亲爱的女儿,当你听完这个阿云案的故事,你心里会有什么感想呢?我想,我们需要纠正对于传统司法的某些刻板印象。

我以前读过知名法学学者贺卫方教授的一个观点:"我们的古典司法真正就像德国著名的思想家马克斯·韦伯所提出的卡迪

---

[1] 二府杂议阿云案的意见纷争见《文献通考·刑考》。
[2] 司马光:《上体要疏》,《文献通考·刑考》有节录。

司法（Khadi justice）。什么是'卡迪司法'？卡迪是伊斯兰世界曾经存在过的一种司法官员，他判决案件不需要遵循已经确立的规则，而仅仅根据此时此地的案件本身包含的是非曲直，然后根据《古兰经》所创立的原则对案件进行判决。遇到了情节完全一样的案件，也不需要遵守今天刚刚做的一个判决，而是完全依据明天的案件事实来判决。这样的一种司法本身不能够叫司法，简直可以叫'司无法'；没有法律可以遵循，而只是一个伦理型的准则或原则，这就是我对中国古典司法的一个看法。"[1] 也许很多人都会认为贺教授说得在理。

可是，当我们看完这一场发生在 11 世纪中国的阿云案大辩论，我们会觉得贺教授的说法未免偏颇。如果中国的古典司法不重视对法律的尊重与遵循，那为什么宋代的法官、士大夫要为着一个纯粹的法律问题——谋杀自首是否可以获得减刑——展开旷日持久的争论？在长达一年多的辩论中，宋朝法官与士大夫几乎触及了这一法律问题的各个层面：法律条文的含义，先王立法的本意，法条体现的法理，律与敕的优先适用性，司法解释的出台程序，法律的价值（威慑犯罪，还是改造罪人），司法的效应（"启奸"还是"宥其自新"）……即使在西方国家的法制史上，像阿云狱这样的司法大辩论，都是十分罕见的。

或许有人会说，阿云案之所以争了这么久，是因为这个案子牵涉到变法派与保守派的党争，实质上这是政治之争，而非法律之争。我对党争素无恶感，但还是不能同意将阿云案说成是党争的表现。

---

[1] 贺卫方：《法学方法的困惑》，北京大学《未名法学》2007 年第 1 期。

阿云案发生之时，熙宁变法尚未启动，士大夫也并未分裂成为变法派与保守派两大阵营，恰恰相反，后来反对王安石变法的吕公著、韩维、钱公辅、陈升之，在阿云案之争中都站在王安石一边，可见当时围绕阿云案展开的争论，乃是各人对法律问题的不同理解所致，跟政治立场并无密切关联。而且，他们在激辩阿云案时，基本上都是将自己的意见限定在阐释法律的范围内，很少使用政治色彩强烈的措辞，除了王安石有一次在反驳唐介时脱口说了一句"以为不可首者，皆朋党也"[1]。

相比之下，晚清时围绕杨乃武与小白菜案展开的争吵，才是比较典型的政治之争。跟北宋阿云案一样，杨乃武与小白菜案也将多位朝廷大员乃至慈禧太后卷了进来，介入争端的官员也分化成两派，一派主张给杨乃武平反，一派则坚决反对平反。但双方对法律问题几乎毫不关心，完全从政治考量的角度主张或反对平反杨乃武案。

同情杨乃武的翰林院编修夏同善告诉慈禧太后："此案如不究明实情，浙江将无一人肯读书上进矣。"反对平反杨案的四川总督丁宝桢则扬言："这个铁案如果要翻，将来就没有人敢做地方官了！"最后，御史王昕给慈禧上了一疏，将平反杨案的意义，从还杨乃武一人之清白提升到重塑朝廷之威权的高度：杨案若不平反，则"大臣尚有朋比之势，朝廷不无孤立之忧"。这才促使老佛爷下决心给杨乃武翻案。[2]

---

1 《皇宋通鉴长编纪事本末》卷五九。
2 参见吴钩《冤案是如何平反的》，《隐权力2》，复旦大学出版社，2011。

尾声

宋代的阿云案其实尚未完结,它还有一个尾声需要交待清楚。

元丰八年(1085),宋神宗驾崩,哲宗继位,司马光拜相,再议(而不是再审)阿云案,促使哲宗颁下一份新的诏敕:"强盗按问欲举自首者,不用减等。"[1] 这份新诏敕意味着,熙宁元年七月三日的敕文"谋杀已伤,案问欲举自首者,从谋杀减二等论",将不再适用于强盗伤人案。

有些网文从元丰八年再议阿云案的记载,演绎出司马光执政后终于杀了阿云的荒唐故事:"公元1085年,司马光任宰相,得势的司马光重新审理此案,以谋杀亲夫的罪名将阿云逮捕并斩首示众";"司马光多年来竟一直对阿云案耿耿于怀,上台后,立刻翻案,将阿云以'大逆'的罪名处死。司马光这样做完全就是挟怨报复,草菅人命"……这类想象力过剩、史料依据奇缺的文学式描述,误导了很多只看网文的网友。

我们能检索到的宋人史料,从来都没有说阿云被司马光杀了。司马光不可能处死阿云,因为阿云是由宋神宗以皇帝的特权赦免了死罪的,不管法律如何修订,都不能重新审理和改判阿云案。

而且,我们都知道现代法治有一条重要的司法原则,叫作"法不溯及既往",即不能用今日所立之法约束昨日之行为。这样的司法原则至迟在宋代已经确立下来,为宋人所强调与遵守:"久来条制,凡用旧条已断过,不得引新条追改。"[2] 显然,宋哲宗新

---

1 《宋史·刑法志》。
2 《宋会要辑稿·职官》。

赦的效力是不可溯及阿云案的。

只有在一种情况下，宋人才认为法可溯往，即新的法律颁布、生效之时，罪犯之前的犯罪行为尚未暴露；或者其犯罪行为虽已暴露，但法院尚未判决，那么这个时候，司法机关便可以援引新的法律进行裁决，但是，必须遵循"就轻不就重"的原则："诸犯罪未发及已发未论决而改法者，法重，听依犯时；法轻，从轻法。"[1]

司马光其实也无意于杀死阿云，用他的话来说，"阿云获贷死，已是宽恩；许遵为之请，欲天下引以为例，开奸凶之路，长贼杀之源"。司马光所忧心者，并不是阿云个人的下场，而是阿云案成为具有法律效力的判例，"谋杀已伤，自首减等"成为代替刑律的敕命，导致犯罪得不到应有的惩罚。所以，司马光执政之后，要做的一件事就是推翻熙宁元年七月三日的敕文。

不过，我们可以确定：如果阿云生活在清代的乾隆盛世，则必死无疑。乾隆三十三年（1768），清廷纂修《历代通鉴辑览》，乾隆皇帝亲自撰写了数万言评语，这御批中就提及北宋阿云之狱："妇谋杀夫，悖恶极矣，伤虽未死，而谋则已行，岂可因幸而获生以逭其杀夫之罪？又岂可以按问即服遂开自首之条？许遵率请未减，已为废法，即科以故出而罢之，亦不为过。刘述身为刑官，执之诚是。安石乃祖遵而诋述，且定谋杀首原之令，不特凶妇因曲宥以漏网，非所以饬伦纪，县城使奸徒有所恃而轻犯，尤不足以止辟。安石偏执妄行，不复知有明罚。"[2]

1　《庆元条法事类》卷七三《检断》。
2　转引自沈家本《寄簃文存》卷四。

历代士大夫评论阿云案,基本上都认同司马光,反对王安石,如南宋文人邵博说,"祖宗以来,大辟可悯与疑虑得奏裁,若非可悯、非疑虑,则是有司妄谳,以幸宽纵,岂除暴恶安善良之意乎?文正公则辟以止辟,正法也。荆公则姑息以长奸,非法也"[1]。

清末的法学家沈家本也声称:"若阿云之事,吏方求盗勿得,是已告官司,疑云,执而诘之,乃吐实,是官吏已举,罪人已到官,未有悔过情形,按律本不成首。许遵删去'欲举'二字,谓被问即为按问,安石又从而扬其波,将天下无不可原减之狱。卤莽灭裂,噫甚矣!"[2](吴按:沈家本认定阿云不是自首,其实是不识宋朝司法体制,宋人对阿云是否属于自首,并无争议。)

但若以今天的眼光来看,则王安石的见解显然更符合人道主义与现代文明,司马光的意见倒是显得有些刻板、迂腐。

其实我们很难简单地说谁百分之百对了,谁百分之百错了。当法条的内涵与适用存在争议时,不同的人,基于对法律、法理的不同理解,自然会得出不同的意见。也因此,像宋朝那样,对阿云一案展开充分的辩论,相互论难,穷尽法理与法意,最后形成新的司法解释,无疑是值得赞许的做法。

---

1 邵博:《闻见后录》。
2 沈家本:《寄簃文存》卷四。

一场针对小人李定的阻击战

亲爱的女儿，今天我讲一个"阻击李定"的故事。

故事发生在北宋熙宁三年（1070）四月。其时，王安石就任参知政事（副宰相）未久，备受争议的熙宁变法刚刚拉开序幕。

相信历史课本已经告诉过你们，这次由王安石主持的变法受到保守派的顽固阻挠与强烈反对。王安石自己便说，"法之初行，异论纷纷。始终以为可行者，吕惠卿、曾布也；始终以为不可行者，司马光也。余人则一出焉，一入焉"[1]。朝廷俨然分成了以王安石为首的变法派（新党），以及与司马光为首的保守派（旧党）。

连原本属于变法派阵营的苏辙，也对仓促施行的"青苗法"充满忧虑，认为"以钱贷民，使出息二分，本以援救民之困，非为利也。然出纳之际，吏缘为奸，虽重法不可禁；钱入民手，虽良民不免非理之费；及其纳钱，虽富家不免违限。如此，则鞭棰必用，自此恐州县事不胜繁矣"[2]。因而被王安石疏远，苏辙"每于本司商量公事，动皆不合"，只好辞职。[3]

为了减少推行新法的阻力，王安石开始排斥反对派，提携新晋之士。那些依附王安石的新人，知道宋神宗有变法的决心，而王安石又深受神宗皇帝赞识，权柄炙手可热。当时的执政团队有五人——曾公亮、富弼、唐介、赵抃、王安石，但曾公亮"以年老依违其间"，富弼"称病不出"，唐介"与荆公争，按问欲理直不胜，疽发背死"，赵抃孤立无助，"唯声苦"，只有王安石最富生气，

1　王称：《东都事略》卷七〇。
2　苏辙：《与王介甫论青苗盐法铸钱利害》。
3　苏辙：《条例司乞外任奏状》。

故宫南薰殿旧藏宋神宗坐像

又爱折腾,"改新法,日为生事",时人便以"生老病死苦"来形容这个执政团队。[1] 在这种情况下,我们完全可以想见,热切拥护新法、投靠王安石的新人当中,虽然也有真心支持变法的有识之士,如章惇;但也不乏搞政治投机的谄谀小人。

北宋大学者司马光说,"彼谄谀之人,欲依附介甫(王安石),因缘改法,以为进身之资"[2];另一位大学者程颐也说,"君子正直不合,介甫以为俗学不通世务,斥去;小人苟容谄佞,介甫以为有才能知通变,用之"[3],他们说得并非没有道理,像受王安石重用的吕惠卿、吕嘉问、蔡京、邓绾、舒亶诸人,无一不是有才无德、趋炎附势之徒。

一次不寻常的人事任命

我们今天要说的李定,也是这样一名"谄谀之人",人品比较坏。你知道,九年后,即元丰二年(1079),宋朝发生了一起"乌台诗案",苏轼因为写诗讽刺新法,被执政的变法派逮捕入狱,而极力罗织罪名、欲置苏轼于死地的人中,就有这个李定。不过在熙宁三年,李定还是一名初出茅庐的小人物。

李定,"扬州人也,少受学于王安石"[4],是王安石的学生,进士及第后,任秀州(今浙江嘉兴)判官。判官,是宋代州政府的幕职官,在文官体系中属于初等序列,又称"选人"。熙宁三年,

---

1 邵伯温:《邵氏闻见录》。
2 司马光:《与王介甫书》。
3 黄宗羲:《宋元学案》卷一四。
4 《宋史·李定传》。

王安石的亲信、知审官院孙觉（相当于人事部部长）到淮南考察，"极口荐定，因召至京师"[1]。

当时朝中大臣正就青苗法的利弊争得不可开交。李定初到京师，先去拜见知谏院李常。李常问他，"南方之民以青苗为如何？"李定说："皆便之，无不善。"这里李定显然撒了谎，因为青苗法的弊端此时已暴露出来，如"诸路提举官往往迎合安石之意，务以多散为功。富民不愿取，贫者乃欲得之，即令随户等高下品配"，强行摊派青苗钱贷款任务。判大名府（今河北邯郸）韩琦、知青州（今山东青州）欧阳修、枢密使文彦博等老臣，先后都上书"论青苗之害"。朝廷正在激烈争论青苗法的利弊。所以，李常告诉李定："今朝廷方争此，君见人，切勿为此言也。"

李定回头又拜会了老师王安石，并向老师拍胸脯保证："定惟知据实而言，不知京师不得言青苗之便也。"王安石大喜，便将李定推荐给宋神宗，又叮嘱他，见了皇上，你就说新法"皆便之"。宋神宗召李定入对，果然问起新法之事，李定"如安石所教"，说新法非常好啊，下面的老百姓都很欢迎。神宗听了很是高兴。

宋神宗与王安石心有灵犀，都认为要重用李定，毕竟是一个支持变法的年轻人。

当下，皇帝写了手诏，"批付中书，欲用定知谏院"。但宰相曾公亮反对，"以前无此例，固争之"。宋神宗只好退而求其次，改任李定为"太子中允、权监察御史里行"。"太子中允"为阶官，仅为叙迁之阶；"权监察御史里行"为差遣，是实际上的职务。按照惯例，资历低的官员出行监察御史，须加"里行"二字，类

---

[1] 《皇宋通鉴长编纪事本末》卷六一。下同。

似于"实习"之意。权监察御史里行，相当于下议院实习议员。

谏官、御史，宋人将其合称为"台谏官"。台谏官品秩虽低，但权力不小，在宋朝的制度设计中，但凡"诏令乖当、官曹涉私、措置失宜、刑赏逾制、赋敛繁暴、狱犴稽留，并令谏官奏论、宪臣弹举"[1]。台谏"言及乘舆，则天子改容；事关廊庙，则宰相待罪"[2]。因此，欧阳修认为，"谏官虽卑，与宰相等"[3]。

说到这里，我想告诉你，宋朝政体是一个比较明显的"二权分置"结构，君主虽然掌握着最高的世俗权威、最终的仲裁大权，但宋人认为君主当垂拱而治、不亲细故，执政之权归宰相领导的政府，另设独立于宰相的台谏系统监察政府。

这个"二权分置"的结构，用北宋谏官程瑀的话来说："人君亦何为哉？相与论道者，台谏也；相与行道者，宰执也。天下之理，不过是与非；天下之事，不过利与害。台谏曰是，宰执曰非，人君察焉，果非也，过在台谏，不在宰执。若以是为非，则宰执何所逃罪哉。宰执曰害，台谏曰利，人君察焉，果利也，过在宰执，不在台谏。若以利为害，则台谏何所逃罪哉。"[4]

用北宋学者秦观的话来说："人主之术无他，其要在乎能任政事之臣与议论之臣而已。政事之臣者，宰相执政；议论之臣者，谏官御史。天下之事，一切委之执政，群臣无所预者；一旦谏官列其罪，御史数其失，虽元老名儒上所眷礼者，亦称病而赐罢。政事之臣得以举其职，议论之臣得以行其言，两者之势适平。常

---

[1] 马端临：《文献通考·职官考》。
[2] 《宋史·苏轼传》。
[3] 欧阳修：《上范司谏书》。
[4] 《历代名臣奏议》卷二〇五。

使两者之势适平，足以相制，而不足以相胜。则陛下可以弁冕端委而无事矣。"[1] 了解了宋代的这一政体，我们才能理解为什么宋神宗与王安石执意要将李定任命为台谏官。

打个不太恰当的比方，宰相之执政权如同是国家机器的动力系统，台谏之监察权如同是刹车系统，两个系统相互合作、牵制，才能维持权力运转的平衡与安全。王安石与宋神宗希望给他们的变法开足马力、驶入快车道。但是，在这个过程中，台谏系统老是踩刹车板，让王安石很恼火。比如谏官李常，是王安石的朋友，但王安石立新法，李常屡有异议，称均输法、青苗法敛散取息，"以流毒天下"。王安石"遣所亲密谕意，常不为止"[2]，连老朋友的面子都不给。

因此，在熙宁三年，王安石借宋神宗之手，对台谏系统做了一番人事方面的洗牌。依宋朝政制，为了保障台谏官的独立性，"谏官必天子自择，而宰相勿与"[3]，作为执政官的王安石是无权干预台谏官任免的。但是熙宁初年，君相一体，王安石的意志，就是宋神宗的意志，于是台谏系统中的反对派，多被清洗出局：御史中丞吕公著外放颍州（今安徽阜阳）；侍御史知杂事陈襄被罢职；监察御史里行张戬被贬至江陵府公安县（今湖北公安）；权监察御史里行程颢迁京西路提点刑狱；右正言李常改任滑州（今河南滑县）通判。

与此同时，王安石将自己的亲信兼弟弟王安国的姻亲——谢

---

1 秦观：《淮海集》卷一二。
2 《宋史·李常传》。
3 李焘：《天禧以来谏官年表》。

宋代的人事任命状：熙宁二年司马光充史馆修撰告身。日本熊本县立美术馆藏

景温提拔进御史台担任侍御史知杂事，即御史台的副长官，并成功鼓动宋神宗"专用景温"。现在又来了一位亲信李定，真乃"天助我也"。以王安石的盘算，将李定弄入御史台是志在必得的。

台谏系统作为"二权分置"结构中的一极，作用非同小可，因而君主对台谏官的任命理当非常谨慎。著《资治通鉴》的司马光主张，"凡择言事官，当以三事为先：第一不爱富贵，次则惜名节，次则晓知治体"[1]。著《续资治通鉴长编》的李焘也认为，"所用谏官御史，必取天下第一流，非学术才行俱备，为一世所高者，莫在此位"[2]。以此标准来衡量，趋炎附势的李定肯定是不合格的。但现在宋神宗与王安石为了顺利推行新法，只好自降标准，先将拥护新法的李定塞入台谏系统再说。

听到这里，你会不会以为，以君主加宰相的权力，要将新法的支持者弄进御史台，还不是举手之劳？如果我们这么想，那就低估宋朝政体的权力制衡结构了。实际上，在任命李定为"权监察御史里行"这件事情上，王安石与宋神宗的权力遭遇到严

---

1 司马光：《举谏官札子》。
2 李焘：《天禧以来谏官年表》。

重的挑战。

知制诰封还词头

皇帝任命李定的意旨,称为"词头",照例要送至舍人院,由知制诰(元丰改制后为中书舍人)起草成正式诰命,并且通过一系列复杂的程序,任命才能生效。

宋朝的知制诰是轮值的。当日接到皇帝词头的知制诰是宋敏求,一位知名的大藏书家。宋敏求毫不客气地将词头封还给皇帝,说,这个人事任命不合规矩,恕我不敢起草。这是宋代知制诰(或中书舍人)的法定权力,叫作"封还词头":"事有失当及除授非其人,则论奏封还词头"[1]。

当然,知制诰封还词头必须有合理的理由,不可以率性而为。宋敏求的理由是,"伏以御史之官,旧制须太常博士经两任通判满任者。……幕职官便升朝著,处纠绳之地,臣恐弗循官制之旧,未厌群议。其词头未敢具草"。这个理由是皇帝无法反驳的,因

---

[1] 《宋史·职官志》。

为根据本朝制度，御史的人选，须从阶官为太常博士以上，且当过两任通判的官员中遴选，州判官这样的幕职官，并不具备升任御史的资历。

宋敏求封还词头之后，不想再蹚浑水，托病请辞，"以疾辞知制诰"。宋神宗批准了宋敏求的辞呈，但外间传言是宋敏求因为封还词头而被解职，司马光借经筵之机，质问神宗："宋敏求缴定词头，何至夺职？"神宗只好解释："敏求非坐定也。"[1]

宋神宗也铁了心要将李定扶上御史之位，所以还是将词头送至舍人院。这回值日的知制诰是苏颂，北宋著名的科学家。苏颂也老实不客气地封还词头，并洋洋洒洒写了一堆道理：

"本朝旧制，进补台官，皆诏中丞、知杂与翰林学士于太常博士以上、中行员外郎以下，互举曾任通判者。其未历通判者，即须特旨方许荐为里行，倘非其人，或至连坐，所以重台阁之选也。去岁诏旨，专令中丞举官，虽不限资品，犹以京秩荐授，缘已有前诏，故人无间言。今定自支郡幕职官入居朝廷纠绳之任，超越资序，近岁未有。……况定官未终，更非时召对，不由铨考，擢授朝列，不缘御史之荐，直置宪台，虽朝廷急于用才，度越常格，然隳紊法制，必致人言。其除官制，未敢具草。"[2]

苏颂重申了台谏官获得任命的资历与程序，即使要破格录用，也需要有皇帝特旨、御史中丞推荐并承担连带责任，对李定的任命显然不合这些条件。

宋神宗也不屈服，不动声色又将词头送至舍人院。这一次值

---

1 《皇宋通鉴长编纪事本末》卷六一。
2 《续资治通鉴长编》卷二一一；司马光：《温公日记》。下同。

苏颂画像

日的知制诰是李大临,一位正直、清廉的官员。"大临亦封还",这是皇帝的意旨第三次被驳回。宋神宗也是固执之人,"乃诏颂依前降指挥撰词",词头再次回到苏颂的手里。

苏颂又一次封还词头,拒不起草诰命,并且告诉神宗:天下初定之时,制度未立,人才散落民间,因此有"起孤远而登显要者";但"承平之代,事有纪律,故不得不循用选授之法",一切还得按照制度来。任命李定为御史,不合制度。如果这次可以打破制度的限制,那么下次呢?"浸渐不已,诚恐高官要秩或可以歧路而致。""今若先立定制,许于幕职官中选擢"台谏官,那么"臣等复有何言而敢违拒?"但既然制度已有限制,那就请皇上尊重制度。如果朝廷认为李定有非常之才,大可授予其他官职,何必非要破坏制度、进入台谏呢?即使我现在"腼颜起草",恐怕任命书也不获通过,因为后面还有"门下封驳"的程序,即便"门下不举,则言事之臣必须重有论列"。如果因为我"而致议论互起,烦渎圣听,则臣之罪戾,死有余责",所以,臣实在不敢草诏。

苏颂所言,也是实情。当时有一位叫胡宗愈的谏官,已放言说,李定并不是什么了不得的人才,这样将李定弄进御史台也不合法度。

连续四次被舍人院封还词头,宋神宗有些灰心了,跟执政大臣发牢骚说:"里行"之职,本来就是为资历不够的人才设立的嘛,州判官改任监察御史里行,有什么问题吗?几位执政大臣都劝导神宗,陛下,要不就算了,别跟舍人院的书呆子一般见识。

这时候,王安石站出来说,陛下任命李定为权监察御史里行,"于义何不可?而乃封还词头。若遂从之,即陛下威福为私议所夺,失人君之道矣"。此话戳中皇帝的痛处,神宗当即表示:"李定诰须令草之。"王安石说:"陛下特旨,虽妨前条,亦当施行也。"按王安石的意思,皇帝的命令即使跟法律相冲突,也应当优先执行皇帝的命令。

于是神宗第五次将任命李定的词头送舍人院,并批注:"检会去年七月六日诏,今后台官有阙,委御史中丞奏举,不拘官职高下,令兼权。如听举非其人,令言事官觉察闻奏。自后别无续降条贯。"意思是说,去年曾有一项立法,已明言御史台若缺员,可"不拘官职高下"择人代理。皇帝特别检出这条法律,自然是为了表明他对李定的任命并非于法无据。

但接到词头的苏颂与李大临却跟皇帝较起真来:臣等已研读过去年的法令,法条称"不拘官职高下者",只是表示台谏官的人选可不限于太常博士以上,并不是说幕职官也有资格担任台谏史。如果幕职官有任职资质,那陛下直接将李定从秀州判官提为"权里行"就行了,又何必先授予李定"太子中允"之官阶?"臣等所以喋喋有言,不避斧钺之诛者,非他也,但为爱惜朝廷之法制,遵守有司之职业耳。"

被舍人院反驳之后,宋神宗不屈不挠,"复诏颂依前指挥撰词"。苏颂"执奏如初",算起来,这已经是舍人院第六次封还词头了。为了堵住皇帝的嘴,苏颂跟宰相说,"虽云特旨,而颂辈无以为据,草制即必致人言。乞批降云'特旨所除,不碍条贯',方敢草制"。意思是要求皇帝发个批示,说明"下不为例",他才敢草诏。苏颂大概是料定神宗皇帝不可能会下这样的批示。

但他猜错了,神宗居然真的做出御批:"所除李定是特旨,不碍近制。"还点名要求苏颂"疾速撰词"。

苏颂说:好吧,"果出圣意拔擢",那一定是非常之人,"名声闻于时,然后厌服群议,为朝廷美"。那么,就请"陛下采听群议,或询访近臣，若谓定之才果足以副陛下特旨之擢，则臣自当受妄言之罪；若臣言不虚，即乞别授一官，置之京师，俟它时见其实状，进用未晚"。还是拒绝起草李定的任命书，并要求对李定进行"民主测评"。

宋神宗这回算是被苏颂惹毛了，"欲黜颂，别除知制诰令草制"，决定撤苏颂的职，任命其他知制诰来起草李定的诰命。王安石劝告皇上：再给苏颂一个机会，如果他还是不识抬举，再撤职不迟。宋神宗遂再次将词头送舍人院，并指定由苏颂起草。

但苏颂还是封还了词头。这一次他的理由很直接：今天非他值日，诰命不归他起草。想象一下，现在哪一个秘书敢跟他的老板说：老子今天休假，起草文件请找上班的同事。

于是词头转到另一位知制诰李大临的手里，"大临又缴还"——这是舍人院第九次拒绝起草李定的任命书。你是不是有点不敢相信，皇帝想任命一名实习御史的动议，居然连续九次被他的秘书班子驳回？

我们相信，这种事情绝对不可能发生在所谓的"康乾盛世"，即使发生了，估计苏颂就算长了九个脑袋，恐怕都不够大清皇帝砍。那么宋朝的皇帝会不会在震怒之下将苏颂杀了呢？不会。因为宋朝每一任皇帝登基之后，在祭拜太庙时，都要对着天地祖宗立下毒誓："不得杀士大夫及上书言事人。子孙有渝此誓者，天必殛之。"宋朝士大夫之所以敢言，其中一个重要原因，便是不管他们的言辞多么激烈，一般来说都不会有性命之忧。

现在宋神宗在连续受挫之后，不准备再跟苏颂玩下去了，遂于熙宁三年五月发出上批："近以秀州军事判官李定为太子中允、权监察御史里行，知制诰李大临、苏颂累格诏命不下，乃妄引诏中丞荐举条，绝无义理。而颂于中书面乞明降特旨方敢命辞，洎朝廷行下，反又封还，轻侮诏命，翻覆若此，国法岂容！大临、颂可并以本官归班。"上批措辞严厉，称苏颂"轻侮诏命""国法岂容"云云，但实际上也没什么责罚，只是罢去知制诰的差遣，让二人归本班、领工部郎中之薪而已。

苏颂、李大临虽被免职，却收获巨大的声誉。显然在当时的士林舆论中，多数士大夫都认为苏颂等人做得对。

台谏官出手

在罢免苏颂、李大临知制诰职务之前，神宗已先任命了司封员外郎蔡延庆、兵部郎中王益柔"直舍人院"。由新的知制诰秉笔，总算完成了李定诰命的起草程序。

诰命起草后，按照惯例，要发至通进银台司复核。北宋的通进银台司具有审核、封驳诏敕的权力（元丰改制后这一权力划归门下省的给事中），负责通进银台司封驳事的官员原为陈荐，王安石预料陈荐"必封驳李定除命"，同为变法派阵营中的韩绛也"疑荐不放定入台"，"故言于上"，于是神宗提前任命孙固"知通进银台司，代陈荐也"，这才顺利将李定扶上"权监察御史里行"的位子。

但在罢责苏、李二人时，宋神宗与王安石的权力意志则受到了一点阻挠。以宋朝的惯例，罢免的敕命也由舍人院起草，此时蔡延庆已就职，他接到词头，起草好诰词，交给皇帝之后又反悔了，请求神宗收回成命。

神宗当然不会听他的，将罢免苏、李的敕命发至通进银台司。知通进银台司孙固居然将敕命封驳回去："窃闻有旨李大临、苏颂落知制诰，蔡延庆未敢命词。大临与颂昨以除选人李定为监察御史里行，以故事开陈除命未当，不敢自为反覆。欲望陛下宽大临与颂之责，而特从延庆之请，不胜幸甚。"[1]

宋神宗只好发御批解释："蔡延庆原不曾不肯命辞，兼苏颂等亦不曾论李定，自是罪他反覆抗命，要卿知，可速发下。"

孙固又封驳。皇帝再发御批："敕内著罪状甚明，无可疑虑，可速发下。"几番拉锯，罢免苏颂与李大临的敕命总算获得通过。

在这场围绕任命李定为台谏官的拉锯战中，现在看来，似乎是宋神宗与王安石一方赢了，尽管赢得比较狼狈。但是，事情还没有结束。

李定在权监察御史里行的位子上屁股尚未坐热，就被其他台谏官抓到一个把柄，纷纷发起弹劾。原来，李定早年在任泾县（今安徽泾县）主簿时，母亲仇氏去世，李定却隐匿不服。按照传统中国的一项古老制度，官员父亲或母亲去世，要辞职回家守制，这叫"丁忧"。古人相信这是孝道的体现。今天我们当然可以对丁忧的制度不予认同，但在丁忧作为一项制度存在的时候，李定"闻母仇氏死，匿不为服"，无疑可以说明这个人的人品确实有问题，不但官迷心窍，也缺乏诚信。这样的人，显然不适合担任台谏官。

还记得那位被罢去知通进银台司之职的陈荐吗？此时他的职务是权管御史台，相当于下议院代理议长。他风闻李定不服母丧，率先发起对李定的弹劾，要求朝廷成立"专案组"调查李定。

李定自辩说，仇氏早已改嫁，"实不知为仇所生，故疑不敢服"。王安石也力保李定，并暗示皇帝不要太窝囊："陛下初除李

---

[1] 《续资治通鉴长编》卷二一一。下同。

定作谏官,定诚非高才,既不能为陛下济天下务,然近岁谏官,谁贤于李定?而宰相不肯用定者,正以定私论平直,不肯阿其朋党,故沮抑之。陛下听其说,改命为御史,已是一失。此陛下予夺之权所以分,而正论之士所以不敢恃陛下为主也。胡宗愈、苏颂辈又言'用定不合法制。人主制法者,乃欲以法拘制,不得以特旨指挥',天下事固无此理,况近制又无京官方得为御史、选人即不得擢为御史指挥,此是其妄也。……苏颂辈攻李定,终不敢言其不服母丧;独陈荐言者,荐亦知李定无罪,但恃权中丞得风闻言事故也。……此事唯陛下明察独断而已。"

宋神宗只能表态说:"李定处此事甚善,兼仇氏为定母亦未知实否也。"[1]

但台谏之地,李定是待不下去了,皇帝只好免去他的御史之职,改为"崇政殿说书",即经筵官。然而,台谏官还是不依不饶,另外两位御史林旦、薛昌朝又上书说:"不宜以不孝之人居劝讲之地。"并弹劾王安石:"宰相王安石以定素出其门,力为荐引,虽旧恶暴露,犹曲折蔽护;言事者敷陈义理,一不省顾。"王安石则要求皇帝罢去林、薛二人之职。[2]

王氏专横的作风引发了更强劲的反弹。熙宁四年(1071)正月,一位叫作范育的台谏官前后七次上疏弹劾李定不服母丧:"朝廷之法当先治其近者,而置不孝之人在天子左右。臣职在纠弹,此为不正,焉暇及他。是以夙夜忧危,发愤闷、肆狂言而不知止也。臣昨在本台,以定所供三状案文求情,知其先信而后疑,先信发

---

1 《续资治通鉴长编》卷二一三。
2 《宋史·李定传》;《续资治通鉴长编》卷二一九。

于诚心，后疑生于巧避。今王安石不信定之诚信，而独信其妄疑；不为质其母，而直为辨其非母；不正其恶，而反谓之善。上诬天心，下塞公议。朝廷虽可惑，李定之心安可欺？臣言虽可抑，而天下之心焉可诬？伏愿陛下以高明照物情，以神武断群议，或正罪李定，或贬削臣职。"[1]

面对汹涌而来的弹劾声浪，李定"亦不自安，祈解职"，遂改任"同判太常寺"。《宋史》给李定盖棺定论："徒以附王安石骤得美官，又陷苏轼于罪，是以公论恶之，而不孝之名遂著。"[2] 想当初，王安石与宋神宗执意要将支持变法的新秀李定送入台谏系统，差点就要成功了，但最后还是功亏一篑。

余话

"阻击李定"的故事至此告一段落。亲爱的女儿，当你听完这个故事，你会有什么感想呢？我想提醒你，故事是演绎制度的舞台。透过"阻击李定"的故事，我们可以观察到宋朝人事任命制度中的权力制衡设计：一项来自皇帝名义、宰相意志的任命提名，如果不合法度与程序，知制诰可以封还词头，通进银台司可以封驳敕命，最后台谏系统还可以发起弹劾。

这样的制度设计尽管不可能百分之百阻止所有不合理的人事任命，但它显然提供了一套权力制衡的机制，借助这个机制，苏颂才得以一次又一次运用法定的权力与程序阻挠宋神宗对李定的

---

1 《续资治通鉴长编》卷二一九。
2 《宋史·李定传》。

任命。

当我看到苏颂以"今日非我值班"等理由封还词头，总是忍不住联想到美国国会的"冗长演说"机制：少数派为了阻止对一项法案的表决（因为表决即意味着获得通过），长时间占据讲台发表演说，拖延表决程序的启动。苏颂的执拗劲儿，多么像发表"冗长演说"的少数派议员；其一而再、再而三封还词头之举，也多么像"冗长演说"的机制。

当然，我们也应该承认，这一场针对李定的"阻击战"，背后其实有着朋党斗争的因素。不管是宋敏求、李大临，还是苏颂，他们都同情保守派，对王安石的新法颇有异议。御史中丞吕公著因抨击青苗法被外放颍州，宋神宗与王安石要求知制诰宋敏求在诰命上写明吕公著反对青苗法的罪状，宋敏求坚决不写；李大临公开宣称"青苗法有害无益"；苏颂也直言过青苗法施行过程出现的弊病："提举青苗官不能体朝廷之意，邀功争利，务为烦忧。"

站在党派立场上，苏颂等人肯定是不愿意看到王安石的亲信进入台谏系统的。但是，他们也不能说：你李定是一个变法派，所以不能担任台谏官。他们只能以法律赋予的权力，以合法的程序，以合理的理由，穷尽阻击李定的可能性。现在的政党政治，不正是这么玩的吗？

以前我们总是从负面的角度评价宋代朋党政治，新旧党相互倾轧，确实是北宋后期政治的一大痛处。不过，朋党也未必一定就是坏事，当朋党政治未至恶化的时候（比如宋仁宗朝），朋党的分化反而能够激活一种竞争性的政治秩序，反对派的存在无疑对执政团队构成了一种必要的压力，促使执政团队更审慎地行使权力，注意权力的行使合乎法度、经得起挑剔。用宋朝人的话来说，这叫作"且要异论相搅，即各不敢为非"[1]。

可惜王安石"性狠愎，众人皆以为不可，则执之愈坚"[2]，有"拗相公"之号，面对"法之初行，异论纷纷"的局面，不是尝试与反对派辩论、完善变法方案、寻求更大共识，而是抛弃了"异论相搅"的传统，排挤异己，谋求独裁权力。

而旧党领袖司马光也是差不多的牛脾气之人，被同为保守派的苏轼骂为"司马牛"，元祐年间，旧党执政，司马光不分青红皂白，一股脑儿叫停新法，全然不知为政之要就在"妥协"。至此，北宋朋党政治开始朝着"你死我活"的零和游戏的方向恶化。

---

1 参见《续资治通鉴长编》卷二一三。真宗用寇准，人或问真宗，真宗曰："且要异论相搅，即各不敢为非。"
2 黄宗羲：《宋元学案》卷一四。

一起劫杀案的余波

亲爱的女儿，从北宋"阿云狱"司法大辩论的故事，相信你已经见识了宋朝法官对于法律适用疑问的锱铢必较。今天，我们再来讲述另一宗同样体现了宋人在法律问题上锱铢必较精神的案子。

　　话说韩琦在河北西路相州（今河南安阳）任知州时（约为熙宁七年，即公元1074年前后），当地有一个"三人组"劫盗团伙，盗魁是师父，另外二人则是盗魁的徒弟。至于他们的姓名，已经湮没不闻。

　　有一次，这个劫盗团伙在抢劫一户人家时，被邻里发现，驱逐而散。盗魁愤恨，给俩徒弟下了一个指令："自今劫人，有救者先杀之。"徒弟说，好。

　　过了一段时间，这个劫盗团伙又去抢劫另一户人家。那户主是一位单身的老妪，三劫盗将她缚起来，"榜棰求货"，严刑拷打，逼她交出财物。老妪哀号，她的邻居听到哀号之声，心中不忍，便过去劝说劫盗："这老人家也没什么财产，你们这么将她打死了也没有用。"盗魁的徒弟一怒之下，将那多管闲事的邻人刺死了。

　　后来，相州官府将三名劫盗抓获。《宋刑统·贼盗律》规定："强盗不得财，徒二年；……伤人者，绞；杀人者，斩；杀伤奴婢亦同；虽非财主，但因盗杀伤，皆是。"法官按律判三名劫盗死罪。经河北西路提刑司核准，三名劫盗被执行死刑。

　　这本是一起很寻常的刑事案，不想却在数年后引发一场司法争议，将好几位中高层官员都卷了进来。[1]

1　相州三劫盗案及其余波，见《续资治通鉴长编》卷二八九，《皇宋通鉴长编纪事本末》卷六五，后面关于相州案的引文，除另有注释之外，均引自《续资治通鉴长编》与《皇宋通鉴长编纪事本末》，不赘注。

進刑統表

臣聞虞帝聰明始恤刑而御物漢高豁達先約法以臨人蓋此丹書輔於皇極禮之失則刑之得作於涼而弊於貪百王之損益相因四海之準繩斯在如銜勒之持逸駕猶邦郭之域羣居有國家其來尚矣伏惟皇帝陛下寶圖攸屬駿命是膺象日之明流祥光於有截繼天而王垂洪覆於無疆乃聖乃神克明克類河圖八卦惟上德以潛符洛書九章諒至仁而獻感哀矜在念欽恤為懷綢繆自密所疏文務從徵而顯乃詔執事明啟刑書俾自我朝彌隆大典黃體時之寬簡使率土以遵行國有常科吏無敢侮伏以刑統前朝創始羣規為

旧案重提

大约熙宁末年（约 1077），一个叫作周清的司法官率先对相州三劫盗案的判决提出质疑。

周清，原为江宁府的司法官，因有才干，被时任宰相的王安石相中，提拔进宰相直属机关——中书刑房任堂后官（按宋制，元丰改官制之前，以中书门下为宰相机构，下设五房：孔目房、吏房、户房、兵礼房、刑房。职官有检正中书五房公事、提点中书五房公事、各房检正公事、各房堂后官、守当官等），负责抽查往年的刑事判决档案，若发现有错判、误判或有疑点的判决，有权提出反驳。

周清检查相州三劫盗案的卷宗时，发现原审法官的判决在法律适用方面存在一个问题：熙宁年间国家有新立法，"凡杀人，虽已死，其为从者被执，虽考掠，若能先引服，皆从按问，欲举律减一等"。意思是说，犯杀人罪行的人，如果是从犯，在被捕后若能够主动招供，那么可以按自首处理，刑责减一等。本案中，盗魁曾命令徒弟："有救者先杀之。"可知盗魁应为杀人案首犯，动手杀人的两个徒弟只是执行师父的命令，应为从犯。而且他们被捕后，"至狱先引服"，属于按问自首。依照熙宁新法，刑罚应当减等。相州却判他们死刑，而刑部没有驳正，"皆为失入人死罪"。

按宋代司法制度，在一件刑事判决书上签名的所有法官，都终身对他们同意的判决负责，日后若被发现有错判，即追究相关法官"出入人罪"之责。"出入人罪"又分为故入人罪、故出人罪、失入人罪、失出人罪四种罪行。宋朝立法对这四种错案的责任追究，是有着重大差别的。

南宋《宋高宗书孝经马和之绘图》（局部）描绘的刑事审讯情景。台北故宫博物院藏

对于"故入人罪"，法律的惩罚非常严厉，分两种情形：一是"诸官司入人罪者，若入全罪，以全罪论"，意思是说，如果司法官故意将完全无罪之人判有罪，那么一旦案发，受害人所承受的罪刑将还施制造冤案的司法官，譬如一名无辜者被故意判了死刑，以后冤案若被发现，则故意错判的法官也将被判死刑。

另一种情形是，"从轻入重者，以所剩论"，意思是说，被告人确实有犯罪情节，但司法官故意重判，那么法官判决的实际刑罚与犯人所应承受的法定刑罚之间的那个差，就是错判的法官必须承担的罪刑，比如法官将一个本应"徒二年"的犯人故意判为"徒三年"，这额外多出来的"徒一年"，就由被追究责任的法官承担，换言之，此法官将被判处"徒一年"之刑。[1]

不过，如果一名犯了笞杖刑轻微罪的犯人被故意错判为徒流刑以上，或者一名犯了徒流刑罪的犯人被故意错判了死刑，将不适用"以所剩论"，而是适用"以全罪论"，对冤案负责的法官必须反坐全部罪刑。在一种情况下，法官故入人罪的刑事责任可获减等，那就是错判尚未执行的情况下。

法律对"故出人罪"的问责，大致跟故入人罪差不多，从重处罚。一名法官不大可能无缘无故为犯人开脱罪行，往往是因为法官接受了犯人亲属的贿赂，因此，故出人罪的徇私枉法通常还伴随着贪污受贿的司法腐败，当然应该严查、严惩。

至于"失入人罪"，由于法官不存在错判的主观故意，只是在司法过程中因为失误而错判，因此，失入人罪的责任相对轻于故入人罪的责任。按熙宁二年（1069）的一项立法，凡司法机关失入人死罪，如果被处死刑的犯人达到三名，则负首要责任的狱吏"刺配千里外牢城"；负首要责任的法官"除名""编管"；负次要责任的法官"除名"；负第三、第四责任的法官"追官勒停"。

如果失入死罪的犯人达到两名，则负首要责任的狱吏发配"远恶处编管"；负首要责任的法官"除名"；负次要责任的法官"追官勒停"，负第三、第四责任的法官"勒停"。

如果失入死罪的犯人只有一名，负首要责任的狱吏发配"千里外编管"；负首要责任与次要责任的法官"勒停"；负第三、第四责任的法官"冲替"。[2]

---

1 《宋刑统·断狱律》。
2 《宋会要辑稿·刑法》。

相比之下，宋朝对"失出人罪"的责任追究最轻，甚至在很长时间内不进行问责。由于对失出人罪的处罚极轻，当然可能会导致法官在司法过程中倾向于轻纵罪犯，有损司法公正；但是，这样的制度安排也可以让法官在司法审判中倾向于"疑罪从轻"、"疑罪从无"，这正是"与其杀不辜，宁失不经"的华夏司法传统的体现。

相州三劫盗案可能存在的错判，属于"失入人罪"。周清提出，应该追究相州案法官与刑部"失入人死罪"的责任。

这一桩封存于档案室的陈年旧案，就这样被翻了出来。

我们看史书会发现，人们为受冤屈的良民获得平反而呼吁、奔走之事并不鲜见；但替"枉死"的强盗讨回公道，确实不寻常。不过在宋朝却不算稀罕，我们再举个例子：按宋朝旧法，强盗杀死其党徒，未自首而被捕，处罚极轻，仅杖六十而已。宋仁宗宝元二年（1039），庐州发生了一起强盗为争夺赃物而自相残杀的案子，知州王质判处杀了同伙的强盗死刑，但这一判决被大理寺驳回，因为不合"盗杀其党，不自言而获者，坐杖六十"的法律规定。王质不服，连上数疏反驳大理寺："盗杀其徒，自首者原之，所以疑坏其党，且许之自新，此法意也。今杀人取货，而捕获，贷之，岂法意乎？"但王质还是因为裁决刑案不合于律而受到弹劾，"罢庐州，监灵仙观"[1]，被免去庐州知州之职，改授一个闲差。

我们也经常听到一种说法：为坏人的合法权利辩护，就是为所有人的权利辩护。对王质被弹劾、周清翻旧案的故事，不妨也这么看待。当然，从动机来说，周清未必有多么高尚，他其实有

---

1 《续资治通鉴长编》卷一二四。

私心，因为熙宁年间，王安石立了一条新规："若刑房能较审刑院、大理寺、刑部断狱违法得当者，一事迁一官。"周清计较相州三劫盗案的判决，是为积累自己的声望与官资。但是，我们不也常说吗，不怎么高尚的动机，也能推动社会的进步，为大众带来福利。

现在相州三劫盗案的判决既然受到质疑，神宗皇帝便将案子交给大理寺复核。负责复核的大理寺详断官窦革（一说为窦苹）、周孝恭认为，盗魁固然交待过徒弟，"有救者先杀之"，但这里的"救者"，显然是指"执兵仗来斗者也"，而本案中，被杀死的邻人只是"以好言劝之"，并不是带着武器前来救援之人，盗徒出手将他杀死，是主犯，不可认定为从犯，依律当判死刑。相州的判决没什么差错。

窦革、周孝恭又去请示周清的上司、中书刑房检正公事刘奉世。刘奉世说："君为法官，自图之，何必相示？"窦周二人又说："然则此案不可认定为'失入人死罪'。"刘奉世说："君当自依法，没有人指示此案必须裁定为'失入人死罪'。"于是大理寺做出对相州案的复核裁决：相州案不存在"失入人死罪"的错判。驳回周清的请求。

周清不服，坚持相州案判决不当，要求再议。于是神宗又将案子交刑部审议。刑部的法官最后认为，周清的质疑有道理，相州案的判决有失误。

你可以想象，大理寺对此裁定肯定也不服啊。

节外生枝

正当大理寺与刑部、周清展开大辩论之时，案子突然另起波澜——皇城司（宋朝的皇城司是一个准司法机构，负责刺探京城臣民的不法情事，也掌握着一部分司法权，但审讯的对象只限皇室人员及间谍，职能有点像明代的锦衣卫，但权势远不如锦衣卫）向宋神宗报告：发现相州的法官潘开带着财物来到京师，向大理寺法官行贿三千贯钱，"相州法司潘开赍货诣大理行财枉法"，"赍三千余缗赂大理"。

原来，当年在相州负责审判三劫盗案的主审法官，叫作陈安民，如今已另迁他官，他听说周清正在驳正这个案子，心里很是慌张，担心会被问责，赶紧"诣京师，历抵亲识求救"。又给相州的现任法官潘开写了一封信："大事不妙。尔宜自来照管法司。"潘开便带了一笔钱来到开封。恰好有一个叫高在等的相州人，在司农寺当公务员，与潘开相识，潘开便托他找找门路。高在等也看中了潘开带来的财货，说他认识大理寺的法官，这事包在他身上，让潘开放心。

不想潘开在京城的活动，不知怎的被皇城司打听到了，立即报告给了皇帝。贿赂法官，妨碍司法公正，这还了得！神宗立即指示开封府按鞫潘开行贿一事。

相州三劫盗案发展至此，性质发生了改变：从原来的判决是否存在错判的问题，变成相州法官是否妨碍司法公正的问题。

开封府审讯了潘开及相关证人，发现潘开带来的财物并未送到大理寺法官手里，而是被高在等与几个中书刑房的吏员瓜分掉了，大理寺法官都说从来没有见过潘开这个人，所谓"赍三千余缗赂大理"只是谣传。开封府也找不到潘开行贿大理寺的证据，只发现一封陈安民写给潘开的书信。总之，行贿大理寺法官、妨碍司法公正的指控，证据不足。

这时候，谏官蔡确站出来说：相州三劫盗案原审法官陈安民，背景可不简单，他的外甥、大理寺法官文及甫，正是三朝元老文彦博之子,又是当朝宰相吴充(时王安石已罢相,由吴充接任)的女婿。事连大臣,非开封府可了。建议将案子移交御史台审讯。宋代的御史台具有司法职能,对于奏谳的疑案、事连大臣的要案、上诉至中央的大案,皇帝通常都会责令御史台组成临时法庭来审理。

元丰元年(1078)闰正月,神宗下诏:"近降相州吏人于法寺请求失入死罪刑名事,缘开封府刑狱与法寺日有相干,深恐上下忌疑,不尽情推劾,致奸贼之吏得以幸免。宜移送御史台。"御史台开始接手负责对相州案的复查及对潘开行贿案的推鞫。不过审讯了一月有余还是未有结果,神宗又诏谏官蔡确"与御史同鞫"。

以前我们看《水浒传》,总以为宋朝的官宦子弟无法无天,法律对他们如同摆设。事实当然并非如此。既然相州案牵连到朝中大臣的子弟,那更需要彻查清楚;之所以移交御史台调查,也是为了防止有高官干预司法公正。按宋真宗年间的立法,"御史台勘事,不得奏援引圣旨,及于中书取意"[1]。为了保障司法的独立性,法律禁止御史在推鞫、裁决诏狱时请示皇帝与宰相的意见。

至于推动彻查相州案的力量,应该说,是比较复杂的。宋神宗的目的自然是希望查清楚有没有官员贪赃枉法,蔡确却意在借相州案打击政敌吴充。但我们大可不必以动机深究历史人物,还是看蔡确在调查相州案的过程中是否有构陷行为。

---

1 《宋会要辑稿·职官》。

酷吏断狱

作为潘开行贿案的主审官，蔡确表现出心狠手辣的酷吏做派。他委派大理寺丞刘仲弓为主审官，先将涉嫌收受请托的大理寺详断官窦苹、周孝恭等人逮捕来，"枷缚曝于日中凡五十七日，求其受赂事"。可是窦苹、周孝恭都不认罪。

蔡确又将一众人犯关入大牢，"令狱吏卒与之同室而处，同席而寝，饮食旋溷，共在一室。置大盆于前，凡馈食者，羹饭饼饵悉投其中，以杓匀搅，分饲之如犬豕，置不问"。大家原来都是体面的士大夫，哪里受得了如此这般羞辱，"幸其得问，无罪不承"。窦苹交代说，之前审议相州案时，自己曾说过，"陈安民是李待制亲（李待制为何人，待考），谁敢妄定翻他文字？"

蔡确将陈安民传唤来，先"置枷前"恫吓了一番，再"问之"。陈安民胆子比较小，心里恐惧，立即交代说，曾找他的外甥文及甫帮忙，文及甫称"已白丞相，甚垂意"。丞相者，即宰相吴充，意思是，相爷已知道这件事了，会关注的。

另一位主审官、御史中丞邓润甫为人忠厚，看不惯蔡确"惨刻"的作风。有一次，他夜宿御史台，听到牢里的犯人因被拷掠而发出的哀号之声，惨不忍闻，以为是蔡确在讯问窦苹、周孝恭等人，心里对窦苹、周孝恭很同情，却又无可奈何。

再说蔡确得到陈安民的供词，心中窃喜，"遽欲与（邓）润甫登对，且奏（吴）充受请求枉法"。邓润甫却说，"未敢上殿"。劝告蔡确不要贸然惊动皇上。

次日，邓润甫在给神宗讲课时（邓润甫又是经筵官），借机告诉皇帝："相州狱甚冤，大理寺实未尝纳赂。而蔡确深探其狱，枝蔓不已。窦苹等皆朝士，榜掠身无全肤，皆衔冤自诬。乞早结正。"恰好权监察御史里行上官均也上书说,窦革等人受到刑讯逼供。在古代,刑讯为合法,不过宋朝"待遇臣下进退以礼"[1],顾全士大夫体面,士可杀而不可辱,对士大夫动刑,是当时的舆论普遍不能接受的事情。

所以宋神宗听了邓润甫与上官均的报告,"甚骇异"。

第二天,蔡确终究按捺不住,来见神宗,准备汇报陈安民招供不讳、宰相吴充涉嫌受请托一事。但行至殿门时,皇帝拒绝见他,"使人止之,不得前"。随后,便接到神宗手诏:"闻御史台勘相州法司颇失宜,遣知谏院黄履、勾当御药院李舜举,据见禁人款状引问,证验有无不同,结罪保明以闻。"时为元丰元年四月三日。

马失前蹄

黄履、李舜举奉诏至御史台大狱,与邓润甫、蔡确等坐于帘后,"引囚于前,读示款状(犯人供词),令实则书实,虚则陈冤"。这个做法,是宋代刑事司法的一道程序,叫作"录问"。

依宋制,为防止出现冤案、错案,徒刑以上的刑案,在庭审结束之后,都必须启动录问的程序,即由一位未参加庭审、依法不必回避的法官核查案状,再提审被告人,读示罪状,核对供词,询问被告人所供是否属实。若犯人翻供,这起案子的审讯必须推倒重来,原来的法官撤换掉,由另外的法官重组法庭,重新审理,这叫"翻异别勘"。凡刑案未经录问,不可以判决;即使做出了判决,也不能生效;如果生效,即以司法官枉法论处。

---

1 苏颂:《苏魏公文集》卷一七。

但是，法意虽美，执行时却难免要打个折扣。有些犯人害怕录问翻供，案子重审时，会再次受到刑讯，所以往往选择不翻供，认命。

黄履、李舜举这次录问，周孝恭、潘开等三十余人果然没有翻供，因为之前"有变词者辄笞掠"，"称冤者辄苦辱之"。只有窦革一个人喊冤，称原供状内"十有八事皆虚"。不过，黄履、李舜举验看他的身体，发现"拷掠之痕则无之"，显然他并未受到严重的刑讯逼供，邓润甫之前所说的"榜掠身无全肤"，看来是不实之词。原来，邓润甫那次夜里在御史台听到的"拷掠囚声"，并非窦革等人被讯问，而是御史台法官在讯问其他案子的犯人。

黄履、李舜举录问完毕，回去向神宗皇帝报告，说除了窦革，其他人等都没有喊冤翻供，而窦革本人身上也不见拷掠之痕。宋神宗开始对邓润甫生出几分不满，认为他报告不实。

这时，权监察御史里行上官均又上书说：虽然窦革在审议相州案时，曾有"陈安民是李待制亲，谁敢妄定翻他文字"之语，语似涉私徇情，然而"推究窦革等本意，正是疑惑刑名，反复议论"，并不能拿来作为企图为陈安民开脱的罪证。"法官窦革等非臣亲故"，臣安敢"曲为游说"，只是大理寺乃法令所系，当持天下之平，"若官司挟情轻重其手，此固人臣之所同嫉，朝廷之所宜深治也"。因此，"臣欲乞别差端厚明良之臣，移司勘劾，庶几推见本末，义不纵奸，仁不滥罚，有以副朝廷用刑之意"。

神宗依言又委派黄履与另一位监察御史里行黄廉，"就台劾实，仍遣（李）舜举监之"。但黄廉对这案子似乎并没有提出什么异议，因为后来他跟弟子说起，"吾失不极论此狱，甚愧"。

宋神宗这下确信邓润甫与上官均之前所言有虚。蔡确又趁机进言：邓润甫与上官均见陈安民请求执政情节，有意开脱，"恐臣论列，故造飞语以中伤臣"。这次录问，二人又"意欲开诱罪人翻异，而罪人了无异辞"，黄履与李舜举两位可以作证。

于是神宗皇帝以"奏事不实，奉宪失中。言涉诋欺，内怀顾避"为由，罢了邓润甫的御史中丞之职，出知抚州（今江西抚州）；以"不务审知，苟为朋附。俾加阅实，不知所言"为由，罢了上官均的权监察御史里行之职，出知光泽县（今福建光泽）；蔡确则被任命为右谏议大夫、权御史中丞。

按宋朝制度，凡重要任免，诏敕需宰相签字副署。宰相吴充说："御史台鞫相州狱，连臣婿文及甫，其事在中书有嫌。乞免进呈，或送枢密院。"神宗同意吴充避嫌，免签字。蔡确的任命书由枢密院签发。

结案

成功排挤掉碍手碍脚的"老好人"邓润甫之后，新任御史中丞蔡确继续审讯相州案及由其衍生的潘开行贿案。

这一回，蔡确逮捕了陈安民的外甥、大理寺评事文及甫。文及甫恐惧，供认曾将大理寺复核相州案一事禀告了他的岳父、宰相吴充，吴充允诺会关注此事。与陈安民的供词一致。文及甫还供称，曾嘱托太常博士吴安持过问相州案。吴安持，宰相吴充之子，王安石的女婿。

蔡确又逮捕了中书刑房检正公事刘奉世，并恫吓他：大理寺的法官已供认受了你的风旨行事，你还不认罪？刘奉世心里疑惧，称自己是受了吴安持的嘱托。说起来，刘奉世与吴家渊源匪浅，刘氏原供职于枢密院，时任枢密使的正是吴充，后吴充拜相，便奏请将刘奉世调入中书刑房，任检正公事一职。

蔡确将目标锁定在宰相公子吴安持身上，奏请逮捕吴安持问讯，但神宗皇帝顾及宰相吴充的身份，没有答应逮捕，"特免追摄"，由御史台诏狱"遣人就问"。但吴安持大概担心自己也会被捕系狱，接受讯问时，主动供认曾交待过刘奉世帮忙。

受相州案牵连的还有韩琦之子、时任三司副使的韩忠彦。我查到的史料并没有说明韩忠彦究竟因何事介入相州案，只是简略提到蔡确也传唤过韩忠彦。我的猜测是，相州三劫盗杀人案案发之时，正好是韩忠彦的父亲韩琦任相州知州。相州案的判决，是需要知州签字才可以宣判的。换言之，如果相州案的判决存在"失入人死罪"的问题，韩琦也难辞其咎。但韩琦已于熙宁八年（1075）去世，想来韩忠彦应该是出于维护父亲声誉之心，以某种方式过问了相州案的复核。

蔡确审讯至此，认为案情已经水落石出，便给神宗呈交了结案报告：经查，陈安民在任相州签书判官时，主审三劫盗杀人一案，判决失当，失入人死罪；又因害怕旧案被驳正，便向他的外甥、大理寺评事文及甫请托。文及甫受陈安民之请，又转托于他的大舅子、宰相吴充之子吴安持。吴安持受托，嘱咐跟吴家关系密切的中书刑房检正公事刘奉世帮忙。刘奉世复暗示大理寺法官裁定相州案非失入。大理寺法官窦苹、周孝恭承刘奉世风旨，遂认定相州案的原判不存在过错，驳回周清的质难。

你看，蔡确给相州案理出了一条清晰的请托链：陈安民→文及甫→吴安持→刘奉世→窦苹、周孝恭。

元丰元年六月，宋神宗下诏，对涉案官员分别做出处分：

陈安民坐失入人死罪，又企图妨碍司法公正，"追一官，勒停，展三期叙"，即降低官阶，勒令停职，延迟磨勘期九年（意味着九年内不可能获得升迁）；

文及甫"冲替",即调离现职并降职;

吴安持"追一官,免勒停,冲替",即降官阶,同时降职;

刘奉世"落直史馆,免勒停,监陈州(今河南淮阳)粮料院",即夺去馆职待遇,外调陈州粮料院领一份闲职;

窦革"追一官,勒停",降官阶,并勒令停职;

周孝恭"冲替",处分跟文及甫一样;

韩忠彦"赎铜十斤",相当于课罚金。

至于那个携带巨款跑到京师拉关系、引爆相州案余震的相州法官潘开,很奇怪,史料中找不到他所受处分的记载。

周清呢,因驳正相州案有功,"迁一官",晋升一级官阶。

这个处分结果公布后,蔡确还不满意,多次率领御史登对、上书,说对吴安持的惩处太轻了。蔡确之所以盯着吴安持不放,自然意在其父吴充。吴充实际上并未过问相州案,但事情毕竟牵连到他的家人,按宋朝惯例,他唯有"上表乞罢相,及阖门待罪"。最后神宗皇帝"遣中使召出,令视事",才回中书门下上班。

对蔡确的穷追不舍,宋神宗也有些反感,反问蔡确:"子弟为亲识请托,不得已而应之,此亦常事,何足深罪?卿辈但欲共攻吴充去之,此何意也?"并将蔡确等人的奏札退了回去。那几个御史这才停止攻击。

相州三劫盗案引发的政治余波,总算平息下来。

余话

后人著史,将蔡确列入"奸臣传",又认为吴安持、文及甫等人受了蔡确陷害,"狱成,人以为冤。今详述其事,则冤事自见也"。不过,我相信宋神宗那个基于常理常情的判断:"子弟为亲识请托，不得已而应之，此亦常事。"蔡确固然不是什么正人君子，但神宗皇帝也不是一个容易受人蒙蔽的昏君。

我们讲这个故事，也意不在分辨谁是好人，谁是坏人。故事揭示的制度运作，才是我们应该关注的重点。就这个闹得沸沸扬扬的相州案来说，我觉得有几点值得留意：

其一，最早对相州三劫盗案判决提出质疑的中书刑房堂后官周清，也许真的是动机不纯，但动机无法深究，我们看到的，是周清对法律适用的较真，引据法条，辨析法意。而这，正是司法的要旨所在。

其二，大理寺详断官窦苹与周孝恭裁定相州案原判决合理，也是在法理上进行辩护，辨析"救者"在法律上的界定，而不是宣称那三个盗劫可不是什么好人，死有余辜。换句话说，不管是周清，还是大理寺，尽管观点相异，但有一个共识却是不言自明的：即便是强盗之类的坏人，对他们的制裁也应当遵循法律的规定，不可以"舍法以论罪"[1]。

其三，随着案情的进展，朝中大臣的子弟牵涉进来，被调来推鞫相州案的蔡确，不管你是宰相的女婿也好，宰相的儿子也好，只要涉案，就敢传唤来。虽然蔡确也是动机不良，但他敢这么做，也说明了彼时朝野上下还有一个不言自明的共识：高干子弟的身份，不是法外开罪的挡箭牌。

其四，面对蔡确的咄咄逼人之势，看着自己的女婿被逮捕、儿子被讯问，宰相吴充始终没有说一句话，不敢明里暗里干预御史台的司法。这并不是因为吴充懦弱，而是出于避嫌的自觉。那

---

[1] 马端临：《文献通考·刑考》。

假如吴充企图影响司法呢？按宋朝政治正常时期的风气，吴充将会迎来猛烈的抗议声浪，最后可能被迫辞职。

　　以现代人的眼光来看，我们当然可以发现宋代的司法制度存在很多问题，比如较为严重的刑讯逼供。不过，我总是觉得，对于古人所立制度，我们不必责备求全，更应该见贤思齐，反求诸己，这才有利于社会的进步。

一桩弑母案激起的权争

开封府久审未决

亲爱的女儿，今日要讲的这个故事有些骇人听闻，我们从宋神宗元丰元年（1078）春夏之际陈世儒奏报丁忧说起——陈世儒原为国子监博士，后被委任为舒州太湖县（今安徽太湖）知县，赴任不久，因母亲张氏病逝，奏请丁忧守制，"以丧还京师"[1]。按传统礼制，凡为官者，在父亲或母亲去世时，必须辞官还家，守孝三年。这就是丁忧之制。丁忧本为寻常事，无数官员都有过丁忧的经历。

谁知这年六月，一名自称受了陈世儒殴打的奴婢，从陈府逃了出来，跑到开封府衙门检控陈母并非死于急病，而是中毒而亡。

开封府知府苏颂马上让军巡院（开封府常设法院之一）的法官推鞫此案。经法医检验，陈母果然有中毒迹象，更吓人的是，其脑后还钉着一根致命的大铁钉，死于谋杀是毫无疑问的。那么到底是谁谋杀了她？

据那名逃婢指控，主使杀人的正是陈世儒的妻子李氏，动手杀人的则是陈府奴婢阿高、阿张诸人。开封府当即缉拿李氏与众婢讯问，推鞫出杀人经过：陈世儒之母张氏，为人"淫悍不制"，年轻时曾将婢女折磨致死，世儒之妻与这个可怕的家婆一贯不合，一日便暗示家中婢女："本官（指陈世儒）若丁忧，汝辈要嫁的为好嫁，要钱的与之钱。"[2] 诸婢心领神会，要陈世儒丁忧，当然

---

1 《续资治通鉴长编》卷三〇〇。
2 《朱子语类》卷一三〇。

北宋"开封府题名记碑",上面勒刻了自建隆元年二月至崇宁四年闰二月历任府尹名录,其中便有苏颂的名字。开封市博物馆藏只有让张氏死去，于是"以药毒之，不死，夜持钉陷其脑骨"[1]，杀死了张氏。

开封府法官认为，杀人凶手为诸婢女，依法当判处极刑；李氏虽有大逆之语，但毕竟并未"明言使杀姑，法不至死"；陈世儒本人因不知情，可免于追究。[2]知府苏颂便按此判决上报大理寺、刑部复核，却被大理寺、刑部驳回重审。

开封府又重组法庭审理此案，最后还是维持原判，但判决又被中央法司驳回。于是案子在开封府审了大半年，还是未能结案。此时，京城已经流言四起，一些小道消息说，是陈世儒与妻子李氏合谋指使奴婢杀害了张氏，而开封府有意包庇陈世儒与李氏。连宋神宗都听到了流言，召见苏颂询问案情。神宗说："此人伦大恶，当穷竟，无纵有罪。"苏颂答道："事在有司，臣固不敢言宽，亦不敢谕之使重。"[3]表明了他将不偏不倚对待此案、不会干预法庭（有司）审判的立场。

不过，舆论界对开封府可能徇私的担忧，应该说是有道理的。因为涉案的陈家，背景绝非寻常：陈世儒之父陈执中是两朝元老，深得宋真宗的宠信，又是仁宗朝的宰相；李氏的家世更不简单，她父亲是龙图阁直学士李中师，母亲吕氏是仁宗朝另一位宰相吕夷简的孙女，吕夷简的儿子吕公著为端明殿学士兼侍读，这年九月份刚刚被任命为同知枢密院，即主管军政的副宰相。陈氏夫妇具有如此显赫的身世，谁敢保证他们不会动用关系走后门，干

---

1 《续资治通鉴长编》卷三〇〇。
2 《宋史·苏颂传》。
3 《宋史·苏颂传》；《续资治通鉴长编》卷三〇二。

公著公像

吕公著画像

预司法？

事实上，案发之后，开封府尚未逮捕陈妻李氏之时，李氏已经预感到大事不妙，跑去央求她的母亲吕氏："幸告端明公（吕公著）为嘱苏尹（苏颂），得即讯于家。"请求母亲赶快找吕公著，请他出面跟开封府知府苏颂说情，不要逮捕她，在家问话就可。

吕氏哪能见死不救？连夜"至公著所，如女言"。不过，吕公著是一位正派人，拒绝了她的请托："不可。比相州狱，正坐请求耳，逮系者数百人。况此岂可干人？"意思是说，这段时间，刚刚发生了"相州案"，朝廷正在查处请托之人，已抓了数百人。况且这种事，我避嫌尚来不及，岂可插手？吕氏只好"涕泣而退"[1]。

但吕公著本人没有插手，难保吕家的其他人不会出面干请。因此，舆论界紧紧盯住开封府审案是完全有必要的。

一段插曲

由于案子在开封府久鞫未决，又牵涉到朝中高官，有一个叫作黄廉的御史便提出，开封府"所鞫不尽"，且一直"不劾正世儒知情"，不能再让他们审下去了。宋神宗遂于元丰二年（1079）正月下诏，将"陈世儒母被害事送大理寺"[2]。

此时，开封府知府苏颂也因为另外一个案子，受到台谏官弹劾。这里我们需要先将这段插曲讲述清楚。

原来，元丰元年十月，开封府下辖祥符县的知县孙纯，因为

---

1 《续资治通鉴长编》卷三〇三。
2 《续资治通鉴长编》卷二九六。

升任梓州路（今川北）提举常平官，需要一笔钱赴任（大概是作为盘缠吧），便找大相国寺住持行亲借钱。行亲以前替孙纯"主治田产"，两人是旧识。老朋友要借钱，行亲也不便拒绝，便挪用了寺中公款"常住钱"一百贯，借给孙纯。

结果这事儿被相国寺僧人宗梵发觉，宗梵便到开封府控告住持行亲"辄持百千出，疑有奸"。但苏颂不受理这一诉讼，驳回诉状说："宗梵所告之事并不关己，没有诉权；寺庙常住钱也非官钱，官府不应干预。"并以诬告为理，将宗梵打了一顿板子，打发回去。而孙纯听说宗梵检控，也赶紧将钱还给了行亲。

御史舒亶得悉此事，立即上疏弹劾苏颂包庇孙纯。因为寺庙的常住钱包含了政府拨款，属于公款，按照大宋法律，官员私自借用公款，"贷贷之人各合有罪"，苏颂的做法，明显是故纵孙纯。而且，听说孙纯还是近臣之亲，京城有近臣给孙纯透露了行亲被告的消息，让他赶快偿还贷款。

神宗一听，震怒：这还了得，"辇毂之下，近臣敢以情势挠法，审如此，则不可不治"。立即委派同判刑部员外郎吕孝廉、权大理少卿韩晋卿"于同文馆置司"，在同文馆成立临时法庭，彻查此事。北宋同文馆为接待高丽使团的馆舍，因房屋宽敞，又常闲置，时常被大理寺等司法机关借用来作为审案之所。

这时苏颂也"自请罢职"，接受调查。宋神宗于是任命翰林学士兼侍读许将"权发遣开封府"，接替苏颂。时为元丰元年十一月。

经查，御史舒亶的指控属实，而且发现孙纯原为苏颂"女婿堂妹之子"，开封府判官徐大方、推官许彦先曾密谕孙纯偿还行亲贷款。吕孝廉与韩晋卿当即裁定苏颂"坐失出杖罪"。但舒亶又抗诉，认为孙纯与苏颂"实为近亲，不可以失论"，这不是"失出人罪",而是更严重的"故出人罪"。

神宗皇帝最后采纳了舒亶的主张,以"故出杖罪"降了苏颂的官阶,徙知濠州(今安徽凤阳);孙纯"夺一官,并勒停",降一级官阶,并且停职,提举常平官显然是当不成了;徐大方、许彦先"冲替",一并降职;韩晋卿、吕孝廉也"坐理断不当,各罚铜二十斤"[1]。

我们之所以详述苏颂故纵孙纯的故事,是因为从这件事中我们可以发现,苏颂虽然是正派人,但也有性格弱点,那就是比较容易同情朋友。在审理陈世儒案时,难说苏颂没有放陈世儒一马的想法。

大理寺复鞫

再说陈世儒案移交大理寺之后,由知大理寺少卿蹇周辅(大理寺第二把手),大理寺丞叶武、贾种民(大理寺高级法官)负责推鞫。

经过三四个月的审讯,贾种民等法官相信:陈世儒对于母亲张氏被害一事,并非不知情,而是默许,因为他被任命为舒州太湖县知县后,便一直"庸呆不乐为外官",所以默许了妻子李氏"讽诸婢欲谋杀张,欲以丁忧去"。其母子之间似乎也无多深的感情,因为张氏生下世儒未久,陈父去世,张氏即出家为尼。世儒成年后,才迎回张氏,不过他与妻子李氏"事之不谨"[2]。李氏则犯有

---

1 《续资治通鉴长编》卷二九三、卷二九六。
2 《续资治通鉴长编》卷三〇〇。

教唆奴婢杀死主母的恶逆重罪。但是,由于"世儒妻母因缘请求",开封府军巡院"元勘官改易情节,变移首从"[1],为陈世儒夫妇脱罪。

至此,大理寺对陈世儒母被害案的研鞫分为两条支线。一条支线是核实陈世儒与妻子指使弑母的实情;另一条支线是根究哪些人插手了陈世儒案,企图妨碍司法公正。第一条线的查证比较容易,毕竟证人俱在;第二条线则牵涉甚广,事连大臣。因此宋神宗批示:"世儒夫妇无紧切照证,自可结正以闻。"[2] 调查的重点放在第二条线。

不过,第一条线要结案也不容易,因为李氏的供词"屡变"。按照宋朝司法"翻异别勘"的制度,在一起刑案的审讯过程中,如果嫌犯变词翻供,就必须更换一批法官重新审讯。这是一项旨在防止冤案的自动申诉复审机制。为维持"翻异别勘"之制,宋政府不能不建立起一个繁复的司法系统,并不得不忍受低下的司法效率。有些犯人会利用"翻异别勘"的机制,一次次招供,又一次次翻异,于是一次次重审,没完没了。要避免出现这种浪费司法资源的状况,就必须在司法公正与司法效率之间达成一种平衡。宋人想到的办法就是,对"翻异别勘"做出次数限制,北宋实行的是"三推之限",即被告人有三次"翻异别勘"的机会,别勘三次之后,犯人若再喊冤,将不再受理。

元丰二年五月,李氏在"录问"时又喊冤,于是原来的法庭解散,重新安排法官复审,宋神宗只得又诏"司勋郎中李立之、

---

[1] 《续资治通鉴长编》卷二九七。
[2] 《续资治通鉴长编》卷二九七。

太常博士路昌衡重鞫陈世儒狱"[1]。

第二条线的调查则取得了突破。贾种民提审李氏："亦尝有嘱于官司乎？"你是不是请托了什么人向开封府打了招呼？李氏供称，曾求母亲吕氏请吕公著出面帮忙，但吕公著没有答应。贾种民又逮捕了吕氏讯问，吕氏"对如李辞"。

但法官贾种民为了构陷吕公著，居然篡改了吕氏与李氏的供词，向神宗汇报称，"公著尝许之，而公著子希绩、希纯皆与闻"，吕公著答应过问陈世儒案，他的儿子吕希绩、吕希纯也参与了进来。

神宗皇帝并不相信吕公著会插手本案，说："公著宜无此。"派遣御史黄颜前往大理寺"监治"[2]。

五月，贾种民到吕家讯问吕公著与他的两个儿子。吕公著与吕希绩、吕希纯三人都称没有过问陈世儒案。贾种民喝令"希纯及老妪立庭下，问世孺妻、吕氏请求事，以枷捶胁之。希纯等曰：'吕氏固枢密之侄（女），尝以此事来告枢密。枢密不语，垂涕而已。'"[3]

御史黄颜这时已明白贾种民的险恶用心，"知狱皆诬枉，不可就，而畏避不敢言，未几，托疾去"。应宰相的要求，神宗又派御史何正臣"监讯"。何正臣"至大理，而狱益炽"[4]。

吕公著的侄子、大理寺评事吕希亚，陈世儒的连襟、赞善大夫晏靖，都因为涉案被逮捕入狱。庞籍之子、群牧判官庞元英也被传唤到大理寺问话。经讯问，庞元英承认之前向开封府知府苏

---

[1] 《续资治通鉴长编》卷二九八。
[2] 《续资治通鉴长编》卷三〇三。
[3] 邵伯温：《邵氏闻见录》卷六。
[4] 《续资治通鉴长编》卷三〇三。

颂打听过案情，苏颂"但言其情状极丑恶，刑名未可知"，即透露说，陈世儒案情节非常恶劣，但具体会判什么刑还不知道。吕希亚与晏靖也向苏颂伺问过陈世儒案。[1]

大理寺立即派人到濠州审问苏颂。正当这个时候，宋神宗大概已意识到贾种民有"欲蔓其狱"的问题，下诏将陈世儒案移送御史台，由御史台组织法庭调查"吕氏为陈世儒请求"一事。并授权御史台法官，凡案件牵涉到的朝廷命官，"两问不承，即听追摄"，即可以采取强制措施；"两省以上取旨"，对部级高官的逮捕，则要经皇帝批准。时为元丰二年八月。[2]

御史台终审

陈世儒案既然移交御史台，御史中丞李定便要求将苏颂从濠州带回御史台"对狱"。这个李定，正是苏颂的死对头。你应该记得，九年前，熙宁三年（1070），宋神宗与王安石准备将李定提拔进御史台，结果皇帝的词头被苏颂四次三番封还。现在李定会不会趁机公报私仇、将苏颂往死里整呢？

再说苏颂被从濠州带回京城，送入御史台大狱，关在他隔壁的正好是因"乌台诗案"入狱的苏轼。苏颂后来回忆说："九月，予赴鞫御史，而子瞻先已被系。予昼居三院东阁，而子瞻在知杂南院，才隔一垣，不得通音息。因作诗四篇，以为异日相遇一噱

1　《续资治通鉴长编》卷三〇二。
2　《续资治通鉴长编》卷二九九。

之资耳。"[1] 不过审案的御史对苏颂倒是挺客气，告诉苏颂："君素长者，必以亲旧之情不能违，速自言，毋重困辱。"苏颂说道："诬人以死不可为，若自诬以得罪，虽甚重，不敢避。"遂手书数百言付狱吏，将罪过都揽到自己身上。[2]

神宗皇帝看了苏颂的供状，感觉有异，"疑之，诏御史求实状"。审案的御史反复究治无所得，复讯问大理寺法官：之前所得的吕公著请求之词是怎么回事？大理寺法官词穷，这才吐实："此大理丞贾种民增减其辞为之也。今其藁（底稿）尚在。"审案御史"取而视之"，乃知贾种民捏词构陷之。[3]

第一条线的研鞫也有了确切的结果：陈世儒与其妻子李氏合谋指使婢女谋杀陈母的恶逆罪名成立。李氏再三翻异，"凡三易狱，始得实"，于是开封府军巡院"元勘官皆得罪"。

按照宋代"鞫谳分司"的司法分权制衡制度，御史台诏狱通常只负责推勘，只有"事实审"的权力，没有"法律审"的权力。御史台推勘得实之后，照例要将案子移送大理寺，由大理寺进行裁决。

元丰二年九月，大理寺对陈世儒案做出了终审判决，并得到神宗皇帝的批准：按恶逆重罪，"前国子博士陈世儒并妻李、婢高、张等十九人，并处斩；婢高凌迟；妻李特杖死；婢单等七人贷死，杖脊，分送湖南、广南、京西路编管"[4]。相传李氏"慧甚，临赴法时，

---

1 苏颂：《苏魏公文集》卷一〇。
2 《续资治通鉴长编》卷三〇二。
3 《续资治通鉴长编》卷三〇二。
4 《续资治通鉴长编》卷三〇〇。

遂掣窗纸一片,即掏成一'番'字,使人送与其夫云云"[1],未知何意。

由于陈世儒的子女尚未成年,开封府已着手检校陈世儒家产。这是宋代施行的一项未成年人财产托管制度,叫作"检校":对于失去直属尊亲的孤儿,由政府负责将他们继承来的财产核查清楚、登记在册,存入检校库代为保管,并定时从代管的财产中划出若干,发给遗孤作为生活费,等遗孤长大成人,政府再将代管的财产还给他们。

宋政府设立检校制度,目的是保护未成年人的财产权,防止被其族人、旁亲侵夺。事实上,陈母被杀案案发未久,陈世儒的堂兄、虞部员外郎陈开便不怀好意地劝世儒自尽,"心利其财故也"。后为朝廷察觉,陈开被开除官职,放归田里,永不叙用。[2]

第二条线的调查还在进行当中。吕公著的女婿及两名婢女也被逮捕,吕家除了吕公著,其他人暂时禁止朝谒。不过吕公著为避嫌,"避位待辩于家",并没有上班。神宗"数遣内侍劳问,促公著复位,公著讫不敢起",其后还是"杜门不复出"。

元丰二年十一月,御史中丞李定向神宗报告了御史台的调查结果:"吕公著实未尝请求",只是某日退朝时,苏颂与众从官泛言陈氏事,吕公著亦参与说了几句话。神宗于是诏御史舒亶"以定等所奏,就问公著于家",吕公著说:"虽说议论几句于法固无害,但臣实在不曾预闻,不敢妄对以欺君尔。"十二月,李定又奏:"被系者讫无所承,且皆无左验(佐证)。"没有证据显示吕公著插手干预了陈世儒案。

---

1 《朱子语类》卷一三〇。
2 《续资治通鉴长编》卷三〇三。

于是神宗下诏停止诏狱，宣布陈世儒案第二条线正式结案。又遣中使告谕吕公著："狱事已解，可亟入就职。"吕公著说："吾身备辅弼，既被吏议矣，虽无事，安可以复在位？"请辞同知枢密院之职。神宗封还辞职报告，"仍诏公著入对，敦谕弥切，公著乃复归西府"[1]，这才入朝上班。

御史中丞李定也对大理寺丞贾种民等人提起弹劾。神宗皇帝诏，贾种民"以擅更狱辞下御史台劾治"。元丰三年（1080）正月，由陈世儒家衍生出来的贾种民案审结，宋神宗遂对陈世儒案第二条线的涉案人员做出处分：

苏颂罢去濠州知州之职务，归班。因其在开封府时，对庞元英、吕希亚、晏靖等人泄露狱情，违反了司法的纪律；庞元英因打听犯狱情，免了群牧判官，送审官院；吕希亚与晏靖以同样理由"冲替"，一并降职。

大理寺丞贾种民坐构陷吕公著之罪，亦"冲替"，撤去大理寺丞之职；另一名大理寺丞叶武协同贾种民审理陈世儒案，却对贾种民"增移事节而不能察"，也罢职，送审官院；大理寺卿崔台符、少卿蹇周辅、杨汲，未能举察贾种民枝蔓狱事的行为，"各罚铜十斤"[2]；监察御史何正臣"监勘"失职，亦罚铜十斤。

时距陈家逃婢到开封府检举陈世儒母被毒杀案，已有一年半时间。

看到这里，你会不会想起以前我们说过的陈执中殴死奴婢案？宋仁宗至和元年（1054），陈世儒的父亲与宠妾张氏虐待奴婢，

---

1 《续资治通鉴长编》卷三〇三。
2 《续资治通鉴长编》卷三〇二；《宋会要辑稿·职官》。

致使婢女迎儿死亡，不想二十四年后，张氏却为奴婢毒杀。我当然不是要感叹冥冥之中自有报应，而是想提醒注意一个细节：迎儿离奇死亡后，尽管宋仁宗设立了法庭调查此案，但陈执中的体面一直受眷顾，不用被讯问。而在宋神宗朝的陈世儒案调查过程中，所有牵涉进来的官员，都必须接受法官的审讯，甚至被捕入狱。

这两个案子正好反映了从仁宗朝到神宗朝的政法环境的变迁。简单地说，仁宗朝更注意"体貌大臣，务全终始"，"至于用法，盖不得已"[1]，当年陈执中躲过了司法审判，只是未能逃过政治弹劾。神宗朝则更重视法制，乃至不惜突破"待遇臣下进退以礼"的惯例，大臣涉案很可能就会被投入诏狱，按司法程序过一遍，所以吕公著需要谦卑地接受司法的调查。

党争的是非

今人说起发生在宋神宗朝的陈世儒夫妇弑母案，通常会提醒我们要注意案子后面的党争背景。人们会说，熙宁－元丰之际，正是变法遭受挑战的时期，新党与旧党明争暗斗，并将权争带入司法中。

正如元丰初年，变法派干将蔡确欲借"相州案"打击反对新法的宰相吴充，对陈世儒案大动干戈的大理寺丞贾种民，也意在构陷同样反对新法的同知枢密院吕公著。而隐身于幕后指挥贾种民的，很可能就是蔡确。其时（元丰二年）蔡确已拜参知政事。按野史的记载，"种民者，元丰中为宰相蔡确所用，官大理寺丞，

---

[1] 苏辙西掖告词六十一首，《栾城集》卷二八。

锻炼故相陈恭公执中之子世儒与其妇狱至极典，天下冤之。又以蔡确风旨，就府第问同知枢密院吕公公著"[1]。

陈世儒之被处极刑，据说也跟蔡确有关。还是野史记载：陈世儒父亲陈执中早年为陈州（今河南淮阳）郡守，陈州录事参军是蔡确父亲蔡黄裳，因为黄裳年迈，不能胜任工作，陈执中便要他辞职退休，黄裳犹豫，陈执中说："倘不自列，当具牍窜斥。"黄裳不得不辞官，由于没有了官俸，日子过得很艰难，"贫困饘粥不继"。临终，蔡黄裳跟儿子蔡确说，必报陈氏之仇。其后蔡确当上参知政事，正好碰上陈世儒案，便指使贾种民严查。陈世儒被判死刑后，宋神宗心生怜悯，曾说："执中止一子，留以存祭祀何如？"蔡确极力反对："五刑之赎三千，其罪莫大于不孝。其可赦耶？"[2]

不过，野史所载，不可全信，且存而不论。但以贾种民枝蔓其狱，不惜篡改供词、构陷吕公公著的行径，很难说陈世儒案背后没有权力斗争的影子。

然而，如果因为司法过程中渗入了党争权斗的因素，进而就说陈世儒受到冤枉，是党争的牺牲品，"天下冤之"，恐怕也难以说服人。因为后来新党完全失势，蔡确更是被列入黑名单，陈世儒后人也进入仕途为官，相传南宋名将陈思恭便是世儒孙子。如果陈世儒案是冤案，怎么可能不获平反？

还有很多人说，苏颂于公同情旧党、不满新法，于私又与新党中人李定有隙，因而在陈世儒案中他也受了陷害，也是党争的

---

1 邵伯温：《邵氏闻见录》卷六。
2 王明清：《挥麈录》后录卷六。

牺牲品。但我们认为，苏颂作为一名被牵涉进陈世儒案的当事人，接受御史台诏狱的调查，是必要的司法程序，没什么不妥（跟"乌台诗案"不可相提并论）。而且，我们也未发现调查过程中苏颂受到御史中丞李定的构陷。恰恰相反，苏颂向外人泄露案情，倒是实实在在违反了宋朝的司法纪律。

陈世儒一案，确实闪动着党争的影子。正如我们前面看到的，作为法官的贾种民，为了协助蔡确打击政敌吕公著，枝蔓多人，甚至篡改供状，捏词构陷。党争的因素一旦渗入司法过程，肯定伤害了司法的独立性与公正性。我们也应承认，宋代的司法系统，还做不到完全独立于政治之外，免不了要受党争的影响。

但另一方面，我想说，适度的党争，却能形成一种富有张力的权力监督秩序。当陈世儒案发生之后，由于陈氏门第显赫，与吕家又是姻亲，吕公著的反对派自然会紧紧盯着"陈氏姻党干求府政"的问题不放。吕公著一直不敢过问陈世儒案，固然是出于避嫌的自觉，但话说回来，假如吕公著真插手了他不该插手的司法，也必定会被反对派或台谏官抓住把柄，最终身败名裂的还是他自己。当初苏颂在处理"宗梵告行亲"一案时，庇护触犯了贾贷之法的亲戚孙纯，不是马上就被御史舒亶（也是变法派的一员干将）弹劾了吗？

最后，我们还要指出，单纯的党争视角，也无法呈现陈世儒案的复杂面相。贾种民固然承蔡确风旨，欲倾吕公著，但最后还吕公著清白、裁定"吕公著实未尝请求"的终审法官，也是新党干将李定；对贾种民提起弹劾的，还是李定。

这就是历史的复杂性了，也是我们读历史故事的趣味所在。

一宗著名『文字狱』的另一面

亲爱的女儿，今天我们要讲的故事，发生在宋神宗元丰二年（1079）七月，故事的主角是大名鼎鼎的苏轼。他刚刚就任湖州（今浙江湖州）知州，却不得不将知州职权交给州通判祖无颇代理，自己则忐忑不安地等候一伙不速之客上门。

几天前，苏轼接到弟弟苏辙派人快马加鞭送来的消息：朝廷已差遣太常博士皇甫遵前来捉拿你归案，快做准备。原来，苏轼自徐州（今江苏徐州）移知湖州，照例向神宗上了一份谢表，在谢表上，苏轼发了一句牢骚："愚不识时，难以追陪新进；老不生事，或能牧养小民。"[1] 新进，暗指熙宁变法以来突然得到提携的小将，包括李定、舒亶等人。

舒亶时为御史，读到苏轼的《湖州谢上表》，看出苏大学士是在讽刺他们这伙新党小将无事生非。于是找皇帝告了一状："（苏）轼近上谢表，颇有讥切时事之言，流俗翕然争相传诵，志义之士无不愤惋。"御史中丞李定与另一名御史何正臣，也交章弹劾苏轼指斥乘舆、诽谤朝政。

这几名御史为坐实苏轼之罪，还搜罗了三卷刊印发行的苏轼诗集，在神宗面前一一点明诗中包藏的祸心：陛下，您看看苏轼的诗写得多么反动。陛下发放青苗钱救济贫民，苏轼却说"赢得儿童语音好，一年强半在城中"；陛下设明法考试考核群吏，苏轼却说"读书万卷不读律，致君尧舜知无术"；陛下兴修水利，苏轼却说"东海若知明主意，应教斥卤变桑田"；陛下推行盐法，苏轼却说"岂是闻韶解忘味？迩来三月食无盐"。这些诗句，"无一不以诋谤为主"，传播中外，影响极坏。

---

[1] 苏轼：《湖州谢上表》。

元初赵孟頫绘苏东坡小像。台北故宫博物院藏

其时，宋神宗极力推行的新法正进入艰难时期，听说苏轼的诗文都是在讥讽变法，心里也很不爽快，便应台谏官之请，"令御史台选牒朝臣一员乘驿追摄"[1]。御史台则派了太常博士皇甫遵，带着两名台卒，疾驰湖州捉人。

驸马王诜与苏轼交情极好，得知消息，秘密遣人告诉了苏辙，苏辙又派人急急前往湖州报信。因为皇甫遵途中耽搁了几天，所以苏辙派去的报信人倒先一步到达湖州。苏轼安排了通判权摄州事，就等着皇甫遵上门。

七月二十八日，皇甫遵一行果然杀到，"径入州厅，具靴袍秉笏立庭下，二台卒夹侍，白衣青巾，顾盼狞恶。人心汹汹不可测"。随后，这两名台卒押着苏轼，"即时出城登舟，郡人送者雨泣。顷刻之间，拉一太守，如驱犬鸡"。[2]

从湖州到开封，走水路约二十天。八月十八日到达京城，苏轼被扣押在御史台狱中。这便是北宋"乌台诗案"的开篇。汉代时，由于御史台多植柏树，柏树多招乌鸦，因而后人以"柏台""乌台"代指御史台，大概也有暗指御史为"乌鸦嘴"之意。

苏大学士的惶恐

"乌台诗案"案发之后，苏轼非常惶恐。当皇甫遵带人登门之时，他因为恐惧，"不敢出"，问通判祖无颇，这该如何是好。祖无颇说："事至此，无可奈何，须出见之。"苏轼又打算穿便服

---

1 《皇宋通鉴长编纪事本末》卷六二。
2 孔平仲：《孔氏谈苑》。

传南宋马远《西园雅集图》(局部),描绘苏轼与朋友们在驸马王诜的私家园林雅集。美国纳尔逊美术馆藏

出来接见皇甫遵,觉得自己是有罪之人,不可以着朝服。祖无颇安慰他:"未知罪名,当以朝服见也。"苏轼这才"具靴袍,秉笏立庭下"。

皇甫遵迟迟没有拿出逮捕令,"久之不语",苏轼更是惊疑,说:"轼自来激恼朝廷多,今日必是赐死,死固不辞,乞归与家人诀别。"皇甫遵说:"不至如此。"取出怀中台牒,祖无颇看了台牒文字,"只是寻常追摄行遣耳",说是要带苏轼回京协助调查,并非逮捕。苏轼这才稍稍心安,随皇甫遵上路。

途经太湖,因船舵损坏,官船停下来维修。按宋人笔记,"是夕风涛倾倒,月色如昼",苏轼心底又不安起来,自忖此番"仓卒被拉去,事不可测,必是下吏所连逮者多",不如在此投水自尽:

"如闭目窒身入水,则顷刻间耳。"[1]但最终还是没有自杀。苏轼自己后来也回忆说:朝廷派悍吏"就湖州追摄,如捕寇贼。臣即与妻子诀别,留书与弟辙,处置后事,自期必死。过扬子江,便欲自投江中,而吏卒监守不果"[2]。

及至京师,下御史台狱。不过此时的苏轼,严格来说,并不是罪犯,而是接受调查的犯罪嫌疑人。按古时的司法制度,证人、干连人、嫌疑人都要暂时收监,以便讯问。

御史台狱的狱卒对苏轼倒是挺客气,其中"有一狱卒,仁而有礼,事子瞻甚谨,每夕必燃汤为子瞻濯足"[3]。只是讯问苏轼的法吏很不礼貌,为取得口供,大肆辱骂苏轼。但也没有刑讯逼供。

但苏轼初入牢狱,将事情想象得非常严重。宋人笔记说,"子瞻忧在必死",已做好自尽的准备:将自己常服的青金丹,收集起来,藏在狱中隐秘处,打算一旦得知朝廷判他死罪,便一并服下自尽。

苏轼又写好遗书(诗二首),托那名待他很好的狱卒收藏好,死后交给他弟弟苏辙。那狱卒说:"学士必不致如此。"苏轼说:"使轼万一获免,则无所恨;如其不免,而此诗不达,则目不瞑矣。"狱卒只好接过苏轼遗书,"藏之枕内"[4]。苏轼也自述,"到狱,即欲不食求死"。意欲绝食求死,只是后来"觉知先帝(指宋神宗)无意杀臣,故复留残喘"[5]。

---

1 孔平仲:《孔氏谈苑》。
2 苏轼:《杭州召还乞郡状》。
3 孔平仲:《孔氏谈苑》。
4 孔平仲:《孔氏谈苑》。
5 苏轼:《杭州召还乞郡状》。

长子苏迈前来探监，苏轼又与他约好：如果没什么事情，"送食惟菜与肉"；如听到什么不测的消息，"则撤二物而送鱼"。一日，苏迈有事外出，委托一亲戚代送牢饭，但仓促间忘了说清楚他与父亲的密约，结果，这名亲戚送了一尾鱼给苏轼。苏轼一见，"乃大骇，自知不免"，乃写了一封遗书给弟弟苏辙："余以事系御史狱，狱吏稍见侵，自度不能堪，死狱中，不得一见吾子由。"[1]

坦率地说，苏大学士如此惶恐的表现，未免与我们想象中东坡先生的乐观、豁达形象有点不合。宋神宗一朝，特别是王安石罢相后，党争恶化，法制趋严，屡兴诏狱，风气日薄，政治氛围不复有宋仁宗朝的宽厚。因事入狱的士大夫，不止苏轼一人，但像苏轼这样表现得惶惶不可终日的士大夫，却是少见。

当然，我毫无苛责苏轼的意思，更没有责备苏轼不够勇敢的权利。苏轼的恐惧，无非是人之常情，半点都无损于他的人格魅力与历史地位。我只是想说，宋人在笔记中再三记录下苏轼系狱之际的惶恐与悲情，也许是为了渲染苏轼处境之危难、神宗朝政治之险恶吧。

那么，当时苏轼是不是真的面临着杀头的致命危险呢？

弹劾与起诉

一直以来，我们对于"乌台诗案"的叙述，都是将它当成一起严酷的政治迫害。"乌台诗案"当然具有政治迫害的成分，比如当时苏轼的政敌以及趋炎附势、落井下石的小人，为置苏轼于

---

[1] 陈善：《扪虱新话》。

死地，从苏轼的文字中寻章摘句、捕风捉影、穿凿附会、上纲上线、罗织罪名，便是典型的政治构陷。最恶劣者有两个人（或三个人），其中一个是国子博士李宜之。

李宜之检举苏轼早年撰写的《灵壁张氏园亭记》，里面有"古之君子不必仕，不必不仕；必仕则忘其身，必不仕则忘其君"之类大逆不道的句子，说"不必仕"，分明是"教天下之人必无进之心，以乱取士之法"；说"必不仕则忘其君"，分明是"教天下之人无尊君之义，亏大忠之节"。请陛下"根勘"。[1] 这个李宜之，倘若生在"文字狱"发达的大清盛世，必有他大展身手的"英雄用武之地"。

还有一个是宰相王珪（也许还要加上御史舒亶）。宋人笔记说，"元丰间，苏子瞻系御史狱，神宗本无意深罪子瞻，时相（指王珪）进呈，忽言：'苏轼于陛下有不臣意。'神宗改容曰：'轼固有罪，然于朕不应至是，卿何以知之？'时相因举轼《桧诗》'根到九泉无曲处，岁寒惟有蛰龙知'之句，对曰：'陛下飞龙在天，轼以为不知己，而求知地下之蛰龙，非不臣而何？'"王珪这个解诗手法，可与李宜之的相媲美。幸亏宋神宗并不糊涂，说："诗人之词，安可如此论？彼自咏桧，何预朕事？"王珪一时语塞。[2]

参知政事章惇也帮苏轼辩解："龙者非独人君，人臣皆可以言龙也。"神宗说："自古称龙者多矣，如荀氏八龙，孔明卧龙，岂人君也？"退朝后，章惇诘问王珪：相公是想要苏轼灭门吗？王珪连忙将责任推到舒亶身上：那话是舒亶说的，我不过转述出

1　朋九万：《乌台诗案实录》。
2　叶梦得：《石林诗话》。

来而已。章惇骂道："之唾，亦可食乎！"[1] 意思是说，舒亶吐出来的唾沫，你也要吞下去吗？

至于李定、舒亶、何正臣等台谏官对苏轼提起的指控，当然也很难听，派系倾轧的色彩非常明显，如监察御史里行何正臣称，"未有如（苏）轼为恶不见悛，怙终自若，谤讪讥骂，无所不为"。监察御史里行舒亶称，"（苏）轼怀怨天之心，造讪上之语情理深害，事至暴白。虽万死不足以谢圣时，岂特在不收不宥而已"。御史中丞李定说，"上圣兴作，新进仕者，非（苏）轼之所合。（苏）轼自度终不为朝廷奖用，衔怨怀怒，恣行丑诋；见于文字，众所共知"[2]。

李定诸人说得这么杀气腾腾，其实是宋朝台谏官文风的常见毛病。我们如果去找宋朝台谏官弹劾政府官员的奏疏来看，便会发现危言耸听之词，着实常见。这也是宋朝政治弹劾的特点，不能简单等同于政治迫害，更不可等同于司法起诉书。

"乌台诗案"进入御史台"制勘"的司法程序后，由知谏院张璪、御史中丞李定主持审讯。我们必须指出，让李定参与诗案的推勘，在司法程序上是有问题的，因为李定是弹劾苏轼的检察官之一，不可能中立，按照宋朝的司法惯例，本应回避。应回避而没有回避，显示了宋神宗时代的司法制度已遭到部分破坏。

不过，御史台诏狱对苏轼的司法控罪，跟杀气腾腾的政治弹劾还是有区别的。司法意义上对于苏轼的指控，实际上只有两条：一是苏轼与驸马王诜"货赂交通"，存在不正当的利益输送，如

---

[1] 王巩：《闻见近录》。
[2] 朋九万：《乌台诗案实录》。

苏轼给王诜送礼，王诜则动用关系拨给苏轼度牒指标。二是苏轼"作匿名文字,谤讪朝政及中外臣僚"[1]。御史台诏狱的任务便是调查清楚苏轼的这两个"犯罪事实"。

苏轼被控的第一条罪名，放在今日也是不法行为；第二条罪名，若按现代社会的准则，当然属于言论自由的范畴，不过八百年前的宋人尚无此见识，按宋人观念，"匿名谤讪朝政"跟"上书讽谏时政"是两回事，后者为习惯法所认可的士大夫权利，前者却触犯了成文法。苏轼在诗文中讥讽新法，类同于"匿名谤讪朝政"。

苏轼在接受御史台诏狱讯问的时候，一开始并不承认自己有"作匿名文字谤讪朝政"的行为。这么做，不仅是为自己脱罪，更是想保护与他有诗文往来的友人。但舒亶等人找出了苏轼的六十九首（篇）诗文，作为诽谤朝政的证据。由此可见，为了坐实苏轼的罪名，舒亶等"新进"真是煞费心机。

苏轼这才不得不承认其中五十九首（篇）诗文，确实含有讥讽新法之意，如《山村五绝》一诗有"迩来三月食无盐"之句，是"以讥盐法太急也"；《汤村开运盐河雨中督役》一诗，则"以讥开运盐河不当，又妨家事也"；《山村五绝》其四："杖藜裹饭去匆匆，过眼青钱转手空。赢得儿童语音好，一年强半在城中。"是讽刺"朝廷新法青苗、助役不便"；《八月十五日看潮》一诗，"东海若知明主意，应教斥卤变桑田"之句，是讥讽朝廷的水利法"必

---

1 朋九万：《乌台诗案实录》。

不可成"……[1]

元丰二年十一月底,御史台诏狱完成了对苏轼的讯问。按照宋朝的司法制度,进入"录问"的程序。朝廷委派权发运三司度支副使陈睦为录问官,前往御史台录问。苏轼如果翻供,则案子将重新审理。但苏轼在录问时,"别无翻异"。于是,御史台以类似于公诉人的身份,将苏轼一案移送大理寺,由大理寺判罪。

救援苏东坡

在御史台诏狱推勘苏轼诗案的时候,朝中一些正直的臣僚也开始展开对苏轼的营救。史书说"轼既下狱,众危之,莫敢正言者"[2],其实并不准确。当时出言救援苏轼的臣僚并不少。

宰相吴充,为王安石亲家。一日召对,他问神宗皇帝:"魏武帝(曹操)何如人?"神宗说:"何足道!"吴充说:"陛下动以尧、舜为法,薄魏武固宜。然魏武猜忌如此,犹能容祢衡。陛下以尧、舜为法,而不能容一苏轼,何也?"神宗有些惊诧,说:"朕无他意,止欲召他对狱,考核是非尔,行将放出也。"

直舍人院王安礼,即王安石的弟弟,也向宋神宗进言:"自古大度之君,不以语言谪人。按轼文士,本以才自奋,谓爵位可立取,顾碌碌如此,其中不能无觖望(觖望,指埋怨的心理)。今一旦致于法,恐后世谓不能容才。"神宗说:"朕固不深谴,特

---

[1] 参见《苕溪渔隐丛话》前集,朋九万:《乌台诗案实录》;郭艳婷:《从乌台诗案看北宋官员犯罪司法程序的特点》,《常州大学学报》2014年第1期。
[2] 《续资治通鉴长编》卷三〇一。

欲申言者路耳，行为卿贳之。"[1] 皇帝一再解释，他并没有要深罪苏轼的意思，只是台谏官弹劾他，需要走程序、调查清楚，很快就会放他出去。

据传已经致仕、闲居金陵的前宰相王安石也给神宗写信："岂有圣世而杀才士者乎？"属于变法派中坚人物的章惇，亦上奏神宗："（苏）轼十九（岁）擢进士第，二十三（岁）应直言极谏科，擢为第一。仁宗皇帝待轼，以为一代之宝，今反置在囹圄，臣恐后世以谓陛下听谀言而恶讦直也。"[2]

连深宫中的曹太皇太后（宋仁宗皇后，神宗之祖母）也被惊动。一日，曹太后见神宗面有忧色，便问他："官家何事数日不怿？"神宗说："更张数事未就绪，有苏轼者，辄加谤讪，至形于文字。"曹太后说："是苏轼苏辙兄弟的苏轼吗？"神宗惊诧说："娘娘何以闻之？"曹太后说："吾尝记仁宗皇帝策试制举人罢归，喜而言曰：'朕今日得二文士，谓苏轼、辙也。然吾老矣，虑不能用，将以遗后人不亦可乎？'"太后又"泣问二人安在"，神宗说苏轼方系狱。太后"又泣下，上亦感动"。时太后年迈患病，神宗欲大赦天下，为祖母祈福，但太后说："不须赦天下凶恶，但放了苏轼，足矣。"[3]

因反对王安石变法而引退的前副宰相张方平与前翰林学士兼侍读范镇，都相继上书为苏轼说情。张方平的奏疏写得很深刻，申明了一项来自历史与传统的言论原则："自夫子删诗，取诸讽刺，

---

1 《续资治通鉴长编》卷三〇一。
2 周紫芝：《太仓稊米集》卷四九。
3 方勺：《泊宅编》；陈鹄：《西塘集耆旧续闻》。

以为言之者足以戒。故诗人之作，其甚者以至指斥当世之事，语涉谤黩不恭，亦未闻见收而下狱也。"时张方平年岁已高，赋闲于应天府南京（今河南商丘），委托应天府递送奏疏，"府官不敢受"，又叫儿子张恕"持至登闻鼓院投进"，但张恕"素愚懦，徘徊不敢投"，因而这份奏疏未送达神宗手里。

后来苏轼出狱，见到张方平奏疏副本，"吐舌色动久之。人问其故，东坡不答"。倒是苏辙解释说，幸亏张参政的奏疏未能呈上去，否则恐怕激怒皇上。有友人问苏辙："然则是时救东坡，宜为何说？"苏辙说："但言本朝未尝杀士大夫，今乃开端，则是杀士大夫自陛下始，而后世子孙因而杀贤士大夫，必援陛下以为例。神宗好名而畏议，疑可以止之。"[1]

我读史料至此，总是觉得苏轼苏辙兄弟虚惊一场，心有余悸，有些过虑了。看神宗皇帝与臣僚的对话，我便知道苏轼有惊无险，死不了。当然，我们这么说，纯属"马后炮""旁观者清"。

太祖誓约

应该说，宋神宗并无诛杀苏轼之心。就算他想杀苏轼，恐怕也极不容易。

首先，诛杀士大夫之举，在宋朝实在太过于惊世骇俗，势必会受到臣僚强烈抗议。神宗有一次曾因"陕西用兵失利"，批示将一名转运使处斩。宰相蔡确说："祖宗以来，未尝杀士人。臣等不欲自陛下始。"神宗沉吟久之，又说："可与刺面配远恶处。"

---

[1] 马永卿：《元城先生语录》。

门下侍郎章惇说："如此,即不若杀之。"神宗说："何故？"章惇说："士可杀,不可辱。"神宗声色俱厉地说："快意事便做不得一件？"章惇不客气地回了一句："如此快意事,不做得也好！"[1]这个事例说明,即便宋朝皇帝亲笔批示要处死一名臣僚,也未必能得逞,他的内批很可能会受到大臣的抵制。

其次,别人或不知道,但神宗自己是心中有数的：太祖皇帝传有一份秘密誓约,要求子孙不得诛杀言事的士大夫。相传这份誓约勒刻在太庙内的一块石碑上,平日"用销金黄幔蔽之,门钥封闭甚严",谁也不知道上面写的碑文是什么。唯新君嗣位,入太庙拜谒祖宗神位之时,要揭开黄幔,恭读誓词。北宋末靖康之变,太庙"门皆洞开,人得纵观",才看到誓碑真容,上面勒刻誓词三行,一云："柴氏子孙,有罪不得加刑,纵犯谋逆,止于狱内赐尽,不得市曹刑戮,亦不得连坐支属。"一云："不得杀士大夫及上书言事人。"一云："子孙有渝此誓者,天必殛之。"[2]

有人怀疑"誓碑"为南宋文人所捏造,毕竟北宋的史料从未提到"誓碑"。不过,即使"誓碑"存疑,但"不得杀士大夫及上书言事人"的"誓约",却是存在无疑的。最有力的证据来自宋臣曹勋的自述。靖康末年,徽宗、钦宗两帝被金人所掳,曹勋随二帝北狩,受徽宗嘱托国事。不久曹勋逃归南方,向高宗进了一道札子,里面提到："(宋徽宗)又语臣曰：归可奏上,艺祖有约,藏于太庙,誓不诛大臣、言官,违者不祥。故七祖相袭,未尝辄易。

---

1 《说郛》卷四八。
2 旧题陆游：《避暑漫抄》。

每念靖康年中诛罚为甚,今日之祸,虽不止此,然要当知而戒焉。"[1]

这份誓约,与其说是太祖遗诏,不如说是宋朝皇室与上天之间的立约。只有从立约的视角来看誓约,我们才能更准确把握这份文件的意义——赵宋的君主如果违背誓约,则"天必殛之"。在"天"受到人间敬畏的时代,这样的誓约具有比一般遗诏更大的约束力,只不过今天已受过理性启蒙的人难以想象古人对于"天"的敬畏。

大体上,宋朝诸帝,不管是仁厚的宋仁宗,还是强势的宋神宗,抑或是昏庸的宋徽宗,都严格遵守太祖的誓约。宋哲宗元符元年(1098),保守派阵营的元祐党人被逐,新党重新得势,时为宰相的章惇欲穷治元祐党人,"将尽杀流人"(这回是章惇起了杀心了),但宋哲宗反对,说:"朕遵祖宗遗制,未尝杀戮大臣,其释勿治。"同年,有人告发旧党的梁焘"包藏祸心",欲置梁于死地,但同知枢密院事曾布对哲宗说:"祖宗以来,未尝诛杀大臣,今焘更有罪恶,亦不过徙海外。"哲宗表示同意:"祖宗未尝诛杀大臣,今岂有此?"[2]

其时曾布等人未必知道有一份藏于太庙的誓约,但宋朝立国百年未尝诛杀言事之士大夫的实践,已让君臣都明白"不诛大臣言官"是一条不能突破的政治底线,是本朝一直遵守的"祖宗家法"。

只有宋高宗破过例、开过杀戒,于建炎元年(1127)八月杀了"伏阙上书,力诋和议"的太学生陈东、布衣欧阳澈,这可能

---

[1] 曹勋:《松隐文集》卷二六《进前十事札子》。
[2] 《宋史·章惇传》卷四六;《续资治通鉴长编》卷四九五。

是因为当时处于战时状态，而且仓促建立南宋政权的赵构本人尚不知道"太庙誓碑"一事。很快高宗便后悔不迭："始罪（陈）东等，出于仓卒，终是以言责人，朕甚悔之。"[1] 几次下诏道歉。

从"太祖誓约"的角度来看，我们也可以断定苏轼必无杀身之祸。

结局与余话

那边厢，苏轼诗案也按司法程序走下去。元丰二年十一月三十日，御史台将苏轼案移送大理寺。大理寺很快做出裁决：

苏轼与驸马在交往过程中，存在不正当的利益输送，属于"不应为"，按大宋律法，"诸不应得为而为之者，笞四十；事理重者，杖八十"[2]，苏轼"合杖八十私罪"。又，因苏轼刚到御史台时，"虚妄不实供通"，"报上不以实"，加杖一百。

苏轼作诗赋等文字讥讽朝政，致有镂板印行，"准律，作匿名文字，谤讪朝政及中外臣僚，徒二年"；又"准律，犯私罪以官当徒者，九品以上，一官当徒一年"（旧时官员可以官阶、馆职抵刑），因此"苏轼合追两官，勒停，放"。[3]

也就是说，苏轼一案按照司法程序走下来，大理寺根据当时法律，给出的处罚不过是追夺官阶、免职（或者徒二年，并杖一百八十）而已。进而言之，就算没有太祖誓约的约束，没

---

1 《建炎以来系年要录》卷二〇。
2 《宋刑统·杂律》。
3 朋九万：《乌台诗案实录》。

有士大夫的勉力营救，从宋朝立法与司法制度的角度来看，苏轼显然也没有杀身之虞。

大理寺将判决报告呈报宋神宗"奏裁"。十二月二十四日，神宗下诏，对苏轼一案做出最终处分：苏轼降为黄州团练副使，赴"本州安置，不得签书公事"，即将苏轼贬谪至黄州（今湖北黄冈）当一个闲差。

其他受"乌台诗案"牵连、与苏轼有讥讽文字往来的官员，也受到程度不一的责罚：驸马王诜"追两官、勒停"；苏辙贬为"监筠州盐酒税务"；王巩贬为"监宾州盐酒务"；张方平、李清臣"罚铜三十斤"；司马光、范镇、曾巩、黄庭坚等人"各罚铜二十斤"……[1]

这一起不得人心的案子总算了结。

"乌台诗案"是宋代第一起震动朝野、影响深广的"文字狱"，也是北宋后期党争恶化的一次恶性发作。不过，跟明初朱元璋时代与清代康雍乾盛世的"文字狱"相比，"乌台诗案"又有不同。有什么不同呢？有人会说，"乌台诗案"毕竟没有杀人，而明清"文字狱"却动辄杀头、灭族。也有人会说，"乌台诗案"是偶发的个例，而明清"文字狱"却遍地开花，清乾隆时期更是形成了"文字狱"的一座历史高峰。

这些当然都是值得注意的差异。不过，我还想指出北宋"乌台诗案"与明清"文字狱"的另一个重大差别："乌台诗案"尽管有"政治案"的成分，但它至少在形式上，是当成一个"普通法律案"来处理的。不管李宜之、舒亶等人的弹劾多么危言耸听、无限上纲上线，但司法上对于苏轼的指控，还是只限于法有明文

---

[1]《续资治通鉴长编》卷三〇一。

传南宋李嵩《赤壁图》，描述"乌台诗案"审结后，苏轼被贬黄州，游赤壁，作《赤壁赋》。美国纳尔逊美术馆藏

规定的"不应为"与"作匿名文字谤讪朝政"两个寻常罪名，既未将控罪泛政治化，在制勘过程中也严格遵守宋朝司法的程序。

反观明清时期的"文字狱"，情况恰恰相反：哪怕是鸡毛蒜皮的事情，也要无限政治化，上不封顶，下无底线，寻常的文学修辞可以上升为"大逆不道"的政治重罪。你去看清代"文字狱"档案，会发现清廷使用最多的罪名便是"谋反大逆"。

明洪武年间，苏州知府魏观在张士诚王府旧址之上修建府衙，他的幕僚、名士高启为其撰写《府治上梁文》，朱元璋"见启所作上梁文,因发怒,腰斩于市"。这篇《府治上梁文》到底有什么字眼触怒了皇帝?就因为文中有"龙盘虎踞"四字。[1]你高启竟然称赞张士诚治所为"龙盘虎踞",居心叵测,斩!知府魏观当然也被处斩。

清乾隆二十年(1755),内阁大学士、广西学政胡中藻被清廷斩首,与他有诗词唱和的鄂昌被赐死。乾隆为什么要诛杀胡中藻?其中的一个理由是,胡中藻有一年出了一道科举考题:"考经义有乾三爻不象龙说",非常有学问的乾隆分析说:"乾卦六爻,皆取象于龙,故《象传》言'时乘六龙以御天'。如伊所言,岂三爻不在六龙之内耶!乾隆乃朕年号,龙与隆同音,其诋毁之意可见。"乾隆又说,胡中藻诗集《坚磨生诗抄》中,有"一把心肠论浊清"的句子,"加浊字于国号之上,是何肺腑!"[2]按乾隆这神一般的逻辑,写了"根到九泉无曲处,岁寒惟有蛰龙知"诗句的苏轼,若是生在乾隆盛世,必被杀头无疑。

我这么说,当然不是想给北宋的"乌台诗案"洗白,因为宽仁的政治,应该如张方平所言:"诗人之作,其甚者以至指斥当世之事,语涉谤讟不恭,亦未闻见收而下狱也"。"乌台诗案"显然违背了这样的历史惯例。

对苏轼及其亲友来说,"乌台诗案"是无妄之灾;对赵宋王朝而言,"乌台诗案"是难以洗刷的污点。而作为一名站在历史现场之外的宋朝制度的观察者,我从"乌台诗案"的发生,看到了北宋后期党争背景下的政治不宽容;也从"乌台诗案"的进展,

---

1 《明史·高启传》;支伟成:《吴王张士诚载记》卷三。
2 《清代文字狱档》第一辑《胡中藻坚磨生诗钞案》。

看到了宋朝政治与司法制度的一抹文明底色。正是这文明底色，使得"乌台诗案"毕竟不同于明清时期的"文字狱"。

一次通奸行为的罪与罚

官员犯奸事发

亲爱的女儿，我犹豫了许久，不知道该不该跟你讲这个故事，毕竟它涉及"通奸"的龌龊事，而且剧情有些"狗血"，故事本身也无甚价值。不过，考虑到从宋人对通奸案的处置可以一窥宋代的司法制度与司法文明，这个故事还是值得一讲。

同其他王朝以及其他文明体一样，宋朝政府也是将通奸行为列为罪行。按照《宋刑统》，"诸奸者，徒一年半；有夫者，徒二年"[1]。通奸的男女将被判处一年半的徒刑，如果女方有丈夫，则徒二年。我们看小说、戏剧，总以为古代妇女与人通奸，会被判处什么"骑木驴""浸猪笼"之类的酷刑，其实这多出于民间小文人的杜撰。虽然个别地方确实发生过将奸夫奸妇"骑木驴""浸猪笼"的事情，但那不过是落后、封闭之地的私刑而已，既为主流社会所反对，也为法律所禁止；国家正刑中从来没有什么"骑木驴""浸猪笼"。

宋朝法律对于"监临奸"的处罚，则更为严厉一些。所谓"监临奸"，是指政府官员跟他所管辖范围内的女子发生通奸行为。按《宋刑统》，"诸监临主守于所监守内奸者，谓犯良人，加奸罪一等"，"若奸无夫妇女，徒二年；奸有夫妇女，徒二年半"[2]。

官员犯奸，引发的舆论震动也远大于民间的通奸行为。宋神宗元丰四年（1081），京城就发生了一起闹得沸沸扬扬的官员通奸案。

话说判登闻检院（相当于直诉法院院长）王珫与他的儿子

---

1 《宋刑统·杂律》。
2 《宋刑统·杂律》。

王仲甫，被人告发跟大理评事（最高法院的法官）石士端之妻王氏通奸。通奸本就是为人所不齿的行为，父子二人与同一个女子私通，更是让人瞠目结舌。不过，这事儿出在王仲甫身上，也不奇怪，因为王仲甫这个人，是文学才子，但生性放浪，跟20世纪巴黎沙龙中的左翼自由派文人一个样。

早年他曾为翰林学士，一日"权直内宿"，在内廷值夜班，看到"有宫娥新得幸"，便写了一首艳词："黄金殿里，烛影双龙戏。劝得官家真个醉，进酒犹呼万岁。锦袍舞彻凉州，君恩与整搔头。一夜御前宣唤，六宫多少人愁。"皇后闻知，对宰相说："岂有馆阁儒臣应制作狎词耶！"所以王仲甫随后便被罢去了翰林学士之职。[1]

现在王仲甫与其父王琎既然被揭发与有夫之妇通奸，台谏官自然要发起弹劾。神宗皇帝于是诏"付有司劾治"，由大理寺调查王氏通奸一事。最后调查属实，法官建议将王琎免职，不过宋神宗赦免了对王琎的罪罚，"许令厘务"，即类似于"留职察看"。但王琎"略无愧耻，遽请朝见"，大摇大摆上班。

御史朱服很看不过眼，又上书弹劾，说王琎"父子同恶，行如禽兽"，这样的人怎么还可以当直诉法院的领导？应当将他"投弃荒裔，终身不齿"。在御史的坚持下，神宗皇帝不得不将王琎除名罢官，"放归田里"[2]。时为元丰四年六月。

---

1 陈鹄：《西塘集耆旧续闻》。
2 《续资治通鉴长编》卷三一三。

更多人被卷进来

事情本应到此结束，但在大理寺审讯王珫父子与人通奸一案时，有涉案人供称，宰相王珪的儿子王仲端，也与石士端妻王氏有奸（怎么都是隔壁老王？）。不过大理寺的法官大概觉得不可信，也可能不想节外生枝，并没有采信这一供词。

知谏院舒亶辗转得到信息，当即上书宋神宗："（王）珫父子事连（王）仲端甚明，有司以故观望，不敢尽理根治"，请彻查清楚。[1]

舒亶当时并非在大理寺供职，他是从哪里得知王仲端被人供出来一事的呢？这事儿说起来有些复杂。我们从头说起。

原来，主审王珫一案的法官，是大理寺丞王援，他的上司是大理少卿朱明之。朱明之与翰林院学士王安礼是亲家，又知道王安礼与宰相王珪有隙，一直想找个机会打击王珪。恰好大理寺在审鞫王珫父子通奸案时，获得王珪之子王仲端涉案的供词。朱明之得知后，觉得机会来了，便暗示王援：将案子做实，你不用怕王珪，我们都给你撑腰。

朱明之是王援上司，而且王安礼以前也提携过他，因此，王援决定迎合朱明之之意，协助其打击王珪父子，于是收集、捏造了一些王仲端涉及通奸案的证词。朱明之自己也给皇帝打报告，附上王援提供的证词，说王仲端跟通奸案有些牵连。

退朝后回家，朱明之故意在妻子面前说：皇上听说王仲端也涉嫌通奸，非常生气，要求深究，严惩不贷。朱妻是王安礼的侄女，她很快就将丈夫说的话告诉堂兄、王安礼之子王枋；王枋则将这

---

1 《续资治通鉴长编》卷三一七。下同。

话传给了在京等待安排工作的前权漳州（今福建漳州）军事判官练亨甫；练亨甫与知谏院舒亶相识，正期待舒亶引荐他呢，得到这一情报，立即又告诉了舒亶。

由此可见，那朱明之真的很有心计，不但伪造了神宗皇帝的批示，并将伪造的批示巧妙地传播出去，"意欲传达言事者以闻"。他的目的达到了，舒亶果然立即上书弹劾王仲端。

此时，王仲端"亦自诉"，要求朝廷查个水落石出，还他清白。宋神宗便诏大理寺继续审鞫王氏通奸案，又"命内侍冯宗道监劾"。时为元丰四年七月。

在大理寺着手调查王仲端是否参与通奸之时，朱明之的另一位姻亲、集贤校理蔡京向朱明之透露了一个情报：宰相王珪已经怀疑你们做了手脚，你们"切须仔细"。

七月底，负责监劾的冯宗道回去报告宋神宗：王仲端涉嫌通奸一事，其实是王玠案中一名叫作许贵的当事人"避罪虚妄"，胡乱攀供，并无实据，王援手里的所谓证据，都是伪造出来的。

宋神宗大怒，说："狱丞王援承勘作奸，不可不治。"诏令将通奸案移交御史台，在同文馆成立临时法庭，由监察御史里行朱服、检正中书刑房公事路昌衡主审，冯宗道监劾。

通奸罪对官员的杀伤力

案子审了两个多月，终于审鞫清楚：王仲端确实与王氏通奸案无涉，他是受了朱明之等人的构陷。

元丰四年十月，同文馆临时法庭宣布结案。神宗皇帝对所有涉案的官员做出处分：

大理寺丞王援、王安礼之子王枋"各追一官，勒停"，停职并降官一级；

集贤校理、大理少卿朱明之"追一官""落职"，夺去馆职并降级；

前权漳州军事判官练亨甫为谋官位，无事生非，"除名勒停，编管均州"，剥夺公职，并送均州（今湖北丹江口）编管；

集贤校理蔡京干预案情，"落职"，夺去馆职；

知谏院舒亶误信谣言，弹劾不当，罚铜二十斤；

大理卿崔台符、少卿杨汲"坐知援等为奸，俱不按发"，也是"各罚铜二十斤"。

这一起剧情既"狗血"又"乌龙"的通奸案，终于收场。

从这起通奸案，我们可以看到什么呢？也许有人会说，看到了下三滥的官场倾轧。这么说当然没什么不对，不过我想提供另一个观察的视角：一起"乌龙通奸案"在朝廷上引发轩然大波，将多位中高层官员卷进来，其实显示了官员通奸行为在宋朝政治秩序中的敏感性，一名高官如果被查实跟妇人私通，必将身败名裂。正因为如此，有些官员为了扳倒政治对手，才往往借"通奸"之类的敏感名目大做文章。

比如我们熟悉的欧阳修，就曾先后两次被人诬告与人通奸。一次是在庆历五年（1045），欧阳修妹妹的继女张氏，因与他人私通，被丈夫欧阳晟告至开封府，在开封府鞫勘时，张氏"惧罪，且图自解免，其语皆引公（指欧阳修）未嫁时事，词多丑异"[1]，即攀诬欧阳修与她也有奸情。宰相贾昌朝欲趁机扳倒欧阳修，便暗示法官严劾。但法官最终还是以查无实据为由，对张氏供词不

---

1 王铚：《默记》卷下。

故宫南薰殿旧藏欧阳修画像

予采信。不过，由于有证据显示欧阳修侵占了张氏财产，欧阳修也被贬出朝廷，出知滁州（今安徽滁州）。

第二次是在治平四年（1067），时欧阳修为副宰相，他妻子的堂弟薛良孺，因为以前举荐的某个人贪赃事发，受连坐问责，正值宋神宗继位，大赦天下，但欧阳修为表示大公无私，"乃言不可以臣故侥幸，乞特不原"[1]，薛良孺因此不获赦免，被免了官职，从此对欧阳修恨之入骨，便造谣欧阳修与儿媳吴氏有奸情。谣言经集贤校理刘瑾之口，传到御史中丞彭思永的耳中，彭思永又告诉了殿中侍御史里行蒋之奇。

蒋之奇立即上疏弹劾欧阳修"帷薄不修"。由于此事实在骇人听闻，宋神宗怀疑蒋之奇诬告不实，蒋便"引（彭）思永为证"。神宗又要求彭、蒋二人"具传达人姓名以闻"，即交待清楚信息来源。蒋之奇说，信息得自彭思永；但彭思永却拒绝交待信源，只推辞说："出于风闻，年老昏缪，不能记主名。"按宋朝的惯例，台谏官有权"风闻言事"，并且可以拒绝交待信源，这是宋代台谏官的一项特权，旨在保护言路的通畅。用彭思永的话来说："法许御史风闻言事者，所以广聪明也，若必问其所从来，因而罪之，则后不得闻矣，宁从重谪，不忍塞天子之言路。"

欧阳修也连上八道札子，再三要求神宗"差官据其（蒋之奇）所指，推究虚实"，如果查有其事，请将我"显戮都市，以快天下之怒"；如果查无此事，也请"彰示四方，以示天下之疑"。[2] 欧阳修儿媳妇的父亲吴充"亦上章乞朝廷力与辨正虚实，明示天

---

1 《续资治通鉴长编》卷二〇九。下同。
2 欧阳修：《文忠集》卷九三《表奏书启》。

下,使门户不致枉受污辱"[1]。欧阳修不久前在"濮议"之争犯了众怒,此番被弹劾,除了亲家吴充,居然没有一位同僚愿意上书为他辩解。

最后,因为彭思永、蒋之奇一直不肯交待信源,又拿不出任何实据,宋神宗相信欧阳修确实是受了诬陷,将御史中丞彭思永贬知黄州(今湖北黄冈),殿中侍御史里行蒋之奇贬监道州(今湖南道县)酒税;又"出榜朝堂,使内外知为虚妄"[2],还了欧阳修一个清白。

但这两次通奸诬告,已搞得欧阳修狼狈不堪。而讽刺的是,欧阳修早年为谏官时,"锐意言事",曾弹劾一名叫作杜曾的官员,称其"通嫂婢有子",与嫂子的婢女私通,并生下私生子,导致杜曾受到处分,徙知曹州(今山东曹县),上任途中,因羞愧而"自缢死"[3]。

由此可见,"通奸"的检控,对于宋朝官员的杀伤力是非常大的;宋朝官场的舆论,对于官员犯奸之事是难以容忍的。这样的政治风气,其实并没有什么不好,因为可以给官员制造道德压力,使他们不能不多加注意个人生活的检点。事实上,现代政治也并非不讲究官员私德,2012 年 11 月,美国中情局局长戴维·彼得雷乌斯,即因为婚外情曝光而被迫宣布辞职。

---

1 《续资治通鉴长编》卷二〇九。
2 曾敏行:《独醒杂志》。
3 王铚:《默记》卷下。

平民通奸怎么处理

相对而言，宋政府对于民间的通奸行为，要宽容得多。尽管通奸是《宋刑统》列出的罪行，但宋人又创造性地规定"奸从夫捕"。什么意思呢？意思是说，妇女与他人通奸，法院要不要立案，以妇女之丈夫的意见为准。从表面看，这一立法似乎是在强调夫权，实际上却是对婚姻家庭与妻子权益的保护，以免女性被外人控告犯奸。我们换成现代的说法就比较容易理解了：宋朝法律认为通奸罪属于亲告罪，受害人（丈夫）亲告乃论，政府与其他人都没有诉权。

《水浒传》小说中，武大郎之妻潘金莲受了王婆蛊惑，与西门庆通奸，却被卖梨的小郓哥知悉，小郓哥与王婆有隙，便将奸情告诉了武大郎："我对你说，我今日将这一篮雪梨，去寻西门大郎挂一小勾子，一地里没寻处。街上有人说道：他在王婆茶房里，和武大娘子勾搭上了，每日只在那里行走。"[1] 那小郓哥可不可以绕过武大郎，直接跑到衙门，检控潘金莲与西门庆通奸呢？根据宋朝"奸从夫捕"的立法，小郓哥不具有诉权，即使跑去检控了，衙门也不会受理。但是呢，如果西门庆是监临一方的官员，则旁人都可揭发，台谏都可弹劾，按"监临奸"查处，罪加平民一等。

小说家言不足为凭。我们还是来看南宋判词辑录《名公书判清明集》收录的两个判例，从中可以了解到"奸从夫捕"法条在宋朝平民通奸案中的运用情况。

---

1 施耐庵：《水浒传》第二十五回。

明代容与堂刻《水浒传》中的"淫妇药鸩武大郎"插图

南宋理宗朝，平江府（今江苏苏州）有一名道士，被人检控与平民李高的妻子通奸，案子送到两浙西路提刑司那里，提刑官胡颖做出终审判决：被告的道士"必其素行有亏"，才会受到控告，"自人必贪财也，然后人疑其为盗；人必好色也，然后人疑其为淫"。然后，胡颖笔锋一转，说："但在法：诸奸，许夫捕。今李高既未有词，则官司不必自为多事。"[1] 既然通奸案的受害者李高没有提出诉讼，旁人就不必多管闲事，法院也不必受理。

大约端平年间，广南西路永福县也发生一起通奸案。教书先生黄渐，原为临桂县（今广西临桂）人，为讨生活，寓居于永福县（今广西永福），给当地富户陶岑的孩子当私塾老师，借以养家糊口。黄渐生活清贫，没有住房，只好带着妻子阿朱寄宿在陶岑家中。

有一个法号妙成的和尚，与陶岑常有来往，不知怎么跟黄妻阿朱勾搭上了。后来，陶岑与妙成发生纠纷，闹上法庭，陶岑顺便告发了妙成与阿朱通奸的隐情。县官命县尉司处理这一起通奸案。县尉司将黄渐、阿朱夫妇勾摄来，并判妙成、陶岑、黄渐三人"各杖六十"，阿朱免于杖责，押下军寨射充军妻。

这一判决，于法无据，于理不合，完全就是胡闹。

黄渐当然不服，到上级法院申诉。案子上诉至广南西路提刑司，提刑官范应铃推翻了一审判决。在终审判决书上，范应铃先回顾了国家立法的宗旨："祖宗立法，参之情理，无不曲尽。傥拂乎情，违乎理，不可以为法于后世矣。"然后指出，阿朱案一审判决，"非谬而何？守令亲民，动当执法，舍法而参用己意，

---

1 《名公书判清明集》卷一二。

民何所凭？"而且，县司受理阿朱一案，长官没有亲审，而交付给没有司法权的县尉，"俱为违法"。

最后，范应铃参酌法意人情，做出裁决："在法：诸犯奸，许从夫捕。又法：诸妻犯奸，愿与不愿听离，从夫意"，本案中，阿朱就算真的与和尚妙成有奸，但既然其夫黄渐不曾告诉，县衙就不应该受理；黄渐也未提出离婚，法庭却将阿朱判给军寨射充军妻，更是荒唐。因此，本司判阿朱交付本夫黄渐领回，离开永福县；和尚妙成身为出家人，却犯下通奸罪，罪加一等，"押下灵川交管"，押送灵川县（今广西灵川）看管；一审法吏张荫、刘松胡乱断案，各杖一百。[1]

范应铃是一位深明法理的司法官，他的判决书申明了"奸从夫捕"的立法深意："捕必从夫，法有深意"，"若事之暧昧，奸不因夫告而坐罪，不由夫愿而从离，开告讦之门，成罗织之狱，则今之妇人，其不免于射者（指奸妇被法院强制许配为军妻）过半矣"[2]。如果男女之间一有暧昧之事，不管当丈夫的愿不愿意告官，便被人告到官府，被有司治以通奸罪，则难免"开告讦之门，成罗织之狱"。因此，国家立法惩戒通奸罪，又不能不以"奸从夫捕"之法加以补救，将通奸罪限定为"亲不告官不理"的亲告罪，方得以避免通奸罪被滥用。

那么，"奸从夫捕"的立法，又会不会给男人滥用诉权、诬告妻子大开方便之门呢？应该说，不管是从理论，还是从实际情况来看，都是存在这种可能性的。不过，《名公书判清明集》收

---

1 《宋刑统·杂律》："若道士、女冠奸者，各又加一等。"
2 《名公书判清明集》卷一二。

录的另一个判例显示，宋朝法官在司法过程中，已经注意到防范男性滥用"奸从夫捕"的诉权。

还是宋理宗时，有一个叫江滨叟的读书人，因为妻子虞氏得罪他母亲，意欲休掉虞氏，便寻了个理由，将妻子告上法庭，"而所诉之事，又是与人私通"。法官胡颖受理了此案，并判江虞二人离婚，因为虞氏受到通奸的指控，"有何面目复归其家？"肯定无法再与丈夫、家婆相处。虞氏自己也"自称情义有亏，不愿复合，官司难以强之，合与听离"。

但是，胡颖同时又反驳了通奸的指控，并惩罚了原告江滨叟："在法，奸从夫捕，谓其形状显著，有可捕之人。江滨叟乃以暧昧之事，诬执其妻，使官司何从为据？"判处江滨叟"勘杖八十"，即杖八十，考虑到江滨叟是士人身份，缓期执行。[1]

你没有听错，宋朝已经出现了缓刑制度，法官在审理一些轻微罪行（杖以下）的案子时，通常在做出刑罚判决（比如杖八十）之后，又基于情理法的衡平考虑，先将判决书入匣，暂不执行判决，这叫作"封案"，有时也叫作"寄杖"。如果犯罪人能够悔改前非，则刑罚不再执行；如果犯罪人不思悔改，则开匣取出判决书，执行刑罚，这叫作"拆断"。

从法官胡颖的判决，我们不难看出，宋时，丈夫要起诉妻子犯奸，必须有确凿的证据，有明确的奸夫，"形状显著，有可捕之人"。这一起诉门槛，应该可以将大部分诬告挡在法庭门外。

---

[1] 《名公书判清明集》卷一〇。

通奸罪的历史

现在,我们还需要回顾一下法制史上通奸的罪与罚,因为我们马上便会发现,宋王朝对于平民通奸行为的惩罚是相对最为宽松的。

秦汉－魏晋时期,法律对于通奸罪的处罚很严厉,比如,根据北魏的刑法,"男女不以礼交,皆死"[1],通奸属于死罪;国家又允许亲属对通奸之人以私刑处死,"夫为寄豭,杀之无罪"[2]。所谓"寄豭",指跑到别人家传种的公猪,意思是说,如果丈夫像公猪一样钻进别人的被窝,那么被人杀死了也是活该,杀人者不用承担法律责任。

到了唐宋时期,通奸出现轻罪化的趋势,按《唐律疏议》,"和奸者,男女各徒一年半。有夫者二年"。《宋刑统》则抄自《唐律疏议》。不过,宋代对通奸的刑罚实际上更轻一些,因为宋初创设"折杖法",除了死刑之外,流刑、徒刑、杖刑、笞刑在实际执行时均折成杖刑:"流三千里"的刑罚,折"决脊杖二十,配役一年";"流二千五百里"折"决脊杖十八,配役一年";"流二千里"折"决脊杖十七,配役一年";"徒三年"折"决脊杖二十",然后当庭释放;"徒二年半"折"决脊杖十八,放";"徒二年"折"决脊杖十七,放"……,以此类推,最轻的笞二十、一十,折"臀杖七",释放。宋徽宗朝又对"折杖法"做了更加轻刑化的改革,如"徒二年"折"决脊杖十五","笞一十"折"笞

---

1 《魏书·刑罚志》。
2 司马迁:《史记·秦始皇本纪》。

五"。

西门庆与潘金莲恰好生活在宋徽宗时代，根据"折杖法"，西门庆与潘金莲通奸，如果没有发生毒杀武大郎的情节，单按通奸罪量刑的话，二人只会被判"徒二年"之刑，折脊杖十五，即打脊背各十五下就可释放了。

而且，宋朝的"奸从夫捕"立法，也使民间大部分通奸行为因为当事人丈夫不愿告发而躲过了法律的惩罚，比如《名公书判清明集》记载的黄渐之妻阿朱。

元朝初期，还沿用宋朝"奸从夫捕"之法，但在大德七年（1303），"奸从夫捕"的旧法被废除。这是因为，元朝官员郑介夫发现，"今街市之间，设肆卖酒，纵妻求淫，暗为娼妓，明收钞物"；又有良家妇女，"私置其夫，与之对饮食，同寝处"。"都城之下，十室而九，各路郡邑，争相仿效，此风甚为不美"。由于有"奸从夫捕"的旧法，丈夫不告诉，官府无从干预，"所以为之不惮"。

郑介夫看在眼里，急在心里，觉得只有废除了"奸从夫捕"之法，才能够解决这个严重的社会问题。因此，他建议元廷：民间男女通奸，"许四邻举察"；若有通奸案未能及时举报，"则罪均四邻"。[1] 元廷采纳了郑介夫的奏议，于大德七年颁下新法：今后四邻若发现有人通奸，准许捉奸，"许诸人首捉到官,取问明白"，本夫、奸妇、奸夫同杖八十七下，并强制本夫与奸妇离婚。[2]

于是乎，人民群众心底的"捉奸精神"被激发了出来，南宋法官范应铃担心的"开告讦之门，成罗织之狱"景象，宣告来临。

1　《历代名臣奏议》卷六七。
2　《元典章》刑部卷之七。

而且，也是从元朝开始，通奸的行为又面临着致命危险，因为法律允许私刑，奸夫淫妇若被捉奸在床，或者拒捕，当场杀死无罪，如元朝的律法规定，"诸夫获妻奸，妻拒捕，杀之无罪。……诸妻妾与人奸，夫于奸所杀其奸夫及其妻妾，……并不坐"[1]。这样的立法，无异于赤裸裸鼓励亲夫将通奸的奸夫与奸妇一并杀死。明清的刑律也有类似的规定："凡妻妾与人奸通而于奸所亲获奸夫奸妇，登时杀死者勿论，若只杀死奸夫者，奸妇依律断罪，当官价卖，身价入官。"[2]

在朱元璋时代，通奸之人受到的惩罚最为严厉，洪武二十七年（1394），朱元璋诏刑部："京都人烟辐辏，有等奸顽无籍之徒，不务本等生理，往往犯奸做贼。若不律外处治，难以禁止。所以在京犯奸的奸夫奸妇，具各处斩。"[3]在京城犯奸的奸夫奸妇，一律斩首。

也就是说，如果对通奸罪罚的历史演变走势做一种鸟瞰式的观察，我们会发现它恰好呈现出一个"U"形轨迹：前期（秦汉－魏晋）重罪化，中期（唐宋）轻罪化，后期（元明清）又重罪化。

余话

一些朋友也许会认为，只有中国古代与那些落后国家才会将通奸行为入罪。这是想当然。实际上，不少西方国家和地区直到

---

1 《元史·刑法志》。
2 《大明律集解附例·刑律》；《大清律集解附例·刑律》。
3 杨一凡整理《洪武永乐榜文》。

完成近代化之后，仍然在刑法上保留着通奸罪，如1968年《意大利刑法》第五百六十条即规定了通奸罪；1971年《西班牙刑法》编有"通奸罪"一章，通奸男女均处短期徒刑六个月至六年；1994年《法国刑法典》规定，强奸以外的性侵犯罪，处五年监禁并科罚金，这主要针对的就是通奸行为；美国的一部分州至今也保留着通奸罪。[1]

韩国的刑法典也有通奸罪的条款，直到2015年才宣布废除这一条款；中国香港特区尽管未设通奸罪，但在民法上，允许离婚诉讼的一方，将奸夫与奸妇列为共同被告，向其请求损害赔偿[2]；中国台湾地区现行"刑法"更是明确规定："有配偶而与他人通奸者，处一年以下有期徒刑。其相奸者亦同。"同宋代一样，通奸罪在今日台湾也是亲告罪，"告诉乃论，配偶纵容或宥恕者，不得告诉"[3]。

从文明发展的角度来看，几乎所有的文明体都将通奸行为列为法律明文禁止的罪行，在文明早期，通奸罪往往都被当成必须处死的重罪，如《汉谟拉比法典》规定将与人通奸的女性投河接受神判，古希伯来《摩西法典》对和奸罪处以绞刑、石刑与火刑，古印度《摩奴法典》对已婚妇女的通奸行为处以残忍的兽刑。随着文明的演进，进入近代文明形态，通奸罪呈现出轻罪化的明显趋势，从处死刑演变成只判轻刑，从公诉罪演变成亲告罪，乃至于只是在刑法上保留罪名，而在司法中基本不予启用。

1　参见范忠信《中西法文化的暗合与差异》，中国政法大学出版社，2001。
2　香港特区《婚姻诉讼条例》："凡在离婚呈请书中，婚姻的一方指称另一方曾与人通奸，作出该项指称的一方须将被指称曾与婚姻的另一方通奸的人列为法律程序的一方。"
3　台湾地区"刑法"第十七章《妨害婚姻家庭罪》第二三九条。

但是，我们也不能简单地说，只有彻底废除了通奸罪才是司法文明的进步。因为一宗婚姻的缔结，意味着彼此要忠诚于对方，通奸无疑是对婚姻忠诚的背叛，也损害了家庭的价值。那么法律保留着对通奸行为的适度的处罚权力，也许有其必要。

不过，我们这里并不打算讨论通奸罪的废存与否，我更想提示你注意宋朝政府对通奸罪态度的一个明显特点：官民区别对待。平民与他人通奸，是亲告罪，亲不告，官不理。但这一原则并不适用于政府官员，官员与人通奸，凡知情者俱可举劾；如果犯"监临奸"，则罪加一等。

其实这就是儒家士大夫所主张的公共治理原则："礼不下庶人"；"春秋责备贤者"[1]。小民可以不知礼，礼法没必要给予其太严格的束缚；而士大夫（官员）身为百姓表率，不可不知礼，不可不守礼，必须接受更严格的礼法约束。

如果说宋人对于通奸罪的司法态度可以给今人一些启迪的话，我认为最值得记取的有两点：在国家礼法的层面，强调官员的政治伦理责任，但不必苛求于平民；在司法的层面，注意保护小民的利益，将通奸罪列为"亲不告官不理"的亲告罪。

---

1 《孔子家语》卷七；《新唐书·太宗纪赞》。

一位经筵官的『顶层设计』

亲爱的女儿，我给你讲讲北宋大理学家程颐当经筵讲官的故事。故事本身非常简单，但它包含的政治学意义却值得我们深入阐释。

经筵，说白了，就是给皇帝上课。制度化的经筵是在北宋形成的，汉唐时虽然也有御前讲席，却都是临时性的安排，到了宋朝，才将讲筵确立为一项日常制度，每年二月至端午、八月至冬至为讲课时间，隔日一讲。给皇帝讲课的经筵官，一般为翰林侍读学士、翰林侍讲学士、侍读、侍讲、天章阁侍讲、崇政殿说书等，以崇政殿说书的品级最低。元祐元年（1086）三月，在宰相司马光的推荐下，程颐被任命为崇政殿说书，担任年幼的哲宗皇帝的经筵讲官。

程颐这个人很有意思。他非常有学问，是北宋的大学者，却在嘉祐四年（1059）的殿试中落榜，从此不再参加科举；他出身于官宦之家，本可以通过恩荫获得官职，却再三将机会"推与族人"，自己躲到洛阳乡下讲学。由于他"著书立言，名重天下"，因而"从游之徒，归门甚众"。治平、熙宁年间，都有大臣举荐他入仕，但程颐都以"学不足，不愿仕"为由，拒绝了。[1]

元丰八年（1085），宋神宗病逝，年仅九岁的哲宗嗣位，由祖母太皇太后高氏（宋英宗皇后）垂帘听政。门下侍郎司马光，尚书左丞吕公著、谏官朱光庭、西京（洛阳）留守韩绛再次向高太后推荐了程颐。朝廷召程颐为西京教授，主政洛阳的教育。程颐还是坚辞不受。

朝廷又召他赴阙。次年，亦即元祐元年三月，五十四岁的程

---

[1] 朱熹：《伊川先生年谱》；程鹰、张红均：《二程故里志》。

故宫南薰殿旧藏程颐画像

颐应召来到京师。朝廷授予他秘书省校书郎之职，相当于任命为中央图书馆研究员，程颐再次请辞不就。宰相司马光向高太后建议，不如任命程颐为崇政殿说书，当皇帝的老师。

高太后依言召见了程颐，对他说，恳请先生当经筵讲官，万不可再推辞。但程颐还是婉拒，高太后不许。

告退后，程颐又给太皇太后送来了一份书面报告："臣未敢必辞，只乞令臣再上殿进札子三道言经筵事，所言而是，则陛下用臣为不误，臣之受命为无愧；所言或非，是其才不足用也，固可听其辞避。如此，则朝廷无举动之过，愚臣得去就之宜。"[1] 意思是说，要我当经筵讲官也可以，请允许我先上三道札子阐明经筵的道理，如果太皇太后同意我的观点，那我便留下来当经筵讲官；如果不赞成，那还是另请高明吧。高太后只好让程颐进呈三道论经筵事的札子。

这么拽的经筵讲官，除了在宋朝，恐怕很难见到了。

君德成就责经筵

程颐在三道札子上提出他的经筵主张，包括让经筵官日夜接触皇帝，"讲读既罢，当留二人直日，夜则一人直宿，以备访问"；皇帝"凡动息必使经筵官知之"。值得我们特别留意的是，程颐还要求坐着讲课："臣窃见经筵臣僚，侍者坐而讲者独立，于礼为悖。欲乞今后特令坐讲，不惟义理为顺，以养主上尊儒重道之心。……臣以为天下重任，惟宰相与经筵。天下治乱系宰相，君

---

[1] 《续资治通鉴长编》卷三七三。

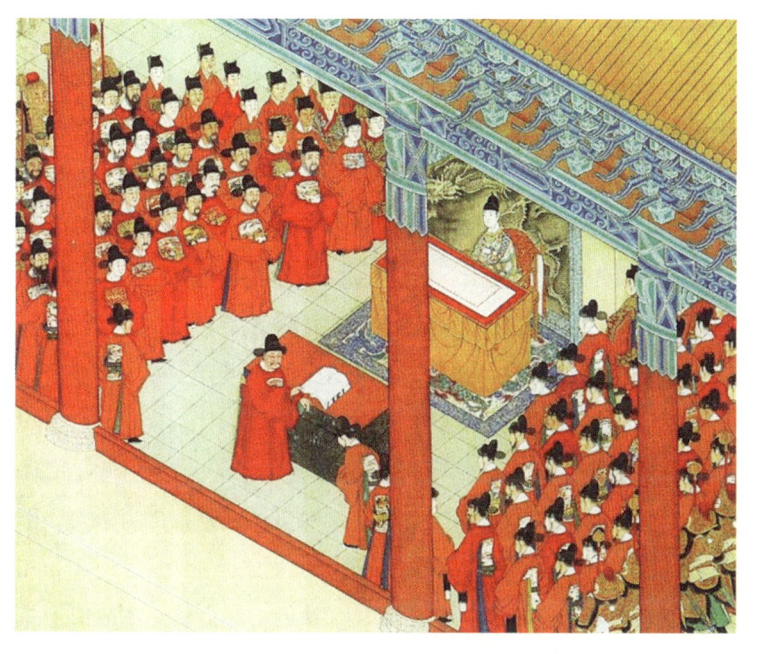

明代《徐显卿宦迹图》中的《经筵进讲图》。北京故宫博物院藏

德成就责经筵。由此言之,安得不以为重?"[1]

原来,宋朝之前的讲筵会,基本上都为"坐讲",因为其时椅子尚未普遍应用,大家都习惯于席地而坐,"坐讲"并无特别的含义,只是一种习惯而已。宋初的经筵,还是沿用"坐讲"的形式,"凡有讲读,无不赐坐",此时椅子已广泛应用,"坐"指坐在椅子上,已含有尊师重教的意思。只是到乾兴元年(1022),宋仁宗冲龄继位,由于小皇帝身体尚矮,只好"跂案而听之",即必须踮起脚尖趴在高案上听讲,时任经筵官的孙奭为方便读解,

---

[1] 《续资治通鉴长编》卷三七三。

便改"坐讲"为"立讲"。[1]

此后,"立讲"便成为北宋经筵的常制,"讲读官当讲读者,立侍敷对,余皆赐坐于阁中"。[2] 这便是程颐札子所说"侍者坐而讲者独立"的由来。

熙宁元年(1068)四月,有三位经筵讲官——翰林侍读学士吕公著、翰林侍讲学士王安石、侍讲吴充向宋神宗提了一个动议:"窃寻故事,侍讲者皆赐坐。自乾兴以后,讲者始立,而侍者皆坐听。臣等窃谓侍者可使立,而讲者当赐坐。乞付礼官考议。"神宗诏令礼官"详定以闻"。

礼官韩维、胡宗愈都赞同王安石等人之议:"今列侍之臣尚得环坐,执经而讲者顾使独立于前,则事体轻重,义为未安。臣等以为宜如天禧旧制,以彰陛下稽古重道之意。"但另一部分礼官如苏颂、韩忠彦却反对"坐讲":"执经人主之前,本欲便于指陈,则立讲为宜。若谓传道近为师,则今侍讲解说旧儒章句之学耳,非有为师之实,岂可专席安坐,以自取重也?"由于礼官无法达成一致的意见,这次"坐讲"与"立讲"之争最后不了了之。倒是宋神宗跟经筵讲官王安石说:"卿当讲日,可坐。"可是王安石却"不敢坐"。[3]

现在程颐再次提出了"坐讲"的要求,又在朝中引发了争论,按反对者、御史中丞刘挚的说法,是"众传以为笑"。刘挚说,不应该让程颐当经筵讲官,还是请他回洛阳当西京教授好了,"庶

---

1 彭龟年:《止堂集》卷五。
2 《皇宋通鉴长编纪事本末》卷二九。
3 《皇宋通鉴长编纪事本末》卷五三。

几成颐之志，全颐之节，以息群议"。不过高太后没有听从刘挚之议，将程颐挽留下来任崇政殿说书。

程颐为什么要求"坐讲"呢？是想满足"帝王师"的虚荣心吗？不是的。王安石、程颐等经筵官已经说了，是为了养成皇帝"稽古重道""尊儒重道"之心。这里的"道"，不是指一般的道德，而是一个政治学概念——"道统"，与君权所代表的"治统"相对。

明末的王夫之曾给二者下过一个定义："天下所极重而不可窃者二：天子之位也，是谓治统；圣人之教也，是谓道统。"王夫之又说："儒者之统与帝王之统并行于天下，而互为兴替。其合也，天下以道而治，道以天子而明。及其衰，而帝王之统绝，儒者犹保其道以孤行而无所待，以人存道而道不可亡。"[1]王氏之说，实乃发端于宋人。

南宋的朱熹宣告：秦汉以降，"千五百年之间……尧、舜、三王、周公、孔子所传之道，未尝一日得行于天地之间！"[2]这一宣言，在中国政治哲学史上具有不容忽视的意义，因为从政治哲学的角度来说，根据朱熹的界定，不管是秦皇汉武，还是唐宗宋祖，他们只是获得了统治权的传承（治统），并没有自动继承"尧、舜、三王、周公、孔子所传之道"（道统）。"道统"与"治统"从此分离了，"治统"由君主传承，"道统"则由士大夫继承。

宋人又相信，世间道理最大——这一信念来自宋太祖与宰相赵普的一次对话："太祖皇帝尝问赵普曰：'天下何物最大？'普

---

[1] 王夫之：《读通鉴论》卷一。
[2] 朱熹：《答陈同甫第六书》。

熟思未答间。再问如前，普对曰：'道理最大。'上屡称善。"[1] 开国皇帝认同"道理最大"，即意味着承认权力不是最大、皇权不是最大，皇权之上，还有"道理"。宋人引申说，"天下惟道理最大，故有以万乘之尊而屈于匹夫之一言，以四海之富而不得以私于其亲与故者"。[2]

从"道理"二字，南宋理学家又推演出一个完整的大宋"道统谱系"："天开我朝，道统复续。艺祖皇帝问赵普曰：'天下何物最大？'普对曰：'道理最大。'此言一立，气感类从；五星聚奎，异人间出：有濂溪周惇颐倡其始，有河南程颢程颐衍其流，有关西张载翼其派；南渡以来，有朱熹以推广之，有张栻以讲明之。于是天下之士亦略闻古圣人之所谓道矣。"[3] 根据"道理最大"的原则，皇权应当服从于"道理"，代表"道理"的"道统"要高于代表皇权的"治统"。

因此，拥有"道统"的士大夫顺理成章地获得了规训拥有"治统"的皇权的合法性。这便是程颐特别提出"坐讲"的政治哲学背景。这一层隐秘，宋人其实已经说破："盖世儒以尊君为说，而不暇于自尊耳。儒者固不当自尊，而在朝廷则尊君，在经筵则尊道，亦各当其理耳。"[4] 朝廷之上，士大夫为臣，故当"尊君"；但在经筵中，士大夫的身份已经转变，成为"道"的化身，贵为天子，也得"尊道"。

那么程颐的"坐讲"要求有没有获得应允呢？据一份宋人笔

1　沈括：《梦溪续笔谈》。
2　《皇宋中兴两朝圣政》卷四七。
3　姚勉：《雪坡集》卷七。
4　吕中：《宋大事记讲义》卷一五。

记的记载，高太后以"皇帝幼冲，岂可先教改动前人制度"为由，"有旨令不得行"[1]。不过，对于"道统"，宋朝的统治者却不敢轻慢，即便是反对"坐讲"的礼官，也只能将讲筵解释为"解说旧儒章句之学，非有为师之实"，换言之，如果经筵官具有"为师之实"，那"坐讲"便是理所当然的。

尽管宋代经筵以"立讲"为常制，偶有"坐讲"，不过我们应当承认，宋朝君主在士大夫面前还是表现得比较谦抑的。南宋初年，由于时局未靖，曾经暂停讲筵，宰相秦桧拍马屁说："陛下圣学日跻，实难其人。"皇上您这么圣明，实在是找不到合适的士大夫来为皇上讲筵。宋高宗却不敢托大，说道："朕学问岂敢望士大夫？"并下诏任命了一批侍讲。[2] 高宗所说的"学问"，其实也可以理解为"圣人之教"、传承于士大夫的"道统"。

程颐最终还是留下来担任经筵讲官，践行他的"君德成就责经筵"理念。所谓"君德成就责经筵"，换成大白话，就是教化皇帝、规训皇权的意思。对于这一点，程颐是当仁不让的。一日讲课，课文中有一个"容"字，服侍经筵的宦官用黄纸盖住，说这是皇帝当太子时的名讳（宋哲宗原名赵佣，佣与容同音），要避讳。程颐却说："人主之势，不患不尊，患臣下尊之过甚而骄心生尔。请自今旧名嫌名皆勿复避。"[3] 程颐还要求高太后旁听经筵，规训皇权的用心更是不加掩饰，因为其时由高太后垂帘听政，太皇太后就是皇权的正式代理人。

---

1 宋佚名《道山清话》。
2 《宋会要辑稿·职官》。
3 《河南程氏遗书》。

经筵官凭什么规训皇权？凭什么放言"君德成就责经筵"？追问下去，答案只能是：君主虽得"天子之位"，但于"圣人之学"则是门外汉，需要饱学的士大夫教化之。这一政治哲学理论，构成了宋代政体的第一层分权：君主只代表治统，道统由士大夫掌握。

　　后来的清王朝建立皇权专制体制，势必要取消这一政治哲学意义上的分权。乾隆就特别不满程颐的主张，专门写了一篇《御制书程颐论经筵札子后》反驳："'天下治乱系宰相，君德成就责经筵'二语，吾以为未善焉。君德成就责经筵，是矣，然期君德之成就非以系天下之治乱乎？……如颐所言，是视'君德'与'天下治乱'为二事漠不相关者，岂可乎？"[1]这个独裁帝王敏锐地发现了程颐之说对于专制皇权的挑战：它将造成"道统"（养成君德）与"治统"（天下治乱）的分离。这当然是乾隆无法认可的。

　　一名清代士大夫还为乾隆的《御制书程颐论经筵札子后》写了一篇"恭跋"，大拍马屁："我皇上明并日月，至仁如天……而群臣知识短浅，无足仰裨高深于万一。此则君德成就责经筵，犹为三代以下之君德，而要非所语于生知安行之圣学也，而又何足与于德盛化成之圣治哉。"[2]意思是说，乾隆生天圣君，德比尧舜，君德乃出自天赋，哪里用得着蠢儒的经筵？

　　皇帝既然取代士大夫成了"道统"的代言人，显然便没有必要接受经筵教化了。清代的经筵制度因此发生了非常荒谬的变异——宋明经筵均是由士大夫教化皇帝，清代经筵居然变成了由

1　《清高宗御制文集》二集卷一五。
2　钱维城：《钱文敏公全集》卷一○。

皇帝训导士大夫。当讲筵官讲毕，皇帝即发表一通"圣训"，然后讲官跪赞，如乾隆三年（1738）二月的一场经筵，乾隆"圣训"完毕，大学士鄂尔泰马上跪赞："皇上阐扬经书义蕴，广大精微，皆先儒所未及，真帝王传心之要也。"[1]

天下治乱系宰相

如果说，"君德成就责经筵"是在政治哲学层面上对皇权的分割（"治统"与"道统"并立、统治权与合宪性分离），那么程颐的另一项主张——"天下治乱系宰相"，则是直接地提出要在权力结构上切分统治权了，程颐的意思很明显：君主应当"统而不治"，用儒家的概念来说，叫作"垂拱而治"，治理天下的权力与责任，交托给宰相领导的政府。

这其实是程颐一贯的主张了。程颐相信："海宇之广，亿兆之众，一人不可以独治。必赖辅弼之贤，然后能成天下之务。自古圣王，未有不以求任辅相为先者。"[2]因而，他解《周易》，即提出："进居其位者，舜、禹也；进行其道者，伊（伊尹）、傅（傅说）也。"[3]天子（舜、禹）只是天下的主权者（进居其位），宰相（伊、傅）才是天下的治理者（进行其道）。他解《尧典》，又提出："帝王之道也，以择任贤俊为本，得人而后与之同治天下。"[4]天子的权力只限于选择宰相，宰相产生之后，即获得与君主"同治天

---

1 《乾隆朝实录》卷六十四。
2 陈梦雷:《古今图书集成》(用人部)。
3 程颐:《伊川易传》卷一。
4 程颐:《程氏经说》卷二。

下"的权力。

因为"天下治乱系宰相",程颐又认为,君主应审慎选择宰相,同时必须给予宰相充分的信任,赐予宰相尊贵的地位,赋予宰相足够的权力,这样宰相才可以担起治理天下之责:"图任之道,以慎择为本。择之慎,故知之明;知之明,故信之笃;信之笃,故任之专;任之专,故礼之厚而责任重。择之慎,则必得其贤;知之明,则仰成而不疑;信之笃,则人致其诚;任之专,则得尽其才;礼之厚,则体貌尊而其势重;责之重,则其自任切而功有成。故推诚任之,待以师父之礼,坐而论道,责之以天下治,阴阳合,故当之者,自知礼尊而势重,责深而任专,则挺然以天下为己任,故能称其职也。"[1]

简言之,在程颐看来,优良的政体,应该是"二权分置"的:君主、宰相各有权职,互不相侵,君主的权力是任命宰相,宰相的权力是治理天下。对此,有学者提过一个论断:"程颐理想中的君主只是一个以德居位而任贤的象征性元首;通过'无为而治'的观念,他所向往的其实是重建一种虚君制度,一切'行道'之事都在贤士大夫之手。我们还可以肯定地说,这不是他一个人的想法,而代表了理学家的一种共识。"

对此,我们还可以进一步指出,君主任相,宰相组阁,政府行使治理权,并不仅仅是宋人的凭空构想,而且是宋朝实行的政制(当然会打一些折扣)。

钱穆先生认为,宋代是君权高涨、相权低落的朝代,因为宋朝君主掌握着最终的决策权,而宰相的权力被分割了——宋朝将

---

[1] 陈梦雷:《古今图书集成》(用人部)。

军权与财权从宰相机构中划分出去。从这个角度言,宋代宰相确实不如汉唐宰相集权。但是,宋朝宰相领导的政府(包括中书省、枢密院)的法定权力,其实与汉唐宰相并无不同,《宋史·职官志》如此描述宋朝宰相的职权:"佐天子,总百官,平庶政,事无不统。"这是宋朝对于相权的制度性规定。

宋人还强调,君主不可侵夺宰相之职权,用朱熹的话来说,君主与宰相"各有职业,不可相侵"[1]。君主若侵占政府之职,则将受到群臣抗议:"今百司各得守其职,而陛下奈何侵之乎?"[2]比之汉唐时期,宋代宰相的权力更加稳固,汉唐宰相领导的政府权职常常被帝王或其非正式代理人(如宦官、外戚、后妃)侵占,而这样的事情在宋代几乎没有发生过。

宋朝君主当然具有至高无上的地位、最高的权威,不过从宋真宗朝开始,宋代出现了君权象征化的趋势,并渐渐形成了君主"统而不治"的惯例。[3]在传统君主制下,最大的权力莫过于制诏。以前我们介绍过,宋朝的诏书虽然名义上皆出自君主,但一道以皇帝名义发出的诏书,必须有宰相的副署,才得以成为朝廷的正式政令。诏书若无宰相之副署,则不具备法律效力,用宋人的话来说,"不由凤阁鸾台,盖不谓之诏令";"凡不由三省施行者,名曰'斜封墨敕',不足效也"[4]。

也就是说,程颐提出的"天下治乱系宰相",代表了一种政

---

[1] 朱熹:《朱文公文集》卷一四。
[2] 王辟之:《渑水燕谈录》卷一。
[3] 参见王瑞来先生论文《走向象征化的皇权》,收录于《宋史研究论文集》,上海人民出版社,2008。
[4] 《宋会要辑稿·职官》;《宋史·刘黻传》。

体结构的分权——君权与相权分置，主权与治理权分置，这是宋代政体的第二层分权。

应当承认，这样的政制，是君主制的先人所能设想得到的最优政体了。宋人向往"尧舜三代之治"，"回向三代"成为贯穿两宋的时代精神，恰如朱熹所言，"国初人便已崇礼义，尊经术，欲复二帝三代，已自胜如唐人"[1]。何谓"尧舜三代之治"？我觉得可以用《礼记·礼运篇》的一句话来概括："大道之行也，天下为公，选贤与（举）能"。尧舜禹时代的天子是选举出来的（禅让也是一种选举），此即所谓"选贤与能"，可是大禹之子破坏了禅让制，天子从此世袭。在这种情况下，还可以"天下为公"吗？还能够"选贤与能"吗？

儒家想出来的替代方案便是"虚君共治"。君主作为主权象征，不妨世袭罔替；宰相负责国家治理，则当选贤与（举）能。这里的"选举"，自然并非现代的票选。我们也不能期待一千年前的先贤能设想出票选首相的民主制，但宰相当由选举（科举、察举也是选举）而不是血缘产生，无疑是先贤共识。

这其中的道理，见识了废相之变的明代大儒显然更有真切的感受。明末黄宗羲说："古者不传子而传贤，其视天子之位，去留犹夫宰相也。其后天子传子，宰相不传子。天子之子不皆贤，尚赖宰相传贤足相补救，则天子亦不失传贤之意。宰相既罢，天子之子一不贤，更无与为贤者矣，不亦并传子之意而失者乎？或谓后之入阁办事，无宰相之名，有宰相之实也。曰：不然。入阁办事者，职在批答，犹开府之书记也。其事既轻，而批答之意，

---

1 《朱子语类》卷一二九。

又必自内授之而后拟之，可谓有其实乎？吾以谓有宰相之实者，今之宫奴也。"[1]因此，他在《明夷待访录》的"置相"篇中，一开头便宣布："有明之无善治，自高皇帝罢丞相始也。"

朱元璋废相，"天下治乱系宰相"的制度性基础从此完全坍塌。也许你会问：明朝不是有内阁吗？内阁首辅不是相当于宰相吗？其实，明朝内阁辅臣不过是皇帝的机要秘书罢了。有明一代，内阁从未演化为宰相，因为宰相的两项关键性的权力——诏书副署之权与指挥六部之权，明内阁均不具备。

这一点，清代的乾隆帝看得非常准确："夫宰相之名，自明洪武时已废而不设，其后置大学士，我朝亦相沿不改，然其职仅票拟承旨，非如古所谓秉钧执行之宰相也。"当时有一名学者叫尹嘉铨，因为在著作中"称大学士、协办大学士为相国"，被认定是"意在谀媚而阴邀称誉，其心实不可问"[2]。最后这个尹嘉铨被绞刑处死，著作被销毁。

乾隆当然也不可能认同程颐的"天下治乱系宰相"之说。他特别指出："昔程子云'天下之治乱系宰相'，此只可就彼时朝政冗者而言。若以国家治乱专倚宰相，则为之君者，不几如木偶旒缀乎？""夫用宰相者，非人君其谁乎？使为人君者，但深居高处，自修其德，惟以天下之治乱付之宰相，已不过问，幸而所用若韩琦）、范（仲淹），犹不免有上殿之相争；设不幸而所用若王（安石）、吕（惠卿），天下岂有不乱者？此不可也。且使为宰相者，

1　黄宗羲：《明夷待访录》。
2　《乾隆朝实录》卷一一二九。

居然以天下之治乱为己任，而目无其君，此尤大不可也。"[1]

宋代追求的"士当以天下为己任"，在乾隆看来，居然属于"目无其君"；宋人心仪的"垂拱而治"，到了乾隆的眼里，也成了"木偶旒缀"。乾隆推崇的自然是皇权独裁："乾纲独断，乃本朝家法。自皇祖（康熙）皇考（雍正）以来，一切用人听言大权，从未旁假。"[2]

但自鸣得意的乾隆一定想不到，大清王朝的这一专制本色，恰恰构成了晚清时期"君主立宪"转型的最大障碍。君主立宪制离不开一个前提条件，那就是，必须有一个政府首脑，叫宰相也行，叫首相、总理也罢，总之政府须立一首脑。然后，才可以推行内阁责任制，如是，方有可能虚君立宪。没有宰相，还搞什么虚君立宪、责任内阁？

执政得失问台谏

根据"天下治乱系宰相"的原则，宰相之责任不可谓不重，宰相之权力不可谓不大。那么问题来了，如何防范宰相擅权、滥权？这个问题似乎没有引起程颐的注意，不过他的兄长程颢，对此已有比较周密的思考。

程颢认为，宰相应该拥有"专任独决"的治理权，但同时，宰相又必须服从于"公议"。"公议"便是制衡宰相之权的机制："自古兴治立事，未有中外人情交谓不可而能有成者，况于排斥忠良，

---

1 《乾隆朝实录》卷一一二九；《清高宗御制文集》二集卷一五。
2 蒋良骐、王先谦：《乾隆朝东华录》卷二八。

沮废公议，用贱陵贵，以邪干正者乎？"[1] 若一项政策"中外人情交谓不可"，那么政府就要停止执行，而不是"沮废公议"，一意孤行。

代表公议的机构，便是台谏系统。在宋代士大夫眼里，"公议"与"台谏"几乎是一对同义词："道天下之公议者，谏官御史也"；"台谏，公论之所系也"；"台谏者，所以主持公道者也"；"今御史敢言大臣者，天下之公议"；"公议所发，常自台谏"；"任用台谏官，以求天下公议"……[2]

北宋谏官刘安世即以"天下公议"的代言人自任："台谏之论，每以天下公议为主、公议之所是，台谏必是之。公议之听非，台谏必非之。"[3] 刘氏也以直谏闻名，有"殿上虎"之称。程颢本人也当过台谏官，当时王安石执政，"议更法令，言者攻之甚力"，作为言官的程颢被邀请至宰相办事机构——中堂议事，王安石对反对变法的言官意见很大，"厉色待之"，程颢从容说："天下事非一家私议，愿平气以听。"王安石听后无言以对，很是羞愧。[4] 显然，程颢也是认为，台谏官代表天下公议，有权审议执政官要推行的政事。

与其他王朝的监察系统相比，宋朝台谏更具独立性。汉唐时，台谏只是宰相的属官，宋代的台谏系统与政府系统则是平行的结构，不归宰相统率。宋朝宰相有组阁之大权，可以"进退百官"，

---

1 《宋史·程颢传》。
2 《续资治通鉴长编》卷三七五；魏了翁：《鹤山集》卷二一；高斯得：《耻堂存稿》卷一；《续资治通鉴长编》卷三九九、卷三七二、卷一九四。
3 《续资治通鉴长编》卷四一五。
4 《宋史·程颢传》。

却没有权力任免台谏,"祖宗故事,凡进退言事官,虽执政不得与闻";台谏原则上一概由天子亲擢,"台官必由中旨,乃祖宗法也";现任宰执的亲戚、门生不可以担任台谏官,"执政官亲戚不除谏官""凡见任执政曾经荐举之人,皆不许用为台官";如果现任台谏官的亲近之人获任宰执呢?按惯例,该台谏官要辞职,"故事,执政初除,亲戚及所举之人见为台谏官,皆徙他官"。[1]

总之,宋朝的立法者试图将台谏与政府两个系统彻底分置。这样,台谏才可以在最大程度上摆脱宰执的影响,独立行使监察、审查、弹劾之权,"弹击之际,无所顾避而得尽公议也"[2]。

宋人也常常将台谏与政府对举,如南宋士大夫黄履翁曾告诉宋理宗:"政不可以不在庙堂,而必择台谏之臣以察之;言不可以不从台谏,而必通天下之情以广之。"大学者朱熹说:"(君主)只消用一个好人作相,自然推排出来;有一好台谏,知他(宰相)不好人,自然住不得。"与朱熹大约同时代的士大夫罗点说:"夫人主所恃以公天下之事者,宰执也;宰执有所不及,所恃以维持纲纪者,给舍、台谏也。"[3]翻译成现在的话,就是说,政府负责治理国家,台谏负责监督政府。

从历史事实的层面来看,宋代台谏对宰相领导的政府也的确构成了强有力的权力制衡。用苏轼的话来说,台谏"许以风闻,而无官长。风采所系,不问尊卑。言及乘舆,则天子改容,事关

---

1 《续资治通鉴长编》卷四九一、卷一一三;《宋会要辑稿·职官》;《续资治通鉴长编》卷四一五、卷三六○。
2 《续资治通鉴长编》卷四一五。
3 黄履翁:《古今源流至论》别集卷二;《朱子语类》卷一○八;袁燮:《絜斋集》卷一二。

廊庙，则宰相待罪"[1]。我们知道，按照宋朝的惯例，宰相一旦受到台谏弹劾，即应暂停职权，"待罪"家中，等候裁决。而裁决的结果，很可能便是宰相辞职。

拥有最终仲裁权的君主当然也可能不采纳台谏的意见，选择支持政府。这时候，台谏可以再三弹劾，如果再三受挫，那么按照惯例，往往便是台谏请辞，"祖宗朝，凡任台谏，言而见听，则居职；言而不用，则黜罢。理之必至，前后悉然"[2]。程颢担任台谏官时，极力反对王安石的新政，数月之间，连上几十道奏章，极陈变法之弊。但宋神宗变法之意已决，程颢谏言未被采纳，便乞去言职。

谏而不听则去，这固然是士大夫气节的体现，但从政治学的角度来看，更是一种合理的制度安排，因为政府与台谏需要达成一种政治信任，才能维持政体的正常运转。台谏再三弹劾政府，意味着二者的政治信任已经破产，那么重建政府与台谏之间信任的途径，便是其中的一方辞职。就好比现代议会制下，如果议会对内阁发起不信任投票，闹到这一步，只能是要么内阁辞职，要么议会解散。

放在传统政体中，宋朝政制称得上是一种精妙的制度设计，体现了中国式的分权与制衡之美：君权与相权分置，宰相的执政权与台谏的监察权分置。相制相维。

钱穆先生曾认为，宋代的台谏权出现了退化，因为"谏官台官渐渐变成不分。台官监察的对象是政府，谏官诤议的对象

---

1 《苏轼集》卷五一《上皇帝书》。
2 《续资治通鉴长编》卷四四二。

还是政府，而把皇帝放在一旁，变成没人管。做宰相的既要对付皇帝，又要对付台谏，又如何得施展？"[1] 我不能同意钱先生的意见。宋代台谏职权发生变化的意义，应该放在"天下兴亡责宰相"的权力结构中来考察，正因为君权象征化、执政权操于宰执之手，才需要强化台谏对于宰执的独立性与制衡之权。否则，权力结构便会失衡。更何况，宋代台谏纠绳天子的胆气，半点不让其他任何朝代的谏官——但这其实是宋朝政体并未完全演化为虚君制的表现。

台谏制度的彻底没落是在清代。宋朝中书舍人、给事中、台谏官封驳诏书、规谏君上有如家常便饭；明代废谏官，将谏官之权并入六科给事中，给事中尚有封驳与言谏之权；到了清代雍正朝，六科给事中归并都察院，给事中的封驳权与言谏权完全名存实亡，以致我们在雍乾盛世的文书中几乎找不到一个封驳事例。总而言之，清代的政治体制、施政风格、士大夫风气，都已完全不同于宋代，仿佛是两个截然相反、背道而驰的世界。

结语

现在，我们可以根据程颐"君德成就责经筵""天下治乱系宰相"的说法，并推演程颢的政治见解，来给宋代士大夫理想中的优良政体补上第三层分权："执政得失问台谏"，从而达成一个完整的"虚君共治"结构：君主端拱在上，垂拱而治；治理天下之权归于宰相领导的政府；制衡政府的权力归于独立的台谏系统。

---

[1] 钱穆：《中国历代政治得失》，生活·读书·新知三联书店，2001。

以前我们说过，宋朝政体呈现出比较明显的"二权分置"结构，透过二程的视角，我们还发现，宋人心仪的"二权分置"政体是复合型的：

首先，从政治哲学的层面分出一个"道统"，与皇权所代表的"治统"并峙，士大夫借此获得教化皇权的合法性，此即"君德成就责经筵"。

其次，从权力结构的层面分出一个"治理权"，与君主的主权区别开来，"权不可以不归于人主，而必重庙堂（政府）之柄以总之"[1]，此即"天下治乱系宰相"。

最后，将台谏权从政府系统中完全独立出来，与宰相的治理权平行，"政不可以不在庙堂，而必择台谏之臣以察之"，此即"执政得失问台谏"。

不管是代表道统的经筵官，还是掌握治理权的宰相，还是制衡政府的台谏官，都由士大夫构成，可以说，士大夫群体便是宋朝政治的主体与重心。我们可以用一个简单的示意图来表现（见下页"宋王朝复合型'二权分置'政体示意图"）。

这一复合型"二权分置"模型，可以视为是包括程颐在内的宋代士大夫构建优良政制的"设计蓝图"。可惜，从理想中的"设计蓝图"到落实为实际上的"政治建筑"，难免会变形、走样。理想与现实之间，总是存在着张力。绍圣年间，哲宗皇帝亲政，起用变法派，持保守派立场的程颐被划为"奸党"中人，送涪州（今四川绵阳）编管。程颐任经筵官时，立志于培养君德，但宋哲宗最终还是成不了宋仁宗，哲宗朝政治也远不如仁宗朝宽宏。

1　黄履翁：《古今源流至论》别集卷二。

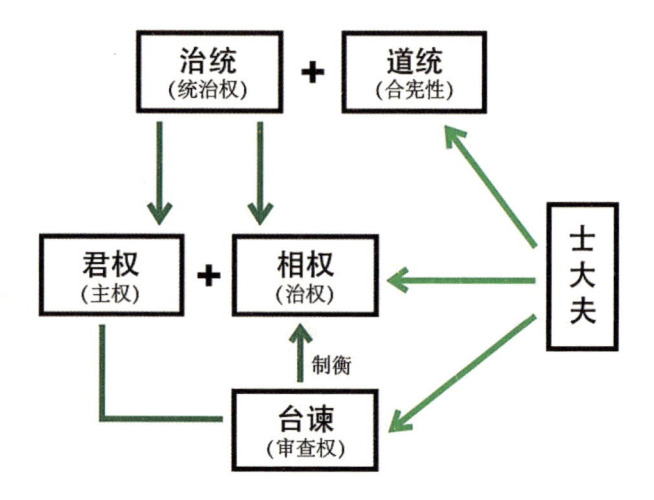

宋王朝复合型"二权分置"政体示意图

一场为了捍卫封驳权的抗议

亲爱的女儿，还记得熙宁"三舍人"事件吗？当年为了阻止李定当上"权监察御史里行"，舍人院的三位知制诰宋敏求、苏颂、李大临运用"封还词头"的权力，连续九次拒绝起草李定的任命诰词。今天我们再讲一个宋朝给事中用封驳权、台谏官用弹劾权联手阻拦安焘升任枢密院长官的故事。给事中"封驳敕命"、台谏官"追改诏书"，跟知制诰"封还词头"一起构成了对君权与相权的制约，体现了宋朝式的权力制衡。

有历史研究者提出：古代中国"在很早的时候起，就产生了权力制衡观念、建立了权力制衡体制。秦汉以来，历代朝廷都以御史纠察百官，肃正纲纪和以言官谏议政府，减少政策失误，正是权力制衡观念的具体运用。而魏晋以后形成的三省制，无论是唐代的'中书主受命，门下主封驳，尚书主奉行'，还是宋代元丰改制以后的'中书省取旨，门下省覆奏，尚书省施行'，都不愧为古代中国最好的权力制衡体制，并为它国所不及"。[1]这是公允之论。不过我还想补充一句：尤其值得我们留意的，是宋代的权力制衡机制。

为便于你理解这一权力制衡机制，我想先简要介绍一下北宋元丰改制后一份诏敕的出台程序，然后再来讲述阻拦安焘的故事。

宋朝的诏敕虽说以君主的名义颁发，但绝非皇帝叫一声"拟旨"便可立即口授一道圣旨，而是需要走复杂的程序。一般来说，事关重大的决策，君主与宰相要先当面议定，基于此形成的诏命，叫作"画黄"（因为文书例用黄纸书写）；对一般事务的处理，宰相与君主通过文书往来交换意见就可以了，基于此形成的诏命，

---

[1] 白钢：《中国政治制度通史》总论卷，人民出版社，1996。

叫作"录黄";涉及军政的诏命由枢密院执行,事关重大者叫作"录白"(文书用白纸书写);非重大者叫作"画旨"。不管是画黄、录黄,还是录白、画旨,其草拟与审议的程序都是一样的,出于叙述方便,我们一概称为"录黄"。

君主与宰相商议后形成的旨意,叫"词头"。"词头"本身并不是诏命,而是起草诏命的依据。负责起草诏命的人,是翰林学士或中书舍人(元丰改制前为知制诰),一般来说,重大、机密的诏命由翰林学士起草,一般性的诏命由中书舍人起草。翰林学士或中书舍人如果认为"词头"不当,可以退回给皇帝,拒绝草制,这便是我们在熙宁"三舍人"事件中看到的"封还词头"。

翰林学士或中书舍人若无异议,或不敢有异议,则根据"词头"起草诏命。草毕,进呈御览,若皇帝与宰相对诏草没有意见,便可形成"录黄",发至中书省,由中书舍人(与草诏的中书舍人未必是同一人)"署敕行下",即在"录黄"上签名,这叫作"书行"。如果中书舍人认为诏敕不当,有权拒绝签名,封还"录黄"。中书舍人若顺利"书行",则送门下省,由给事中审读。给事中如果无异议,亦在"录黄"上签名,这叫作"书读"。当然,给事中也可以拒绝"书读",缴还"录黄"。显然,中书舍人不"书行"、给事中不"书读",都对诏敕构成了封驳。

经中书舍人宣行、给事中审核、完成"书行"与"书读"程序之后,"录黄"才可以留门下省存档,另誊录副本送尚书省(军政则送枢密院)执行。不过,我还要补充说明:按宋制,诏敕名义上出自君主,但在法理上却是由宰相颁行天下,我们如果去看宋朝的圣旨,便会发现,诏敕之首多冠"门下"二字(与明清圣旨以"奉天承运皇帝诏曰"开头不同),敕尾必有三省长官的署名(与明清圣旨落款盖皇帝之章不同)。宰相也有权不署诏敕,

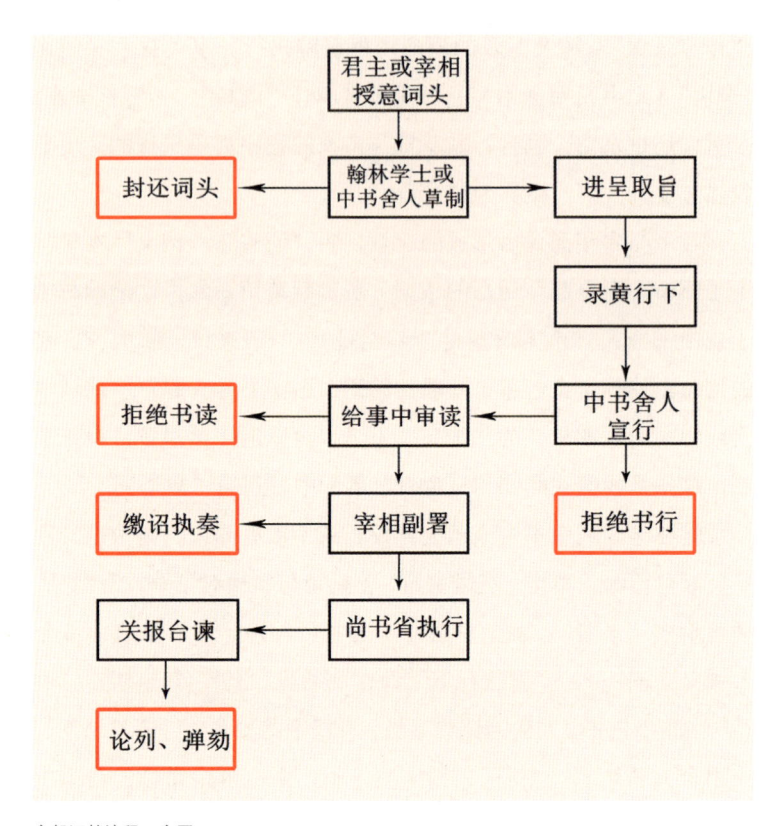

宋朝诏敕流程示意图

缴奏皇上。而诏敕若无宰相之副署，则原则上不具法律效力。

尚书省在执行诏命的同时，需要将诏命内容关报御史台、门下后省与中书后省的谏官案，以备台谏官审查。台谏官也有权取索三省文书。若台谏官认为已行诏敕不当，可以论列，要求皇帝追改诏命，并对责任人提出弹劾。

宋朝的这一套诏敕出台程序，我们可以用上图来表示。

好了，现在我们可以讲这个给事中与台谏官联手阻拦安焘的故事了。

给事中：我不同意这项人事任命

元祐元年（1086）闰二月，枢密院长官章惇被免职，垂帘听政的太皇太后高氏以宋哲宗的名义，任命同知枢密院事的安焘知枢密院，接替章惇；同时任命试吏部尚书范纯仁同知枢密院。拜枢密院长官属于大拜除，诏敕例由学士院的翰林学士起草。翰林学士依命完成了制草，没有封还词头，所以闰二月二十五日，"录黄"经中书省宣行，发至门下省审核。

负责审读这份"录黄"的官员叫王岩叟，是北宋著名的书法家，时任左司谏兼权给事中。对安焘的任命，王岩叟表示强烈反对，因此拒绝"书读"，将"录黄"封驳回去："左司谏之职，其属门下省，近蒙本省批状，差权给事中。给事中职当论驳，臣虽暂权，义难苟且。今日伏睹画黄，除安焘知枢密院，公议不允，臣不敢放过门下"，"所有画黄，谨缴封进"。[1]

由于对安焘、范纯仁的任命是一块做出的，既然"所有画黄"被给事中驳回，范纯仁也就"躺着中枪"。怎么办？王岩叟提出了补救的办法："范纯仁除命，伏乞分为别敕行下。"请太皇太后另发诏敕，单独任命范纯仁同知枢密院。

王岩叟为什么反对安焘知枢密院呢？因为他认为，安焘这个人，第一，水平不行："资材阘茸，器识暗昧，立朝以来，无一长为人所称"，"臣自来闻士大夫相与语曰：'安焘每与众执政议事，有终席不曾赞一句议论'，实其不才如此"；第二，人品不行："备位枢庭，不能自立，惟知佞事章惇，阴助邪说，以养交取容"，

---

[1] 《续资治通鉴长编》卷三七〇。下同。

王岩叟书法《秋暑帖》。北京故宫博物院藏

章惇知枢密院时,安焘全无主见,只知道依附长官;第三,名声不行:"公议所鄙,中外一辞"。如此庸碌之人,如何可以担任枢密院长官、执掌兵政?

还有一个原因,王岩叟没有明说:安焘是变法派阵营中人,而王岩叟则是一名保守派。宋神宗去世后,年幼的哲宗即位,太皇太后高氏"同权处分军国事",起用之前受斥逐的保守派。而回到权力中枢的保守派也开始罢黜变法派。正是在这一背景下,知枢密院的章惇被罢免,改知外郡。而安焘是章惇的追随者,保守派当然要阻挡他接任枢密院长官。对此,我们也不必苛责,近代议会制度下,执政的党派组阁时,也是要任命本党人,反对派则下野。

总而言之,王岩叟坚决认为,"据焘不才,无补陛下,而玷处庙堂,坐尸厚禄,考之物论,谓当置之散地,别进贤才"。

但是，高太后似乎铁了心要让安焘总领枢密院机务，看到"录黄"被王岩叟驳回，便指示再送门下省审读。王岩叟也不跟太皇太后客气，再一次封驳"录黄"，拒不"书读"。过了好几天，未见内廷再有动作，王岩叟以为高太后已收回成命，改变主意："敕命久之不下，意谓圣慈已赐开纳。"

谁知，高太后见敕命两次被给事中封驳，居然授意将安焘与范纯仁的任命诏敕直接送尚书省吏部执行，绕过门下省的给事中，打算不经"书读"程序完成对安焘的任命。此举显然挑战了唐宋相承的封驳制度。在宋代，挑战封驳制的先例也不是没有，但敢这么做的都是强势的君主。高太后本身并不是一个强势的人，又刚刚权处分军国事，却置封驳制于不顾，显示了她听政之初的经验不足。

王岩叟得知任命安焘之诏敕"不送给事中书读，令疾速施行"的消息，立即"请对"，即要求"面圣"，当高太后之面，陈论不能让安焘知枢密院的理由，"言益切"，语气甚是激切。高太后告诉他："卿驳议甚当，极知公正，只是告命已出，也请谅解。"退朝之后，王岩叟又给高太后写奏疏，再次申说：安焘不可以知枢密院，我可以不当这个给事中，"臣位可夺也，而守官之志不可夺也"。

王岩叟还提议："祖宗以来，有虚宰相之位，以参知政事当国者；今不置知院，以同知院行枢密院事，于体无害。"如果太皇太后眷顾安焘是先帝顾托之旧臣，可以保留其同知枢密院之职，如此，"既不伤陛下之恩，又不激众人之议"。

也许你要说，从"同知枢密院"到"知枢密院"，不就删去一个"同"字嘛，有那么重要吗？有。当年宋真宗驾崩，留下"军国事兼权取皇太后处分"的遗诏——其实遗诏通常都是执政大臣所拟。拟诏时，宰相丁谓欲不写"权"字，参知政事王曾坚决不同意："政出房闼，斯已国家否运，称权尚足示后，且言犹在耳，何可改也？"[1]是否带一个"权"字，政治意义大不相同。带"权"字，即表示皇太后原本并没有处分国事的权责，只是因为新君年幼，暂且从权，由太后暂时代行君权；不带"权"字，则表示认同皇太后具有处分国事的正式权力。

"同知枢密院"与"知枢密院"虽然也是只有一字之异，但其差别恰如"如夫人"与"夫人"，"知枢密院"是长官，"同知枢密院"只是长官的副贰。从"同知枢密院"到"知枢密院"，去掉一个"同"，即意味着副职扶正，成为枢密院的首长，因当时三省不置长官，整个执政团队亦以知院为首。

正当王岩叟据理力争之时，高太后给他发来手诏："国家进退大臣，皆须以礼，况前日延和（殿）奏事，已尝面谕。卿今复如是，非予所以待大臣之意也。可速书读，无执所见。"[2]王岩叟呢，也不屈服，以左司谏兼权给事中的身份上疏："臣伏蒙圣旨指挥，以所除安焘敕命已行，宜令臣书读施行者。便当恭禀睿诏，即时奉行，缘事干国体重轻，系君道得失，臣为谏官，既当言；承乏给事中，又当驳。非臣好为高论，喜忤大臣，以自取怨也。惟陛下照亮，愚臣幸甚！"表示他决不会签署任命安焘的敕命。[3]

此时，其他台谏官也站出来声援王岩叟，说安焘确实不适合知枢密院，王岩叟封驳敕命没有不妥、完全正确。

---

1 《续资治通鉴长编》卷九八。
2 《续资治通鉴长编》卷三七一。
3 《续资治通鉴长编》卷三七〇。下同。

右司谏苏辙说:"今者,安焘自同知枢密院为知院,度越四人(指位列尚书左丞、尚书右丞、门下侍郎、中书侍郎之前),直行其上,中外惊怪,不知陛下何以取之,而遽至此!臣观焘之为人,才气凡近,学术空虚,不逮中人,仅免过失,……高下俯仰,惟强有力者是从。奈何举天下兵革之重,全以付之?"

右谏议大夫孙觉说:"焘之才品,中人以下。臣窃以皇帝陛下、太皇太后陛下进退大臣,以新庶政,若焘,在所先罢者也。……朝议以为,陛下于安焘未忍即去,则亦以为同知院事,令与纯仁同列而处其上可也,何遽迁之乎?臣以为岩叟封还,稍为举职。"

御史中丞刘挚说:"焘备位执政以来,未闻有一善见称于人,亦不闻有一言少补于国。朋附章惇,助其强横,以养交固宠,中外鄙之。惇既贬逐,焘亦自当罢去。陛下笃于恩旧,尚且包含,固已为焘之幸,岂可一旦无故超越左右两丞及门下、中书侍郎,而暴有进擢?"

台谏官众口一词,都认为以安焘之才,本该逐出枢密院,让他继续充副职,已是恩典,怎么可以提拔为枢密院正长官?

高太后大概也感受到了压力,便召左司谏王岩叟、右正言朱光庭"入对"。太后先安抚王岩叟:"知卿等公正,不由执政用卿,朝廷有阙失,一一言来,但安心言事。"又解释说:"卿驳安焘甚当。知卿公正,只为君命已出,又只是次迁,今后更不迁也。非不知安焘不才、无公望,但以顾托,不欲尽去,卿等须会得。卿等所言,多已施行,除是卿等照管不到之事则休。"说了一堆好话,希望王岩叟体谅她,工作要相互配合,给个面子好不好。

但王岩叟与朱光庭似乎并未理解太皇太后的苦心,回家后又联名上章:"自陛下临御以来,大小之政,无一不当。……惟是今升安焘为知枢密院一事,便是朝廷阙失。焘不才,无公望,又陛下素已深知,未加斥去,已是大恩,而进知枢密院,乃为太过。伏望圣慈取天下公言,且令焘只居旧职,上则不伤陛下之恩,下则不起众人之议,中则使焘居之亦安,庶全陛下日进之盛德。"

那么面对给事中与台谏官咄咄逼人的攻势,高太后会不会退让呢?

台谏官:太后,请不要破坏制度

处于舆论旋涡中心的安焘,尽管被认为是庸碌之人,但那时候的士大夫,通常都比较爱惜自己的尊严与信誉,所以安焘也主动上疏,"辞免新命",说,既然给事中不"书读",台谏官有论列,那这个知院之职我不能当,恳请太皇太后收回敕命。

高太后不同意安焘之请,让翰林学士撰写挽留安焘的诏敕,并按程序付王岩叟"书读"。显然,太皇太后并不打算对王岩叟让步。王岩叟也是犟脾气之人,又封还新敕命的"录黄",请太皇太后"依安焘所请,只令依旧同知院事"。王岩叟说,"陛下若因焘辞免,遂收新命,既得爱重名器之体,又有听纳谏诤之名,传播天下,益彰圣德",何乐而不为?

但高太后不想退让,执意要把安焘扶正——也许她想通过这件事来确立自己"处分军国事"的权威吧。给事中既然拒绝"书读",那就不用"书读"好了,直接制作任命状(告身)吧。于是,门下省在任命安焘知枢密院的"录黄"上注明"奉圣旨更不送给事中书读",发尚书省执行;尚书省的吏部则在安焘与范纯仁的"告身"上注明"奉圣旨不书读"。[1]

高太后的强硬做法,使得任命安焘知枢密院一事的性质发生了变化。在给事中拒绝"书读"阶段,如果说高太后对安焘的任命存在问题,问题也只是用人不当而已;事情发展到避开给事中"书读"程序的阶段,那就是对彼时宪制的破坏了。

因此,在确信太皇太后不经"书读"直接任命安焘知枢密院的决心之后,台谏官做出了更猛烈的抗议,并将抗议的焦点从"安焘不才"转移到"太后不尊重制度"上。

殿中侍御史孙升最先上书:"臣等伏闻除安焘知枢密院事,因给事中两次封驳不当,遂蒙特降指挥,更不施行送本官书读,直下吏部施行。臣等窃见安焘除差未论当否,然朝廷命令之出,必由门下书读、省审而后行,所以审重防察、示至公于天下也。今陛下除一大臣,因其封驳不当,遂废给事中职业,不令书读,则是命大臣以私矣。私门一开,将何以振肃公道,维持纪纲乎?"

此时,已是三月份。左司谏王岩叟又上疏:"王制曰:'爵人于朝,与众共之。'言众议皆与而后可爵也。今一升安焘,而士大夫之论皆以为不当,非与众共之之义也。愿陛下取法先王,以服天下。"向高太后申明先王确立的一项古老传统:官职乃国之公器,不是皇室的私用品,不能皇帝想封给谁就封给谁。

右谏议大夫孙觉进言:"夫国家所以维持四海而传之万事者,惟守法度而已。况当陛下谅暗(皇室居丧)之日,帘听(垂帘听政)之时,正宜谨守法度,不可毫厘差失。今安焘之命,不送给事中书读施行,乃是封驳一职遂为虚设。制敕不全,命令不重,而法

---

[1] 《续资治通鉴长编》卷三七一。下同。

度不存矣。斜封授官，恐渐起于此。臣等所以为朝廷深惜也。……臣等所论，乃系国体。若陛下不赐改正，臣等须至再三论奏，不敢自已。"

右司谏苏辙亦上章："窃惟封驳故事，本唐朝旧法，祖宗奉行，未尝敢废。事有不由门下，不名制敕。盖此法之设，本以关防欺蔽，君臣所当共守。今安焘差除，未允公议，有司举职，实不为过。而陛下即令废法以便一时，古语所谓'君有短垣，而自逾之'，臣等窃恐百司法度，自此隳废。君臣之间，无所据执，何以经久？"

苏辙还提到一个先例：上月（元祐元年闰二月），朝廷拜吕公著为门下侍郎，因为中书省吏人"行遣差误，不经门下"，"录黄"未送给事中"书读"。时任试给事中的范纯仁提出抗议，朝廷意识到程序失误，便补走"书读"程序，"诏令别出画黄，送门下省"，并立下规定："今后急速、不系出告文字，不过门下省，并关门下省照会。"[1] 即非常紧急且不是人事任免方面的命令，可以从权，不送门下省审读。但对安焘的任命，显然不属于"急速、不系出告文字"的范围，不可不走"书读"的程序。

有意思的是，早年吕公著知通进银台司（元丰改制前，通进银台司代行给事中的封驳权），也曾封驳过敕命。时司马光因"论事"被罢御史中丞，敕命下通进银台司审核，吕公著认为，"光以举职赐罢，是为有言责者不得尽其言也"，罢职的处分不当。因此，他驳回敕命。宋神宗却绕过通进银台司，直接将诏敕发至执行部门。吕公著又抗议不已："制命不由门下，则封驳之职因臣而废，愿理臣之罪以正纪纲。"最后，神宗只好解除吕公著之职，

---

1 《续资治通鉴长编》卷三六八。

出知河阳（今河南孟州），才化解了君权与封驳权之间的紧张关系。[1]

这件事说明，宋朝皇帝时有绕开"书读"程序的冲动，而耿直的封驳官也必会据理力争，双方难免陷入僵局。解决的办法，要么是皇帝解除封驳官之职，要么就是尊重封驳官的权力。那么高太后与给事中、台谏官的这场角力又会如何呢？

高太后先是对孙升、王岩叟、苏辙等台谏官的抗议置之不理。御史中丞刘挚便再次上书："臣近见安焘、范纯仁告命不由给事中，直付所司。臣以谓朝廷之大失政也。故寻具状及与台官连状，共四次论列，至今未蒙追正。臣诚不知陛下命令不使给事中书读，此何意也，将惮其封驳耶？厌其封驳耶？"

刘挚又说，"天下之理，是非当否而已"，陛下如果认定对安焘的任命完全正当，那何惧给事中封驳？"给事中虽百千封驳，犹当终使之经历而后行，不然罢其人可也"；如果承认对安焘的任命不妥当，则有赖给事中封还驳正，"陛下当嘉纳而改为之，乃盛德事也，不当厌惮其言，而废其职也"。[2]

王岩叟干脆向高太后提出辞职："自唐室以来，命令既出，由给事中封还，格之不下，改而后行者，不可胜数。陛下固已熟知。如此更愿优容开纳，使有司得为陛下守官，以正纲纪。臣以谓为臣之罪，莫大于反复。臣既再三论列，义难却行书读，伏望陛下别赐指挥，差官权给事中，以全孤臣之守。"言外之意，是说太皇太后您可以不守成法，我王岩叟可不想坏了规矩。

---

1 《宋史·吕公著传》；《国朝诸臣奏议》卷五六。
2 《续资治通鉴长编》卷三七一。下同。

作为当事人之一的范纯仁也具奏辞免恩命："窃闻臣今来告命，不曾经门下省审读。臣闻爵人于朝，与众共之，所以昭示至公，杜绝私宠，乃有司之职守，为朝廷之典章，此万古不易之规，而圣王之通道也。今闻台谏臣僚，皆有文字论列，而未蒙陛下听从。……陛下临御以来，闻善必纳，从谏如流，今乃于臣命特令不过门下，言者必不肯已，微臣必不敢居。久郁众情，恐失群望，不若因臣辞免，特赐允从。"言外之意，是说名不正言不顺的"斜封官"，我可不敢当。

这一阶段，台谏官与范纯仁均在奏疏上异口同声说：请太皇太后与陛下遵守祖宗法，尊重政治程序，"克己为法"。相比之下，安焘知枢密院是否称职的问题，已显得不那么重要了。

台谏官：请治渎职官员之罪

到目前为止，高太后还不打算改变主意，撤回对安焘的任命。

另一方面，台谏官上疏抗议的措辞，也越来越强烈，在告诫太皇太后尊重封驳制度的同时，还要求追究相关官员的渎职之责。

较早提出追责的台谏官是御史中丞刘挚。他说，朝廷这次对安焘与范纯仁的任命，"于门下之录黄明书云：'奉圣旨更不送给事中书读'；于吏部之告身给事中衔下明书云：'奉圣旨不书读。'制命乖当，未见有如此者！实恐取谤于四方，贻讥于后世，不可忽也。"如此荒唐的人事任命状之所以能够出台，其中必有相关官员渎职之过，因为"录黄初下，既见批旨，则门下侍郎合行进驳，不合放出；既出之后，尚书省左右仆射、左右丞亦合执奏，不合承行；既行之后，命令不全，吏部亦合申禀，不合书告"。但从门下侍郎、尚书仆射、左右丞，到吏部，都未有执奏、申禀，可见"官司上下，皆阿谀苟且，失其职守，坏乱纪纲，成此谬误，以累圣德"。

因此，刘挚提出："伏请速降指挥，追还焘等告命（人事任命状），依国朝典故行下。所有门下侍郎及尚书省官属、吏部官吏各有前项罪状，伏乞以臣此章并前后论列文字，付外施行。"

几天后，刘挚又联合殿中侍御史吕陶、孙升上书弹劾："臣等伏以御史台肃正纪纲，弹劾不法，自朝廷至于州县，由宰相及于百官，不守典法，皆合弹奏。今按中书省录黄，除安焘知枢密院事，付门下省书读省审，给事中封驳不当，奉圣旨更不书读，门下侍郎省审，并不执奏，付尚书省吏部出告，吏部具给事中不书读事理申本省，尚书省亦不执奏，遂以不书读告命降出。所有门下省、尚书省仆射、侍郎、左右丞，及付受官，并吏部等，不守典法，有损圣政，乞付有司论罪，以正朝廷纪纲。"

高太后对台谏的奏章做了冷处理。刘挚、吕陶、孙升再次上疏，质询太皇太后："门下侍郎、尚书仆（仆射）、丞（尚书左右丞）及吏部等经历奉行官司，皆不能建明执奏，诖误圣朝，各付有司，明正其罪，使中外释然，知朝廷尊严，典宪振肃，以销侥幸之望，杜绝私邪之谋，而成就陛下纳谏之盛德。在陛下一言而已，何迟迟而不为也？"

也许你会问：门下侍郎、尚书仆射、尚书左右丞、吏部官员都是奉旨行事而已，为什么要负责任？解答这个疑问，我们需要先理解宋人的一个政治观念：作为凡夫俗子，君主不可能不犯过错，过而能改，善莫大焉。用刘挚等人的话来说，"夫圣人善能救过，不能无过。故六经不美尧之任己，而美其舍己；不称汤之无过，而称其改过"。既然君主不可能无过，那么国家就必须建立封驳、谏议制度，最大程度减少君主犯错的机会。而驳回不合法度之圣旨,正是为人臣者之职责,也是为人臣者之权力,三省但知奉旨行事,放过一份明显违反国家宪制的敕命,当然要负责任。

可能你还会问:分明是太皇太后(代行**君权**)下发中旨,指示"不送给事中书读",为什么不追究君主或太后的责任?这又需要理解宋人的另一个政治观念:作为神圣的象征,君主在法理上是不能有过错的,也是不能负责任的。用富弼的话来说,"内外事多陛下亲批,虽事事皆是,亦非为君之道;况事有不中,咎将谁执?"[1]在近代君主立宪制国家,同样主张"The King can do no wrong"(**君主不容有错**)。既然君主不能负责任,那么每一道以皇帝名义发出的敕命,都必须由执政大臣合议、经中书舍人"书行"、给事中"书读"、宰相副署,才可以发布于王庭。这样,若事后发现敕命有错,即可由签署的大臣负其责。

因此,台谏官要求追究门下侍郎等执政官的渎职之责,是有道理的,不能说台谏官"欺软怕硬","柿子只挑软的捏"。

当时的门下侍郎是吕公著。在台谏官的压力下,他不得不出来表态:"安焘、范纯仁除命,虽已依中旨发下,而中外纷纷,皆以为门下省失官,若言者论奏不已,则恐转难处置。"吕公著又说:听说安焘本人也"固辞不敢受",朝廷何不顺水推舟,应允安焘所请,如此,"朝廷命令不至乖失,其于待焘亦为得体"。[2]此时,安焘也提出请辞:"近蒙除知枢密院事,非才蹑等,不协士论,致给事中累行封驳。在臣之分,岂惟新命不敢辄当,至于旧职,亦难安处。望收还成命,俾领近州。"

---

1 《嵩山集》卷一七《韩文忠公富公奏议集序》。
2 《续资治通鉴长编》卷三七一。下同。

数日之后，即三月十五日，高太后从内廷批出新敕命："安焘宜从所请，依旧同知枢密院事。其乞郡不行，令学士院降诏"；"范纯仁除同知枢密院事告，未经给事中书读，宜令追纳，别翻敕黄施行"。[1] 也就是说，高太后最终屈服于台谏压力，采纳了他们的意见：收回对安焘的任命状，令其仍在枢密院供原职；收回对范纯仁的任命状，重新起草，补走"书读"程序。

这一场发生在太皇太后与给事中、台谏官之间，持续了整整二十天的对峙，以后者的胜出而暂告一段落。

平心而论，王岩叟、苏辙、刘挚等人极力阻拦高太后对安焘的人事任命，很难说完全是出自公心与公论（虽然安焘的确不孚众望），毋宁说，很大程度上是出于不同政见、不同派系之争。或者不客气地说，在他们冠冕堂皇的措辞之下，未免夹带着一点私货。

但是，我们又不得不承认，这些台谏官紧紧抓住高太后任命安焘的程序问题，捍卫给事中的封驳权，阐明"爵人于朝，与众共之"的道理，却让人无从反驳。最后，太皇太后亦不能不屈己从众、克己从法。

---

[1]《续资治通鉴长编》卷三七二。

一个『坑爹』的衙内

案发

亲爱的女儿,你一定听说过"衙内"这个词。所谓"衙内",就是宋元时人们对"官二代"的称呼。在我们的印象中,"衙内"似乎都是无法无天、欺男霸女的一类人,比如《水浒传》中的高衙内。我们今天要讲的赵衙内,也是这么一号人物。

赵衙内,大名赵仁恕,他的父亲赵彦若,是宋哲宗朝的翰林学士兼侍读,属于天子近臣兼帝王师。按清代学者钱大昕的考据,赵彦若父子还是宋朝宗室。而且,赵家跟宰相刘挚又是姻亲,彦若次子娶了刘挚女儿,刘挚儿子也娶了彦若之女。换言之,赵仁恕是如假包换的衙内。

元祐五年(1090),赵仁恕在京西北路颍昌府阳翟县(今河南禹州)担任知县。我们不知道这赵仁恕是沾了父荫才踏上仕途,还是通过科举考试获得了功名,总之赵仁恕在阳翟县为官,"酷虐赃污",劣迹斑斑。

京西北路提刑官锺浚闻知,便向朝廷揭发了赵仁恕的罪行。宋代的提刑官,为监司之一,除了负有司法职能之外,还承担着监察州县官的责任。锺浚检举赵仁恕,是履行职责。

按锺浚的指控,赵仁恕在阳翟县知县任上,滥用私刑,私自制造木蒸饼、木驴、木挟、木架子、石匣、铁裹长枷等非法刑具,迫害犯人,平民巩辛因遭受刑讯逼供,"脊骨曲跌,脚纽筋急,永为残疾";又,赵仁恕每决遭罪人,即用瓦片擦犯人创口,导致犯人大出血;还"暗添杖数",致使犯人王宗、郭德二人被杖死;又强雇民家女子数十人为女使(奴婢);侵占诸色官钱"凡数百贯";过量使用官酒,以致公使酒库"亏官钱二千余贯";贱买红

罗数十匹，然后贵价出卖，从中牟利……[1]

朝廷立即指示颍昌府成立一个临时法庭——制勘院，立案调查赵仁恕不法情事。这个时候，按宋朝惯例，赵仁恕的父亲赵彦若理当避嫌，闭门谢客，切不可对赵仁恕案发表意见。但赵彦若爱子心切，站出来奏报皇上："臣往为谏官，尝劾王安礼，浚实安礼党，恐挟此报怨，狱有不平，愿移狱改推。"[2] 意思是说，他以前当台谏官时，得罪过王安礼（前宰相王安石之弟），而锺浚呢，是王安礼的党羽，他这次恐怕是挟私报怨，我儿子受了冤屈，在锺浚担任提刑官的京西北路是得不到公正审判的，乞请移送别路审理。

朝廷考虑到赵仁恕案牵连甚广，被告人加上干连证人，需要讯问的人数以百计，如果移送别路审理，非常麻烦。但赵彦若的意见也不能不考虑，因此宋哲宗与垂帘听政的太皇太后高氏采取了一个折中的方法：改组制勘院，委任淮南东路宿州符离县（今安徽宿州）的知县孟易为制勘院法官，前往颍昌府主持推勘赵仁恕案。

在接受制勘院审讯时，赵仁恕对检控的罪行多不承认，"所招情罪十未二三"，还提前消灭了一部分罪证："事发之后，令其妻、男烧毁草历（当指登记官钱出纳的账本）"。主审官孟易也知道赵仁恕背景很深，后台很硬，"观望风旨"，最后推勘出来的结论与"前勘大情出入"[3]。

---

1 《续资治通鉴长编》卷四六〇。
2 《续资治通鉴长编》卷四六〇。
3 《续资治通鉴长编》卷四五九、卷四六〇。下文援引文字，除另有注释之外，均出自《续资治通鉴长编》卷四五九和卷四六〇，不赘注。

故宫南薰殿旧藏宋英宗皇后高氏画像

我们知道，宋代司法机构对每一起刑案的审判，都必须有"录问"的程序。赵仁恕案的录问官叫孟正民，他不同意孟易的推勘结论，提出了反驳：跟原勘差异太大，存在出入重罪的可能，应当重审。

朝廷又差官重勘。

断罪

转眼到了元祐六年（1091）六月。赵仁恕枉法一案审了差不多一年，仍无法结案。检方控告赵仁恕"非法行杖数，决杀平人"，赵仁恕称他对此毫不知情；检方控赵仁恕"买卖剩利"，赵仁恕也称不知情，这一切都是他妻子庞氏所为，赵妻对此也供认不讳；检方控赵仁恕"自盗官钱"给筵会伎乐发小费，赵仁恕认为这是合法使用公用钱；检方控告赵仁恕侵占诸色官钱，赵仁恕辩称是"人吏私家收掌"，吏人也如此招供。

这一切，让人不能不怀疑，这赵仁恕案的幕后，是不是有一名高人在暗中指点，替赵衙内洗脱罪名？

朝廷决定将赵仁恕案移送亳州（今安徽亳州）审理。此时已是盛夏时节，天气炎热，不独赵仁恕本人系狱；受干连的三百余人也都暂时关押在牢里（因为要随时传唤），苦不堪言；赵仁恕妻子庞氏更是在监狱中病危。颍昌府知府韩维便给朝廷发来一份报告，说："此狱连逮三百数十人，今前勘可断者已决（放回）四十二人，余人尚多。方此盛暑，若依朝旨移于亳州置狱，即地远冒暑，淹系可矜。仁恕之妻子已病危笃，士人家尚尔，细民可知。愿止就本州别推。"不赞成移路别勘。

宰相吕大防与执政的团队商议后，提出了一个建议："颍昌

清代姚文翰绘宋哲宗半身像。美国大都会艺术馆藏

府推勘阳翟县令赵仁恕赃状非一，盛夏株连，系逮甚众，乞免重勘。"几位宰相的意见是，如今天气炎热，如果再制狱审下去，恐怕将使众多无辜牵连的人受累，不如停止制狱，将赵仁恕案全部卷宗调回京师，由大理寺约法裁断。

太皇太后与宋哲宗采纳了这一建议，"以人众时暑，哀矜平民囚系之苦"为由，下诏解散设于颍昌府的制勘院，"召法寺、刑部约法于都省"。

大理寺调阅了卷宗之后，只认可赵仁恕"强雇部民女使""不觉察妻阿庞买物亏价""自盗官钱"五贯八百五十五文足用于雇人搬家等情节。至于其他控罪，则认为证据不足，不予采信。朝廷根据大理寺的裁定，下敕对赵仁恕做出了处分："追两官，罚铜十斤，除名勒停"，即革去赵仁恕的官职，并处罚金。

敕令发布之日，"公议甚喧"，整个御史台与谏院立即炸了窝，台谏官交章上书，奏论朝廷处置失当。

抗议

台谏官的意见，归纳起来，首先是反对停止制勘，反对大理寺约法。按宋朝制度，大理寺审判之时，外人不得干预，但审判结果出来之后，台谏官有权提出质疑。

左谏议大夫郑雍质问道：如果因盛夏天热就可以停止制狱，那京师与外郡的监狱内，"见禁罪人不可胜数"，是不是都要一并约法断放？

右正言姚勔则从司法程序的角度提出诘难：大理寺这次断罪，未经录问，按大宋律法，凡未经录问即结案，其判决便不足以服人，将来赵仁恕如果"别有翻论，则朝廷又须诏狱"，如此一来，

"于国家公道何所取信"？

姚勔又说，赵仁恕被检控的不法情事有十余项，而大理寺只采信其中一二项控罪，"未协至公"。况且，赵仁恕"是翰林学士彦若之子，亲连大臣"，如果不推勘个水落石出，"臣恐远近观听，人心不服"。

因此，台谏官要求重新成立制勘院，穷究赵仁恕案。侍御史贾易说："臣欲乞直付御史台根治，或自朝廷选差强明官一员，前去许州置司勘鞫，庶尽情实，以示天下至公无私之政。"至于天气炎热、干连人众的问题，贾易也提出对策：除了阳翟县的涉案吏人，以及在制勘院复审时"传道狱情、改变事节之人"之外，其余证人都不再勾追，如果需要证言，可令州县官前往录状，封送制勘院即可。

殿中侍御史杨畏也提出一个重审赵仁恕案的方案：朝廷下诏停止制勘已经过了好多天，屈指算来，赵仁恕此时应该已回到京师家中，何不将赵仁恕"勾赴御史台，据案引问"？如果服罪，"则据罪论刑"；如果不服，朝廷再指派法官前往颍昌府推治。总而言之，"必使仁恕服罪，不使他日可以幸免而后已"。

左谏议大夫郑雍甚至提出，所有推勘院的法官，都应当终身问责，如果将来"勘到赵仁恕显有故出情状"，对推勘院法官必须"重行黜责，以警观望欺谩之吏"。

但台谏官要求重新制勘的意见，未为朝廷采纳。于是台谏官继续上疏弹劾大理寺约法不当。殿中侍御史杨畏说：赵仁恕罪大恶极，大理寺断罪却避重就轻，对赵仁恕触犯的罪行"一切略而不问"，而朝廷居然采信大理寺的裁决，"臣实未知所谓也！"

御史中丞赵君锡说：我详细看了赵仁恕案的卷宗，相信大理寺的裁决确实存在"阔略仁恕重罪，处以轻典"的问题，这就难怪"公议不平",御史台不服气。

侍御史贾易说得更加不客气:赵仁恕所犯之罪,"非死不足以谢无辜被害之人,设以圣朝宽恩,贷其残喘,犹当配流岭表,以戒不法小人",何以朝廷"蔽于小不忍之言,而乱天下之法?"

迫于台谏官交章论奏大理寺所定"刑名未当罪"的压力,朝廷只好于元祐六年六月底下诏,追加对赵仁恕的惩罚:"除名人赵仁恕特送陈州编管",将赵仁恕押送到陈州(今河南淮阳),监视居住。按照宋代的编管法,赵仁恕将被限制人身自由,不可出城,并随时接受地方政府的检查。

弹劾

但台谏官并未因此罢休,既然"赵仁恕罪名约法断放,其狱既难追正",那好,且尊重大理寺的裁决,但赵仁恕父亲赵彦若的责任,也需要追究,"当稍重彦若之责"[1]。

现在台谏官将进攻的矛头直指翰林学士兼侍读赵彦若。右正言姚勔说,赵仁恕案之所以审了十余月仍未能结案,以致干连证人"久在囚系",都是拜赵彦若所赐。本来,颍昌府对赵仁恕案已调查清楚,但赵彦若却称本路监司挟私报怨,其子并无赃污等事,朝廷这才下诏别路差官推勘,而"勘官孟易因而观望风旨",推勘结果被录问官驳回,以致一审再审,淹延时日。这一切,"皆缘彦若奏陈所致"。

监察御史虞策说,赵彦若的说法,涉嫌对京西北路提刑官的

---

1 《续资治通鉴长编》卷四六一。

诬陷。假设赵彦若不是诬陷,"则监司之罪将安所逃"?请朝廷治监司锺浚之罪。如果锺浚无罪,则赵彦若的诬陷之言又岂可放过不问?

台谏官进而指出,赵彦若的做法,显然已经构成妨碍司法公正之罪,"以声势动摇其狱",致使法官"望风附会,希合权贵",最后导致"仁恕之罪十脱其九"。本来,国家司法自有程序,假设制勘院冤屈了赵仁恕,"自许翻论",按大宋司法制度,罪人翻供,将自动启动"移司别勘"的程序。哪有制勘院尚未结正,而理应避嫌的官亲却"侥求别鞫"的道理?赵彦若"心昵恶子,依倚形势,以紊朝廷公法,罪当重黜"。

平心而论,赵彦若奏称京西北路提刑官锺浚是王安礼党人,其举报赵仁恕之举可能出自挟私报怨之心,确实犯了干预司法之大忌,难洗替儿子脱罪的嫌疑。不过,我们也不能不承认,赵彦若的提议,即本路按发的案件,应当移路别勘,还是有道理的。因为,一起案子如果是本路按发(类似于公诉),然后又由本路司法机关推勘的话,难免会出现既当运动员又当裁判员的问题。这个问题,要到南宋绍熙元年(1190)才得以解决,其时宋廷立法:"今后监司郡守按发官吏合行推勘者,如系本州岛按发,须申提刑司,差别州官;本路按发,须申朝廷,差邻路官前来推勘。"

但赵彦若作为赵仁恕的父亲,又是皇帝近臣,的确不应该过问案子的审判,所以也难怪台谏官要弹劾他。

侍御史贾易再次上书弹奏:赵仁恕正是自认为朝中有爹爹罩,才胆敢那么嚣张,干尽坏事,"其不肖之心有所凭藉,故无忌惮如此"。监察御史安鼎也说:"为人父母,戒饬子孙固当如是。彦若不务出此,而覆恶饰非,助为不善,以至共抵宪网,皆自取之也。宜付吏议,以肃朝纲。"

贾易又说，不知赵彦若有何面目"入侍帷幄，出入禁涂"，给皇帝经筵讲课，大谈"先王仁义之言"？另一位监察御史虞策更是直接告诉宋哲宗：赵彦若"行谊如此"，犹可以当他的翰林侍读，"侍经帷幄，谈先圣王道德，启沃人主"，这是多么荒谬的事情，臣"未闻也"。

由于台谏官交章弹劾，赵彦若只好上疏请辞翰林学士兼侍读之职，"乞京东宫观差遣"，领一份闲职。但宋哲宗没有批准，"诏不许"。而台谏官都等着朝廷罢黜赵彦若呢。现在皇帝还要挽留赵彦若，台谏官又岂肯罢休？监察御史安鼎第三次上书："臣前后论列（赵彦若之罪），其诚至恳到矣，其言至明切矣，而天听高远，终未听纳。臣反复思索，未识其由，岂谓臣卑微不足信耶？不然，陛下左右有为彦若之党者，挟私好，曲为游辞，以蔽惑明圣也。审如臣言不足信，则乞出臣前后章疏，宣示朝堂，以稽合众论。"安鼎这么说，是不指名弹劾宰相刘挚庇护姻亲赵彦若。

结局

面对台谏官咄咄逼人的攻势，高太后与宋哲宗自觉已保不住赵彦若了，不得不于元祐六年七月下诏，罢去赵彦若翰林学士兼侍读的职务，改任一个闲职：提举万寿观。过了一个月，又诏赵彦若"任便居住"，"复有旨差兵级二十人送彦若还青州（今山东青州）"。赵彦若随即雇一叶客舟，"飘然而去"。[1]

对赵彦若的罢职，亲家刘挚是愤愤不平的。他说，"彦若笃学，

---

1 《续资治通鉴长编》卷四六一。

有纯德",只不过是一名书呆子,全然不谙世故。他救儿子仁恕,"虽出于一时迫切妄作",却是父子之爱,"难深责之"。如今,彦若既"罢翰林,又罢经筵,又罢史院,又降差遣,而又降职名,是当何等罪也?"我刘挚因为是彦若姻亲,避嫌不敢言,每见同僚奏及彦若之事,都先下殿避嫌,但"他日必有辩之者"[1]。

然而,此时刘挚也是泥菩萨过江,自身难保了。元祐六年十月,姚勔、虞策、郑雍等台谏官对刘挚发起了连环弹劾,称其亲戚赵仁恕犯法,而刘挚"并不尽公施行";又言刘挚"操心不公,居官挠法,阴结党与,潜图其私";又言刘挚"备位宰相,徇私坏法,收恩立党"[2]。

刘挚受到台谏官弹劾,只好再三提出辞职。十一月,哲宗皇帝"以从(刘)挚所乞为辞",免去了刘挚的宰相之职,出知郓州(今山东东平县)。

赵仁恕的胡作非为,不但导致父亲被免职,还点燃了姻亲刘挚罢相的导火索。不知这名任性的衙内,如果良心未泯的话,会不会感到一丝丝愧疚。

余话:宋朝衙内

亲爱的女儿,故事我们讲完了,不过故事蕴含的一个问题还可以讨论一番:宋朝的衙内是一个怎样的群体?

我们现在通常都是从贬义的角度使用"衙内"一词,比如我

---

1 《续资治通鉴长编》卷四六一。
2 《续资治通鉴长编》卷四六七。

们会将飞扬跋扈形容为"衙内作风",一个官宦子弟如果被叫成"衙内",即意味他不是什么好东西。但溯本追源,"衙内"在宋代并无特别的褒贬含义,只因为晚唐、五代时候,藩镇多以子弟充任"衙内都指挥使""衙内都虞侯"等亲卫官,宋人出于习惯,便将官宦子弟唤作"衙内",跟称"王孙""公子"没什么区别,比如施耐庵《水浒传》中,沧州知府的儿子,年才四岁,也被叫作"小衙内"。

"衙内"一词出现鲜明的贬义色彩,始于元代,更准确地说,始于元杂剧。元杂剧塑造了一批作恶多端的衙内形象,如《望江亭·中秋切鲙》中的杨衙内:"花花太岁为第一,浪子丧门世无对。普天无处不闻名,则我是权豪势宦杨衙内。某乃杨衙内是也。"《生金阁》的庞衙内:"我是权豪势要之家,累代簪缨之子。我嫌官小不做,马瘦不骑,打死人不偿命,若打死一个人,如同捏杀一个苍蝇相似。"《陈州粜米》的刘衙内:"小官刘衙内是也。我是那权豪势要之家,累代簪缨之子,打死人不要偿命,如同房檐上揭一个瓦。"

这些创作于元朝的戏剧,讲的都是衙内欺男霸女的故事,且均以宋朝为背景,显然是元朝文人借古(宋)讽今(元),以宋朝衙内影射当时的蒙元权贵。但这种高度模式化的人物形象塑造,借着戏剧文艺的广为传播,成功地给衙内涂抹上小丑的油彩,以致后人一见到"衙内"一词,脑海中立即就会浮现出一群仗势欺民、恃强凌弱的恶少形象。

我们今天很少看元杂剧,但对于衙内的观感跟元人无异,这一根深蒂固的印象主要来自成书于元末明初的小说《水浒传》,以及据《水浒传》改编的影视作品。我们都知道,《水浒传》里面有个高衙内,"在东京倚势豪强,专一爱淫垢人家妻女。京师

明代容与堂刻《水浒传》中的"美髯公误失小衙内"插图

人惧怕他权势,谁敢与他争口,叫他做花花太岁"[1]。他首次出场,便是在开封府东岳庙调戏林冲的娘子。

这高衙内有姓无名,施耐庵只说他是"高太尉螟蛉之子",因为"高俅新发迹,不曾有亲儿,无人帮助,因此过房这高阿叔高三郎儿子在房内为子。本是叔伯弟兄,却与他做干儿子"[2]。将堂兄弟认作干儿子,乱了人伦,自然是小说家言,故意恶心高太尉的。历史上的高俅其实有三个亲生儿子,都沾老爹的光当了官,但似乎谈不上臭名昭著,因为史料中找不到他们作恶的故事,如果真的劣迹斑斑,应该是难逃史笔的。

施耐庵原著中,高衙内的下场如何,也没有交待清楚。清代文人将水浒故事改编成宫廷连台大戏《忠义璇图》时,给高衙内取名"高登",并安排他死于徐士英、花逢春、呼延豹、秦仁四位梁山后人之手。在香港电影《水浒传·英雄本色》中,"no zuo no die"的高衙内被林冲一枪劈成两半。新版《水浒传》连续剧则将高衙内的结局改编成被鲁智深骗至菜园子烧死。文艺作品这么处理,我们看着自然觉得很解气,但"细思极恐",总觉得哪里不对劲。

从元杂剧到小说《水浒传》及其衍生作品,至少给了我们两个方面的误导:一是让人误以为宋朝衙内都是坏蛋,二是让人深信,以正常的司法途径不可能将坏蛋绳之于法。

事实上,宋朝的衙内不全是高衙内式的人物,如北宋范仲淹家族、吕夷简家族,后人中都是贤才辈出。而且,宋代的恶衙内

---

[1] 施耐庵:《水浒传》第七回。
[2] 施耐庵:《水浒传》第七回。

现象，也并不比其他任何朝代的更严重，像元朝的蒙古贵族子弟、清朝的八旗子弟那样的群体性现象，都是宋代未曾出现的。

当然宋代也不乏不成器的恶衙内，如北宋时，"长安多仕族子弟，恃荫纵横"[1]，其中有个李姓衙内尤其横暴，其父乃是永兴军（今陕西西安）知军陈尧咨的旧交；参知政事吕惠卿之弟吕升卿，也是一方恶霸，敢指使知县强买民田；南宋时，参知政事李彦颖的儿子横行霸道，曾在闹市杀伤人命；当过浙西提点刑狱官的胡颖，也有子侄交游非类，把持乡里。

史料没有记载的恶衙内肯定还有很多，他们也未必都受到法律罚处。不过，上述几个恶衙内，最后都逃不过司法审判或政治弹劾：陈尧咨知永兴军后，立即严惩了那帮"恃荫纵横"的"仕族子弟"，包括他旧交的儿子李衙内；胡颖也将他的不肖子侄法办；吕升卿强买民田一事，被御史中丞邓绾检举，连其兄长吕惠卿也受到弹劾，随后吕惠卿被罢去参知政事；李彦颖因为儿子"殴人至死"，也遭谏官弹劾，"奉祠镌秩"，降为闲职。[2]

在前面我们讲述的故事中，"酷虐赃污"的赵仁恕同样被送上了法庭。尽管在审理赵仁恕案的过程中，其父赵彦若企图干预司法、救护儿子，大理寺的约法断罪也有草草了事之嫌。但是，我们也看到了，赵彦若却因此惹火上身，被台谏官轮番轰炸，最后不得不解职还乡；赵家姻亲、宰相刘挚替赵彦若打抱不平，也受台谏官弹劾而罢相。

那些抗议赵仁恕被轻判、弹劾赵彦若干预司法的台谏官，在

---

1 司马光：《涑水记闻》卷七。
2 《宋史·李彦颖传》。

他们的奏疏中再三强调了一个观点：司法公正。如右正言姚勔说，"臣窃以法者，天下之公共，非一人法也"，因此，决不可为赵彦若一人而"屈天下法"；监察御史虞策说，"彦若身居贵仕，当知理义，当畏法禁"；监察御史安鼎说，若不追究赵彦若之责，则"示朝廷用法不平，急疏贱而缓贵近也"；侍御史贾易说，"臣闻公义胜则天下治，公义废则天下乱"，对赵仁恕当"究其实犯，然后议罪定刑，以示天下大公无私之政"。

宋人的这一司法观念，我觉得，即便过了一千年，也不会过时。你说是不是？

一块党人碑后的朋党政治

亲爱的女儿，如果你有机会到广西融水县的民族博物馆参观，可以看到一块"元祐党人碑"。碑额"元佑党籍碑"五字为宋徽宗亲书笔迹，碑序与党人名单则为蔡京手迹。碑序写道：

> 皇帝嗣位之五年，旌别淑慝，明信赏刑，黜元祐害政之臣，靡有佚罚。乃命有司，夷考罪状，第其首恶与其附丽者以闻，得三百九人。皇帝书而刊之石，置于文德殿门之东壁，永为万世臣子之戒。又诏臣京书之，将以颁之天下。臣窃惟陛下仁圣英武，遵制扬功，彰善瘅恶，以昭先烈。臣敢不对扬休命，仰承陛下孝悌继述之志。司空尚书左仆射兼门下侍郎蔡京 谨书。

序文之下，附有司马光、文彦博、吕公著、吕大防等三百零九名"元祐党人"的名单。

这块"元祐党人碑"隐藏着北宋后期朋党政争的故事，我们现在要讲的这个宋朝故事便是"元祐党人碑"事件。"元祐党人碑"可以说是北宋党争全面恶化之后结出来的一朵奇葩，通过党人碑事件，我们可以看到令人扼腕的北宋朋党政治演变轨迹。

舟中论政

"元祐党人碑"竖立于宋徽宗崇宁年间，不过立碑的苗头，在宋哲宗绍圣年间已经冒了出来。"绍圣"是哲宗皇帝亲政后宣布改元的第一个年号，这个年号具有宣示政治路线的含义：绍，意为绍述、继承；圣，指宋哲宗的父亲宋神宗。以"绍圣"为年号，意味着亲政的皇帝向中外宣告：他将接过神宗未竟的变法事业，推行新政。

在此之前，宋哲宗的年号为"元祐"，有追崇宋仁宗"嘉祐之治"的意思，邵伯温后来回忆说："哲宗即位，宣仁后（太皇太后高氏）垂帘同听政，群贤毕集于朝，专以忠厚不扰为治，和戎偃武，爱民重俗，庶几嘉祐之风矣。"[1] 邵氏之说，难免有些溢美，不过，垂帘听政的高太后确实想推行"仁宗之政事"。她是同情保守派的女性，重用了以司马光为首的保守派，斥逐章惇、蔡确、吕惠卿等变法派，罢废新法，恢复旧政，史称"元祐更化"。

但元祐八年（1093），高太后病逝，已经长大成人的宋哲宗亲政，这位年轻的皇帝非常不满父亲生前厉行的变法受到贬抑，决意绍述父志，恢复神宗朝的新政，遂宣布改元"绍圣"。那些被放逐到地方的变法派官员，纷纷被召回朝廷，重新起用。

绍圣初年，被贬湖州的章惇被哲宗起用为宰相。回汴京途中，经过山阳县（今江苏淮安），当地官员都来拜谒，明州（今浙江宁波）通判陈瓘时在山阳，也"随众谒之"。章惇"素闻瓘名，独请登舟，共载而行，访以当世之务"。二人在江上小舟中展开了一场关于施政之道的对话。[2]

章惇向陈瓘请教：先生对今后政事有什么建议。

陈瓘说："请以所乘舟为喻，偏重，其可行乎？或左或右，其偏一也。明此则可行矣。"陈瓘以乘舟为喻：我们乘坐这艘小舟，如果都坐在左侧，或者都坐在右侧，那非常容易导致翻船落水。同样道理，治国理政，也不可执于一端，而应当调和左右，中道

---

[1] 邵伯温：《邵氏闻见录》卷一三。
[2] 《宋史全文》卷一三。下同。

而行。

陈瓘所说的"或左或右",暗指以变法派为主的元丰党人,以及以保守派为主的元祐党人。他提示章惇:当政之后,不可搞"一元化",而应"多元化",兼用元丰、元祐党人。

章惇听后,"默然未答"。陈瓘只好主动问他:"上方虚心以待公,公必有以副上意者,敢问将欲施行之序,以何事为先,何事为后?"

章惇说:"司马光奸邪,所当先辨。"说起来,也难怪章惇对司马光极为不满。想当初,元祐初年,朝廷的施政、用人标准发生大逆转,台谏官朱光庭、刘挚、王岩叟等人无数次上章弹劾变法派领袖:"论奸邪,则指蔡确、章惇、韩缜为之先;论忠贤,则以司马光、范纯仁、韩维为之先",要求皇帝与太后"特奋睿断,罢去蔡确、章惇、韩缜柄任,别进忠贤以辅圣治"[1]。

司马光执政之后,大举罢停新法,恢复旧法,包括以民间"无有不言免役之害"为由,废除货币化的免役法(募役法),复行中世纪式的差役法。章惇不服,一再上书反对司马光:"臣看详臣民封事降出者,言免役不便者固多,然其间言免役之法为便者,亦自不少。但司马光以其所言异己,不为签出,盖非人人皆言免役为害,事理分明";"况此免役之法,利害相杂。臣今所言,非谓不可更改,要之,改法须是曲尽人情,使纤悉备具,则推行之后,各有条理,更无骚扰"[2]。

必须承认,章惇的意见显然比司马光的"一刀切"做法更加

---

[1] 《续资治通鉴长编》卷三六四、三六五。
[2] 《续资治通鉴长编》卷三六七。

务实。连保守派中的开明之士都不赞同司马光的搞法，如时任右司谏的苏辙上书说："自罢差役，至今近二十年，乍此施行，吏民皆未习惯。兼差役之法，关涉众事，根牙盘错，行之徐缓，乃得详审。若不穷究首尾，匆遽便行，但恐既行之后，别生诸弊。"[1] 给事中范纯仁也跟司马光商量：恢复差役之法"且缓议，先行于一州，候见其利害可否，渐推之一路，庶民不骚扰而法可久行"。司马光执意不听，范纯仁只能长叹说："是又一王介甫矣！"[2] 称司马光跟王安石一样都是不可救药的老顽固。

翰林学士苏轼也跟司马光争辩过免役、差役之利弊，苏轼认为，免役法与差役法各有利害，但如今民众已习惯了免役法，若骤然又改为差役法，未必乐意。但司马光不管那么多，坚持要全面恢复差役法。二人争执不下，苏轼"及归舍，方卸巾弛带，乃连呼曰：'司马牛！司马牛！'"[3] 大骂司马光的脾气跟牛一样犟。

其实，司马光比王安石还要早提出募役法的设想——早在宋英宗年间，司马光便提议："臣愚以为，凡农民租税之外，宜无所预。衙前当募人为之，以优重相补。"所谓"衙前"之役，指农民应役替官府运输、保管物资，承役之人负担极重。司马光因此建议，将农民服役改为政府募役。《文献通考》解释说："温公此奏，言之于英宗之时，所谓募人充衙前，即熙宁之法也。"[4] 然而，等到司马光暮年执政之时，他却非要废了王安石的募役法不可。

1　《续资治通鉴长编》卷三六七。
2　《续资治通鉴长编》卷三六七。
3　蔡绦：《铁围山丛谈》卷三。
4　《文献通考·职役考》。

他命时任户部尚书的曾布"增损役法"，即废募役，复差役，但曾布婉言拒绝了："免役一事，法令纤悉皆出己手，若令遽自改易，义不可为。"[1]倒是当时的开封知府蔡京极力迎合司马光，在五日限期内"悉改畿县雇役，无一违者"，得到司马光的表扬："使人人奉法如君，何不可行之有！"[2]

　　司马光全盘废除募役法之时，役法改革的主操盘手王安石早已致仕，正闲居金陵，抱病在床，"闻朝廷变其法，夷然不以为意。及闻罢役法，愕然失声曰：'亦罢至此乎？'良久曰：'此法终不可罢，安石与先帝议之二年乃行，无不曲尽。'"[3]但离开了权力中枢的王安石已经回天无力，未久，他便去世了。在他身后，党争愈演愈烈。

　　因为与司马光存在严重分歧，又受到台谏官交章弹劾，元祐元年（1086）闰二月，知枢密院事章惇被罢职，出知汝州（今河南汝州），之后，又相继徙知扬州、越州（今浙江绍兴）、湖州。

　　元祐四年（1089），得势的保守派台谏官梁焘、刘安世等又借"车盖亭诗案"迫害已经被贬出朝廷的前宰相蔡确。梁焘等人在弹劾蔡确时，还抄录一份王安石与蔡确的亲党名单，进呈御览："臣等窃谓确本出王安石之门，相继秉政，垂二十年，群小趋附，深根固蒂，谨以两人亲党开具于后。"[4]名单上的人包括章惇、曾布、蔡京、蔡卞、舒亶、吕惠卿、张璪等变法派。保守派又将这份名单"榜之朝堂"，以儆效尤。

1　《宋史·曾布传》。
2　《宋史·蔡京传》。
3　朱熹：《三朝名臣言行录》卷六。
4　毕沅：《续资治通鉴》卷八一。

更令人感到讽刺的是，宰相范纯仁因为替蔡确辩护，也受到保守派攻击，并被罢相。四年后，即元祐八年（1093），才起复为相。

将政敌列入"黑名单"，元祐党人居然是始作俑者。他们却想不到，风水轮流转，只过了数年，又轮到章惇等变法派上台执政。

回想往事，章惇对元祐党人的做派必是极其厌恶，所以才会脱口而出"司马光奸邪，所当先辨"。

但陈瓘马上提醒他："相公误矣，此犹欲平舟势而移左以置右也。果然，将失天下之望矣。"[1]司马光尽废新法、斥逐新党的政策，如同乘舟之人全都坐在舟的右边，固然使舟势有右倾之危，但如果你反其道而行之，全坐到舟的左边，却是欲平舟势而不可得，只不过使舟势倾倒向另一边，还是有倾覆的危险。

章惇盯着陈瓘，厉色说："（司马）光辅母后，独宰政柄，不务纂绍先烈，肆意大改成绪。误国如此。非奸邪而何？"

陈瓘说："不察其心而疑其迹，则不为无罪；若遽以为奸邪而欲大改其已行，则误国益甚矣。"随后向章惇详述熙宁－元丰、元祐政事之得失，阐明施政须承认现状、不偏不倚之道，"辞辩渊源，议论劲正"。

章惇虽然坚持认为陈瓘之说忤逆己意，却也颇为佩服他的见识，"遂有兼取元祐之语，留瓘共饭而别"，表示他会考虑兼用元祐之政、元祐之人，并挽留陈瓘一起吃饭。到京后，章惇又将陈瓘召回朝廷，任命为太学博士。

然而，章惇执政，还是未能平衡左右，取中道而行，而是以司马光的偏执之道，还施元祐党人之身。依附变法派的台谏开始

---

[1] 《宋史全文》卷一三。下同。

交章抨击元祐之时的执政官与台谏官，如右正言张商英上书称："司马光、吕公著、吕大防、刘挚等援引朋党，肆行讥议，至如罢免役法。"左正言上官均上书称："吕大防、苏辙擅操国政，不畏公议，引用柔邪之臣。"

很快，这些受到严厉弹劾的元祐朝保守派相继被贬谪，已经去世的司马光、吕公著等人被夺回谥告赠典，并毁掉神道碑。章惇又首建"元祐党籍"，将所谓的"元祐党人"共计七十三人的名字一一榜书于朝堂。

连持论公允的范纯仁也被章惇指控为"朋附司马光，长纵群凶，毁讪先帝，变乱法度"，范纯仁提出辞职，宋哲宗说："纯仁持议公平，非党也，但不肯为朕留耳。"章惇却说："不肯留，即党也。"[1]

元祐前期的派系倾轧，在绍圣初年又重演了一回，只不过保守派与变法派调换了位置。

陈瓘在江上小舟中对章惇苦口婆心、殷殷相劝的一席话，看来是白说了。

邓洵武献图

宋哲宗亲政不过七年，便于元符三年（1100）正月病逝。哲宗无子嗣，皇太后向氏（宋神宗皇后）、时任知枢密院的曾布欲立哲宗次弟、端王赵佶为嗣君，章惇反对："端王轻佻，不可君于下。"言未毕，曾布叱之："章惇未尝与臣商议，如皇太后圣谕

---

1 《续资治通鉴长编拾补》卷一〇。

故宫南薰殿旧藏宋神宗皇后向氏画像

极当。"向太后又说:"先帝尝言,端王有福寿,且仁孝。"章惇这才沉默不语。[1]

于是端王赵佶继位登基,是为宋徽宗。徽宗即位之初,请向太后"权同处分军国事",又宣布第二年改元"建中靖国",这也是一个具有宣示政治路线意义的年号,"建中"二字,含有"调和左右"之意,显示新皇帝将致力于消弭元丰、元祐的党争,实行中道之政,以让国家获得安宁。一批原来被章惇斥逐的元祐党人获得复叙,吕大防、刘挚、韩维、司马光、吕公著等已经去世的元祐党人追复官职。

然而,当时的士大夫却抑制不住党同伐异的惯性。看到又"变天"了的台谏官率先对宰相章惇发起弹劾,章惇自己也"上表乞罢政",不过宋徽宗暂时没有允许。还记得当年那位跟章惇在舟中论政的陈瓘吗?他也受不了章惇执政之时的霸道与独裁,上书参与弹劾:"臣伏见左仆射章惇独宰政柄,首尾八年,迷国误朝,罪不可掩,天下怨怒,丛归一身";"设使(章)惇未肯求退,则在陛下似亦难处。今(章)惇自请,则不过许之而已,复何所疑哉?"

元符三年九月,章惇被罢去相位,出知越州,随后又降为潭州(今湖南长沙)安置。但谏官任伯雨仍不想就此放过章惇,又上书说:"自哲宗皇帝疾势弥留,中外汹惧,惇怀异议,咸不加恤。及至陛下即位,尚敢帝前公肆异议,逆天咈人,轻乱名分,睥睨万乘,不复有臣子之恭。骄蹇固位,久不忍去。人言交攻,仅乞外补。伏愿早正两观之诛,或从矜容,乞投海外。"致使章惇又

---

1 《宋史纪事本末·建中初政》。

故宫南薰殿旧藏宋徽宗坐像

被贬为雷州司户参军。[1]

说起来这也是报应。想当初,章惇执政的绍圣年间,被贬谪岭南惠州的苏轼写了一首诗,其中两句说:"报道先生春睡美,道人轻打五更钟。"诗歌传诵至京师,章惇听到后,笑道:"苏子瞻尚尔快活耶?"看来苏轼在惠州生活得很舒服嘛。遂故意将苏轼贬至更加遥远的海南儋州。[2]儋州正好跟雷州隔海相望。不知章惇晚年在雷州时,会不会想起那位被他赶到天涯海角的故人。

宋徽宗登基之初,倒真的表现出"建中靖国"的样子,由保守派的韩忠彦与变法派的曾布共同执政,"党祸稍解"[3]。但这一良好的开局并没有维持多久,很快朝廷便发生了两件影响时局的事情,一是建中靖国元年(1101)正月,同情元祐党人、权同处分军国事的向太后去世了,这意味着保守派的力量受到削弱。

二是同年十一月,一个叫作邓洵武的起居注官(邓正好与陈瓘同龄),给宋徽宗献了一幅《爱莫助之图》。此图绘的是自宋神宗朝以来的新旧党任职统计表,列有宰相、执政、侍从、台谏、郎官、馆阁、学校七个类别,分为左右两栏,"左曰绍述","右曰元祐"。只见右栏密密麻麻写满了名字,约有一百余人;左栏的名字则寥寥无几。这个图的意思是说:陛下,这几十年来,朝廷的重要位置基本上都被保守派占据了。

邓洵武又进言:"陛下乃先帝之子,今宰相韩忠彦乃韩琦之子。先帝行新法以利民,韩琦尝论其非;今韩忠彦为相,将先帝之法

---

1 《皇宋通鉴长编纪事本末》卷一二〇。
2 曾季狸:《艇斋诗话》。
3 《续资治通鉴长编拾补》卷一八。

传宋徽宗《听琴图》,北京故宫博物院藏。此图有宋徽宗御笔题签与花押、蔡京题诗。清人胡敬认为,图中弹琴者就是宋徽宗(自画像),右下着红袍者为蔡京

更张之,是忠彦为韩琦子,能继父志;陛下为先帝子,不能继父志也。陛下必欲继志述事,非用蔡京不可。"[1] 鼓动宋徽宗起用变法派,继承父兄之志。邓洵武的父亲邓绾,原也是变法阵营中的一员干将,如果徽宗有意绍述,他邓洵武自然也可发扬父志。

在这幅《爱莫助之图》上,有一个细节特别有意思:邓洵武将保守派(旧党)名单列于右边,将变法派(新党)名单列于左边。这应是无意为之,但我们运用政治学光谱的知识,马上便会发现,这个左右之分,居然完全符合今日国际社会对于左派、右派的界定(当然这是巧合)。

比如,新党力主变法,认为"祖宗不足法",就如美国左翼领袖奥巴马喊着"change! change! change!"上台,王安石也是以一揽子改革方案获神宗赏识,进而成为执政官。旧党则与今日欧美的保守派一样,更希望传统与惯例得到尊重,他们倒不是反对改良,后来的朱熹总结说,"当时非独荆公(王安石)要如此,诸贤都有变更意"[2]。只是旧党中人并不赞同激进的变革,就如司马光说:"治天下譬如居室,弊则修之,非大坏不更造也。"[3]

新党追求国民财富分配的平等,变法的目标之一便是"振乏绝,抑兼并"。意思是说,运用国家的强制力与财政资源,救济贫困人口,抑制兼并,阻止贫富悬殊。这一主张,跟欧美左翼政党并无二致。而旧党显然更注意对富民阶层的财产权保护,如苏辙认为:"州县之间,随其大小皆有富民,此理势之所必至。所

---

1 《续资治通鉴长编拾补》卷一八。
2 《朱子语类》卷一三〇。
3 《宋史·司马光传》。

谓'物之不齐，物之情也'。"贫富分化，乃天经地义，你王安石凭什么打着救济贫民的旗号剥夺富民的财产？所以小苏痛骂王氏："王介甫，小丈夫也。不忍贫民而深疾富民，志欲破富民以惠平民，不知其不可也。"[1]观点与今日右翼政党如出一辙。

新党又主张强化国家财政汲取能力，希望政府更多地干预市场，介入市场。熙宁变法中的"市易法"，乃是国家设市易司于城市，通过"贵买贱卖"的方式控制市场、干预物价，同时也向商户发放二分息的贷款；"均输法"是设立国营贸易公司，运用财政收入"徙贵就贱，用近易远"；"青苗法"则是国家成立农村小额扶贫银行，向农民放贷收息；蔡京当国时提出的"丰亨豫大"之说，更是试图以加大消费刺激经济、制造繁荣。

新党这些带有"凯恩斯主义"色彩的经济政策，受到旧党的猛烈批评，因为旧党坚持认为，国不与民争利，不应与商人发生角色错位，要让市场的归市场，政府的归政府。用同情旧党的南宋学者叶适的话来说："开阖、敛散、轻重之权不一出于上，而富人大贾分而有之，不知其几千百年也，而遽夺之，可乎？"[2]显然，旧党更加赞同放任自由的经济政策。

同所有的保守主义一样，旧党更强调道德秩序，也更愿意服从道德的约束，他们每每以"君子"自任，而以"小人"攻击新党。新党中的王安石本人固然品行无可挑剔，但他看起来就跟近代的左翼自由派一样不太关心个人品德，因为在他的阵营中，确实集合了一班品行低劣之人，如舒亶、吕惠卿、邓绾、曾布。邓

---

[1] 苏辙：《栾城集》卷八《诗病五事》。
[2] 叶适：《水心别集》卷二。

绾早年在京城跑官要官,"乡人在都者皆笑且骂,绾曰:'笑骂从汝,好官须我为之。'"[1]可见此人脸皮之厚、羞耻感之薄。

更能体现宋朝新党之左派色彩者,是他们的"国家福利"政策。我们现在都知道蔡京是奸臣,但未必知道蔡京执政之时,曾力推"国家福利",《宋史·食货志》载:"崇宁初,蔡京当国,置居养院、安济坊。给常平米,厚至数倍。差官卒充使令,置火头,具饮膳,给以衲衣絮被。……三年,又置漏泽园。"居养院是福利养老院,安济坊是福利医院,漏泽园是福利公墓,贫民的生老病死,都由政府给予救济。北宋的福利制度并非蔡京首创,却是在蔡京执政期间达至鼎盛。每当蔡相罢相之后,福利制度也随之收缩。

也就是说,北宋的所谓旧党、新党,实际上就是宋朝士大夫基于政见之不同而分成的一左一右两个政治派别。士大夫归属于保守派,或是归属于变法派,取决于其政治主张,而跟私人的门生、交游、亲戚、血缘并无必然的关系,像韩维与韩缜,王安礼与王安石,曾巩与曾布,都是亲兄弟,却因政见有别而分属保守派与变法派;另一方面,不少分属新旧党的士大夫,在朝堂上是争执不休的政敌,但私下里却是很好的朋友,比如王安石与司马光,章惇与苏轼(后期二人关系恶化)。

不管是变法派,还是保守派,都在争取君主的支持。哪一派的政治主张获得君主采纳,即成为"国是",并由这一派执政。一旦"国是"变更,则这一派下野,换另一派上台。熙宁－元丰年间,"国是"为变法,新党执政;元祐年间,"国是"为更化,即恢复旧法,旧党执政,新党下野;绍圣年间,"国是"为绍述,

---

1 《宋史·邓绾传》。

即接续变法，新党执政，旧党下野。

这样的政治派系分化，跟其他王朝出现的朋党其实很不一样。像汉代的"党锢之祸"，唐代的"牛李党争"，明代的"东林党"，都是基于私人关系、私人利益形成的政治集团，并未提出明确的政治主张。毋宁说，北宋形成的朋党，跟近代政党已经有几分接近了。

这并不是我的想象，治史大家柳诒徵先生早已提出一个观点："中国之有政党，殆自宋神宗时之新旧两党始，其后两党反复互争政权，迄北宋被灭于金始已。……新旧两党各有政见，皆主于救国，而行其道。特以方法不同，主张各异，遂致各走极端。纵其末流，不免于倾轧报复，未可纯以政争目之；而其党派分立之始，则固纯洁为国，初无私憾及利禄之见羼杂其间，此则士大夫与士大夫分党派以争政权，实吾国历史仅有之事也。"[1]

另一位历史学者唐德刚先生也说："当时朝士也就各以己见，在新旧左右之间，分别作其拥护与反对的选择，则朝政便有其现代化的政党轮替的意味了。……吾人如大胆地说一句：北宋的朝政，是近古中国政治现代化的起步，亦不为过。可惜的是，传统中国这种有高度现代化和民主意味的开明文官制，在宋亡之后，就再次复古回潮了。"[2]

不过，我不认为宋朝政党政治的发育终结于北宋灭亡，而是自我毁灭于宋徽宗朝的"元祐党人碑"。

---

1 参见柳诒徵编《中国文化史》（下），中国人民大学出版社，2012，第十九章。
2 参见唐德刚《读〈宋史·范仲淹传〉对中国传统和现代文官制的认识》一文。

崇宁树碑

邓洵武所献《爱莫助之图》，对宋徽宗的触动非常大。或者说，皇帝本来就存有绍述父志之心，邓洵武的进言更坚定了他的决心。

建中靖国元年十一月，宋徽宗宣布第二年改元"崇宁"。非常明显，这又是一个明确宣示政治路线的年号：崇，尊崇也；宁，即熙宁。改元崇宁，自然是向中外宣布，皇帝将追崇熙宁变法的道路，绍述父兄力推的新政。"天下晓然知其意矣"[1]。

从政治内涵来说，"崇宁"差不多便是"绍圣"的翻版吧。绍圣年间对元祐党人的打击，又在崇宁年间重演了一遍，只是皇帝从宋哲宗换成了宋徽宗，宰相从章惇换成了蔡京，而且打击的范围更广，打击的力度更大。讲述这个过程令人乏味，却不能不说。

崇宁元年（1102）五月，有臣僚上书首倡置立"元祐党籍"："今奸党姓名，具在文案甚明，有议法者，有行法者，有为之唱者，有从而和者。罪有轻重，情有浅深，使有司条析，区别行遣，使各当其罪。"[2] 宋徽宗随即下诏，将苏辙、黄庭坚、范纯礼、范纯粹、陈瓘、程颐等五十七人编入"元祐党籍"，放逐在地方，不得回京："令三省籍记，不得与在京差遣"。

八月，又诏，已经去世的"司马光、吕公著、吕大防、刘挚、苏轼、范纯仁"等二十名元祐党人，其"子弟并不得与在京差遣"。

九月，宋徽宗御批付中书省，补充"元祐党籍"名单，并御笔亲书文彦博、司马光等"元祐奸党"共计一百一十九人的姓名，

---

1 《续资治通鉴长编拾补》卷一八。
2 《皇宋通鉴长编纪事本末》卷一二一。下同。

元祐党籍碑拓片。中国国家博物馆藏拓片

命人勒刻于石碑之上，竖立在京师端礼门，"以为天下臣子不忠之戒"。这是第一次立"元祐党人碑"。

崇宁二年（1103）四月，下诏焚毁苏轼、苏辙、范祖禹、范镇等人的作品。陈瓘等多位党人被"除名勒停，编管"，流放到边远地方。

九月，诏"宗室不得与元祐奸党人子孙及有服亲为婚姻"。同月，下诏将端礼门"元祐党人碑"上的奸党名单抄发外路州军，"于监司、长吏厅立石刊记，以示万世"。这是第二次立"元祐党人碑"。

十二月，皇帝又诏："应臣僚姓名与奸党等人相同者，并令改名。"

崇宁三年（1104），尚书省行文，规定"党人子弟，不问有官无官，并令在外居住，不得擅到阙下"。

六月，宋徽宗下诏："元符末奸党并通入元祐籍。"于是"元祐奸党人"扩充至三百零九名，皇帝新书"奸党"名单，"刻石朝堂"；宰相蔡京亲书名单副本，发送天下州县，刻石立碑。这是第三次立"元祐党人碑"。当初首建"元祐党籍"的前宰相章惇，攻击元祐党人的张商英、上官均，也都被归入"元祐奸党"，真是讽刺得很。

值得一说的是，崇宁年间各地政府在刻"元祐党人碑"时，遭受到零星的反对。在长安，碑工安民被召来刻碑，安民推辞："民愚人，固不知立碑之意。但如司马相公者（司马光），海内称其正直，今谓之奸邪，民不忍刻也。""府官怒，欲加罪"。安民请求："被役不敢辞，乞免镌'安民'二字于石末，恐得罪于后世。""闻者愧之",同意碑末免刻安民之名。[1] 按惯例,工匠必须在他们制作的产品上刻下自己的名字,以示对产品质量负责,这叫作"物勒工名",但碑工安民坚决不肯在党人碑末留名,因为他明白,刻这块碑,是一个脏活,是对他手艺与人格的羞辱,日后名誉必会被这块碑损害。

九江的碑工李仲宁,因为"刻字甚工",也被江州太守召来镌刻"元祐党人碑",李仲宁以前曾受惠于苏轼与黄庭坚,也坚决不肯刻碑:"小人家旧贫窭,止因开苏内翰、黄学士词翰,遂至饱暖。今日以奸人为名,诚不忍下手。"江州太守很是佩服李仲宁的气节,称赞道:"贤哉!士大夫之所不及也。"并且"馈以酒,而从其请"。[2]

可见宋徽宗与蔡京立"元祐党人碑"之举有多不得人心。

很快到了崇宁五年(1106),正月,有"彗星出西方"。在古代,这被认为是"星变""灾异",是上天对大宋统治者表示不满的警告。宋徽宗心里疑惧,诏中外臣僚"直言朝廷阙失"。中书侍郎刘逵趁机上书,劝皇帝"碎元祐党碑",解除党人禁籍,"悉罢蔡京所造"。

宋徽宗这才下诏:"应元祐及元符末系籍人等人,合既迁谪,累年已足惩戒,可复仕籍,许其自新。朝堂石刻,已令除毁。如外处有奸党石刻,亦令除毁,今后更不许以前事弹纠,常令御史台觉察,违者劾奏。"

当时蔡京权势极大,皇帝居然只敢命人在深夜里偷偷毁去立于朝堂之上的"元祐党人碑",还交待卫士:"莫待明日,引得蔡

---

1 《宋史·司马光传》。
2 王明清:《探麈三录》。

京又来吵。"翌日，蔡京见到石碑被毁，厉声说："石可毁，名不可灭！"徽宗只好又下诏："今虽仆碑，而党籍却仍旧。"[1]但未久，朝廷又不得不解除元祐党籍，陆续恢复元祐党人的官职。

"元祐党人碑"事件就如一场见不得人的闹剧，悄悄地收场了。立于京师与各州县的党人碑也尽数被毁弃。

到了南宋时，迫害"元祐党人"的蔡京早已臭名昭著了，而许多"元祐党人"的后代都以祖先曾经入了"元祐党籍"而感到骄傲，所以有一些元祐后人又重刻了党人碑，以传示子孙。嘉定四年（1211），"元祐党人"沈千的曾孙——权知融州（今广西融水）沈暐，也按家藏"元祐党籍碑"拓本，重新请人刻成石碑，立于融水城郊的真仙岩老君洞之内。这便是现在收藏于广西融水县民族博物馆的那块"元祐党人碑"。

元祐党人之籍，始见于宋哲宗绍圣年间，为宰相章惇所建，"黑名单"上的人有七十三名；到宋徽宗崇宁年间，蔡京当国，将所有反对他的人一股脑儿都列入元祐党籍，"殆至三百九人，皆石刻姓名，颁行天下"，"其中愚智混淆，不可分别，至于前日诋訾元祐之政者，亦获厕名矣"，正好应了老话所说："一切历史事变，可以说都出现两次，第一次是作为悲剧出现，第二次是作为闹剧出现。"

但深究起来，"元祐党人碑"的祸根，其实来自元祐党人自己，恰恰是元祐党人在得势之时率先将政敌列成"黑名单"，"榜之朝堂"，开启了"潘多拉的魔盒"。当时，清醒的范纯仁已经预感到：如此党同伐异，今后"吾辈将不免矣"。果然让他不幸言

---

1 《续资治通鉴长编拾补》卷二六；《朱子语类》卷一二七。

中了。宋人后来对此有深切反省："元祐党人，……祸根实基于元祐嫉恶太甚焉"，"大抵皆出于士大夫报复，而卒使国家受其咎，悲夫！"[1]

元丰党人与元祐党人也好，变法派与保守派也好，双方因为政见有异乃至对立，相互在语言上激切攻击对手，尚可以说是政党政治出现之初难以避免的现象。英国刚刚形成托利党和辉格党对峙之时，两党也是在议会上相互攻讦、互泼脏水，事实上，这两个党派的名称就来自双方的对骂："托利"（Tory）一词源于爱尔兰语，本意为"匪徒"；而"辉格"（Whig）一词源于苏格兰语，原指"马贼"。

一派上台执政，另一派被罢黜，"一朝宰相一朝臣"，也是近代政党轮替的常见景象，不足为怪。然而，得势的一派，将失势的另一派列入"黑名单"，打成"罪人"，甚至将他们的名字刻上石碑，公布于天下，禁止他们逗留京师，限制他们的子孙从政，毫无疑问已经突破了政治底线，败坏了政治风气，不但有违宋王朝"异论相搅"的祖制与惯例，更断送了宋朝朋党往近代政党演进的可能性。

从这个角度回顾北宋后期的朋党政治演变轨迹，真的让人既深感痛心，又深为惋惜。只有一点尚可聊以慰藉：北宋末期尽管党争惨烈，但对失势的一方，终究只是斥逐、限制从政，并没有大开杀戒，宋朝的政治文明底色毕竟尚有存留。

---

1 王明清：《玉照新志》。

一个王朝的最后挣扎

亲爱的女儿，我们终于要讲到北宋的覆灭了。

北宋灭亡，或者说，南北宋之分，只是后人的说法，历史上的两宋其实是一个整体，国祚是延续的。不过，对于赵宋王朝而言，靖康之变的确是一场天大的国变，导致宋室南迁，疆土减少近半。所以我们这里还是沿用习惯说法，将靖康年间宋徽宗与宋钦宗被俘视为北宋的灭亡，将康王赵构建立的小朝廷称为南宋。

说起来，北宋是在鼎盛之时突然覆灭的，就如一名腰缠万贯、正值富年的士绅，因为招惹上凶悍的仇家，在决斗时被杀掉了。死于"被杀"，说明两点问题：第一，武艺不如人；第二，身体机能并未衰亡。事实上，当时宋王朝不管是军事的成就，疆域的扩张，还是文化与经济的表现，都处于巅峰状态，不见衰败之象。

宋徽宗宣和年间，宋朝的人口过亿，东京生活着超过一百万的市民。尽管山东、江南几乎同时发生了宋江与方腊的民变，但叛民很快就被招安或剿灭。从繁荣似锦的市井风貌，人们完全看不出大祸将至的征兆，《清明上河图》所描绘的，《东京梦华录》所讲述的，都是宋徽宗时代的如梦繁华。宣和年间还诞生了几部文化艺术史上留名的著述，如《宣和画谱》《宣和书谱》《宣和博古图》《宣和北苑贡茶录》《宣和牙牌谱》《宣和石谱》，反映出宋朝文化的繁盛。

此时，宋朝的领土也在扩张中。对反复无常的西夏国，宋人以前基于后勤补给的吃力，一直无法在前线取得压倒性的胜利。但现在宋王朝终于找到了克敌制胜的战术，那便是"进筑"加"浅攻"，一寸一寸蚕食西夏，让西夏人大惊失色："唱歌作乐地，都

清代姚文翰绘宋钦宗半身像。美国大都会艺术馆藏

故宫南薰殿旧藏宋高宗坐像

被汉家占却,后何以堪?"[1] 宣和元年(1119)四月,宋师攻克西夏横山之地,征服西夏指日可待。

可惜,随后宋朝与崛起于白山黑水间的女真部落结成"海上之盟",定下联金灭辽之策,战略重心转移至北方,放过了经略西北的历史机会。

不过,尽管宋朝军队在征战辽国时破绽百出,狼狈不堪,最终还是在宣和五年(1123)四月,收复了被辽国占领一百余年的燕云故土,实现了自太祖立国以来,列祖列宗念兹在兹的梦想。宋徽宗洋洋得意,命大才子王安中制"复燕云碑",立在燕山府延寿寺,宣示自己的不世功业。

如果没有后来的靖康之耻,宋徽宗大概会成为赵宋王朝最伟大的君主吧。

然而,正是在联金灭辽的过程中,宋朝军力疲弱、兵不能战的致命问题暴露在金人眼皮底下,金人惊喜地明白了一件事:"贵朝(宋朝)兵将与亡辽士马优劣可见,亡辽与本朝士马胜负明知",乃生出挥鞭南下、牧马中原之心。此时辽国已亡,宋朝北境失去屏障,再不能阻挡金兵铁骑驰骋。其实早在宋徽宗意欲与女真结盟之时,已有臣僚反对联金灭辽,认为"契丹,与国(友邦)也;女真,强敌也",一旦女真灭辽得逞,势必"席破燕之威,长驱而南",到时候,"王师克与不克,皆未见其可"[2]。

很不幸,让他言中了。

宣和七年(1125),金主完颜晟寻了一个借口,派遣大将完

---

[1] 《西夏书事》卷三〇。
[2] 胡寅:《斐然集》卷二六。

颜宗望、完颜宗翰统率大军，从东西两路南下伐宋。宋徽宗闻讯，吓得将皇位内禅给儿子赵桓（是为宋钦宗），自己带着皇子、帝姬、内侍跑到南方避祸。赵桓临危受命，于次年改元靖康，并斩杀童贯、朱勔，赐死李彦、梁师成，放逐蔡京，罢黜王黼，祸国殃民的"六贼"终于被清算。

靖康元年（1126）正月，完颜宗望率领的金国东路大军直抵开封城下。幸运的是，在提举京城四壁守御使李纲的组织抵抗下，金兵未能破城。

这个时候，发生了一件影响了后面历史的小事：完颜宗望久攻开封城不下，便迫宋廷议和，索要金帛以及太原（今山西太原）、河间（今河北沧州）、中山（今河北保定）三镇，并以一亲王为人质。康王赵构主动请缨，说他愿往敌寨为质。正月十四日，赵构进入金营；二十余日后，居然被放了回来。

完颜宗望之所以放走赵构，是因为他怀疑赵构是假康王："康王留金营，与金国太子同射，连发三矢，皆中筈，连珠不断。金人谓将官良家子，似非亲王，岂有亲王精于骑射如此？乃遭归。"[1] 金人以为宋朝亲王尽是娇生惯养之辈，康王箭术如此了得，定是冒名的亲王，所以将赵构放回去，换了肃王为人质。其实赵构真的是习得一身骑射武艺。如果当年金兵扣留住赵构不放，后面南宋的历史显然就要改写了。

开封城被围未久，京畿河北制置使种师道率领的精锐部队——西军已经赶至京师勤王，完颜宗望破城无望，既得宋廷许割太原、河间、中山三镇，又得肃王为人质，便引兵北退。宋钦

---

1 《续宋编年资治通鉴》卷一七。

宗总算松了一口气，南下避祸的宋徽宗也回到了东京。

对于割地的城下之盟，宋廷又生出悔意，拒不交割三镇，于是在靖康元年八月，完颜宗望、完颜宗翰再次统率大军攻宋，来势更为凶猛。十一月，又是完颜宗望率先一步攻至开封城外，驻兵于南薰门外的青城。

从靖康元年十一月二十五日完颜宗望兵临开封城下，到次年四月一日金人退师，虏二帝北去，宋朝汴京的君臣士庶历经了四个多月的凄风苦雨。当时开封城内有一位叫作丁特起的太学生，目睹他效忠的王朝面临亡国的苦苦挣扎，心中不胜悲愤。因为"痛二帝之播迁，悯王室之颠覆"，他将自己的见闻逐日记下来，辑为一册《靖康纪闻》，希望后人能够记住这靖康之耻。

亲爱的女儿，现在我们就翻开丁特起"泣血谨书"的《靖康纪闻》，重温一段痛史。

新闻发布

在金人大军压城之前，东京已经谣言四起，"道路传闻游骑已渡河"，人心惶惶，"近城居民流离迁徙者，不绝于道"，朝廷"指挥城外居民搬入，听就寺观居止"，并全城戒严。到了十一月十九日，宋政府已探知"游骑渡河"为讹传，原来是抗金将领折彦质部下的一部分溃兵撤退至开封。开封府便贴出榜文，安抚人心："前日北兵来，系折彦质溃兵，已招安讫，城外居民，各仰归业。"[1]

---

[1] 丁特起:《靖康纪闻》。下文援引文字，除另有注释之外，均出自《靖康纪闻》，不赘注。

这里我们要重点关注宋朝政府的一项新闻发布机制——出榜。大军围城，国难当头，可以想象，每一个生活在汴京的市民肯定都迫切地想了解事态的进展。宋钦宗朝廷御敌无方，但在信息公开方面，却做得无可指摘，从靖康元年一月到次年四月，宋政府几乎每天都会在汴梁城内发布榜文，向市民通报最新消息，以期朝野军民共纾国难。

十一月二十五日，天刚大亮，宋政府又出黄榜，告谕士庶："金人游骑已及郊畿。"尽管"士庶读之，莫不惊惧"，但宋廷并没有打算隐瞒这个严重影响市民情绪稳定的坏消息。

很快，金兵果然团团围住汴京。十一月底，完颜宗翰率领的西路军也抵达开封城外，与完颜宗望的东路军会师于南青城。金帅遣使入城，要求宋钦宗前往金营谈判。宰相何㮚坚决不同意，说："本朝自祖宗以来，车驾惟是三年一次郊天方出城，平居未尝离大内一步。况今兵火在外，岂容辄出？此事实难相从。"[1]

汴京苦撑了一个月，到闰十一月二十五日，城破，"金人纵火烧诸门，及新城里居民居宅、王公大宅，劫掠杀掳，火光亘天，达旦不灭，百姓哭声震动天地"。宋钦宗急召大臣议事，皇帝的意见"极谦，皆是全活生灵之意"。次日，从金营传来消息，"告谕百姓安业，两国讲和"。城中百姓闻讯，"以手加额，私相庆贺"。但金人提出，议和的前提条件是，宋朝的太上皇、皇太子、越王、郓王前往金营为人质。钦宗说："朕为人子，岂可以父为质？太子方数岁，如何到得军前？"[2]

---

1 《皇宋通鉴长编纪事本末》卷一四九。
2 《皇宋通鉴长编纪事本末》卷一四九。

闰十一月二十八日，宰相何㮚与郓王赵楷出城，"诣军前请和"，完颜宗翰、完颜宗望坚持要太上皇赵佶出郊。何㮚回来，转达金人之意。钦宗说："上皇惊忧已病，不可出。必欲坚要，朕当亲往。"决定亲往金营谈判。开封府于午后出榜，向市民通报消息："大金坚欲上皇出郊，朕以宗庙生灵之故，义当亲往，咨尔众庶，各务安静，无使惊扰，却误大事。"不消说，士庶睹榜，又满怀疑虑，"自宣德楼至南薰门，立泥雪中，以候驾回"[1]。

闰十一月三十日黎明，朝廷又出榜："大金和议已定，朕以宗庙社稷生灵之故，躬往致谢，咨尔众庶，无得疑惑。"这一日，城中"百姓父老争持金银、牛酒、彩帛"，献于金营，恳请金人放了皇帝。但到了晚上，还是未见钦宗归来，"人情恟惧"。未久，又见开封府出榜："大金已许和议，事未了，朕留宿，只候事了归内，仰军民安业，无致疑虑。"士庶看了消息，心中忧虑，通夕不寐，担心皇帝被金人扣留，回不来了。

次日，即十二月初一晚上，开封府又有黄榜发布："奉圣旨，和议已定，止是往来礼数未毕。窃虑军民等疑虑，今晓谕，更令知悉。"[2]

十二月初二日，宋钦宗才从金营回城，走到宣德门，忍不住哭出声来："朕将谓不与万民相见。"士庶莫不恸哭。一时间，皇帝回城的消息"里巷争传，人情快适，恍若再生，焚香致谢"。很快便是宋人的传统大节元旦（春节），城外金帅还假惺惺遣人入贺。

---

1 《皇宋通鉴长编纪事本末》卷一四九。
2 《皇宋通鉴长编纪事本末》卷一四九。

然而，刚刚过完春节，靖康二年（1127）正月初十，宋钦宗又不得不至金营谈判。当时金人"索金银益急，欲纵兵入城"，宋钦宗问金使萧庆，萧庆回答："须陛下亲见元帅乃可。"宋钦宗不想出城，却又"恐金人纵兵残民"，只好任命同知枢密院孙傅为东京留守，自己带着宰相何㮚等官员赴南青城金营。傍晚时分，开封府出榜通告士庶："朕出城议徽号事，为诸国未集，来日定回，仰居民安乐。"

但这一次赴敌营，宋钦宗再也没有回来。

正月二十七日，宋政府又出榜文，公告第二次和谈的进展："两国通和，各敦信誓，车驾（宋钦宗）与两元帅（完颜宗翰、完颜宗望）议事渐已了毕，只候旦夕回。"次日黎明，下了几天的大雪停了，"御史台告报百官，赴南薰门接驾，士民奔凑，充满道路，延颈企望，以俟驾回"。但等不到钦宗归来。

二月初七，城内传言：诸城门都有百姓跟金人发生巷战，"士庶方且忧疑"，午后又有内廷车子数十辆，各载被褥于车后，出南薰门，星驰而去。士庶惶惑，还以为是不是皇室中人逃跑了。未久，朝廷出榜公告："皇帝出郊，日久未还，太上道君领宫嫔出城，亲诣大金军前求驾回，仰士庶安业。"原来，金人又要求宋徽宗赴金营为人质。徽宗这一回倒表现出男人的勇气，说道："若以我为质，得官家归，保宗社，亦无所辞。"[1] 遂出城。他却不知道，宋钦宗已于昨天（二月初六）被金人废为庶人。这一夜，城内"民情极汹惧，各持兵器巡警坊陌；官司弹压四出，至深夜亦不敢息"。

---

1 徐梦莘：《三朝北盟会编》卷八九。

二月初九，正当城中士庶翘首等候消息之际，却等来一道金营元帅派人贴出的榜文，大略说："宋人悖德，故去岁有问罪之师。念出师止为吊伐，本非贪土，宜别择贤人，立为藩屏，以王兹土，其汴都人民听随主迁居。"随后，金人册立原为宋朝宰相的张邦昌为新皇帝，改国号为"大楚"。北宋宣告亡国。

宋钦宗被金人废了帝号之时，随钦宗赴敌营的吏部侍郎李若水极力替少帝辩护："皇帝非失信，以祖宗积累之艰难，三世方得河东，陵寝在焉，大河在焉，而不敢轻与金人，惟义所在而已。"并怒斥金国"需索无厌，贪人土地，取人妇女玉帛，而覆我宗社，害我生灵，是巨贼耳。吊民伐罪，岂如是乎？"金帅完颜宗翰、完颜宗望大怒，命人将李若水"拽下殿，于青城东华门外敲杀之"。若水"临死，骂声不绝于口"，真大丈夫也。

到了四月初一，金人退兵，押着宋徽宗、宋钦宗二帝北归，"是日，民间闻金师之退，恍若再生，竞欲登城观者，如蚁集鳞次，惟銮舆播迁，为之愁恨耳"。四月十三日，开封府四厢都巡检使还贴出榜文："据探报，金人尚有后军见留滑州界上，四方客旅未得轻出。"提醒军民注意出行安全。

根括金银

金国此番伐宋，借口是宋王朝许割三镇在前，反悔于后，不得以才兴师问罪，所以自我标榜"止为吊伐，本非贪土"。不过，刚开始伐宋时，金国倒真的没有占据东京的意思，所图者乃是宋朝的金帛财富与大河以北的土地，因此，在攻破开封城之后，金兵没有入城，避免跟宋军民发生巷战，只是要挟宋帝与宰执大臣至金营"和谈"，要求"犒师之物：金五百万两、银五千万两、绢彩各一百万疋，驼、骡、驴之属各以万计；尊其国主为伯父；凡燕云之人在汉者悉归之；割太原、中山、河间三镇之地；又以亲王、宰相为质"，满足这些要求，金人便退师。[1]

宋钦宗第一次被迫前往金营谈判时，提出愿意"出府库金帛，以遗二酋"，完颜宗翰大笑说："城既陷，一人一物，皆吾所有，皇帝之来所议者大事，何以此为？果欲分赐，可与将士。"宋为鱼肉、金为刀俎的局势已经非常明朗，唯有任人宰割。

为满足金人的胃口，从靖康元年十二月开始，宋朝政府的榜文开始多了"根括金银"的内容。如十一日，开封府出榜文："拘收戚里权贵、豪富之家金帛钱粮，犒设大军，自皇后为头。"申明由皇后带头，捐出金银，"犒设"金人。

但是，戚里权贵、豪富之家似乎并无多少热情捐献金银，所以次日开封府又出榜，将戚里权贵、豪富之家的名单列了出来："见奉圣旨，拘收戚里权贵之家赀财，以助犒军，今来累日，并未见人户尽数赍纳，切虑罪责，致将金银等藏窖。右榜人户等将本家金银表段，竭其家赀，赴府送纳，如敢藏埋，许诸色人告，以十分为率，三分充赏，先以官钱代支，其犯人以军法行。知情藏寄之家，亦许告给赏，不行陈告，与犯人同罪。"

在金人压力下，官府"督责金银甚峻"，御史台、大理寺、开封府都设了监狱，将逾限不纳金银之人逮捕起来，即便是戚里权贵的家属，也被"荷项拷掠"。宋徽宗皇后郑氏的娘家因为"隐匿金银，不肯尽输"，受到"父祖追毁出身以来文字"（相当于"双开"）的严厉处分。

---

[1] 李纲：《靖康传信录》卷一。

十二月十九日至二十一日，开封府一连贴出好几道根括金银的榜文："宰执以下，应曾赐带者，并仰赴官送纳。"要求宰相以下高官纳还之前获赐的金带、玉带；

又榜："诸州县镇，曾遣人在京买卖变易，见在金银，仰日下尽数赴官交纳，隐匿依军法。"要求各州县政府的驻京商业机构将库存的金银捐献出来；

又榜："质库户质金银并拘入官"，要求将京城官私质库（银行）的金银尽数征用；

又榜："京师，天下富商大贾所聚，应店户至屋宅拘收蓄金银之人，并尽纳官，店主许告陈，知情与同罪，隐匿者并依军法。"要求富商大贾也捐献金银；

又榜："纳金银人计直给还茶盐，钞金一两，准三十二千；银一两,准二千二百。"政府对捐献金银的商民用茶盐引作出补偿，按金一两折价 32 贯钱、银一两折价 2200 文钱计算。

十二月二十六日，宋政府又宣布"鬻爵"，将官爵明码标价，发榜出卖，"开列官资榜价直，募人承买"。但是，可想而知，兵荒马乱之时，性命尚且难保，官爵哪有什么吸引力？所以榜方张贴了十几天，"不闻有应募者"。

等到过了元旦，因金人"索金银益急"，宋钦宗第二次赴金营谈判,被扣留下来。靖康二年正月十一日午时，开封府出榜："传到圣旨，大金元帅以金银表段少，驾未得回，事属紧切，仰在京士庶，各怀爱君之心，不问贵贱，有金银表段者，火急尽数赴开封府纳。许人告，给赏，犯人依军法。"请士庶捐献金银。开封市民以为纳了金银，就可以换回钦宗，因此"各竭其家所有献之，有福田院贫民，亦纳金二两、银七两"[1]。

正月十三日，开封府又有榜文发布："大金军前为金银数少，圣驾未回，事属急切。当所访闻，闾巷居民，各怀爱君之心，自相纠结，钗钏并行送纳，未致尽绝。……金每两三十五千，银每两二千五百，省表段每匹五千，官为收买。"

这个时候，宋朝士庶还不知道，金人已经执意扣留宋钦宗为人质，并不打算放他回来，就算奉献上再多的金银也于事无补。有一个叫作徐揆的太学生，跑到金营"请车驾还阙"，并"厉声"跟金帅辩论，结果被金人杀掉了。[2]

宋钦宗被废了帝号后，金营还是没有停止勒索金银。二月二十一日，开封府又在城内四壁"置场数十处，堆垛官钱以收买，金每两三十二千，银每两二千五百，多有赴场卖者"。又贴出公告，"许以金一两博米一石四斗，银一两博米一斗"。其时，"民方艰食，虽有金银无所用，往往乐于博易，官司收所买金，日不下千万两"。一车又一车的金银，节次解运至金营。

虽然开封府与御史台"催科金银，无所不至"，但最终还是无法凑足"金五百万两、银五千万两"之数。二月二十五日，开封四壁提举根括金银官四人因为搜刮金银不力，被金兵押于监军处，"敲杀之"，"尸首弃南薰门下"。台谏官则"各鞭背五十，放还"。以前，宋朝的台谏官何曾受过此等羞辱？

金人觉得有必要指导一下宋朝官员的工作方法了。三月十二日，金营给开封府移文，要求将金银数额摊派给各户："在京坊

---

[1] 《续资治通鉴·宋纪九十七》。
[2] 《续资治通鉴·宋纪九十七》。

巷见在人户等数配，限三日纳足，如不服之人，全家押赴军前。"之前，金人曾向开封府索在京户口数目，"开封府报以七百万户"，金人"见京城户口之众，至是乃令将坊巷人户等数配，意欲于此百万户中尽行数配"。宋朝政府虽然"根括金银甚急"，毕竟还是先"拘收戚里权贵、豪富之家"，对平民之家则用了"仰在京士庶"的客气话，并以官价收购，还算有点人味。金人就全然不掩饰他们的贪婪与野蛮了。

刀锋之下，开封府"莫敢论辩"，只得奉行，将金银数额摊派下去，即使是升斗细民，也被摊派到"金三十锭，银一百锭"。但你就是将刀架到小民脖子上，他们也掏不出多少金银。所以，虽然"官司征催，莫敢少息"，但"亦无如之何"。

金人未刮足五百万两金、五千万两银，便迫宋钦宗签下以宗室女子充数的字据："原定犒军金一百万锭（五百万两），银五百万锭（五千万两），须于十日内输解无缺。如不敷数，以帝姬、王妃一人准金一千锭，宗姬一人准金五百锭，族姬一人准金二百锭，宗妇一人准银五百锭，族妇一人准银二百锭，贵戚女一人准银一百锭，任听帅府选择。"[1] 这应该是历史上最屈辱的条约了。

宋帝并非没有抗议。完颜宗翰之子完颜设也马，看中了宋徽宗之女富金帝姬，要宋徽宗献出女儿，徽宗拒绝："富金已有家，中国重廉耻，不二夫，不似贵国之无忌。"完颜宗翰大怒，说："昨奉朝旨分俘，汝何能抗？"给诸将各分配两名宋朝宗室女子，宋徽宗也愤恨地说："上有天，下有地，人各有女媳。"[2] 被完颜宗翰

---

[1] 李天民：《南征录汇》。
[2] 李天民：《南征录汇》。

呵斥出去。此事记录在金人李天民撰写的《南征录汇》中，当为可信。

拆万岁山

金兵围困开封之时，正值冬天，"大雪苦寒"，积雪盈尺。对于城中百姓来说，如何取暖御寒，是一个天大的问题。北宋后期，汴京人户已普遍使用煤为燃料，"昔汴都数百万家，尽仰石炭，无一家燃薪者"[1]。石炭便是燃煤。城内外至少分布有二十多个官营的煤炭场，"官卖石炭增二十余场，而天下市易务，炭皆官自卖"[2]。

但是，眼下开封城被金兵团团围住，哪里还有燃料供应？靖康元年十二月二十一日，开封府出榜四壁，"毁宫屋货卖，以士民缺乏柴薪故也"。将一部分宫屋拆了，木料卖给士民充当柴薪。

次日，又下了一场大雪，宋钦宗下诏："风雪大寒，小民缺柴薪，多致冻馁，皆朕不德所致，万岁山许军民任便斫伐。"万岁山，即宋徽宗修建的艮岳，是北宋末东京最富丽堂皇的皇家园林，见过艮岳的宋人描述说：万岁山"凿池为溪涧，叠石为堤捍，任其石之怪，不加斧凿。因其余土，积而为山，山骨暴露，峰棱如削"，"山之上下，致四方珍禽奇兽，动以亿计，犹以为未也"[3]，"又有松阴、竹径、花圃、石洞、村居、酒肆，莫知其数"。

1　庄绰：《鸡肋编》。
2　《宋史·食货志》。
3　张淏：《艮岳记》。

当初为了建造艮岳,宋徽宗"以朱勔领苏杭应奉局及花石纲",搜刮民间奇卉石竹。正史与稗官小说都提到朱勔在苏州践踏庶民财产权的行径:"凡士庶之家,一石一木稍堪玩者,即领健卒直入其家,用黄封表识,指为御前之物,使防视之,防不谨,即被以大不恭罪,及发行,必撤屋抉墙以出。"[1]这一横征暴敛行径,也是方腊叛乱的导火索。

不过,宋徽宗尽管好大喜功,但堂堂一国之君,还不至于无耻到要侵夺百姓之家的一石一木。宣和三年(1121),他曾下一道诏书,说:"自来收卖计置花竹窠石、造作供奉物色,委州县、监司干置,皆系御前预行支降钱物,令依私价和卖,累降指挥,严立法禁,不得少有抑配。"[2]这道诏书透露了一个信息:宋徽宗让监司、州县采办花石纲,是要求"依私价和卖"的,而且"不得少有抑配"。为此,朝廷拨出了巨款:"岁运花石纲,一石之费,民间至用三十万缗","用度日繁,左藏库异时月费缗钱三十六万,至是,衍为一百二十万"。[3]但这笔钱到了具体办事的人手里,被不同程度地私吞了。

艮岳建成没几年,便发生了靖康之变,"都人相与排墙,避房于寿山艮岳之巅"[4],宋廷也下令"毁撤垣墙,许庶民居止,由是士民皆得游览"。皇家园林成了开封市民避难之所。宋钦宗诏许砍伐艮岳树木之后,"百姓奔凑,往斫伐木者,无虑千万人"。

到了靖康元年十二月二十三日,"万岁山斫伐者益众,台阁

---

[1] 方勺:《青溪寇轨》。
[2] 《皇宋通鉴长编纪事本末》卷一二八。
[3] 《宋史·食货志》。
[4] 张淏:《艮岳记》。

亭榭悉毁拆"。其间还发生了一场事故："仓皇之际，台榭欹倒，奔逃求出，践踏至死者百余人，互相殴击、攘夺而死者又数百人。"开封府逮捕处死了"作乱者五人"，坊间"攘夺喧乱"的行为才得稍息。

十二月二十九日，艮岳的竹木被都民砍伐殆尽。宋钦宗又诏"毁拆屋宇以充薪"。这里的"屋宇"不是民宅，是皇室的宫屋。拆宫屋时，又发生了军兵百姓攘夺木料、"践踏坠压至死"的事故。当时恰好有金营使者在都堂与宋朝官员议事，见到窗外宋人争夺木材，忍不住将宋政府取笑了一番："使民争利，定强者得，弱者失，至压损人民，何不命官拆散乎？"宋朝官员无言以对。写《靖康纪闻》的丁特起感慨说：金使取笑得对。"嗟乎！天子屏园囿之欢，纵民樵采，可谓盛德事。而奉行之吏无经画，欲利于民，而反害之，宜其笑也。"

次年正月二十三日，开封府又在城内"增置粜粟米场、卖柴炭场"，以低价销售木材与粮食："米不过三升，薪不过五十文，其值减市价数倍，赴场籴买者如市。"二十四日，又调拨了一部分军粮，"听从便出粜，意欲生小民也"。

其时，开封城陷已有两月，"小民樵苏不给，饥死道路者以千计"，活着的人也只能以"花叶、树皮、浮萍、蔓草之类"充饥。宋政府已经在城内四壁"增置米场，出粜官米者凡数十处"，只是"官司措置无法"，"军人恃强攘剥"，以致"小民受惠者少，攘夺践踏，动致死伤，有如万岁山采樵时"。之后开封府贴出榜文："不许军人籴买，男子妇人分日赴场。""由是小民得赖以济"。

正月二十六日，又是"大雪，气候风寒"。时宋钦宗已被扣留在金营，闻知城中百姓"又冻馁者多"，流泪不止，托人从金营带回诏书："朕出城见元帅，议事未了。阴雨连日，薪炭缺乏，家家愁苦，痛在朕心，已令多方措置，减价粜卖柴米，庶几小济。仍不须群聚以俟驾回，若有暴露，朕负百姓，出涕何言故兹诏示，想宜知悉。"士庶读诏者"莫不堕泪"。

等到金兵撤退时，昔日"穷奢极侈"的东京艮岳，已成一片废墟，狼藉遍地。宋徽宗建造这座园林，始名"万岁山"，后改称"艮岳"，最后又改为"寿岳"，"期与天地长久"，不想数年间，便兴废如此，真是造化弄人。不过，在即将灭亡的最后一刻，北宋王朝到底还是用这一座由民脂民膏堆砌起来的皇家园林，给予子民最后一点点温暖，尽管这已经无法弥补宋徽宗"不作不死"的亡国之罪了。

后话

靖康元年，完颜宗望、完颜宗翰第二次率兵攻宋时，消息传到汴京，宋钦宗又派康王赵构为正使、刑部尚书王云为副使，至河北金营使金讲和，求金人缓师。

十一月二十日，赵构一行行至磁州（今河北邯郸）时，磁州守臣宗泽对康王说："肃王去不返，金军已迫，复去何益？请留磁。"[1] 血勇的磁州人又认定王云为金国奸细，竟然动手杀了他。赵构遂停止前往金营。此时完颜宗望已经醒悟过来，明白康王正是他们灭宋的最大障碍，也派兵追截康王。民间传说，危难之际，磁州崔府君庙的泥马驮着赵构渡过了黄河，方得脱险。这便是"泥马渡康王"的故事。

---

1 《宋史·高宗纪》。

南宋佚名《泥马渡康王图》局部。天津博物馆藏

  靖康二年五月初一，康王赵构在宋朝的南京（今河南商丘）即皇帝位（是为宋高宗），改元建炎。东京开封的张邦昌派人献上传国玺，表示归政于赵宋。

  建炎元年（1127）秋，随宋徽宗北狩的宋朝官员曹勋，寻了一个机会逃脱，辗转回到南京，并给宋高宗带来徽宗的口信："（太上皇）又语臣曰：归可奏上，艺祖有约，藏于太庙，誓不诛大臣、言官，违者不祥。故七祖相袭，未尝辄易。每念靖康年中诛罚为甚，今日之祸，虽不止此，然要当知而戒焉。"[1] 这是宋徽宗留给儿子的最后一句嘱托，也算是给宋王朝留下了一抹文明的底色。

1　曹勋：《松隐文集》卷二六《进前十事札子》。

附录一

笔记中的宋仁宗形象

吴按：为写作《一位"百事不会，却会做官家"的君主》一文，搜罗了不少宋人笔记中关于宋仁宗赵祯的轶事记载。文章写毕，觉得这些材料丢弃极可惜，便干脆将它们整理出来，分"俭德""宽仁""纳谏"三辑，供有兴趣的朋友了解历史或著文创作时使用。

【俭德】

仁宗俭德，殆本于天性，尤好服浣濯之衣。当未明求衣之时，嫔御私易新衣以进，闻其声辄推去之。遇浣濯，随破随补，将遍犹不肯易。左右指以相告，或以为笑，不恤也。当时不唯化行六宫，凡命妇入见，皆以盛饰为耻，风动四方，民日以富。比之崇

俭之诏屡挂墙壁，而汰侈不少衰，盖有间也。（朱弁《曲洧旧闻》）

庆历间，广州有番商没官珍珠，上与后宫同阅，张贵妃在侧，有欲得之色，上以赐。同列有求于上，有司被旨和市，珠价腾涌，上颇知之。一日于内殿赏牡丹，贵妃最后至，以所赐珍珠为首饰，欲夸同辈。上望见，以袖掩面，曰："满头白纷纷，更没些忌讳。"贵妃惭怍，遽易之。上乃大悦，令人各簪牡丹一朵，自是禁内不带珍珠，珠价大减。（胡仔《苕溪渔隐丛话》）

仁宗一日幸张贵妃阁，见定州红磁器。帝问曰："安得此物？"妃以王拱宸所献为对，帝怒曰："尝戒汝不得通臣僚馈遗，不听何也？"因以所持柱斧碎之。妃愧谢。妃又尝上元侍宴于端门，服灯笼锦，上怪问，妃曰："文彦博以陛下眷妾，故有此献。"上终不乐。后潞公入相，台官唐介言其过，及灯笼锦事，介以对上失礼远谪，潞公寻亦去，盖两罢之也。或云灯笼锦，潞公夫人遗张贵妃，潞公不知也。唐公之章与梅圣俞之书窜诗过矣。（邵伯温《邵氏闻见录》）

本朝自祖宗以俭德垂世，故艺祖之训曰："尝思在甲马营时可也。"其所用帏帘，有青布缘者。仁宗生长太平，尤节俭。京城南悯贤寺，温成张妃坟院也。寺中有温成宫中故物：素朱漆床，黄绢缘席，黄隔织褥。帝御飞白书温成影帐牌，才二尺许，朱漆金字而已。以温成宠冠六宫，服用止此，故帝寝疾，大臣入问，见所御皆黄绸。呜呼，恭俭之德不在此乎！（邵伯温《邵氏闻见录》）

仁宗一日晨兴，语近臣曰："昨夜因不寐而甚饥，思食烧羊。"近臣曰："何不降旨取索？"仁宗曰："比闻禁内每有取索，外间遂以为制，诚恐自此逐夜宰杀，则害物多矣。"时左右皆呼万岁。（魏泰《东轩笔录》）

又春日步苑内，屡回顾，皆莫测圣意。及还宫，顾嫔御曰："渴甚，可速进热水。"嫔御曰："官家何不外面取水，而致久渴耶？"仁宗曰："吾屡顾，不见镣子，苟问之，即有抵罪者，故忍渴而归。"（魏泰《东轩笔录》）

仁宗每私宴，十阁分献熟食。是岁秋初蛤蜊初至都，或以为献，仁宗问曰："安得已有此耶？其价几何？"曰每枚千钱，一献凡二十八枚。上不乐，曰："我常戒尔辈为侈靡，今一下箸费二十八千，吾不堪也。"遂不食。（陈师道《后山谈丛》）

仁皇帝内宴，十阁分各进馔。有新蟹一品，二十八枚。帝曰："吾尚未尝，枚直几钱？"左右对："直一千。"帝不悦，曰："数戒汝辈无侈靡，一下箸为钱二十八千，吾不忍也。"置不食。李处度藏仁皇帝飞白"四民安乐"四字，旁题"化成殿醉书，赐贵妃"。呜呼！虽酒酣、嫔御在列，尚不忘四民，故自圣帝明王以来，天独以仁谥之也。（邵博《邵氏闻见后录》）

仁宗一日视朝，色不豫，大臣进曰："今日天颜若有不豫然，何也？"上曰："偶不快。"大臣疑之。乃进言宫掖事，以为陛下当保养圣躬。上笑曰："宁有此，夜来偶失饥耳。"大臣皆惊曰："何谓也？"上曰："夜来微馁，偶思食烧羊，既无之，乃不复食，由此失饥。"大臣曰:"何不令供之?"上曰:"朕思之,于祖宗法中无夜供烧羊例,朕一起其端,后世子孙或踵之为故事,不知夜当杀几羊矣!故不欲也。"呜呼,仁矣哉!思一烧羊,上念祖宗之法度,下虑子孙之多杀,故宁废食。呜呼,仁矣哉!宜其四十二年之间,深仁厚泽,横被四海也。(施德操《北窗炙輠录》)

文靖夫人因内朝,皇后曰:"上好食糟淮白鱼。祖宗旧制,不得取食味于四方,无从可致。相公家寿州,当有之。"夫人归,欲以十奁为献。公见问之,夫人告以故,公曰:"两奁可耳。"夫人曰:"以备玉食,何惜也?"公怅然曰:"玉食所无之物,人臣之家安得有十奁也?"呜呼,文靖公者,其智绝人类此。(邵伯温《邵氏闻见录》)

仁宗尝与宫人博,才出钱千,既输却,即提其半走,宫人皆笑曰:"官家太穷相,又惜不肯尽输。"仁宗曰:"汝知此钱为谁钱也?此非我钱,乃百姓钱也。我今日已妄用百姓千钱。"(施德操《北窗炙輠录》)

又一夜,在宫中闻丝竹歌笑之声,问曰:"此何处作乐?"宫人曰:"此民间酒楼作乐处。"宫人因曰:"官家且听,外间如此快活,都不似我宫中如此冷冷落落也。"仁宗曰:"汝知否?因我如此冷落,故得渠如此快活。我若为渠,渠便冷落矣。"呜呼,此真千古盛德之君也!(施德操《北窗炙輠录》)

林瑀自言于周易得圣人秘义,每当人君即位之始,则以日辰支干配成一卦,以其象繇为人君所行事,其说支离诡驳。及为侍读,遽奏仁宗曰："陛下即位,于卦得需,象曰'云上于天',是陛下体天而变化也。其下曰:'君子以饮食宴乐',故臣愿陛下,频宴游,务娱乐,穷水陆之奉,极玩好之美,则合卦体,当天心,而天下治矣。"仁宗骇其言。翌日,以问贾魏公昌朝,公对曰:"此乃诬经籍,以文奸言,真小人也。"仁宗于是逐瑀。(魏泰《东轩笔录》)

仁宗尝服美玉带,侍臣皆注目。上还宫,谓内侍曰:"侍臣目带不已,何耶?"对曰:"未尝见此奇异者。"上曰:"当以遗虏主。"左右皆曰:"此天下至宝,赐外夷可惜。"上曰:"中国以人安为宝,此何足惜!"臣下皆呼万岁。(王明清《挥麈前录》)

【宽仁】

仁宗时,程文简公判大名府,时有府兵肉生于臂,蜿蜒若龙伏者。文简收禁之以闻,仁宗诏宰辅曰:"此何罪耶?"令释之。后此兵以病死。(邵伯温《邵氏闻见录》)

予在太学时,见人言仁宗时,一举子献诗于成都府云:"把断剑门烧栈道,西川别是一乾坤。"知府械其人,表上其事,仁宗曰:"此老秀才急于仕宦而为之,不足治也。可授以司户参军,处于远小郡。"其人到任,不一年,惭恚而死。(朱弁《曲洧旧闻》)

张文节,嘉祐间长宪台,言事无所避。一日,仁宗谓之曰:"卿孤寒,凡言照管。"公再拜曰:"臣非孤寒,陛下乃孤寒。"上曰:"何也?"曰:"臣家有妻孥,外有亲戚,陛下惟昭阳二人而已,

岂非孤寒？"上罢入内，光献见上色不怡，启问，上以公语告之，光献挥洒，上亦堕睫。(张舜民《画墁录》)

张康节为御史中丞，论宰执不已。上曰："卿孤寒，殊不自为地。"康节曰："臣自布衣，叨冒至此，有陛下为知己，安得谓之孤寒。陛下今日，便是孤寒也。"上惊而问其故，康节曰："内自左右近习，外至公卿大臣，无一人忠於陛下者，陛下不自谓孤寒而反谓臣为孤寒，臣所未喻也。"当时有"三真"之语，谓富、韩二公为真宰相，欧阳公为真内翰，而康节为真御史也。(朱弁《曲洧旧闻》)

宋子京过御街，逢内家车子，中有搴帘者曰："小宋也。"子京归，遂作《鹧鸪天》云："宝毂雕轮狭路逢，一声肠断绣帏中。身无彩凤双飞翼，心有灵犀一点通。金作屋，玉为笼。车如流水马如龙。刘郎已恨蓬山远，更隔蓬山几万重。"其词传达禁中，仁宗知之，问内人第几车子，何人呼小宋，有内人自陈："顷侍御宴，见宣翰林学士，左右内臣曰：'小宋也。'时在车子中偶见之，呼一声尔。"上召子京，从容语及，子京惶惧无地。上笑曰："蓬山不远。"因以内人赐之。(蒋一葵《尧山堂外纪》)

秘书省之西切邻大庆殿，故于殿廊辟角门子以相通。诸学士多得由角门子至大庆殿纳凉于殿东偏。世传仁祖一日行从大庆殿，望见有醉人卧于殿陛间者，左右亟将呵谴，询之，曰"石学士也"，乃石曼卿。仁庙遽止之，避从旁过。(蔡绦《铁围山丛谈》)

先朝春月多召两府两制三馆于后苑赏花钓鱼赋诗，自赵元昊背诞，西陲用兵，废缺甚久，嘉祐末，仁宗始复修故事，群臣和御制诗，韩魏公为首相，诗云："轻云阁雨迎天仗，寒色留春入寿杯，二十年前曾侍宴，台司今日喜重陪。"时内侍都知任守忠以滑稽侍上，从容曰："韩琦诗讥陛下。"上愕然问故，守忠曰："讥陛下游宴太频。"上为之笑。（司马光《温公诗话》）

昭陵时，京东路有一镇，其户繁盛在本路为最。大臣建言，请增置监临官，下漕司相度。及问本镇愿与不愿，父老既欣然，所由官司次第保明闻奏。比进呈取旨，昭陵思之良久，曰："恐动漕司岁计，遂别生事，因为民患。"止而不行。大矣哉！昭陵之爱民也深矣。（朱弁《曲洧旧闻》）

庆历年，京师夏旱，谏官王素乞亲祷，帝曰："太史言月二日当雨，欲一日祷。"公言是日不雨，问故，曰："幸其当雨而祷，不诚，不可以动天，故知不雨。"帝曰："明日祷雨醴泉观。"公曰："醴泉之近犹外朝，岂惮暑不远出也！"帝每意动，则耳赤，耳已尽赤，厉声曰："当祷西太乙宫。"公曰："乞传旨。"帝曰："车驾出郊，不豫告。卿不知典故？"公曰："国初以虞非常，今久太平，预告百姓无虑也。"明日，召公从，日色甚炽，埃雾涨天，帝玉色不怡。至琼林苑，望西太乙宫，上有云气如香烟以起。少时雷电，雨大至。帝却逍遥辇，御平辇伞盖还宫。（邵博《邵氏闻见后录》）

明日召公对，帝曰："昨即殿廷两立百拜，焚龙脑香至十七斤，举体尽湿。"公曰："陛下事天当恭畏。然阴气足致疾，宜慎。"帝曰："念不雨，欲以自身为牺牲。何慎也！"（邵伯温《邵氏闻见录》）

熙宁初，仁宗幼女下嫁钱景臻，京师父老知其为仁宗女也，随其车咨嗟泣涕。元祐中，北房主谓本朝使人曰："寡人年少时，事大国之礼或未至，蒙仁宗加意优容，念无以为报。自仁宗升遐，本朝奉其御容如祖宗。"已而泣。盖房主为太子时，杂入国使人中，雄州密以闻。仁宗召入禁中，俾见皇后，待以厚礼。临归，抚之曰："与汝一家也，异日惟盟好是念，唯生灵是爱。"故房主感之。呜呼，帝上宾既久，都人与房主追慕犹不忘，此前代所无也。（邵伯温《邵氏闻见录》）

仁宗升遐，遗诏到洛，伯温时年七岁，尚记城内军民以至妇人孺子，朝夕东向号哭。纸烟蔽空，天日无光。时舅氏王元修自京师过洛，为先公言："京师罢市巷哭，数日不绝。虽乞丐与小儿，皆焚纸钱哭于大内之前。"又周长孺都官赴剑州普安县，行乱山间，见汲水妇人亦戴白纸行哭。（邵伯温《邵氏闻见录》）

仁宗皇帝崩，遣使讣于契丹。燕境之人，无远近皆聚哭。虏主执使者手号恸曰："四十二年不识兵革矣。"其后北朝葬仁宗皇帝所赐御衣，严事之如其祖宗陵墓云。（邵博《邵氏闻见后录》）

【纳谏】

先公为谏官，按王素也。论王德用进女口事，仁宗笑曰："朕真宗子，卿王旦子，与他人不同，自有世契。德用所进女口，实有之，在朕左右，亦甚亲近，且留之如何？"先公曰："臣之所论，正恐亲近。"仁宗色动，呼近挡曰："王德用所进女口，各支钱三百贯，即令出内东门，了急来。"遂涕下。先公曰："陛下既以臣奏为然，亦不须如此之遽，且入禁内，徐遣之。"上曰："朕虽为帝王，然人情同耳。苟见其涕泣不忍出，则恐朕亦不能出之。卿且留此以待报。"久之，内侍奏："宫女已出门矣。"上复动容而起。（王巩《闻见近录》）

仁皇帝庆历中亲除王素、欧阳修、蔡襄、余靖为谏官，风采天下。王公言王德用进女口事，帝初诘以宫禁事何从知？公不屈。帝笑曰："朕，真宗之子，卿，王旦之子，有世旧，岂他人比。德用实进女口，已服事朕左右，何如？"公言："臣之忧，正恐在陛下左右耳。"帝即命宫臣，赐王德用所进女口钱各三百千，押出内东门。讫奏，帝泣下。公言："陛下既不弃臣言，亦何遽也？"帝曰："朕若见其人留恋不肯去，恐亦不能出矣。"少时，宫官奏宫女已出内东门，帝动容而起。（邵博《邵氏闻见后录》）

是时，尚、杨二美人方有宠，每夕并侍上寝，上体为之弊，或累日不进食。中外忧惧，皆归罪二美人。保庆杨太后亟以为言，上未能去。入内内寺省都知阎文应日夕侍上，言之不已，上不胜烦，乃许。文应即召毡车载之出，二美人涕泣，辞说云云，不肯行，文应搏其颊，骂曰："宫婢尚复何云！"即载送别宫。明日，下诏以尚氏为女冠，杨氏为尼，立曹后。（司马光《涑水记闻》）

仁宗一日朝退至寝殿，不脱御袍，去幞头，曰："头痒甚矣。"急唤梳头者来。及内人至，方理发次，见御怀有文字，问曰："官家是何文字？"帝曰："乃台谏章疏也。"问："言何事？"曰："淫霖久，恐阴盛之罚。嫔御太多，宜少裁减。"掌梳头者曰："两府两制，家内各有歌舞，官职稍如意，往往增置不已。官家根底賸有一二人，则言阴盛须减去。只教渠辈取快活。"帝不语。久之，又问曰："所言必行乎？"曰："台谏之言，岂敢不行。"又曰："若果行，请以奴奴为首。"盖恃帝宠也。帝起，遂呼老内侍及夫人掌宫籍者，携籍过后苑，有旨戒阍者，虽皇后不得过此门来。良久降指挥：自某人以下三十人尽放出宫。时迫进膳，慈圣亟遣，不敢少稽。既而奏到，帝方就食，慈圣不敢发问。食罢进茶，慈圣云："掌梳头者，是官家所爱，奈何作第一名遣之？"帝曰："此人劝我拒谏，岂宜置左右。"慈圣由是密戒嫔侍勿妄言，无预外事，"汝见掌梳头者乎？官家不汝容也。"（朱弁《曲洧旧闻》）

仁宗好用导引术理发，有宫人能之，号曰梳头夫人。一日，帝退朝，命夫人理发，嫔御列侍。帝袖中有章疏，左右争取之，帝不能止。有从旁读者，盖台臣乞放宫女章也。众闻之默然，独梳头夫人叹息曰："今京师富人尚求妾媵，岂有天子嫔御，外臣敢以为言？官家亟逐言者，则清净矣。"帝不语。既御膳，幸后苑，命内侍按宫人籍，上自出若干人，行台臣之言也。梳头夫人以入宫久，首出之，帝亦不问。或谓参知政事吴奎曰："上比汉文帝何如？"奎对曰："以此则过文帝远矣！"（邵伯温《邵氏闻见录》）

张尧佐除宣徽使，以廷论未谐，遂止。久之，上以温成故。欲申前命。一日将御朝，温成送至殿门，抚背曰："官家，今日不要忘了宣徽使！"上曰："得，得。"既降旨，包拯乞对，大陈其不可，反复数百言，音吐愤激，唾溅帝面。帝卒为罢之。温成遣小黄门次第探伺，知拯犯颜切直，迎拜谢过。帝举袖拭面曰："中

丞向前说话，直唾我面。汝只管要宣徽使、宣徽使，汝岂不知包拯是御史中丞乎？"（朱弁《曲洧旧闻》）

嘉祐间，尝欲除张尧佐节度使，陈秀公作中丞，与全台上殿争之。仁宗曰："节度使本粗官，何用甚争！"时唐质肃公为御史里行，最在众人后，越次而对曰："节度使太祖、太宗总曾作来，恐非粗官。"上竦然，此命竟罢。（张耒《续明道杂志》）

余靖不修饰，作谏官，乞不修开宝塔。时盛暑，上入内云："被一汗臭汉薰杀，喷唾在吾面上。"（孔平仲《孔氏谈苑》）

伯温尝得老僧海妙者言：仁宗朝因赴内道场，帝临观，顾左右曰："众僧各赐紫罗一疋。"僧致谢，帝曰："来日出东华门，以罗置怀内，勿令人见，恐台谏有文字论列。"（邵伯温《邵氏闻见录》）

至和、嘉祐间，嫔御久不迁，屡有干请，上答以无典故，朝廷不肯行。或奏曰："圣人出口为敕，批出谁敢违？"上笑曰："汝不信，试降敕。"政府果奏无法，命遂寝。后又有请降御笔进官者，上取彩笺书某宫某氏特转某官，众喜谢而退。至给俸日，各出御笔乞增禄，有司不敢遵用，悉退回。诸嫔群诉，且对上毁所得御笔，曰："元来使不得！"上但笑而遣之。（周辉《清波别志》）

嘉祐中，苏辙举贤良对策，极言阙失，其略云："闻之道路，陛下宫中贵姬至以千数，歌舞饮酒，欢乐失节。坐朝不闻咨谟，便殿无所顾问。"考官以上初无此事，辙妄言，欲黜之，仁宗曰：

"朕设制举，本待敢言之士。辙小官，如此直言，特与科名。"仍令史官编录。(王辟之《渑水燕谈录》)

附录二
人物索引

A

阿云，北宋京东路登州农家女子，被家族尊长许配给农夫韦阿大为妻，嫌弃丈夫长相丑陋，夜里行凶，斫伤韦阿大。案发后，宋政府就如何判决此案，展开了一场旷日持久的大辩论。

安焘，元祐元年（1086）在同知枢密院任上，垂帘听政的高太后欲提拔他为枢密院长官，受到给事中与台谏官的联手阻击。

B

包拯（999—1062），皇祐二年（1050）为谏官，反对张尧佐任四使；嘉祐四年（1059）为权御史中丞，弹劾三司使张方平、宋祁；接替宋祁任三司使，被翰林学士欧阳修弹劾。

C

曹利用（？—1029），"澶渊之盟"宋方的谈判代表。

曹太后（1016—1079），宋仁宗皇后。英宗继位之初，由曹太后垂帘听政；神宗元丰二年（1079），苏轼身陷"乌台诗案"，曹太后替他说情。

陈执中（990—1059），至和元年（1054）为宰相，因为惩罚婢女、致其死亡而受弹劾，于次年罢相；嘉祐四年（1059）去世，发生谥号之争。

崔峄，在陈执中致奴婢死亡一案中，担任推勘官，有回护陈执中之嫌。

蔡抗（1008—1067），治平年间为同知谏院，在"濮议"之争中，反对英宗称濮王为"皇考"。

程颢（1032—1085），宋神宗熙宁变法之初，任御史，因与王安石政见不合而请辞言职。

程颐（1033—1107），元祐元年（1086）三月，被任命为崇政殿说书，担任哲宗皇帝的经筵讲官；绍圣年间，被送涪州编管；崇宁年间，被打入元祐党籍。

陈荐（1016—1084），熙宁三年（1070）为权管御史台，在李定成功被任命为御史后，率先发起对李定的弹劾，致使李定去职。

陈世儒（？—1079），陈执中之子，元丰元年（1078），涉嫌伙同妻子教唆婢女谋杀其母张氏。

陈安民，相州审讯劫盗案的原主审法官，熙宁末年，在大理寺调查相州案时因涉嫌妨碍司法公正，被逮捕审讯。

蔡确（1037—1093），熙宁末年为谏官，御史台诏狱调查相州案的主审法官；元祐年间，因"车盖亭诗案"受到迫害。

蔡京（1047—1126），崇宁元年（1102）拜相，鼓动宋徽宗建"元祐党人碑"。

陈瓘（1057—1124），绍圣初年，劝告刚刚被任命为宰相的章惇消除朋党，实行中道；元符三年（1100），弹劾章惇"独宰政柄，迷国误朝"。

种师道（1051—1126），宣和七年（1125），金兵第一次伐宋，种师道被宋徽宗任命为京畿、河北制置使，率兵勤王，逼退金兵。

D

窦仪（914—966），乾德二年（964）为翰林学士，提出了解决赵普拜相制书副署问题的方案。

邓润甫（1027—1094），熙宁末年为御史中丞，御史台诏狱调查相州案的另一位主审法官。

邓洵武（1057—1121），建中靖国元年（1101）为起居注官，给宋徽宗献《爱莫助之图》，鼓动徽宗恢复新法。

F

范质（911—964），后周宰相，入宋后，继续拜为宰相。

冯拯（958—1023），乾兴元年（1022）拜相，阻止钱惟演问鼎相位。

范讽，天圣九年（1031）为侍御史知杂事，阻止钱惟演问鼎相位。任开封府知府时，曾向仁宗索要被内廷召入宫的民女。

苏舜钦（1008—1048），庆历四年（1044）为监进奏院，被台谏官弹劾盗用公款喝花酒，开除公职。

范仲淹（989—1052），庆历三年（1043）任参知政事，主持"庆历新政"；在滕宗谅被弹劾时，替滕辩解；皇祐初年（1050年前后），在苏州创立"范氏义庄"。

范纯仁（1027—1101），范仲淹次子，与兄弟范纯礼、范纯粹续订义庄规矩，带领范氏义庄走出发展瓶颈；治平年间为侍御史，反对宋英宗称濮王为"皇考"；元祐年间，反对司马光急速恢复旧法；崇宁年间，被打入元祐党籍。

范良器、范之柔，范仲淹五世孙，于南宋庆元二年（1196）复兴范氏义庄。

范镇（1007—1088），至和年间御史官弹劾陈执中时，替陈执中辩护；治平年间为礼官，赞同英宗称濮王为"皇伯"；熙宁年间反对王安石变法；元丰年间发生"乌台诗案"时，上疏营救苏轼。

冯京（1021—1094），嘉祐四年（1059）受刘保衡案牵连，自劾。

傅尧俞（1024—1091），因"濮议"之争，御史台几乎为之一空，傅尧俞被任命为侍御史知杂事，坚决不接受任命。

富弼（1004—1083），熙宁初年为宰相，"阿云狱"之争中反对王安石。

范应铃，南宋宁宗朝广南西路提刑官。

G

高太后（1032—1093），宋英宗皇后，儿子神宗皇帝去世后，由年幼的哲宗继位，高太皇太后临朝称制，后人誉之为"女中尧舜"。

H

黄德和（？—1040），宦官，监军，宋夏三川口之战中，临阵逃跑，以军法就诛。

何郯（1005—1073），皇祐为侍御史知杂事，上疏反对张尧佐担任三司使。

胡宿（995—1067），嘉祐六年（1061）制举御试的初考制策官，力主黜落苏辙。

韩琦（1008—1075），治平年间为宰相，首倡"濮议"，主张宋英宗称濮王为"皇考"。

韩维（1017—1098），治平年间为知制诰，"濮议"之争中支持台谏官；熙宁初年为翰林学士，"阿云狱"之争中支持王安石；在熙宁变法时反对王安石。

韩绛（1012—1088），韩维兄长，熙宁初年为枢密副使，"阿云狱"之争中支持王安石。

何正臣（1041—1100），元丰初年为御史，御史台诏狱审讯陈世儒案的"监讯"之一；"乌台诗案"的制造者之一。

韩忠彦（1038—1109），韩琦之子，建中靖国年间为宰相，与曾布共同执政。

何栗（1089—1127），靖康年间拜相，金兵破京城，陷北庭，绝食而死。

韩侂胄（1152—1207），南宋庆元年间权臣，北宋名臣韩琦曾孙，掌权之时，制造了"庆元党禁"。

胡颖，南宋理宗朝两浙西路提刑官。

黄渐，宋宁宗时广南西路永福县的教书先生，妻子被人检控与和尚妙成私通。

J

鞠咏（？—1031），天圣元年（1023）为监察御史，极力阻止钱惟演问鼎相位。

贾昌朝（997—1065），宝元二年（1039）为御史，为刘平、石元孙辩护。

贾黯（1022—1065），治平年间为权御史中丞，反对英宗尊濮王为"皇考"。

蒋之奇（1031—1104），治平四年（1067）为殿中侍御史，弹劾宰相欧阳修与儿媳吴氏通奸。

贾种民，元丰初年（1078）为大理寺丞，陈世儒案移交大理寺之后由其主审。

贾易，元祐五年（1090）为侍御史，因赵仁恕案对赵彦若提起弹劾。

江滨叟，南宋村民，诬告妻子与他人通奸，被法官胡颖杖八十，缓期执行。

K

寇准（961—1023），咸平六年（1003）拜相，次年契丹入侵，寇准力主御驾亲征。

L

吕蒙正（944—1011）寒门出身的状元宰相，开创了宋代河南吕氏家族的百年荣耀。

刘娥（968—1033），龚美之妻，后嫁襄王赵元侃，元侃即宋真宗赵恒，赵恒即位后，刘娥晋封为美人、修仪、德妃，后立为皇后。

刘平，宋朝将领，宝元二年（1039）在三川口与西夏交战被俘。

刘敞（1019—1068），皇祐三年（1051）为礼官，极力反对夏竦谥"文正"。

刘保衡，北宋京城富商，嘉祐四年（1059）因拖欠政府酒钱，卖掉房子还债，引发一场官场人事震荡。

吕诲（1014—1071），治平年间为侍御史知杂事，连上二十六疏，强烈反对英宗尊濮王为"皇考"。

吕夷简（978—1044），吕蒙正之侄，吕公著之父，宋仁宗朝宰相。

吕公著（1018—1089），治平年间为礼官，反对英宗尊濮王为"皇考"；熙宁初年为翰林学士，在"阿云狱"之争中支持王安石；元丰元年（1078）为同知枢密院，差点牵连进陈世儒案；崇宁年间，被打入元祐党籍。

吕大防（1027—1097），元祐元年（1086）拜相；崇宁年间，被打入元祐党籍。

刘奉世（1041—1113），元丰初年（1078），在大理寺复查相州案时涉嫌妨碍司法公正而被调查。

李定，熙宁三年（1070）拟提拔入御史台任职，遭知制诰宋敏求、苏颂、李大临的联合抵制；元丰初年为御史中丞，御史台诏狱审理陈世儒案的主审法官；元丰二年（1079）弹劾苏轼，制造"乌台诗案"。

李大临，熙宁三年（1070）为知制诰，拒绝起草对李定的任命书。

刘挚（1030—1098），元祐初年为御史中丞，力阻安焘知枢密院；元祐五年（1090）为宰相，赵彦若姻亲，受赵彦若牵连而被弹劾；崇宁年间，被打入元祐党籍。

李纲（1083—1140），金兵第一次伐宋时，为提举京城四壁守御使，率领军民击退金兵。

李若水（1093—1127），靖康之难时，任吏部侍郎，随宋钦宗至金营，因怒斥金帅完颜宗翰、完颜宗望，被杀害。

O

欧阳修（1007—1072），庆历三年（1043）任谏官，支持"庆历新政"，在滕宗谅被弹劾时，替滕辩解；嘉祐四年（1059）为翰林学士，弹劾三司使包拯；治平年间为参知政事，力主英宗皇帝称濮王为"皇考"。

P

庞籍（988—1063），宝元二年（1039）为陕西都转运使，与文彦博共同调查黄德和检控刘平投敌一事。不少人以为庞籍就是小说评书中大奸臣"庞吉"的原型，其实这完全是以讹传讹。

彭思永（1000—1070），治平四年（1067）为御史中丞，与御史蒋之奇合作弹劾宰相欧阳修与儿媳吴氏通奸。

潘开，相州司法官，熙宁末年，在大理寺调查相州劫盗案时，前来京师行贿。

Q

钱惟演（977—1034），吴越王钱俶之子，外戚，官拜枢密副使、枢密使、使相，三度欲问相，都无功而返。景祐元年（1034）去世，发生谥号之争。

S

石普，宋真宗藩邸旧人，莫州守将，是王继忠致真宗密信的联系人。

宋敏求（1019—1079），治平年间为礼官，"濮议"之争中赞同英宗称濮王"皇伯"；熙宁三年（1070）为知制诰，封还神宗对李定的任命后辞职。

石元孙，宋朝将领，宝元二年（1039），在三川口跟西夏交战，与刘平一并被俘。

石介（1005—1045），夏竦的死对头，去世后被夏竦诬为诈死。

孙抃（996—1064），至和元年（1054）为御史中丞，与赵抃等御史极力弹劾宰相陈执中。

司马光（1019—1086），皇祐三年（1051）为礼官，反对夏竦谥"文正"；嘉祐六年（1061）为制举御试的覆考制策官，力主录用苏辙；治平年间为知谏院，认为英宗应称濮王为"皇伯"；熙宁元年（1068）为翰林学士，"阿云狱"大辩论中力主按律判阿云死刑；元祐初年（1086）任宰相，全面罢停新法；崇宁年间，被打入元祐党籍。

苏辙（1039—1112），嘉祐二年（1057）进士，在嘉祐六年（1061）的制举御试策论上"指斥乘舆"；崇宁年间，被打入元祐党籍。

宋祁（998—1061），嘉祐四年（1059）刚刚接替张方平出任三司使，随即被包拯弹劾。

苏颂（1020—1101），熙宁三年（1070）为知制诰，再三拒绝起草对李定的任命书；元丰元年（1078）为知开封府，主审陈世儒案。

上官均（1038—1115），元丰初年为御史，在相州案中替受牵连的窦苹等人辩解；绍圣年间为台官，攻击元祐党人；崇宁年间，却被打入元祐党籍。

苏轼（1037—1101），元丰二年（1079）为湖州知州，身陷"乌台诗案"；崇宁年间，被打入元祐党籍。

舒亶（1041—1103），元丰二年（1079）为御史，与李定等人上疏弹劾苏轼，制造"乌台诗案"。

T

陶谷（903—970），乾德二年（964）为翰林学士承旨，提出一个解决赵普拜相制书副署问题的方案，被同僚窦仪否决。

滕宗谅（991—1047），庆历三年（1043）任庆州知州，被台谏官弹劾滥用"公用钱"，次年被贬岳州，主持重修岳阳楼。

唐介（1010—1069），皇祐三年（1051）为殿中侍御史里行，极力反对张尧佐任宣徽使，并弹劾宰相文彦博；熙宁二年（1069）为参知政事，参与"阿云狱"之争。

W

王溥（922—982），后周宰相，入宋后，继续拜为宰相。

王继忠，宋真宗藩邸旧人，领云州观察使，咸平六年（1003），与契丹交战，兵败被俘，归顺辽国，说服辽主与宋朝议和，是"澶渊之盟"的穿针引线人。

文彦博（1006—1097），宝元二年（1039）为殿中侍御史，与庞籍共同调查刘平投敌案。皇祐三年（1051）为宰相，被唐介弹劾而罢相；崇宁年间，被打入元祐党籍。

王拱辰（1012—1085），庆历年间任御史中丞，弹劾滕宗谅与苏舜钦。至和二年（1055）任三司使时，被殿中侍御史赵抃弹劾。

王举正，皇祐二年（1050）为御史中丞，极力反对张尧佐任四使。

王珪（1019—1085），治平年间为翰林学士，在"濮议"中主张英宗称濮王为"皇伯"；元丰年间为宰相，在"乌台诗案"中企图诬陷苏轼；崇宁年间，被打入元祐党籍。

王安石（1021—1086），熙宁元年（1068）为翰林学士，在"阿云狱"大辩论中，力主宽贷阿云；熙宁二年（1069）拜参知政事，是熙宁新政的领袖与主持者。

王师元，熙宁元年（1068）为司法官，"阿云狱"大辩论中与审刑院、大理寺同僚极力反对王安石。

吴充（1021—1080），熙宁末年为宰相，在御史台诏狱调查相州案时几乎受牵连；在"乌台诗案"中营救过苏轼。

吴安持，吴充之子，受相州案牵连。

文及甫，相州劫盗案原审法官陈安民的外甥、文彦博之子，宰相吴充之婿，受相州案牵连。

王诜（1048—1104），驸马都尉，受"乌台诗案"牵连被贬。

王安礼（1034—1095），王安石之弟，元丰年间直舍人院，在"乌台诗案"中营救过苏轼。

王珫，元丰四年（1081），因与儿子王仲甫跟有夫之妇通奸而受弹劾，放归田里。

王援，元丰年间为大理寺丞，主审王珫通奸案的法官。

王仲端，王珪之子，被牵连入王珫通奸案。

王岩叟（1043—1093），元祐初年（1086）为台谏官，力阻安焘知枢密院，弹劾章惇；崇宁年间，被打入元祐党籍。

完颜宗翰（1080—1137），又名粘罕，金国名将，国相完颜撒改长子，北宋末，两度统兵攻宋。

完颜宗望（？—1127），又名斡离不，完颜阿骨打次子，金国宗室，名将，北宋末，两度统兵攻宋。

完颜晟（1075—1135），又名吴乞买，完颜阿骨打之弟，金国第二任皇帝，先后灭辽、灭北宋。

汪大猷（1120—1200），南宋明州士绅，与史浩与沈焕一起创立明州乡曲义庄。

X

萧绰（953—1009），辽圣宗耶律隆绪之母。圣宗继位后，萧绰为皇太后，摄政。统和二十二年（1004），以索要关南之地为名，举兵伐宋。

萧挞览（？—1004），又写作萧挞凛，辽国将领，澶州之战中，被宋军以床子弩射出大箭击中额头而死。

夏竦（985—1051），皇祐三年（1051）去世，仁宗赐谥"文正",礼官反对,从而发生谥号之争。

许遵,熙宁初年"阿云案"的主审法官,力主宽贷阿云死罪。

向太后(1046—1101),宋神宗皇后,同情元祐党人,哲宗病逝后,力主立赵佶为嗣君。

Y

耶律隆绪(972—1031),辽圣宗,辽国乾亨四年(982)嗣位,统和二十二年(1004)亲率大军南侵,在澶州与宋朝签订"澶渊之盟"。

姚勔,元祐五年(1090)为谏官,因赵仁恕案对赵彦若提起弹劾。

虞策,元祐五年为御史,因赵仁恕案对赵彦若提起弹劾。

杨畏,元祐五年为殿中侍御史,因赵仁恕案对赵彦若提起弹劾。

Z

赵匡胤(927—976),宋太祖,北宋开国君主。后周显德七年、大宋建隆元年(960)正月通过兵变,创立赵宋王朝。

赵匡义(939—997),宋太宗,北宋第二任君主。开宝九年(976),宋太祖驾崩,赵匡义以兄终弟及的方式继承兄长的皇位。

赵恒(968—1022),宋真宗,北宋第三任君主,至道三年(997)即位。景德元年(1004),契丹大举入侵,真宗御驾亲征,后与辽国订立"澶渊之盟",实现宋辽一百余年和平。

赵祯(1010—1063),宋仁宗,北宋第四任君主,乾兴元年

（1022）即位，嘉祐八年（1063）驾崩，在位四十二年，为宋朝在位时间最长的皇帝。

赵曙（1032—1067），宋英宗，北宋第五任君主，嘉祐八年（1063）即位，于治平二年（1065）发生"濮议"之争。

赵顼（1048—1085），宋神宗，北宋第六任君主，治平四年（1067）即位。在位期间，力推熙宁－元丰新政。

赵煦（1077—1100），宋哲宗，北宋第七任君主，元丰八年（1085）即位，由高太后垂帘听政，恢复旧法，史称"元祐更化"。

赵佶（1082—1135），宋徽宗，北宋第八任君主，元符三年（1100）即位，北宋亡国之君，《宋史》评他"诸事皆能，独不能为君耳"。

赵桓（1100—1156），宋钦宗，北宋第九任君主，宣和七年（1125）受徽宗禅让登基。靖康之难中，与太上皇赵佶为金兵所俘虏。

赵构（1107—1187），宋高宗，宋朝第十位皇帝，靖康年间，以康王的身份两度使金。靖康二年（1127）五月初一，在南京即位，改元建炎。

赵普（922—992），乾德二年（964）拜相，发生了拜相制书找不到宰相副署的程序问题。

张尧佐，宋仁宗宠妃张贵妃伯父，皇祐二年（1050），拟授宣徽南院使、淮康节度使、景灵宫使、群牧制置使四使，遭台谏官猛烈反对。

张贵妃（？—1054），宋仁宗宠妃，皇祐六年（1054）薨，追册为皇后，谥"温成"，后世亦称"温成皇后"。

赵抃（1008—1084），至和元年（1054）为殿中侍御史，极力弹劾陈执中；熙宁年间为参知政事，反对王安石变法。

张方平（1007—1091），嘉祐四年（1059）为三司使，因为贱买民宅被包拯弹劾，罢去三司使之职；元丰年间发生"乌台诗案"时，上疏营救苏轼。

赵鼎、赵瞻，英宗朝御史，治平三年（1066）因参与"濮议"之争被免去御史之职。

周清，熙宁末年（约1077）为中书刑房任堂后官，率先对相州劫盗案的判决提出质疑。

周孝恭、窦革，熙宁末年，为复核相州劫盗案的大寺理详断官。

朱明之，元丰四年（1081）为大理少卿，在审理王珫通奸案时，构陷宰相王珪之子王仲端涉嫌通奸案。

章惇（1035—1105），元丰年间为参知政事，在"乌台诗案"中为苏轼辩护；绍圣年间为宰相，首建元祐党籍；元符三年（1100）被罢去相位；崇宁三年（1104）被打入元祐党籍。

赵仁恕，元祐五年（1090）为颍昌府阳翟县知县，因劣迹斑斑受弹劾。

赵彦若（约1033—1095），赵仁恕之父，元祐五年（1090）为翰林学士兼侍读，受儿子一案牵连而罢职。

锺浚，元祐五年（1090）为京西北路提刑官，率先检举赵仁恕不法情事。

朱光庭（1037—1094），元祐初年为台谏官，弹劾章惇；崇宁年间，被打入元祐党籍。

张商英（1043—1121），绍圣年间为台谏官，攻击元祐党人；崇宁年间，却被打入元祐党籍。

曾布（1036—1107），建中靖国为宰相，鼓动宋徽宗继承兄弟之志，重用新党，推行新变。

宗泽（1060—1128），靖康年间任磁州太守，在前线抗金。

张邦昌（1081—1127），北宋末宰相，曾与康王赵构赴金营议和，因其主和、割地主张，获金帅好感。靖康之难后，被金国扶为伪楚皇帝。

附录三
主要参考文献

史料、古籍

［先秦］《论语》，中华书局，2006。

［先秦］《孔子家语》，王国轩、王秀梅译注，中华书局，2009。

［西汉］司马迁：《史记》，［南北朝］裴骃集解，［唐］司马贞索引，［唐］张守节正义，中华书局，2014。

［东汉］班固：《汉书》，［唐］颜师古校注，中华书局，1962。

［南北朝］范晔：《后汉书》，［唐］李贤等注，中华书局，2000。

［南北朝］魏收：《魏书》，中华书局，1997。

［唐］魏征：《隋书》，中华书局，1997。

［唐］杜佑：《通典》，中华书局，1988。

［唐］长孙无忌等：《唐律疏议》，岳纯之点校，上海古籍出

版社，2013。

［唐］刘餗、张鷟：《隋唐嘉话 朝野佥载》，程毅中、赵守俨点校，中华书局，2005。

［唐］张鷟、［宋］朋九万：《龙筋凤髓判 东坡乌台诗案 诗谳》，商务印书馆，1939。

［五代］刘昫等：《旧唐书》，中华书局，1975。

［五代］王定保：《唐摭言校注》，姜汉椿校注，上海社会科学院出版社，2003。

［宋］欧阳修等：《新唐书》，中华书局，1975。

［宋］李焘：《续资治通鉴长编》，中华书局，2004。

［宋］杨仲良：《皇宋通鉴长编纪事本末》，黑龙江人民出版社，2006。

［宋］佚名：《宋史全文》，汪圣铎点校，中华书局，2016。

［宋］徐梦莘：《三朝北盟会编》，上海古籍出版社，2008。

［宋］吕中：《宋大事记讲义》，台湾商务印书馆，1969。

［宋］李心传：《建炎以来系年要录》，上海古籍出版社，2008。

［宋］佚名：《续编两朝纲目备要》（即《两朝纲目备要》），汝企和点校，中华书局，1995。

［宋］马端临：《文献通考》，上海师范大学古籍研究所、华东师范大学古籍研究所点校，中华书局，2011。

［宋］郑樵：《通志》，浙江古籍出版社，2007。

［宋］窦仪等：《宋刑统》，中华书局，1984。

［宋］谢深甫监修：《庆元条法事类》，国家图书馆出版社，2014。

［宋］林駉、黄履翁：《古今源流至论》，上海古籍出版社，

1992。

［宋］赵汝愚：《宋朝诸臣奏议》（《国朝诸臣奏议》），上海古籍出版社，1999。

［宋］朱熹、李幼武：《儒藏精华编：宋名臣言行录》，李伟国点校，北京大学出版社，2016。

［宋］佚名：《皇宋中兴两朝圣政》，北京图书馆出版社，2007。

［宋］罗濬等：《宝庆四明志》，国家图书馆出版社，2003。

［宋］佚名：《寿昌乘》，中华书局，1990。

［宋］周应合：《景定建康志》，南京出版社，2009。

［宋］叶隆礼：《契丹国志》，贾敬颜、林荣贵点校，上海古籍出版社，1985。

［宋］朱熹：《晦庵先生朱文公文集》，国家图书馆出版社，2006。

［宋］楼钥：《攻愧集》，中华书局，1985。

［宋］晁公遡：《嵩山集》，台湾商务印书馆，1986。

［宋］司马光：《司马温公文集》，中华书局，1985。

［宋］司马光：《传家集》，吉林出版集团，2005。

［宋］欧阳修：《欧阳文忠公全集》（即《文忠集》），北京图书馆出版社，2005。

［宋］王曾：《王文正公笔录》，张其凡点校，中华书局，2017。

［宋］苏轼：《苏轼全集》，上海古籍出版社，2000。

［宋］苏辙：《栾城集》，曾枣庄、马德富点校，上海古籍出版社，2009。

［宋］程颢、程颐：《二程集》，王孝鱼点校，中华书局，

2004。

［宋］ 杜范：《杜清献公集》（即《清献集》），清光绪六年九峰书院重刊本。

［宋］ 杨万里：《诚斋集》，吉林出版集团，2005。

［宋］ 秦观：《淮海集笺注》，徐培均校注，上海古籍出版社，2000。

［宋］ 范仲淹：《范仲淹全集》，李勇先、王蓉贵点校，四川大学出版社，2007。

［宋］ 刘宰：《漫塘文集》，文物出版社，1982。

［宋］ 苏舜钦：《苏舜钦集》，沈文倬点校，上海古籍出版社，2011。

［宋］ 曹勋：《松隐文集》，傅增湘校，嘉业堂丛书本。

［宋］ 姚勉：《雪坡集》，清光绪三年重刊本。

［宋］ 袁燮等：《四库全书之絜斋集 云庄集 舒文靖集 定斋集》，上海古籍出版社，1987。

［宋］ 叶适：《叶适集》，刘公纯、王孝鱼、李哲夫校注，中华书局，2010。

［宋］ 石介：《徂徕石先生文集》，陈植锷点校，中华书局，2009。

［宋］ 韩琦：《安阳集编年笺注》，李之亮、徐正英笺注，巴蜀书社，2000。

［宋］ 王禹偁：《王黄州小畜集》，北京图书馆出版社，2004。

［宋］ 高斯得：《耻堂存稿》，商务印书馆，1935。

［宋］ 魏了翁：《重校鹤山先生大全文集》，北京图书馆出版社，2004。

［宋］ 胡寅：《崇正辩 斐然集》，容肇祖点校，中华书局，

1993。

［宋］苏颂：《苏魏公文集》，王同策等点校，中华书局，2004。

［宋］苏辙：《龙川略志 龙川别志》，中华书局，1982。

［宋］陈师道、杨亿：《杨文公谈苑 后山谈丛》，李裕民、李伟国点校，上海古籍出版社，2012。

［宋］曾敏行：《独醒杂志》，朱杰人标校，上海古籍出版社，1986。

［宋］陆游：《老学庵笔记》，中华书局，1979。

［宋］周辉：《清波杂志校注》，刘永翔校注，中华书局，1997。

［宋］邵伯温：《邵氏闻见录》，李剑雄、刘德权点校，中华书局，1983。

［宋］邵博：《邵氏闻见后录》，李剑雄、刘德权点校，中华书局，1983。

［宋］马永卿：《元城语录解》，中华书局，1985。

［宋］韩元吉：《南涧甲乙稿》，中华书局，1985。

［宋］叶绍翁：《四朝闻见录》，沈锡麟、冯惠民点校，中华书局，1997。

［宋］司马光：《涑水记闻》，邓广铭、张希清点校，中华书局，1989。

［宋］王栐：《燕翼诒谋录》，中华书局，1981。

［宋］严羽：《沧浪诗话校注》，郭绍虞注解，人民文学出版社，2005。

［宋］黎靖德：《朱子语类》，王星贤注解，中华书局，1986。

［宋］文莹：《湘山野录续录 玉壶清话》，中华书局，1997。

［宋］叶梦得：《石林燕语》，中华书局，1984。

［宋］叶梦得：《石林诗话校注》，逯铭昕校注，人民文学出版社，2012。

［宋］赵与时、徐度：《宾退录 却扫编》，上海古籍出版社，2012。

［宋］孔平仲：《孔氏谈苑》，王恒展点校，齐鲁书社，2014。

［宋］施德操：《北窗炙輠录》，商务印书馆，1959。

［宋］章如愚：《群书考索》，广陵书社，2008。

［宋］章如愚：《山堂考索》，中华书局，1992。

［宋］吴曾：《能改斋漫录》，上海古籍出版社，1979。

［宋］魏泰：《东轩笔录》，中华书局，1997。

［宋］洪迈：《容斋随笔》，孔凡礼点校，中华书局，2005。

［宋］王明清：《挥麈录》，田松清点校，上海古籍出版社，2012。

［宋］王明清：《投辖录 玉照新志》，汪新森、朱菊如点校，上海古籍出版社，1991。

［宋］吕希哲、张舜民：《吕氏杂记 画墁录》，中华书局，1991。

［宋］惠洪、费衮：《冷斋夜话 梁溪漫志》，上海古籍出版社，2012。

［宋］龚明之、朱弁：《中吴纪闻 曲洧旧闻》，上海古籍出版社，2012。

［宋］王辟之、欧阳修：《渑水燕谈录 归田录》，吕友仁、李伟国点校，中华书局，1997。

［宋］吴处厚：《青箱杂记》，李裕民注解，中华书局，1985。

［宋］李廌、朱弁、陈鹄：《师友谈记 曲洧旧闻 西塘集耆

旧续闻》，中华书局，2002。

［宋］魏泰、高晦叟、韩元吉：《东轩笔录 珍席放谈 桐阴旧话》，中华书局，1985。

［宋］陈善：《扪虱新话》，上海书店出版社，1990。

［宋］王巩：《甲申杂记 闻见近录》，北京图书馆出版社，2004。

［宋］胡仔：《苕溪渔隐丛话》，人民文学出版社，1962。

［宋］周紫芝：《太仓稊米集诗笺释》，徐海梅笺释，江西人民出版社，2015。

［宋］方勺：《泊宅编》，中华书局，1983。

［宋］陆游、俞成、张知甫：《避暑漫抄 家世旧闻 萤雪丛说 可书》，商务印书馆，1939。

［宋］岳珂、王铚：《桯史 默记》，上海古籍出版社，2012。

［宋］彭龟年：《止堂集》，商务印书馆，1935。

［宋］沈括：《梦溪笔谈》，上海书店出版社，2003。

［宋］佚名：《道山清话 万柳溪边旧话》，商务印书馆，1939。

［宋］蔡绦：《铁围山丛谈》，冯惠民、沈锡麟点校，中华书局，1983。

［宋］吴聿、周必大、曾季狸、周紫芝：《观林诗话 二老堂诗话 艇斋诗话 竹坡诗话》，商务印书馆，1936。

［宋］曹勋、蔡绦、李纲、丁特起：《北狩见闻录 北狩行录 靖康传信录 靖康纪闻》，商务印书馆补印本，1959。

［宋］确庵、耐庵编：《靖康稗史笺证》，崔文印笺证，中华书局，2010。

［宋］庄绰：《鸡肋编》，萧鲁阳点校，中华书局，1997。

［元］ 脱脱等：《宋史》，中华书局，1985。

［元］ 脱脱等：《辽史》，中华书局，1974。

［元］ 陶宗仪：《说郛三种》，上海古籍出版社，1988。

［元］ 佚名：《元典章》，陈高华、张帆、刘晓、党宝海点校，天津古籍出版社，2011。

［明］ 陈邦瞻：《宋史纪事本末》，中华书局，2015。

［明］ 黄淮、杨士奇：《历代名臣奏议》，上海古籍出版社，1989。

［明］ 顾炎武：《日知录集释》，［清］黄汝成集释，栾保群、吕宗力点校，上海古籍出版社，2006。

［明］ 谈迁：《国榷》，上海古籍出版社，2008。

［明］ 王夫之：《宋论》，中华书局，2003。

［明］ 王夫之：《读通鉴论》，舒士彦注解，中华书局，2004。

［明］ 罗玘、邹智等：《圭峰集（外四种）》，上海古籍出版社，1991。

［明］ 胡粹中：《元史续编》，国家图书馆出版社，2013。

［明］ 宋濂等：《元史》，中华书局，1976。

［明］ 朱元璋官修：《大明律集解附例》，明万历年间浙江官刊本，学生书局，1986。

［明］ 丘濬：《大学衍义补》，吉林出版集团，2005。

［明］ 黄宗羲：《宋元学案》，［清］ 全祖望补修，陈金生、梁运华点校，中华书局，1986。

［明］ 黄宗羲：《明夷待访录》，中华书局，1981。

［明］ 田汝成：《西湖游览志余》，上海古籍出版社，1980。

［明］ 郑瑄：《昨非庵日纂》，中州古籍出版社，1993。

［明］ 王鏊：《震泽长语》，商务印书馆，1937。

［明］罗贯中、施耐庵：《水浒传》，人民文学出版社，1997。

［明］文震亨、［宋］李格非、张淏：《长物志 洛阳名园记 艮岳记》，商务印书馆，1935。

［清］徐松：《宋会要辑稿》，刘琳、刁忠民、舒大刚、尹波等点校，上海古籍出版社，2014。

［清］黄以周等：《续资治通鉴长编拾补》，顾吉辰点校，中华书局，2004。

［清］毕沅：《续资治通鉴》，中华书局，1999。

［清］赵翼：《廿二史札记校证》，王树民校证，中华书局，1984。

［清］贺长龄、盛康：《清朝经世文正续编》，广陵书社，2011。

［清］张廷玉等：《明史》，中华书局，1974。

［清］上海书店出版社编：《清代文字狱档》，上海书店出版社，2007。

［清］阿桂等：《大清律例》，中华书局，2015。

［清］沈家本：《寄簃文存》，商务印书馆，2015。

［清］历朝实录馆臣编：《清实录》，中华书局，2008。

［清］蒋良骐：《东华录》，中华书局，1980。

［清］陈梦雷编：《古今图书集成》，［清］蒋廷锡校订，中华书局，1985。

［清］吴广成：《西夏书事校证》，龚世俊校证，甘肃文化出版社，1995。

［清］潘永因：《宋稗类钞》，书目文献出版社，1985。

［清］吴楚材、吴调侯选编：《古文观止》，中华书局，1987。

［清］余治：《得一录》，清同治八年苏州得见斋刊刻本。

［清］惠栋：《九曜斋笔记》，江苏广陵古籍刻印社，1986。

［清］朱克敬：《瞑庵杂识 瞑庵二识》，岳麓书社，1983。

［清］朱彭寿：《旧典备征 安乐康平室随笔》，何双生注解，中华书局，1997。

［清］钱泳《履园丛话》，中华书局，1997。

［清］梁章钜：《浪迹丛谈 续谈 三谈》，中华书局，1997。

论著、论文

丁传靖辑：《宋人轶事汇编》，中华书局，2003。

梁启超：《梁启超全集》，北京出版社，1999。

支伟成、任志远：《吴王张士诚载记》，韩国钧审定，杨镰、张颐青整理，中华书局，2013。

林达：《历史深处的忧虑》，生活·读书·新知三联书店，1997。

林达：《总统是靠不住的》，生活·读书·新知三联书店，1998。

林达：《我也有一个梦想》，生活·读书·新知三联书店，1999。

张希清等编：《澶渊之盟新论》，上海人民出版社，2007。

［英］史怀梅：《忠贞不贰？——辽代的越境之举》，曹流译，江苏人民出版社，2015。

邓小南编：《政绩考察与信息渠道：以宋代为重心》，北京大学出版社，2008。

邓小南：《祖宗之法——北宋前期政治述略》，生活·读书·新知三联书店，2006。

虞云国：《宋代台谏制度研究》，上海书店出版社，2009。

虞云国：《细说宋朝》，上海人民出版社，2002。

杨芹：《宋代制诰文书研究》，上海古籍出版社，2014。

徐道邻：《徐道邻法政文集》，清华大学出版社，2017。

钱穆：《中国历代政治得失》，生活·读书·新知三联书店，2001。

钱穆：《中国文化史导论》，商务印书馆，2003。

潘光旦、全慰天：《苏南土地改革访问记》，生活·读书·新知三联书店，1952。

梁庚尧：《宋代科举社会》，东方出版中心有限公司，2017。

台湾三军大学：《中国历代战争史》，中信出版社，2012。

诸葛忆兵：《宋代宰辅制度研究》，中国社会科学出版社，2000。

朱林方：《"家"的法律构造——以范氏义庄为中心的考察》，西南政法大学人权教育与研究中心《社会中的法理》2014年01期。

王卫平：《从普遍福利到周贫济困——范氏义庄社会保障功能的演变》，《江苏社会科学》2009年第2期。

黄怀信、张懋镕、田旭东：《逸周书汇校集注》，上海古籍出版社，2007。

沈松勤：《北宋文人与党争》，人民出版社，1998。

柏杨：《中国人史纲》，人民文学出版社，2011。

杨一凡编：《中国珍稀法律典籍续编》，杨一凡等点校，黑龙江人民出版社，2002。

范忠信：《中西法文化的暗合与差异》，中国政法大学出版社，2001。

程鹰、张红均：《二程故里志》，河南大学出版社，1992。

柳诒徵：《中国文化史》，生活·读书·新知三联书店，2007。

白钢：《中国政治制度通史》，社会科学文献出版社，2011。

诸葛忆兵：《范仲淹传》，中华书局，2012。

王瑞来：《宰相故事》，中华书局，2010。

赵冬梅：《司马光和他的时代》，生活·读书·新知三联书店，2014。

邓小南：《走向"活"的制度史——以宋代官僚政治制度史研究为例的点滴思考》，《浙江学刊》2003年第3期。

程民生：《论宋代士大夫政治对皇权的限制》，《河南大学学报（社会科学版）》1999年5月。

贾志扬、胡永光：《宋代与东亚的多国体系及贸易世界》，《北京大学学报（哲学社会科学版）》2009年3月。

王瑞来：《超越：一个"贰臣"的贡献——索隐历史尘埃中的细节》，收入北京大学中国古代史研究中心编《邓广铭教授百年诞辰纪念论文集》，中华书局，2008。

王瑞来：《走向象征化的皇权》，收入朱瑞熙等编《宋史研究论文集》，上海人民出版社，2008。

于明：《法律传统、国家形态与法理学谱系——重读柯克法官与詹姆斯国王的故事》，《法制与社会发展》2007年2月。

赵虎：《新瓶装旧酒：改设政务处与丙午内官改制》，《学术研究》2011年9月。

廖志豪、李茂高：《略论范仲淹与范氏义庄》，《学术月刊》1991年10月。

戴建国：《"主仆名分"与宋代奴婢的法律地位——唐宋变革时期阶级结构研究之一》，《历史研究》2004年第4期。

苏基朗：《唐宋法制史研究》，香港中文大学出版社，1995。

贺卫方：《法学方法的困惑》，载北京大学《未名法学》2007年第1期。

吴钩：《隐权力2：中国传统社会的运行游戏》，复旦大学出版社，2011。

郭艳婷：《从乌台诗案看北宋官员犯罪司法程序的特点》，《常州大学学报（社会科学版）》2014年1月。

唐德刚：《读〈宋史·范仲淹传〉对中国传统和现代文官制的认识》，载台湾《传记文学》2000年第77卷第2期。